ESTILOS E MODELOS DE ADMINISTRAÇÃO DAS EMPRESAS

Com foco no plano de negócios

O GEN | Grupo Editorial Nacional – maior plataforma editorial brasileira no segmento científico, técnico e profissional – publica conteúdos nas áreas de ciências sociais aplicadas, exatas, humanas, jurídicas e da saúde, além de prover serviços direcionados à educação continuada e à preparação para concursos.

As editoras que integram o GEN, das mais respeitadas no mercado editorial, construíram catálogos inigualáveis, com obras decisivas para a formação acadêmica e o aperfeiçoamento de várias gerações de profissionais e estudantes, tendo se tornado sinônimo de qualidade e seriedade.

A missão do GEN e dos núcleos de conteúdo que o compõem é prover a melhor informação científica e distribuí-la de maneira flexível e conveniente, a preços justos, gerando benefícios e servindo a autores, docentes, livreiros, funcionários, colaboradores e acionistas.

Nosso comportamento ético incondicional e nossa responsabilidade social e ambiental são reforçados pela natureza educacional de nossa atividade e dão sustentabilidade ao crescimento contínuo e à rentabilidade do grupo.

DJALMA DE PINHO REBOUÇAS DE OLIVEIRA

ESTILOS E MODELOS DE ADMINISTRAÇÃO DAS EMPRESAS

Com foco no plano de negócios

- O autor deste livro e a editora empenharam seus melhores esforços para assegurar que as informações e os procedimentos apresentados no texto estejam em acordo com os padrões aceitos à época da publicação, *e todos os dados foram atualizados pelo autor até a data de fechamento do livro.* Entretanto, tendo em conta a evolução das ciências, as atualizações legislativas, as mudanças regulamentares governamentais e o constante fluxo de novas informações sobre os temas que constam do livro, recomendamos enfaticamente que os leitores consultem sempre outras fontes fidedignas, de modo a se certificarem de que as informações contidas no texto estão corretas e de que não houve alterações nas recomendações ou na legislação regulamentadora.
- Data do fechamento do livro: 30/10/2023
- O autor e a editora se empenharam para citar adequadamente e dar o devido crédito a todos os detentores de direitos autorais de qualquer material utilizado neste livro, dispondo-se a possíveis acertos posteriores caso, inadvertida e involuntariamente, a identificação de algum deles tenha sido omitida.
- **Atendimento ao cliente: (11) 5080-0751 | faleconosco@grupogen.com.br**
- Direitos exclusivos para a língua portuguesa
  Copyright © 2024 by
  Editora Atlas Ltda.
  Uma editora integrante do GEN | Grupo Editorial Nacional
  Travessa do Ouvidor, 11
  Rio de Janeiro – RJ – 20040-040
  www.grupogen.com.br
- Reservados todos os direitos. É proibida a duplicação ou reprodução deste volume, no todo ou em parte, em quaisquer formas ou por quaisquer meios (eletrônico, mecânico, gravação, fotocópia, distribuição pela Internet ou outros), sem permissão, por escrito, da Editora Atlas Ltda.
- Capa: Manu | OFÁ Design
- Imagem de capa: rawpixel.com no Freepik
- Editoração eletrônica: Padovan Serviços Gráficos e Editoriais
- Ficha catalográfica

CIP-BRASIL. CATALOGAÇÃO NA PUBLICAÇÃO
SINDICATO NACIONAL DOS EDITORES DE LIVROS, RJ

O46e

Oliveira, Djalma de Pinho Rebouças de
  Estilos e modelos de administração das empresas : com foco no plano de negócios / Djalma de Pinho Rebouças de Oliveira. - 1. ed. - Barueri [SP] : Atlas, 2024.
  il.

  Inclui bibliografia e índice
  glossário
  ISBN 978-65-5977-550-7

  1. Administração de empresas. 2. Planejamento empresarial. I. Título.

23-85675   CDD: 658.4012
                      CDU: 005.51

Gabriela Faray Ferreira Lopes - Bibliotecária - CRB-7/6643

À Heloísa.

"Qualquer atividade torna-se criativa e prazerosa
quando quem a pratica se interessa por
fazê-la bem-feita, ou até melhor."
John Updike

Importância e diferencial do livro

"A recompensa nos negócios vai para quem faz algo com uma ideia."
William Benton

A importância deste livro pode ser resumida em uma frase: "ser o **guarda-chuva** da análise e do delineamento da maneira ideal de uma empresa ser administrada".

Essa é uma frase pretensiosa, mas também provocativa, pois você deve concordar que todo e qualquer profissional de empresa é influenciado – mas também pode influenciar – pelo estilo e modelo de administração da empresa onde trabalha; e essa influência pode ser positiva ou negativa, de alta ou baixa intensidade, de longo, médio ou curto prazo, bem como de elevada ou reduzida amplitude.

Na prática, pode-se considerar que o estilo e o modelo de administração devem ser debatidos antes do início de todo e qualquer trabalho inerente aos instrumentos administrativos das empresas, tais como o planejamento estratégico e outros planejamentos, a estrutura organizacional, os processos como a logística e a qualidade, os principais projetos, a gestão e o desenvolvimento de pessoas, o marketing, a produção e as operações, a controladoria e as questões financeiras, entre outros assuntos.

E não se pode esquecer que todos esses trabalhos devem facilitar o desenvolvimento e a consolidação de otimizado plano de negócios para a empresa, pois esse é quem vai proporcionar os resultados efetivos para a referida empresa.

Se você respeitar esse princípio básico, será possível constatar que a administração de sua empresa ficará mais simples, lógica, inteligente, ágil, interligada e aplicável, com custos menores.

Nesse contexto, pode-se afirmar que o diferencial deste livro está sustentado por sete aspectos da elevada importância para a sua atuação como profissional de empresa e para o otimizado resultado dessa.

São eles:

1. Aborda três assuntos interligados que são de elevada importância para toda e qualquer empresa.

Você nunca encontrará uma empresa que, em sua realidade, não precise debater e aprimorar esses três assuntos administrativos, ou seja, o estilo administrativo e o modelo de administração, otimizando o plano de negócios da empresa.

2. Analisa os três assuntos com todas as suas partes integrantes de forma interligada e com elevada amplitude.

Portanto, propicia que a empresa se direcione, de forma direta e simples, para a consolidação da administração total e integrada, a qual é algo que toda e qualquer empresa deve ter, e com qualidade.

3. Identifica todas as questões essenciais a serem analisadas, debatidas e consolidadas no processo evolutivo do estilo administrativo e do modelo de administração como sustentação ao otimizado plano de negócios da empresa.

Naturalmente, você poderá identificar alguma outra questão, mas esteja certo de que a sua incorporação será facilitada pela estrutura lógica da obra; e que, em administração, o importante é você conhecer uma metodologia estruturada de desenvolvimento e operacionalização do assunto ou instrumento administrativo, e daí você terá condições de fazer as devidas adaptações e ajustes, sempre com qualidade.

4. Incentiva um contexto motivacional de leitura, assimilação e aplicação, pois os assuntos são apresentados em um processo evolutivo e sustentado pelos seis capítulos do livro.

5. Consolida uma situação que ajuda você a pensar a respeito dos três assuntos administrativos abordados, pois:
   - evidencia tanto "o que e por que fazer" como explica o "como fazer";
   - apresenta cada assunto administrativo de forma sequencial e evolutiva, facilitando a consolidação do seu conhecimento por você;
   - coloca algumas questões no "meio do texto" para provocar o seu posicionamento quanto aos assuntos abordados;
   - apresenta alguns exemplos ou situações de empresas – reais ou fictícias – para reforçar a sua análise e o seu raciocínio;
   - apresenta questões para debate ao fim dos capítulos, reforçando o entendimento dos assuntos abordados;
   - apresenta exercícios para reflexão ao fim de cada capítulo, direcionando você a analisar e aplicar todos os conceitos, metodologias e técnicas administrativas apresentados no referido capítulo;
   - apresenta casos – com elevada abordagem – para análise, debate e proposta de solução ao fim de cada capítulo, incentivando a interligação com os casos evidenciados nos outros capítulos, efetivando um processo evolutivo de análise de cada um dos assuntos abordados; e
   - mostra que os três assuntos administrativos abordados no livro são simples, lógicos, necessários e de relativa facilidade de aplicação, desde que se conheçam os conceitos, as metodologias e as técnicas auxiliares para suas operacionalizações nas empresas.

A evolução do raciocínio e dos questionamentos que você poderá consolidar analisando, resolvendo e debatendo os diversos assuntos abordados por esta obra pode ser visualizada na Figura 1, apresentada no fim deste texto introdutório.

6. Apresenta uma abordagem prática, totalmente direcionada para sua pronta aplicação nas empresas, sempre com efetiva qualidade total.
7. Evidencia que esses três assuntos são de elevada importância no conteúdo da grade curricular de todo e qualquer curso universitário ou profissionalizante da administração e outras áreas do conhecimento.

Com base nesses sete aspectos que sustentam o diferencial desta obra, pode-se afirmar que a decisão de escrever este livro está correlacionada a uma verdade inquestionável, a partir de vários serviços de consultoria e treinamento realizados por este autor em empresas diversas, bem como troca de informações com profissionais de empresas: existe uma correlação direta entre o estilo administrativo e o modelo de administração da empresa, de um lado; e a estruturação de seu plano de negócios com a efetiva qualidade dos processos, atividades, negócios, produtos e serviços dessa empresa, de outro lado, estando a qualificação de seus profissionais como um pêndulo entre esses dois lados.

Nesse contexto, nunca se pode esquecer de analisar, debater, estruturar, aplicar e aprimorar o estilo administrativo e o modelo de administração, bem como o plano de negócios das empresas, pois esses podem ser as causas e as consequências dos sucessos e dos fracassos de uma empresa.

Portanto, este livro proporciona a você o entendimento da importância, da estruturação e da aplicação de otimizados estilos e modelos de administração das empresas, com foco em seus planos de negócios. O próximo passo é você obter os resultados a serem proporcionados por essas três importantes questões administrativas das empresas.

Sucesso em sua vida profissional!

Djalma de Pinho Rebouças de Oliveira

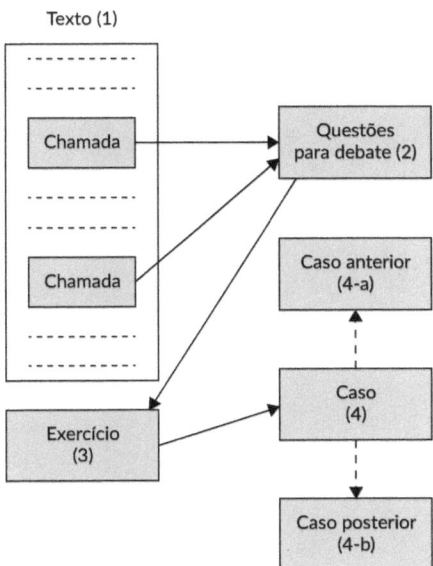

Figura 1 Evolução do raciocínio e dos questionamentos.

Estrutura e aplicação do livro

> "Decidir o que não fazer
> é tão importante quanto
> decidir o que fazer."
> *Steve Jobs*

A essência deste livro está correlacionada a seis realidades das empresas:

1. Toda e qualquer empresa tem – mesmo que não saiba – um estilo administrativo e um modelo de administração.
2. O estilo administrativo e o modelo de administração proporcionam influência direta – positiva ou negativa – no plano de negócios e nos diversos resultados da empresa (produtividade, rentabilidade, lucratividade, participação de mercado etc.).
3. As empresas, em geral, não se preocupam com a análise do estilo administrativo e do modelo de administração, perdendo a oportunidade de aprimorar seus resultados.
4. Por consequência, existe um desconhecimento de como cada empresa pode – e deve – trabalhar e otimizar o seu estilo administrativo e modelo de administração e, portanto, o seu plano de negócios.
5. Esse desconhecimento deixa a empresa vulnerável a "aventuras" no delineamento do seu estilo administrativo e modelo de administração, com repercussões em seu plano de negócios e, consequentemente, nos seus resultados.
6. O conhecimento desses três importantes assuntos administrativos de forma sustentada proporciona efetiva contribuição para a perpetuidade da empresa.

Para realizar essas seis análises e correspondentes propostas de solução, foram respeitadas três premissas:

1. Apresentação de metodologias e técnicas administrativas estruturadas para a análise e a aplicação das diversas questões abordadas.
2. Perfeita interação entre o estilo administrativo e o modelo de administração, de um lado; e do plano de negócios da empresa, de outro lado, com a identificação do tipo e do nível de influência de cada parte.

3. Forte abordagem prática, possibilitando imediata e adequada aplicação do conteúdo deste livro, incluindo a explicitação do nível de capacitação ideal dos profissionais da empresa.

Para atender às seis questões da importância dos assuntos abordados, bem como as três premissas que devem ser respeitadas, este livro é constituído de seis capítulos com conteúdos específicos, mas perfeitamente interligados, propiciando o seu entendimento evolutivo e sustentado.

O Capítulo 1 objetiva "alocar" você no contexto dos assuntos do livro, evidenciando as origens, finalidades e possíveis tendências dos estilos e modelos de administração, bem como do plano de negócios das empresas, facilitando a sua análise específica a respeito dos referidos assuntos.

O Capítulo 2 apresenta uma metodologia estruturada para a análise e o estabelecimento do estilo administrativo e do modelo de administração ideais para uma empresa, incluindo a identificação das premissas a serem respeitadas nesse trabalho, os fatores de influência, as precauções e os fatores críticos de sucesso que devem ser considerados no processo de elaboração e implementação dos trabalhos. Explica, também, como esses dois assuntos administrativos podem proporcionar otimizada sustentação ao plano de negócios das empresas. Naturalmente, pode ocorrer a necessidade de alguns ajustes pelas características específicas de cada empresa, mas essas adaptações devem ser consideradas como exceções para que não ocorram adequações decorrentes das simples vontades de alguns profissionais da empresa, perdendo-se o principal foco, que são os resultados efetivos da referida empresa.

O Capítulo 3 evidencia os componentes ou partes integrantes do estilo e modelo de administração e do plano de negócios das empresas, bem como os seus fatores condicionantes, os seus níveis de influência e os seus níveis de abrangência, ou seja, o conjunto de todos os itens que devem ser considerados nos estudos inerentes aos três assuntos nas empresas.

O Capítulo 4 analisa a importante questão do processo interativo entre o estilo pessoal dos profissionais da empresa e o modelo de administração da referida empresa, verificando os aspectos positivos e negativos dessas influências e como você pode otimizar essa situação na busca dos melhores resultados possíveis, tanto para a empresa como para os profissionais que nela trabalham. Também evidencia os modelos administrativos ideais que podem ser consolidados pelas empresas em diferentes situações.

O Capítulo 5 aborda a capacitação e a atuação ideais dos profissionais das empresas para que se consigam desenvolver, implementar e aprimorar o estilo administrativo e o modelo de administração, bem como o plano de negócios nas empresas, inclusive de forma integrada. Analisa, também, como você pode elaborar e aplicar um plano de evolução profissional para ter sucesso nesses trabalhos.

O Capítulo 6 mostra como você deve consolidar o processo de avaliação e de aprimoramento do estilo administrativo e do modelo de administração das empresas, chegando ao nível de qualidade total nessa questão, sempre focando a otimização do plano de negócios da empresa.

No fim de cada capítulo, são apresentados um resumo do conteúdo, algumas questões para debate e consolidação dos conceitos evidenciados no texto, bem como um exercício para reflexão e um caso para análise, debate e proposta de solução.

No fim do livro, é apresentado um glossário com a conceituação dos principais termos técnicos utilizados nos diversos capítulos, bem como as referências bibliográficas utilizadas para proporcionar maior sustentação ao conteúdo desta obra.

A estrutura geral dos seis capítulos é apresentada na Figura 2.

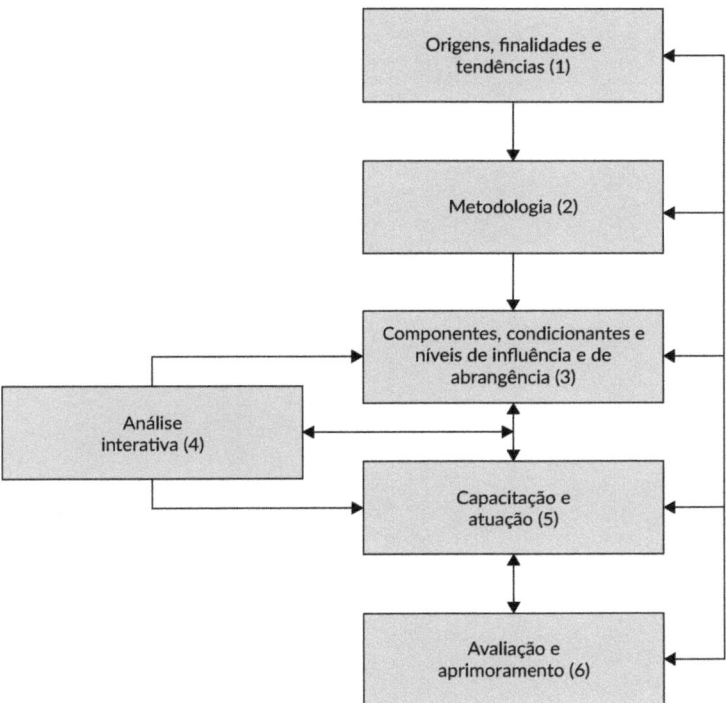

Figura 2 Estrutura geral dos capítulos.

Sumário

"Não ser diferente é potencialmente suicida."
William Bernbach

Capítulo 1 Origens, finalidades e tendências dos estilos e modelos de administração e dos planos de negócios das empresas 1

1.1 Conceitos 2
1.2 Origens 3
    1.2.1 Origens pelas funções da administração 6
    1.2.2 Origens pelas funções das empresas 11
1.3 Finalidades 16
    1.3.1 Finalidades dos estilos administrativos 17
    1.3.2 Finalidades dos modelos de administração 20
    1.3.3 Finalidades dos planos de negócios 22
1.4 Tendências 24
    1.4.1 Tendências dos estilos administrativos 24
    1.4.2 Tendências dos modelos de administração 27
    1.4.3 Tendências dos planos de negócios 30
    1.4.4 Possíveis variações nas tendências 31
1.5 Necessidade de interligar os três assuntos do livro 36
Resumo 36
Questões para debate e consolidação de conceitos 36
Exercício para reflexão 37
Caso para análise, debate e proposta de solução 37

Capítulo 2 Metodologia para o desenvolvimento e aplicação nas empresas 41

2.1 Metodologia para o estabelecimento do estilo administrativo e do modelo de administração ideais focando o plano de negócios 42
    2.1.1 Premissas a serem respeitadas 66
    2.1.2 Fatores de influência 71
    2.1.3 Precauções na elaboração e na implementação 76
    2.1.4 Fatores críticos de sucesso 82

2.2 Momento ideal de repensar o estilo e o modelo de administração e o plano de negócios da empresa 90
2.3 Como proporcionar sustentação ao plano de negócios da empresa 92
Resumo 98
Questões para debate e consolidação de conceitos 98
Exercício para reflexão 99
Caso para análise, debate e proposta de solução 100

Capítulo 3 **Componentes, condicionantes, níveis de influência e de abrangência do estilo e modelo de administração e do plano de negócios** 103

3.1 Componentes 104
3.2 Condicionantes 111
3.3 Níveis de influência 117
3.4 Níveis de abrangência 120
3.5 Análise integrada para direcionar a empresa ao seu plano de negócios 121
Resumo 124
Questões para debate e consolidação de conceitos 124
Exercício para reflexão 124
Caso para análise, debate e proposta de solução 125

Capítulo 4 **Análise interativa entre o estilo administrativo e o modelo de administração focando o plano de negócios da empresa** 127

4.1 Influências do estilo administrativo no modelo de administração 128
4.2 Influências do modelo de administração no estilo administrativo 130
4.3 Influências recebidas e proporcionadas pelo plano de negócios 131
4.4 Análise das influências 132
    4.4.1 Aspectos positivos 132
    4.4.2 Aspectos negativos 134
    4.4.3 Como maximizar as influências positivas e amenizar as negativas 134
4.5 Como conseguir a otimizada interação entre o estilo administrativo e o modelo de administração focando o plano de negócios da empresa 137
4.6 Modelos administrativos ideais para consolidar otimizados estilos administrativos focando o plano de negócios da empresa 140
    4.6.1 Modelo administrativo básico para a função **planejamento** 142
    4.6.2 Modelo administrativo básico para a função **organização** 148
    4.6.3 Modelo administrativo básico para a função **gestão de pessoas** 153
    4.6.4 Modelo administrativo básico para a função **direção** 155
    4.6.5 Modelo administrativo básico para a função **avaliação** 158
    4.6.6 Modelo administrativo básico para a função **marketing** 161
    4.6.7 Modelo administrativo básico para a função **produção** 162
    4.6.8 Modelo administrativo básico para a função **desenvolvimento de pessoas** 164
    4.6.9 Modelo administrativo básico para a função **finanças** 166
    4.6.10 Modelo administrativo básico para a função **processos e tecnologia** 168
4.7 Consolidação do modelo administrativo integrado 170
Resumo 180
Questões para debate e consolidação de conceitos 181

Exercício para reflexão 181
Caso para análise, debate e proposta de solução 182

Capítulo 5 **Capacitação e atuação dos profissionais** 185
5.1 Como obter o otimizado comprometimento dos profissionais da empresa 186
5.2 Capacitação e atuação ideais dos profissionais 187
    5.2.1 Quanto ao estilo administrativo 189
    5.2.2 Quanto ao modelo de administração 208
    5.2.3 Quanto ao plano de negócios 216
5.3 Sistemática de aprimoramento profissional 221
    5.3.1 Análise da evolução profissional 229
Resumo 248
Questões para debate e consolidação de conceitos 248
Exercício para reflexão 249
Caso para análise, debate e proposta de solução 249

Capítulo 6 **Avaliação e aprimoramento do estilo e modelo de administração e do plano de negócios das empresas** 251
6.1 Avaliação e aprimoramento do estilo administrativo e do modelo de administração 252
6.2 Avaliação e aprimoramento do plano de negócios 257
6.3 Como obter o nível de qualidade total no estilo administrativo, no modelo de administração e no plano de negócios das empresas 265
    6.3.1 Como sempre manter a qualidade em níveis otimizados 267
6.4 Como consolidar o foco no plano de negócios da empresa 269
6.5 Como consolidar os três assuntos básicos do livro em sua empresa 270
Resumo 278
Questões para debate e consolidação de conceitos 278
Exercício para reflexão 279
Caso para análise, debate e proposta de solução 279

Glossário 281

Bibliografia 293

Índice alfabético 299

Capítulo 1

Origens, finalidades e tendências dos estilos e modelos de administração e dos planos de negócios das empresas

> "Em qualquer corrida ao ouro, aqueles que mais ganham são sempre os que vendem as picaretas."
> *Autor desconhecido*

O entendimento das origens, das finalidades e das tendências dos estilos administrativos e dos modelos de administração das empresas é de elevada validade para se compreender a importância dessas duas questões da atuação das empresas.

Mais ainda: esses dois assuntos devem ser desenvolvidos e operacionalizados visando à consolidação otimizada do plano de negócios da empresa; ou seja, deve existir efetiva contribuição para o incremento sustentado dos resultados da referida empresa.

Objetivos do capítulo

Existe uma dificuldade natural de apresentar todos os eventos correlacionados aos três assuntos deste livro – o que talvez nem seja necessário –, mas pode-se considerar que o evidenciado a seguir seja o mais significativo. E você poderá, ao fim da análise deste capítulo, responder a algumas importantes questões, a saber:

- Quais são os conceitos inerentes aos termos **estilo administrativo**, **modelo de administração** e **plano de negócios** das empresas?
- Quais são alguns eventos e estudiosos que explicam, de forma direta ou indireta, as origens dessas três questões da administração de empresas?
- Quais são as principais finalidades que sustentam a adequada aplicação dessas questões pelas empresas?

- Quais são as possíveis tendências da aplicação do estilo administrativo e do modelo de administração pelas empresas quando direcionados para os planos de negócios?
- Como eu posso começar a estruturar a aplicação desses instrumentos administrativos na empresa onde trabalho?
- Por que os três assuntos básicos do livro devem ser analisados de forma conjunta e interativa?

1.1 Conceitos

Os assuntos básicos deste livro podem ser conceituados da seguinte forma:

- **Estilo administrativo** é o contexto geral de atuação dos executivos da empresa, consolidando se o processo decisório é mais centralizado ou descentralizado, com maior ou menor nível de participação, qual a abordagem de comprometimento e de cobrança de resultados, entre outros diversos assuntos administrativos.
- **Modelo de administração** é o processo estruturado, interativo e consolidado de desenvolver e operacionalizar as atividades – estratégicas, táticas e operacionais – de planejamento, organização, direção, gestão e desenvolvimento de pessoas, bem como de avaliação de resultados visando ao crescimento e ao desenvolvimento sustentado da empresa.

Portanto, a influência do estilo administrativo na atuação de uma empresa é quanto ao que se espera do **jeitão** administrativo de seus executivos e, consequentemente, de toda a equipe de profissionais, consolidando a **personalidade** administrativa da empresa; e o modelo de administração proporciona a devida sustentação – estratégica, tática e operacional – para o otimizado desempenho do estilo administrativo considerado ideal para a realidade da empresa e de seus negócios.

Você verifica que existe perfeita interação entre o estilo administrativo e o modelo administrativo de uma empresa, o que vai ser explicitado de forma estruturada e metodológica nos diversos capítulos deste livro.

Embora seja uma questão evidente, não é comum se encontrar empresas com essa preocupação; e mais, sem ter o conhecimento dos benefícios que a empresa pode obter pelo simples respeito a esse princípio básico da adequada administração de empresas.

De qualquer forma, você terá condições, após a plena análise do conteúdo deste livro, de entender e aplicar metodologias e técnicas para otimizar essas duas questões básicas abordadas aqui.

Com referência ao assunto **plano de negócios**, o que você deve saber, neste momento, é que toda e qualquer empresa deve ter o seu estilo e modelo de administração direcionados e proporcionando sustentação para que o referido plano de negócios se consolide em um contexto otimizado.

Você vai verificar essa interação pela leitura dos capítulos e seções deste livro, mas na seção 2.3 o entendimento do termo **plano de negócios** será efetivado.

De qualquer forma, você já deve ir se familiarizando com esse termo.

Plano de negócios é a estruturação lógica do processo de idealização, desenvolvimento, sustentação, operação e aprimoramento das atividades da empresa visando ao incremento no valor proporcionado pelos negócios, produtos e serviços da referida empresa.

Portanto, a finalidade básica de um plano de negócios é facilitar a interação e a aceitação dos produtos e serviços da empresa pelos diversos segmentos de mercado, tanto atuais como potenciais, consolidando de forma sustentada os resultados da empresa (produtividade, lucratividade, rentabilidade, participação de mercado etc.).

Você vai verificar que as abordagens de apresentação dos estilos administrativos, dos modelos de administração e dos planos de negócios das empresas visam:

- ter elevada amplitude de análise na identificação das origens e possíveis tendências dos três assuntos abordados no livro; e
- focar as similaridades e as poucas divergências na apresentação de suas finalidades e possíveis variações nas suas tendências.

1.2 Origens

Para este autor, uma maneira interessante de se consolidar o entendimento, teórico e prático, quanto a um assunto ou instrumento administrativo é pelo conhecimento de alguns eventos e estudiosos que idealizaram ou contribuíram para o desenvolvimento e a adequada aplicação do referido assunto administrativo.

E essa abordagem apresenta a vantagem extra de incentivar você a pesquisar outros eventos e estudiosos que tenham contribuído, de forma direta ou indireta, para o aprimoramento do referido assunto ou instrumento administrativo, identificando algumas opções e variações interessantes.

Nesse contexto, podem ser considerados alguns estudiosos e eventos, e você vai notar que é válido retornar muitos anos para evidenciar vários estudiosos que já contribuíram fortemente com essas questões, mas infelizmente significativa parte dos executivos e demais profissionais não se preocupou em aplicar essas contribuições em suas empresas. Essa é uma evidência desconfortável na qualidade da administração de empresas, pois muitas evoluções poderiam ser aplicadas nas empresas se os seus executivos ficassem mais atentos a esse aspecto.

De qualquer forma, você pode considerar, para análise, alguns estudiosos e eventos com contribuições separadas por cinco funções clássicas inerentes à administração e por outras cinco funções correlacionadas às atividades básicas de uma empresa, pela simples razão de que essas funções estão em todas as atividades e decisões administrativas, ou seja, no dia a dia de todo e qualquer profissional de empresa.

Naturalmente, essas dez funções são interligadas nos processos de desenvolvimento e aplicação nas empresas, mas, para o seu melhor entendimento, elas são apresentadas separadamente, conforme evidenciado na Figura 1.1.

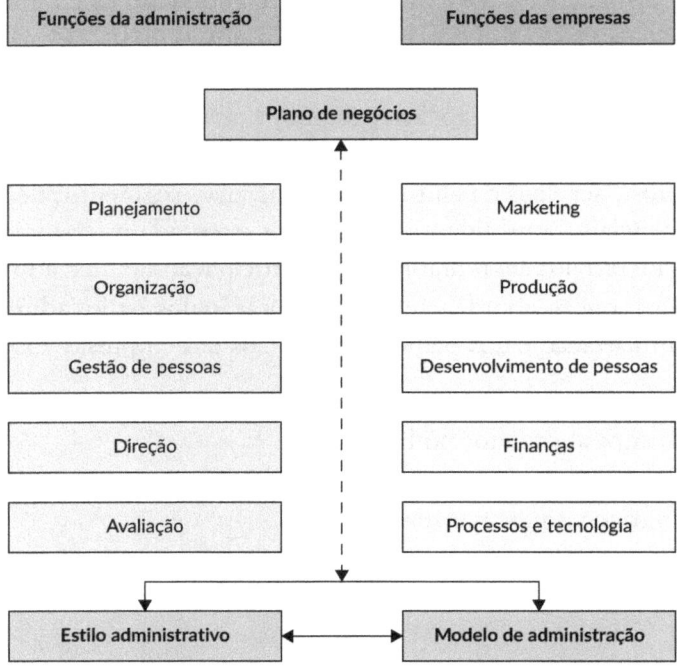

Figura 1.1 Contribuições das funções da administração e das empresas.

Lembramos que:

- **funções da administração** são as atividades que devem ser desempenhadas em todo e qualquer processo administrativo nas empresas e por todas as suas unidades organizacionais;
- **funções das empresas** são as atividades homogêneas ou multidisciplinares inerentes a uma área de conhecimento da empresa, para as quais existem instrumentos administrativos consagrados pela teoria e prática da administração.

Verifica-se que os profissionais das empresas devem ter, idealmente, conhecimento de todas as funções da administração, mas podem ser especializados em uma função, lembrando-se da importância de ter algum conhecimento, ainda que superficial, das outras funções, caso contrário, eles não conseguirão consolidar a essencial administração total ou integrada, a qual representa um importante diferencial de sustentação das empresas de sucesso.

Conforme anteriormente explicado, preferiu-se apresentar a questão das origens dos estilos e modelos de administração, bem como dos planos de negócios, pela análise das funções de administração e das funções das empresas pelo simples fato de que elas sempre estão presentes nos trabalhos dos profissionais das empresas, independentemente de suas áreas de atuação e níveis hierárquicos.

Essa é uma abordagem que deve estar presente em suas principais análises e decisões nas empresas, para que um assunto importante não seja analisado de maneira restrita e, possivelmente, errada.

Você observa que na Figura 1.1 foi consolidada uma forte interação entre a função da administração **gestão de pessoas** e a função das empresas **desenvolvimento de pessoas**, sendo que alguns autores ou profissionais de empresas preferem juntar essas duas questões em uma só.

Este autor preferiu analisar de forma separada as suas contribuições para os estilos administrativos e modelos de administração, bem como para os planos de negócios das empresas pelas seguintes razões:

- gestão de pessoas corresponde ao conjunto de atividades que sempre deve ser considerado e aplicado pelos profissionais de uma empresa, referindo-se, basicamente, ao "que" deve ser analisado; e
- desenvolvimento de pessoas corresponde ao conjunto de atividades que deve fazer parte integrante da realidade das empresas, referindo-se, basicamente, ao "como" essas atividades devem ser realizadas.

Portanto, a função das empresas **desenvolvimento de pessoas** é abordada de forma diferente, mas complementar, da função da administração **gestão de pessoas**, propiciando interessante análise interativa da atuação dessas pessoas frente aos estilos e modelos de administração e aos planos de negócios das empresas.

Se você não concordar com a abordagem apresentada, pode agrupar as duas funções citadas como "gestão e desenvolvimento de pessoas" a qual, idealmente, deve ser considerada uma função da administração. Mas se você tomar essa decisão, verificará que algumas dificuldades extras poderão surgir ao longo do processo.

Outro aspecto é que o foco é de apresentar apenas alguns exemplos, e nem poderia ser diferente, pois o elenco de estudiosos e eventos é muito elevado.

Evidencia-se, também, que na seção 4.6 você terá a identificação dos modelos de administração ideais respeitando o estilo administrativo focado em cada uma das cinco funções da administração, bem como em cada uma das cinco funções das empresas; ou seja, você vai percorrer todo o processo administrativo das empresas.

Com referência ao assunto **plano de negócios**, foi decidido apresentar apenas um resumo, e você deve complementar esse assunto, o qual sofre elevada influência do contexto de que "cada caso é um caso".

De qualquer maneira, na seção 6.4 é apresentado um resumo de uma metodologia estruturada para desenvolver e implementar um plano de negócios decorrente da análise otimizada do estilo administrativo e do modelo de administração de uma empresa. Evidencia-se que este é um simples resumo, mas que resgata as metodologias de trabalho apresentadas neste livro, pois o plano de negócio é o resultado final de um processo.

1.2.1 Origens pelas funções da administração

Com referência às funções da administração, os exemplos apresentados são:

I – Quanto à função **planejamento**

Planejamento é a função da administração que permite analisar situações atuais, de estabelecer resultados futuros, bem como delinear as ações necessárias e as leis e regras que consolidarão esse futuro desejado.

Identificando pessoas que se preocuparam, em momentos diversos, em estabelecer situações futuras desejadas para as empresas ou instituições e para cada uma de suas partes, tem-se:

- Se você quiser, pode considerar, como leis ou políticas, os Dez Mandamentos da Lei de Deus, lembrando que **política** é uma parte do processo de planejamento e representa o parâmetro ou orientação para a tomada de decisão, facilitando que grupos de pessoas com forte interação – pessoal ou profissional – tenham, basicamente, o mesmo raciocínio decisório e de postura ou estilo de atuação, pois as situações que fogem ao estabelecido devem ser adequadamente analisadas e, se for o caso, alterar a política da empresa, evitando-se uma situação de burocracia exagerada, a qual vai ser comentada na seção 4.6.2.
- Rei Hamurabi (2123 a.C.-2071 a.C.) da Mesopotâmia, que relacionou, em meados de 2080 a.C., aproximadamente, 300 regras ou políticas a respeito de práticas ou princípios de administração, de forma bastante rudimentar, mas altamente importantes para as instituições, tais como práticas de controle e avaliação, de responsabilidade, de remuneração. E daí você pode perguntar: Quantas pessoas que você conhece se preocuparam em estabelecer políticas e regras para o funcionamento de uma empresa no momento de essas serem constituídas e quantos explicaram essas políticas e regras aos seus funcionários? Você percebe que nesse e em outros vários exemplos citados nesta seção do livro ocorre – ainda que não se pensasse a respeito naquelas épocas – a explicitação das necessidades de um modelo de administração e de um estilo administrativo pelas instituições.
- A elevada necessidade dos diversos planejamentos no processo de construção das pirâmides nos anos 2600 a.C., envolvendo altas complexidades quanto aos materiais e mão de obra necessários, a sequência ideal de realização dos trabalhos e a interação entre esses, a questão das adversidades e contratempos que poderiam ocorrer, entre outras questões de planejamento, "mexendo" nos estilos e modelos de administração dessas obras e nos resultados do "negócio" pirâmides.
- Sun Tzu (544 a.C.-496 a.C.), que, em meados de 500 a.C., com o livro *A arte da guerra* procurou mostrar, entre outras questões, que existe interação entre a estratégia militar em contextos de guerra e a forma de atuação dos exércitos, o que podemos extrapolar para a interação entre a estratégia de uma empresa e o seu modelo e estilo administrativo para enfrentar a forte concorrência empresarial, com a aplicação de otimizado plano de negócios.

- Arch Shaw (1876-1962), que, na década de 1920, começou a estruturar o princípio da "administração total e integrada", com elevada influência na maneira de as empresas serem administradas.
- Alfred Chandler (1918-2007), que, em 1962, alinhou a estrutura organizacional da empresa com as suas estratégias, consolidando que os estilos e modelos de administração têm forte interação com o posicionamento da empresa perante os fatores externos ou não controláveis, aprimorando, consequentemente, o seu plano de negócios.
- Joseph Quigley (1899-1974), que, em 1973, mostrou que a visão da empresa – o que ela quer ser – deve estar integrada aos valores – crenças, questões éticas e morais – da referida empresa e, portanto, ao seu estilo administrativo.
- Peter Drucker (1909-2005), que, em 1973, afirmou que a missão serve, principalmente, para a empresa estabelecer os seus negócios – atuais e futuros – e seus segmentos básicos de atuação, identificando o comportamento e as expectativas de seus principais executivos e, portanto, dos estilos e modelos de administração da empresa. Em 1954, ele tinha estruturado a administração por objetivos, introduzindo todos os níveis hierárquicos da empresa nos processos estratégicos.
- Michael Porter (1947-), que, em 1980, extrapolou o conceito de ciclo de vida do produto para o estudo da situação atual e futura de um setor da economia, envolvendo, portanto, diferentes abordagens de atuação da empresa em cada um dos momentos evolutivos desse ciclo e, portanto, de seu plano de negócios.
- C. K. Prahalad (1941-2010) e Gary Hamel (1954-), que, em 1990, estabeleceram as competências básicas que uma empresa deve possuir, as quais têm, direta ou indiretamente, elevada influência no seu estilo e modelo de administração.
- Igor Ansoff (1918-2002), que, em 1965, estruturou e consolidou a importância da estratégia corporativa e da sinergia dos negócios, mostrando que os grupos empresariais também devem se preocupar, e muito, com os seus estilos e modelos de administração, pois esses afetam os seus planos de negócios.

II – Quanto à função **organização**

Organização é a função da administração que proporciona sustentação às otimizadas estruturação e alocação, em áreas específicas, dos profissionais que trabalham nas empresas, bem como dos outros diversos recursos utilizados.

Portanto, essa função evidencia, de forma direta, o estilo administrativo e, principalmente, o modelo de administração utilizados por uma empresa. O problema maior é quando essa evidência não corresponde à realidade da empresa, apresentando a chamada "dualidade da personalidade administrativa" da referida empresa, quando ela quer ser uma coisa, mas é outra.

De qualquer forma, você pode considerar alguns estudiosos e eventos que têm contribuído para o desenvolvimento da função **organização** nas empresas:

- Você pode voltar para meados de 4000 a.C. com o surgimento das primeiras vilas, aldeias e cidades no Egito, provocando as rudimentares práticas da administração pública, incluindo a atuação dos chefes ou dirigentes, representados pelos reis e sacerdotes.
- Dário I (550 a.C.-485 a.C.), rei do Império Persa que, em 520 a.C., consolidou uma interessante e rígida organização político-administrativa, dividindo o extenso território do império em 20 províncias, cada uma comandada por um governador, auxiliado por um secretário para assuntos administrativos e um general para assuntos militares, sendo todos eles fiscalizados, periodicamente e de forma aleatória, por inspetores com poderes para tal.
- Platão (429 a.C.-347 a.C.), considerado o precursor ideológico da especialização no trabalho, até hoje de elevada importância nos processos produtivos das empresas e em seus modelos de administração.
- Aristóteles (384 a.C.-322 a.C.), que idealizou três formas de administração pública – monarquia (governo de um só), aristocracia (governo de uma elite) e democracia (governo do povo) – e apresentou comentários genéricos a respeito de alguns assuntos organizacionais, como especialização do trabalho, liderança, departamentalização, centralização e descentralização de autoridade, principalmente dos tribunais.
- Daniel McCallum (1815-1878), que apresentou algumas questões quanto aos estilos e modelos administrativos das empresas, como meritocracia, unidade de comando, autoridades e responsabilidades bem definidas, elaboração de relatórios, avaliação de desempenho e foi o precursor da análise das interações entre as pessoas e/ou áreas de uma empresa, contribuindo para o desenvolvimento dos atuais processos administrativos nas empresas.
- Frederick Taylor (1856-1915), que, em 1903, começou a redesenhar os processos estabelecendo como os trabalhos devem ser realizados e, consequentemente, aumentando a produtividade.
- Henry Ford (1863-1947), que, em 1908, consolidou a especialização dos trabalhadores nas linhas de produção dos carros.
- Henri Fayol (1841-1925), que, em 1911, definiu as atividades do processo administrativo, o **papel** do gerente, a divisão das tarefas entre as áreas da empresa, a estruturação da cadeia de comando e os trabalhos em equipes.
- Fred Borch (1910-1986), que, em 1970, estruturou a organização empresarial por unidades estratégicas de negócios (UEN).
- Robert Monks (1933-) e Nell Minow (1952-), que consolidaram, em 1992, o modelo organizacional da governança corporativa, o qual representa, até hoje, a melhor forma de as empresas se estruturarem.

III – Quanto à função **gestão de pessoas**

Gestão de pessoas é a função da administração inerente à habilidade de supervisionar e orientar os profissionais nas atividades que executam na empresa, contribuindo em "tempo real e na tarefa" para o desenvolvimento sustentado desses profissionais.

Portanto, a função **gestão de pessoas** tem interação direta com o estilo administrativo e interação indireta com o modelo de administração, mas com influência direta e elevada no plano de negócios da empresa.

Com relação a alguns de seus estudiosos e eventos, tem-se:

- Confúcio (551 a.C.-479 a.C.), considerado o mais sábio chinês e que ensinou a importância da meritocracia, em que o fundamento da evolução de cada pessoa é o seu mérito pessoal e profissional, sendo que a base de sustentação do mérito de cada pessoa é o seu nível de conhecimento e de inteligência.
- Robert Owen (1771-1858) foi o principal estruturador e divulgador de algumas práticas mais inovadoras de gestão e desenvolvimento de pessoas, como o socialismo e, principalmente, o cooperativismo, em que os participantes de uma empresa devem se auxiliar entre si, para aumentar a produtividade global e todos ganharem mais.
- Chester Barnard (1886-1961), que foi um dos líderes da ciência social aplicada à administração e, como resultado, constatou que as pessoas não atuam isoladamente, mas por interação com seus semelhantes. Na prática, ele foi o precursor dos estudos inerentes às equipes multidisciplinares, as quais representam um dos principais modelos de administração em que os estilos administrativos são explicitados na plenitude. Daí surge uma pergunta: quantas empresas têm o conhecimento e utilizam adequadamente os trabalhos em equipes multidisciplinares?
- Richard Beckhard (1933-1999) foi o precursor do desenvolvimento organizacional que analisava a redução do processo de resistências em mudanças planejadas pelas empresas.
- Oliver Sheldon (1894-1951), que é considerado o precursor da responsabilidade social das empresas, assunto de elevada importância nos seus estilos e modelos de administração e que contribui, também, para o aprimoramento e melhor divulgação dos planos de negócios das empresas.
- William Ouchi (1943-), que, em 1982, pela "Teoria Z", mostrou que o envolvimento e a participação – que sofrem influência do estilo e modelo de administração da empresa – são a chave para o aumento da produtividade das empresas, afetando, também, os seus planos de negócios.
- Os diversos estudos de negociação, como a situação "ganha-ganha" – em que nenhuma das partes perde –, desenvolvida por Roger Fisher (1922-2012) e William Ury (1953-) em 1981.

IV – Quanto à função **direção**

Direção é a função da administração que consolida a capacidade e a habilidade de supervisionar e orientar os recursos – humanos, financeiros, tecnológicos, materiais, equipamentos – alocados nas atividades das empresas, visando otimizar o processo decisório direcionado ao alcance dos resultados estabelecidos nos planejamentos anteriormente elaborados.

Você vai perceber que a função **direção**, principalmente quando tiver o viés do "mando", está recebendo elevada influência do estilo administrativo da pessoa considerada e, daí, as consequências recaem no modelo de administração e no plano de negócios da empresa considerada.

Para análise das suas origens, podem ser relacionados alguns estudiosos e eventos de administração, como:

- "Forçando a barra", pode-se iniciar pela constituição, em 1820, na Inglaterra, dos primeiros sindicatos dos trabalhadores, pois isso provocou forte influência e interferência positiva ou negativa no processo diretivo das empresas.
- Charles Babbage (1792-1871), que, na década de 1840, apresentou proposta de os funcionários terem participação nos lucros, inclusive para o aumento do nível de produtividade da empresa, bem como pode ser considerado o precursor do *benchmarking* ao propor que as empresas devem comparar suas práticas administrativas com as de outras empresas, para poderem melhorar seus resultados mais rapidamente.
- Carl Barth (1860-1939), que, em meados de 1900, aplicou modelos matemáticos em análises decisórias, ou seja, procurou proporcionar mais sustentação e qualidade ao processo decisório, bem como "isolar" a questão do estilo administrativo da decisão.
- Roy Lewis (1913-1996) e Rosemary Stewart (1924-2015), que, em 1960, estudaram a atuação do "patrão", aquele executivo que tem o estilo administrativo de "mandar pelo ato de mandar", situação que não leva praticamente a nada em termos de resultados efetivos para a empresa. É possível que você conheça alguns casos desse estilo administrativo.
- Larry Bossidy (1935-) e Ram Charam (1939-) "tocaram na ferida" da função **direção** ao mostrarem que a execução – o "fazer acontecer" – é o principal problema das empresas e, para resolvê-lo, é necessário que seus executivos conheçam as metodologias e técnicas de administração, sendo que é aqui "que a coisa pega".
- Jack Stack, que, em meados da década de 1990, consolidou, junto com Bo Burlingham (1946-), o modelo de administração transparente, com a adequada divulgação das informações – verdadeiras – a quem de direito, o que é muito importante em um modelo de governança corporativa (ver seção 4.6.2).

V – Quanto à função **avaliação**

Avaliação é a função da administração que, mediante o uso de metodologia específica e efetuando comparação com padrões previamente estabelecidos, procura medir e analisar o desempenho e o resultado das ações com a finalidade de realimentar com informações os tomadores de decisões, de forma que possam corrigir ou reforçar esse desempenho, para assegurar que os resultados estabelecidos pelos planejamentos sejam alcançados.

Normalmente, o processo de avaliação e controle ocorre em um contexto de **aprimoramento**, que é o processo evolutivo, desenvolvido de forma gradativa, acumulativa e sustentada para a melhoria contínua do estilo administrativo e do modelo de administração, bem como dos resultados parciais e totais da empresa decorrentes de seu plano de negócios.

A história da administração evidencia alguns eventos e estudiosos que, ao contribuírem para a função **avaliação**, proporcionaram maior sustentação e qualidade para os estilos e modelos de administração, bem como para os planos de negócios das empresas, a saber:

- Essa questão já era analisada em meados de 2600 a.C. na estruturação do processo de controle na construção das pirâmides no Egito e, no mesmo país, no período de 1600 a.C. começou a ocorrer a descentralização dos controles e processos de avaliação.
- Max Weber (1864-1920), que, em meados de 1910, apresentou importante estudo do controle e da avaliação em estruturas formais nas empresas.
- Fritz Roethlisberger (1898-1974) e William Dickson (1866-1939), que, em 1939, consolidaram estudos quanto à abordagem comportamental das pessoas quando recebem influência e influenciam outras pessoas em processos de avaliação, quer essas aceitem ou não serem avaliadas e/ou atuarem como avaliadores.
- James Thompson (1920-1973), que, em 1967, verificou a habilidade dos profissionais das empresas em avaliar situações de tomada de decisão em condições de incerteza.
- Ellen Langer (1947-), que, em 1983, mostrou que muitas pessoas sofrem da "ilusão do controle", em que pensam que controlam tudo, mas a realidade é outra.
- Robert Kaplan (1940-) e David Norton (1941-1995), que criaram o *Balanced Scorecard* (BSC) com algumas perspectivas de análise pela aplicação de indicadores de desempenho em uma abordagem ampla e estratégica nas empresas, ou seja, eles proporcionaram mais amplitude de análise (ver seção 4.6.5).

1.2.2 Origens pelas funções das empresas

Com referência às funções das empresas, os exemplos dos eventos e estudiosos desses assuntos são:

I – Quanto à função **marketing**

Marketing é a função das empresas responsável por análise, planejamento, implementação e avaliação das estratégias e projetos estruturados, com a finalidade de atender – e até suplantar – as necessidades e expectativas de segmentos de mercados, bem como contribuir para o desenvolvimento sustentado da empresa.

Para análise, você pode considerar os seguintes eventos e estudiosos que contribuíram, de forma direta ou indireta, para o surgimento e o aprimoramento dos estilos e dos modelos de administração, fortalecendo os planos de negócios das empresas:

- Podemos retornar aos anos 2000 a.C. focando a atuação dos fenícios, que ocupavam os atuais Líbano, Síria e Israel, pois eles eram artesãos com muita habilidade em copiar produtos de outros povos e, inclusive, de aprimorá-los para vender com maior facilidade. Será que eles foram, sem saber, os precursores do moderno processo de *benchmarking*? Essa questão foi estruturada apenas na década de 1830 por James Montgomery (1771-1854) e com posteriores contribuições de Charles Babbage (1792-1871).
- Bernard Dubois (1946-2001), que elaborou importantes estudos estruturados dos consumidores, dos seus comportamentos e hábitos de compra.
- Hugh Agnew (1875-1955), Paul Cherington (1876-1943), George Hotchkiss (1894-1953) e Roland Valle (1889-1961), que apresentaram, em momentos diversos, importantes contribuições para a propaganda, ensinamentos que podem estar sendo esquecidos por algumas empresas.
- Philip Kotler (1931-) e Sidney Levy (1921-), que consolidaram, em 1969, o *endomarketing* ou marketing interno das empresas, que pode ter influência interessante no estilo administrativo dessas.
- Peter Chisnall (1949-), que, em 1989, estruturou o processo do marketing *business-to-business*.
- Leonard Berry (1942-), que, em 1983, apresentou o marketing de relacionamento, para interações de longo prazo com os clientes e com objetivos comuns.

O elenco de estudiosos e de eventos inerentes à função **marketing** é muito grande, mas você deve considerar, resumidamente, que:

- no período 1870-1930, a preocupação básica das empresas era a produção e o "empurrar" para o mercado o que era produzido;
- no período 1930-1950, o foco foi o desenvolvimento de várias técnicas de vendas para que se conseguisse vender o que as empresas fabricavam; e
- a partir de 1950, o marketing se consolidou, e o foco passou a ser o atendimento otimizado das necessidades dos consumidores.

Pelos três momentos apresentados, você pode concluir que inicialmente o modelo de administração era o mais importante, mas ao longo do tempo a importância maior está no estilo de administração, ou seja, com influência direta decorrente do "jeitão" administrativo dos principais executivos da empresa, primordialmente do responsável maior pelas atividades de marketing; mas não se esquecendo de que o foco é sempre o plano de negócios.

De qualquer forma, você pode considerar outros instrumentos administrativos de marketing que auxiliam o delineamento e a aplicação de interessantes estilos e modelos de administração na busca de otimizados planos de negócios nas empresas, tais como:

- **marketing total**, que corresponde ao processo interativo e de direcionamento de todas as atividades e unidades organizacionais da empresa para as necessidades e expectativas dos clientes e mercados atuais e potenciais;

- **marketing de relacionamento**, que é a atuação mercadológica que se preocupa com a manutenção de clientes satisfeitos, e não apenas com a conquista de novos clientes;
- otimizado tratamento da **imagem institucional**, que é a forma como a empresa é reconhecida pelos diversos públicos com que interage (mercado, fornecedores, governos, funcionários, comunidade);
- consolidação do **neuromarketing**, que é um instrumento de pesquisa e análise de marketing baseado na neurociência, a qual utiliza imagens cerebrais feitas por ressonância magnética para medir reações e estímulos dos consumidores antes, durante e depois da compra; e
- consolidação da atuação mercadológica com ética e responsabilidade social como uma premissa da existência da empresa.

II – Quanto à função **produção**

Produção é a função das empresas que cuida da transformação de insumos – matérias-primas, energias, informações – em produtos e serviços, utilizando, de maneira organizada, os recursos e os conhecimentos das empresas.

A seguir, são apresentados alguns estudiosos da administração que contribuíram para a função **produção** com influências, diretas ou indiretas, para o desenvolvimento dos estilos e modelos de administração e planos de negócios das empresas.

- Adam Smith (1723-1790), que, nos anos 1780, desenvolveu estudos inerentes à especialização do trabalho e às vantagens da correspondente divisão do trabalho, sempre na busca da maior produtividade nas empresas, contribuindo, portanto, também para outras três funções em análise: **organização**, **processos** e **avaliação**, em um contexto amplo para o desenvolvimento de novos estilos e modelos de administração das empresas, influenciando os seus planos de negócios.
- Frank Gilbreth (1868-1924) e sua esposa Lilian Gilbreth (1878-1972), que apresentaram vários estudos inerentes aos tempos e movimentos no processo produtivo visando tanto à produtividade como à qualidade do ambiente de trabalho dos operários das empresas.
- Carl Heyel (1908-2000), com importantes contribuições para a consolidação da **administração industrial**, que corresponde ao processo estruturado que consolida todas as atividades direcionadas à fabricação e à disponibilização dos produtos para a venda e posterior entrega aos compradores.
- Eliyahu Moshe Goldratt (1947-2011) e Jeff Cox (1951-), que, em 1978, estruturaram a teoria das restrições, em que se procura identificar o gargalo que está impedindo a máxima produtividade em um processo empresarial.

III – Quanto à função **desenvolvimento de pessoas**

Desenvolvimento de pessoas é a função das empresas direcionada à evolução profissional dos seus colaboradores em ambientes otimizados de trabalho, na busca de resultados compartilhados, desafiadores e negociados anteriormente.

Pode-se considerar, portanto, que as contribuições dessa função das empresas estão focadas, principalmente, nos estilos administrativos, pois quanto mais capacitadas estiverem essas pessoas, melhores serão a atuação e o processo decisório em **tempo real** e na **tarefa** desses profissionais, contribuindo para a melhoria de seus planos de negócios, mas não se esquecendo de que essa situação também pode contribuir para os modelos de administração dessas empresas.

Você pode considerar os seguintes estudiosos e eventos inerentes à função **desenvolvimento de pessoas** quanto à contribuição para o aprimoramento dos estilos e modelos de administração e dos planos de negócios nas empresas:

- Morris Viteles (1898-1996), que, em 1932, iniciou os estudos estruturados de psicologia industrial visando otimizar as relações interpessoais e os resultados nas empresas.
- Kurt Lewin (1890-1947) verificou, em 1936, a interação entre o comportamento das pessoas e a atuação das empresas, ou seja, uma interessante análise do estilo administrativo das empresas.
- John Dewey (1859-1952) estudou, em 1939, a interação entre a inteligência humana e a criatividade nas empresas, sustentando o processo inovativo dessas e, até, as suas vantagens competitivas.
- David McClelland (1917-1998) estabeleceu, em 1961, que o clima organizacional é resultante dos estilos de liderança e do modelo administrativo das empresas.
- Elliot Jacques (1917-2003) realizou, em 1951, estudos estruturados a respeito da aplicação de dinâmicas de grupo em ambientes de trabalho nas empresas, direcionando as pessoas para resultados coordenados comuns, geralmente em contexto de solidariedade.
- Os diversos estudos, principalmente nas décadas de 1980 e 1990, inerentes à carreira dos profissionais das empresas, possibilitando a sua interação com a realidade de diferentes estilos e modelos de administração focando os planos de negócios das empresas.

IV – Quanto à função **finanças**

Finanças é a função das empresas que cuida da administração dos recursos econômicos – patrimoniais – e financeiros, com a finalidade de maximizar o seu valor de mercado e a remuneração dos seus acionistas.

Talvez se possa afirmar que como as questões financeiras explicitam, de forma direta e inquestionável, os resultados dos planos de negócios de uma empresa, elas têm rápida e forte influência sobre o estilo e modelo de administração das empresas.

São vários os eventos e os estudiosos da administração financeira que contribuíram para o debate do estilo administrativo e do modelo de administração das empresas e de sua interação com os planos de negócios, mas, neste momento, pode-se concentrar nos seguintes:

- Arthur Dewing (1880-1971) iniciou, nos anos 1920, uma análise do pensamento financeiro nas empresas, podendo ocorrer influências nos estilos e modelos de administração e, naturalmente, nos planos de negócios.
- Na década de 1940, ocorreram as contribuições para o estudo dos planos de negócios de Walter Rautenstrauch (1880-1951), quanto ao cálculo do ponto de equilíbrio de um negócio, de John Williams (1900-1989), que estabeleceu o conceito de "orçamento flexível" e de Kenneth MacNeal (1895-1972), que evidenciou as más auditorias, talvez como um fato precursor da moderna governança corporativa que representa um importante modelo administrativo das empresas.

Os estudos de finanças envolvem vários assuntos que "mexem" com os estilos e modelos de administração e nos planos de negócios das empresas, como controladoria (contabilidade geral, contabilidade gerencial, orçamento, custos, tesouraria e análise de viabilidade), teoria da alocação de capital, administração de carteiras, análise de risco, análise de valor, *goodwill*, bem como informações financeiras diversas.

V – Quanto à função **processos e tecnologia**

Processos e tecnologia é a função das empresas que aborda as atividades que devem ser realizadas e os conhecimentos necessários para atender a todos os clientes – externos e internos, atuais e potenciais – das empresas.

Para análise e debate, você pode considerar alguns eventos e estudiosos que proporcionaram, no contexto da função **processos e tecnologia**, importantes contribuições para o aprimoramento dos estilos e modelos de administração e dos planos de negócios das empresas. São eles:

- Em 520 a.C., o rei persa Dário I (550 a.C.-485 a.C.) construiu estradas ligando cidades com o padrão de a cada 25 quilômetros existirem locais para descanso, alimentação e troca de cavalos, o que pode ser considerado um início da atividade de logística.
- Walter Shewhart (1891-1967), que, em 1924, idealizou e estruturou a aplicação da estatística no processo de controle de qualidade.
- Michael Hammer (1948-2008) e James Champy (1942-) idealizaram e estruturaram em 1993 o conceito de reengenharia, sendo que, no ano seguinte, Raymond Manganelli (1949-) e Mark Klein (1960-) correlacionaram a reengenharia com a administração da qualidade total, contribuindo diretamente para a redução dos custos de desenvolvimento dos trabalhos nas empresas.
- William Deming (1900-1993) e Joseph Juran (1904-2008) apresentaram, nos anos 1950, importantes estudos a respeito da qualidade total.
- Lamar Lee e Donald Dobler apresentaram, em 1977, estudo da administração de materiais procurando o aumento de velocidade do uso dos materiais, desde o pedido do cliente até a entrega do produto solicitado (*lead time*).

Você teve a oportunidade de constatar, por meio de alguns poucos exemplos, que a questão dos estilos e modelos de administração e dos planos de negócios das empresas é algo que tem provocado preocupações há bastante tempo.

Neste momento, é muito importante:

- fazer um levantamento mais completo nessa questão, principalmente se você tiver alguma dúvida a respeito. Nesse caso, o livro *História da administração*, do mesmo autor, pode ajudar com grande quantidade de exemplos; e
- fazer uma pergunta para si mesmo: por que tantos executivos desconhecem e não se preocupam em conhecer os estudos e os princípios básicos da administração que tanto podem auxiliar as suas empresas?

A resposta a essa pergunta pode ser complicada, e este livro procura apresentar algumas considerações – e possíveis soluções – para sua análise, comentários, adequações e aplicações em sua vida profissional.

Uma análise interessante que você deve fazer é a indicação das principais e inquestionáveis políticas que as empresas devem consolidar e que facilitam a otimização dos seus estilos e modelos de administração, bem como de seus planos de negócios.

Somente para iniciar esse debate, são apresentados os três pilares que, de maneira geral, têm proporcionado sustentação, com maior ou menor intensidade, no desenvolvimento e consolidação de otimizados estilos administrativos, modelos de administração e planos de negócios nas empresas. São eles:

- a efetiva aplicação da meritocracia em todos os atos de seus profissionais, consolidando uma equipe competente e inteligente para a realização das diversas atividades da empresa;
- o desenvolvimento de novas lideranças resultantes da aplicação da meritocracia e de planejamentos e processos de avaliação com indicadores efetivos; e
- a autonomia analítica e decisória em todos os níveis da empresa para que o processo inovador e criativo flua naturalmente.

Esses são apenas três exemplos de instrumentos administrativos que podem proporcionar maior sustentação aos seus trabalhos nas empresas, sendo que você deve analisar a validade deles e elaborar a sua lista completa, e, preferencialmente, hierarquizando os diversos assuntos elencados de acordo com o seu nível de contribuição positiva para o desenvolvimento de otimizados estilos e modelos de administração, bem como efetivos planos de negócios na empresa onde trabalha.

Essa lista deve ser complementada pela análise dos cinco capítulos seguintes, sempre com elevado senso crítico e de aprimoramento por sua parte. Lembre-se: o beneficiário desse interessante trabalho é você!

1.3 Finalidades

Neste momento, é válida a apresentação de algumas finalidades dos estilos e modelos de administração e dos planos de negócios das empresas para sua análise e possível complementação.

Embora a apresentação das finalidades dos estilos administrativos esteja separada das finalidades dos modelos de administração das empresas, na prática elas ocorrem conjuntamente e sempre em uma relação interativa de causa *versus* efeito, em que cada assunto ajuda ou prejudica o outro, conforme evidenciado no Capítulo 4.

E não se pode esquecer que tanto o estilo administrativo como o modelo de administração têm influência direta, e geralmente com intensidade significativa, no plano de negócios da empresa.

Essas interações de influência podem consolidar resultados positivos ou negativos para a empresa; e você poderá ter elevada influência nessa situação!

Evidencia-se também que algumas "chamadas" no texto são para forçar o seu raciocínio antes das explicações apresentadas nos capítulos subsequentes.

Nesse contexto, tem-se o conteúdo apresentado nas seções seguintes.

1.3.1 Finalidades dos estilos administrativos

Para identificar as principais finalidades dos estilos administrativos, podemos nos basear na sua conceituação – ver seção 1.1 –, mas trabalhando em uma abordagem a mais ampla possível, pois você sabe que, na prática, a conceituação é apenas orientativa, mas a aplicação extrapola, em muito, o conceito de todo e qualquer instrumento ou assunto administrativo, entre outras razões, pelas diversas interações entre os diferentes instrumentos administrativos de uma empresa dentro da moderna abordagem da administração total e integrada.

Essa abordagem vai se repetir na análise das finalidades dos modelos de administração – apresentados na seção 1.3.2, a seguir – e nas finalidades dos planos de negócios – ver seção 1.3.3 –, consolidando uma situação em que algumas finalidades aparecem como repetidas.

Nesse contexto, você se lembra de que a conceituação do termo **estilo administrativo** se refere ao contexto geral de atuação dos executivos e demais profissionais da empresa, consolidando o "jeitão" do processo decisório, do esquema de comprometimento e de cobrança de resultados, entre outros diversos assuntos administrativos, o que nos permite estabelecer, para análise e debate, as suas seguintes finalidades:

i. Colocar em debate o melhor estilo administrativo para a empresa considerada

Embora muitas empresas adotem a abordagem da "lei do mais forte", consolidando o jeitão administrativo de quem pode gritar mais, certamente você deve considerar que esse é um erro infantil dessas empresas. Isso porque, na prática, a identificação, a análise, o debate, o delineamento, a implementação e os naturais aprimoramentos do estilo administrativo são de elevada valia para o ambiente de trabalho e a produtividade de uma empresa.

Mas daí surge uma pergunta: por que são raras as empresas que colocam em debate o seu estilo administrativo? A resposta é simples: muitas pessoas, até com elevado poder decisório na empresa, têm medo de se expor ao colocar seus estilos administrativos em debate. A possível solução para isso não é tão complicada como se possa imaginar: é só colocar como uma política da empresa que o estilo administrativo ideal será amplamente debatido, estruturado, disseminado, implementado, avaliado e aprimorado sempre que necessário; na seção 2.2 é evidenciado o momento ideal de se repensar o estilo e o modelo de administração de uma empresa, bem como de seu plano de negócios.

ii. Passar a conhecer o estilo administrativo da empresa

A importância dessa questão é evidente, pois é só você pensar em uma empresa que debate, avalia e aprimora o seu estilo administrativo; e outra empresa que nem foca nesse assunto.

No primeiro caso, existe plena transparência e debate da melhor maneira de a empresa ser administrada e, logicamente, todos ganham com isso.

iii. Ser uma premissa e uma diretriz empresarial para o treinamento e a evolução profissional dos que trabalham na empresa

Imagine o seguinte: se você trabalha em uma empresa que debate livremente o seu estilo administrativo, fica muito mais fácil você desenvolver o seu plano de evolução profissional, pois você tem pleno conhecimento da "regra do jogo"; e mais: todos os profissionais da empresa podem se desenvolver no princípio do "ganha-ganha", em que todos ganham conhecimentos e se tornam mais produtivos na empresa.

iv. Proporcionar melhoria do processo decisório

Essa melhoria evidencia-se principalmente nas questões de rapidez, qualidade e aceitabilidade, pois as pessoas têm maior conhecimento do "jeitão básico" de como as decisões e as correspondentes ações devem ser tomadas e operacionalizadas.

Se isso não ocorrer, o processo decisório pode ficar lento, não tanto pelo conteúdo de cada decisão, mas como as decisões são tomadas e aplicadas. Na prática, o estilo administrativo aparece como o "guarda-chuva" orientativo dos componentes do processo decisório, a saber: a qualidade das informações, a estruturação do processo decisório e a qualidade profissional do decisor; e o modelo de administração aparece como a base de sustentação dos referidos componentes do processo decisório. Essa situação é apresentada na Figura 1.2.

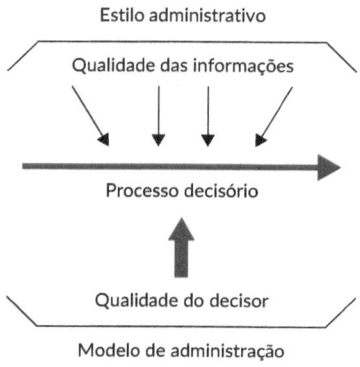

Figura 1.2 Qualidade do processo decisório.

v. Ser um fator de sustentação da vantagem competitiva da empresa

Uma otimizada, real e conhecida vantagem competitiva é a razão básica de o mercado comprar os produtos e serviços de uma empresa em detrimento de seus concorrentes. Agora, imagine o seguinte: todos os profissionais da empresa conhecem e sustentam a vantagem competitiva da referida empresa, bem como divulgam e utilizam a vantagem competitiva de maneira uniforme, coerente e interativa; nesse caso, o resultado é um só: a empresa consolida uma "personalidade" de atuação, o que só fortalece os seus negócios, produtos e serviços perante os diversos segmentos de mercado.

Se não existir essa uniformidade de atuação, a sua vantagem competitiva fica enfraquecida e os resultados da referida empresa se deterioram.

vi. Ser um fator de sustentação da vantagem competitiva de cada profissional da empresa

A mesma abordagem que foi apresentada para uma empresa como um todo pode ser extrapolada para o caso da análise da vantagem competitiva de um profissional da empresa em particular.

Você deve estar fazendo o seu plano de carreira ou de aprimoramento profissional – ver seção 5.3 – e, consequentemente, já estabeleceu, ou vai estabelecer, a sua vantagem competitiva, ou seja, o seu diferencial que vai fazer uma empresa querer "comprar" os seus serviços profissionais em detrimento de outros profissionais que sejam seus concorrentes ao cargo ou à função considerada.

Agora, imagine você ter estabelecido uma interessante vantagem competitiva, perfeitamente sustentada pelas suas competências e conhecimentos, mas que é disponibilizada para conhecimento de outras pessoas de uma maneira errática, não se consolidando um estilo de atuação; certamente, essa interessante vantagem competitiva vai perdendo o seu valor e você passa a ser "mais um na multidão", sem nenhum diferencial competitivo.

Portanto, o estilo administrativo e a forma de atuação de uma pessoa consolidam o que ela efetivamente é, e tem condições de comprovar para si e para terceiros.

vii. Contribuir diretamente para um otimizado ambiente de trabalho

Isso porque o adequado estilo administrativo proporciona otimizadas interações, tanto formais como informais, entre os diversos profissionais da empresa.

Existem pesquisas que demonstram interação direta entre o amplo debate e o aprimoramento do estilo administrativo de uma empresa, de um lado; e, de outro lado, a melhoria sustentada do ambiente de trabalho na referida empresa. Naturalmente, se essas atividades forem realizadas de forma otimizada e com efetivas veracidade e aplicabilidade.

viii. Proporcionar sustentação para reuniões mais produtivas

Isso se, de fato, as pessoas se conhecerem melhor e souberem o que cada uma faz na empresa; e mais: como elas atuam na referida empresa.

Essa questão ganha maior relevância ainda no caso de reuniões com equipes multidisciplinares, as quais envolvem pessoas com diferentes conhecimentos exercendo atividades diversas e com responsabilidades heterogêneas, sendo que todas elas procuram resolver um problema comum.

Imagine a seguinte situação: os participantes da referida reunião perdem o foco do problema comum e começam a debater, geralmente com agressividade, o estilo administrativo de algumas pessoas com as quais estão tendo divergência quanto à decisão em si, a qual deveria ser a essência do debate, e não a análise do "jeitão" do seu colega de trabalho.

Existem estudos que demonstram forte queda de produtividade de reuniões em que o foco de debate foi desvirtuado para se discutir questões pessoais. Fuja dessa situação!

Portanto, você pode, e deve, extrapolar sua análise da produtividade das reuniões para situações mais complexas, como é o caso das reuniões com equipes multidisciplinares envolvendo diversos conhecimentos direcionados para determinado assunto. Essa questão é apresentada em alguns pontos deste livro, e a consolidação de seu posicionamento será efetivada ao fim da análise do conteúdo desta obra; e não se esqueça de analisar, também, o caso das reuniões com profissionais possuidores de diferentes níveis de conhecimento do assunto em debate.

ix. Contribuir diretamente para a otimização dos resultados da empresa

Como decorrência dos oito itens anteriores, pode-se considerar que a otimização do estilo administrativo de uma empresa é um importante fator de sustentação para a melhor qualidade administrativa da empresa e, consequentemente, de seus resultados parciais e globais.

1.3.2 Finalidades dos modelos de administração

Na seção 1.1, você verificou que o conceito do termo **modelo de administração** se refere ao processo estruturado, interativo e consolidado de desenvolver e operacionalizar todas as atividades da empresa de maneira lógica e homogênea, visando ao crescimento e ao desenvolvimento sustentado da empresa, o que nos permite estabelecer, para análise e debate, as suas seguintes finalidades de forma ampliada:

i. Colocar em debate o melhor modelo de administração para a empresa considerada
Embora não sejam todas as empresas que colocam em debate o seu modelo de administração, essa é uma questão mais simples do que a questão do estilo administrativo, pois esse é considerado por muitos como um debate muito sutil e de baixa objetividade – com o que este autor não concorda e, espera-se, você também! –, enquanto a análise do modelo de administração é mais objetiva e formal, pois é onde são explicitados os instrumentos administrativos, os processos, as atividades, a estrutura organizacional, entre outros assuntos administrativos.

Nos Capítulos 2, 3 e 4, você vai ter a oportunidade de entender todas as questões que devem ser consideradas na análise do modelo de administração das empresas e, de forma interativa com os assuntos abordados no estilo administrativo dessas empresas, bem como de seus planos de negócios.

ii. Passar a conhecer o modelo de administração da empresa

Qual a razão básica de várias empresas não se preocuparem em analisar, debater e consolidar o modelo de administração que seja o ideal para as suas atuais e as potenciais necessidades em um futuro breve ou mais distante? Essa é uma pergunta difícil de ser respondida, porque a situação explicitada não tem nenhuma lógica.

iii. Ser uma premissa e uma diretriz empresarial para o treinamento e a evolução profissional dos que trabalham na empresa

Certamente, o modelo de administração de uma empresa proporciona o entendimento do que a referida empresa espera, em termos operacionais, de seus profissionais, pois explicita quais atividades devem ser desenvolvidas, como essas atividades devem ser realizadas, quem são os responsáveis por elas, como ocorre a interação entre essas atividades, entre diversas outras questões administrativas.

Com base nessas definições, fica mais fácil e lógico estabelecer os programas de treinamento dos diversos profissionais, e mais, que esses elaborem, com qualidade, os seus planos de evolução profissional nessas empresas (ver seção 5.3).

iv. Proporcionar melhoria do processo decisório

Nem é preciso gastar tempo nesse benefício de um otimizado modelo de administração, pois todos os profissionais saberão, efetivamente, qual é o seu **papel** na empresa. Mas nunca se esqueça de outras duas premissas da boa decisão: qualidade da informação e qualidade do decisor. Essa é para você pensar!

Você verifica que um adequado modelo de administração facilita e otimiza o processo decisório, quer seja individualmente ou em reuniões multidisciplinares. Isso também é decorrente de cada profissional da empresa saber as atividades dos outros profissionais, principalmente no caso de esses outros profissionais serem fornecedores e/ou recebedores dos trabalhos realizados pelo profissional em questão.

v. Ser um fator de sustentação da vantagem competitiva da empresa

Pode-se considerar que o modelo de administração proporciona maior sustentação para a vantagem competitiva de uma empresa do que o estilo administrativo. Isso porque a estruturação do modelo de administração é mais completa e detalhada do que a estruturação do estilo administrativo, conforme é evidenciado nos Capítulos 2, 3 e 4; e, naturalmente, essa situação proporciona melhor base para que a vantagem competitiva seja identificada, consolidada e disseminada junto aos diversos públicos de interesse.

vi. Ser um fator de sustentação da vantagem competitiva de cada profissional da empresa

Como decorrência do item anterior, você verifica que são mais fáceis e lógicas a identificação, a consolidação e a disseminação da vantagem competitiva que um profissional da empresa pode ter, visando "ocupar espaço" na referida empresa.

Você verifica que, nesse caso, o campo de atuação do profissional é algo do seu conhecimento, o que não ocorre quando esse profissional está desenvolvendo o seu plano de carreira sem o conhecimento efetivo da realidade da empresa onde trabalha ou pretende trabalhar.

vii. Contribuir diretamente para a otimizada realização de todas as atividades da empresa

Isso para toda e qualquer atividade da empresa, quer sejam estratégicas, táticas ou operacionais, pois essas estarão bem estabelecidas no modelo de administração da empresa. Você também deve concordar que a troca de informações e, principalmente, de conhecimentos se torna bem mais efetiva, otimizando a evolução dos profissionais da empresa em um contexto "ganha-ganha".

Esse aspecto também contribui para a otimização do ambiente de trabalho na empresa, facilitando a realização das diversas atividades estabelecidas; e as diversas reuniões de trabalho se tornam mais produtivas.

viii. Evitar tarefas repetidas e proporcionar foco nas atividades mais importantes da empresa

Em uma empresa onde todas as tarefas e atividades estão bem definidas tornam-se simples a identificação e a eliminação de tarefas repetidas. Essa situação também facilita, em muito, o processo de priorizar as diversas atividades da empresa, inclusive em situações de **tempo real** e **na tarefa**, quando essas atividades estão prontas para serem realizadas. Você verifica que essa situação proporciona efetiva redução dos gastos da referida empresa.

Isso tudo ocorre porque o modelo de administração de uma empresa é fundamental para o estabelecimento dos processos administrativos e de suas atividades, ou seja, tudo que é realizado na empresa.

ix. Contribuir diretamente para a otimização dos resultados parciais e globais da empresa

Como resultado direto dos oito itens anteriores, pode-se afirmar, sem nenhuma dúvida, que um otimizado e disseminado modelo de administração contribui, direta ou indiretamente, para a otimização dos resultados parciais e globais da empresa considerada.

Conforme evidenciado no início desta seção, existe muita similaridade entre as finalidades do estilo administrativo e do modelo de administração, o que é muito importante para a qualidade do processo administrativo das empresas.

Essa situação vai ficar mais evidente com a análise dos capítulos seguintes. Entretanto, você deve concordar que cada um dos assuntos deve ser trabalhado individualmente, sempre com o máximo de detalhes e, em momentos específicos, fazer a adequada interação entre eles de acordo com o princípio da **sinergia**, que é a ação coordenada entre vários elementos que compõem um sistema, de tal modo que a soma das partes é maior do que o resultado obtido, isoladamente, por meio de cada elemento. Essa é a sinergia positiva e, na prática, corresponde à clássica situação: 2 + 2 = 5.

1.3.3 Finalidades dos planos de negócios

Você percebeu que várias finalidades dos estilos administrativos das empresas são idênticas às finalidades dos modelos de administração dessas empresas; e nem poderia ser diferente, pois a relação entre esses dois assuntos administrativos é intensa.

E esses dois assuntos têm forte interação com os planos de negócios das empresas com uma importante questão: embora os planos de negócios tenham, na prática, forte influência do modelo de administração e, principalmente, do estilo administrativo de seus principais executivos, você tem de considerar o seguinte: o correto e ideal é que o estilo administrativo e o modelo de administração se adequem e proporcionem sustentação ao melhor plano de negócios que a empresa consiga idealizar, estruturar e operacionalizar, pois é esse que proporcionará os resultados efetivos para a empresa.

Nesse contexto, você pode considerar o estilo administrativo e o modelo de administração como "meios" e o plano de negócios como "fim".

Para sua análise e debate, você pode considerar as seguintes finalidades dos planos de negócios das empresas:

i. Fortalecer as finalidades do estilo administrativo e do modelo de administração da empresa

Dentro de um processo de análise interativa do plano de negócios, de um lado, e do estilo e modelo de administração, de outro lado, você pode considerar, na prática, que estes dois últimos assuntos administrativos têm um processo evolutivo natural para proporcionar melhor sustentação ao plano de negócios da empresa.

E esteja certo de algo: se isso não ocorrer, é porque a administração da empresa está totalmente desequilibrada e os seus principais profissionais acham que "são o máximo" e a maneira como realizam as suas atividades é a "melhor possível". Sem comentários!

ii. Consolidar a melhor interação da empresa – com seus negócios, produtos e serviços – para melhor atender às necessidades e expectativas atuais e futuras, dos diversos segmentos de mercado

Pode-se considerar que o plano de negócios é o "cordão umbilical" da empresa com o mercado, que é algo não controlável, mas que pode ser perfeitamente conhecido pela empresa.

Lembre-se: um adequado plano de negócios decorrente de um otimizado planejamento estratégico é a melhor maneira – ainda não inventaram outra! – de a empresa interagir com o mercado, que é a razão básica da existência de toda e qualquer empresa.

iii. Evidenciar a **personalidade** da empresa

Você deve saber o que algumas empresas são, o que representam, o que oferecem ao mercado, a qualidade de seus produtos e serviços, a qualidade de seu pós-venda, o seu nível de tecnologia aplicada e de inovação, a qualidade de "sua palavra", entre várias outras questões empresariais; e o conjunto de todas essas questões evidencia a **personalidade** da empresa.

Você também deve conhecer – várias! – empresas que não apresentam uma personalidade definida, ou seja, você não consegue entender "qual é" a dessas empresas; e esteja certo de que ninguém vai se esforçar para obter esse conhecimento, deixando, consequentemente, essas empresas à sua própria sorte.

1.4 Tendências

Neste momento, surge uma pergunta: quais as possíveis tendências dos estilos e modelos de administração, bem como dos planos de negócios nas empresas?

Mais uma vez, é válido apresentar as tendências dos três assuntos de forma separada, embora a sua consolidação seja integrada nas empresas; e lembrando que as tendências evidenciadas são decorrentes do apresentado nas seções 1.1 e 1.2 e inerentes à evolução do processo administrativo nas empresas.

E para tornar a sua análise mais interessante, as diversas possíveis tendências são apresentadas quanto às funções da administração e às funções das empresas, sendo que depois de estudar essas tendências, bem como complementá-las a partir de suas pesquisas diversas, você deve consolidar e integrar todas essas tendências evidenciadas de acordo com o princípio básico da administração total e integrada, pois uma tendência inerente a uma função deverá influenciar, direta ou indiretamente, todas as outras nove funções – da administração e das empresas – apresentadas neste livro.

Nesse contexto, tem-se o que apresenta nas seções seguintes.

1.4.1 Tendências dos estilos administrativos

Você pode considerar, para debate, as seguintes possíveis tendências:

i. Decorrente da função **planejamento**
   As principais tendências são:
   - efetiva contribuição da função **planejamento** para o desenvolvimento e a consolidação de novos estilos e modelos de administração, bem como de novos instrumentos administrativos;
   - a função **planejamento** será, cada vez mais, o foco orientativo para as outras diversas funções, pois todas as análises decisórias devem estar sustentadas por otimizados estudos do que "deverá ser feito", ou seja, se a empresa não analisar, anteriormente, muito bem o que deverá ser feito, as consequências podem ser danosas tanto para a empresa como para as pessoas que trabalham nela; e
   - portanto, os estudiosos da administração estruturarão, cada vez com maior qualidade, metodologias e técnicas administrativas inerentes à função **planejamento**, mas sempre procurando fazer interações com as outras funções da administração e das empresas, para "fechar" a abordagem da administração total e integrada.

ii. Decorrente da função **organização**
    Nesse caso, você pode considerar as seguintes tendências:
    - as estruturas organizacionais, apesar de mais amplas e abrangentes, se tornarão mais simples e de fácil atualização;
    - as estruturas organizacionais estarão, cada vez mais, baseadas e sustentadas pelos profissionais das empresas, evidenciando forte interação entre o estilo administrativo das pessoas e o modelo de administração da empresa; e

- as estruturas organizacionais se desenvolverão para estar no pêndulo do equilíbrio entre as questões planejadas e as questões diretivas e de avaliação de resultados, ou seja, corresponderão ao efetivo estabelecimento dos responsáveis e os executores das tarefas, de como essas tarefas devem ser realizadas e, também, da interação entre todas essas tarefas.

iii. Decorrente da função **gestão de pessoas**
   Você pode considerar as seguintes tendências:
   - os profissionais serão, cada vez mais, o foco básico de todas as questões administrativas das empresas;
   - eles serão forçados, cada vez mais, a saber trabalhar em situações de constantes mudanças;
   - os conhecimentos – profundos e diferenciados – serão o principal fator de sustentação para o surgimento de fortes lideranças nas empresas; e
   - os colegas de trabalho podem representar uma rápida fonte de aprendizado e de melhoria do conhecimento administrativo.

iv. Decorrente da função **direção**
   Pode ser considerada a seguinte tendência básica:
   - o processo diretivo e decisório nas empresas vai se tornar cada vez mais participativo, pelas seguintes razões:
   - o processo participativo tem contribuído diretamente para a melhor qualidade decisória, pela sistemática troca de conhecimentos e de informações entre os profissionais da empresa;
   - diminuição do nível de resistência das pessoas, pois essas se tornam "cúmplices" das decisões tomadas; e
   - efetiva possibilidade de uma administração mais integrada, a qual só proporciona benefícios para a empresa e para os que trabalham nela.

Entretanto, existem três fatores de influência para a adequada qualidade dos estudos e das tendências apresentadas, as quais interagem tanto com o estilo administrativo quanto com o modelo de administração. São eles:
- a qualidade do processo diretivo e decisório deve ser elevada, com otimizadas estruturação, implementação e aplicação;
- a qualidade das informações alocadas no processo diretivo e decisório deve ser a mais elevada possível; e
- a qualidade da capacitação – conhecimentos, habilidades e atitudes – dos profissionais responsáveis pela decisão a ser tomada deve ser elevada, mas, nesse caso, "cada caso é um caso", o que pode ser um **complicômetro** para os resultados da empresa.

v. Decorrente da função **avaliação**
   Você pode considerar as seguintes tendências:
   - maior facilidade em administrar as possíveis resistências que possam ocorrer nos processos naturais de mudanças;
   - melhor adequação à realidade da empresa;
   - considerar a relação custos *versus* benefícios em todas as análises;
   - ter otimizados níveis de participação, envolvimento e comprometimento de todos os profissionais para com a empresa;
   - ter adequado nível de conhecimento por parte dos envolvidos como consequência da aplicação das diversas funções da administração e das empresas;
   - ter aceitação dos critérios e indicadores pelas pessoas ao serem avaliadas e atuarem como avaliadoras; e
   - consolidar os processos de avaliação como a sustentação básica para o direcionamento evolutivo das empresas e das pessoas.

vi. Decorrente da função **marketing**
   Neste caso, você pode considerar, para análise, as seguintes tendências:
   - contribuição direta para a maior proteção dos compradores de produtos e serviços das empresas;
   - maior busca de qualidade de vida; e
   - consolidação da já citada abordagem do **marketing total**, em que todas as áreas da empresa se direcionam ao mercado, como produção querendo produzir produtos que tenham forte aceitação do mercado, finanças estruturando preços competitivos para os produtos da empresa, recursos humanos consolidando capacitações para que os profissionais da empresa interajam de forma otimizada com o mercado etc.

vii. Decorrente da função **produção**
   As possíveis tendências a considerar são:
   - foco na utilização adequada da tecnologia da informação;
   - evolução no processo de incrementar valor nas transformações dos insumos;
   - introdução de elevadas tecnologias no processo produtivo; e
   - aprimoramento no posicionamento do processo produtivo no contexto da administração total e integrada.

viii. Decorrente da função **desenvolvimento de pessoas**
   As possíveis tendências são:
   - acreditar nas pessoas, entendendo que, em princípio, todas as pessoas são competentes e honestas;
   - consolidar o foco da administração nas pessoas;
   - incentivar, cada vez mais, a criatividade e o processo inovador;

- ter amplo e estruturado debate do estilo administrativo que vai proporcionar desenvolvimento sustentado da empresa;
- privilegiar o empreendedorismo, principalmente o interno, que é praticado pelos seus profissionais na própria empresa onde já atuam; e
- consolidar a crença de que a melhor maneira de se aprender é com os colegas de estudo e/ou trabalho, desde que esses sejam conhecedores dos assuntos em debate e gostem de trocar ideias.

ix. Decorrente da função **finanças**
Neste caso, as possíveis tendências são:
- maior utilização da parte mais **sofisticada** das finanças, principalmente na questão das análises e correspondentes relatórios;
- valorizar, cada vez mais, os executivos financeiros das empresas, principalmente na elevada volatilidade do mercado brasileiro; e
- consolidar a abordagem das **finanças totais**, em que todas as áreas da empresa trabalham de acordo com os princípios e normas financeiras visando aos melhores resultados para a empresa e, consequentemente, para os seus profissionais.

x. Decorrente da função **processos e tecnologia**
As possíveis tendências são:
- consolidação de um novo **perfil** de executivos, com elevada disciplina de decisão e atuação, mas não esquecendo a criatividade em seus atos; e
- maior sustentação do conhecimento pelo uso da tecnologia da informação.

1.4.2 Tendências dos modelos de administração

Para facilitar o seu posicionamento a respeito, você pode analisar as seguintes possíveis tendências dos modelos de administração das empresas:

i. Decorrente da função **planejamento**
Neste caso, pode considerar:
- elevada importância nas análises externas das empresas e, principalmente, na interação com as análises internas, provocando maiores necessidades de ajustes no estilo administrativo e no modelo de administração das empresas, pois não deve haver dicotomia entre as duas referidas análises; e
- maior amplitude no desenvolvimento e na operacionalização dos modelos de administração exigindo profissionais com conhecimentos além de suas áreas de atuação na empresa, pois ocorrerá maior interação entre as diversas atividades da referida empresa, de acordo com o moderno princípio da administração total e integrada.

ii. Decorrente da função **organização**
   Você pode considerar as seguintes possíveis tendências:
   - a estruturação de processos, com o adequado estabelecimento de como as atividades devem ser desenvolvidas, tem proporcionado condições para as melhorias das estruturações organizacionais das empresas;
   - os estudos e as análises das estruturações organizacionais terão amplitude cada vez maior, principalmente como resultado da governança corporativa e da rede de integração entre as empresas (ver seção 4.6.2);
   - as estruturas organizacionais estarão, cada vez mais, integradas com os outros instrumentos administrativos das empresas;
   - as estruturas organizacionais estão destinadas a sofrer influências, positivas ou negativas, dos fatores externos ou não controláveis pela empresa; e
   - consolidação de amplas redes de integração entre empresas influenciando, positiva ou negativamente, suas estruturações organizacionais.

iii. Decorrente da função **gestão de pessoas**
   Podem ser consideradas as seguintes tendências:
   - o modelo de administração total e integrada consolidará, cada vez mais, situações de trabalhos interativos e compartilhados;
   - como consequência, os gestores de pessoas terão de se desenvolver, pessoal e profissionalmente, para atender a essas novas exigências; e
   - os trabalhos em equipes multidisciplinares terão forte evolução e aceitação nas empresas, pelo natural aprendizado e maior facilidade da interação entre os seus profissionais da empresa.

iv. Decorrente da função **direção**
   Você pode considerar, para análise, as seguintes possíveis tendências:
   - maior transparência diretiva e decisória nas empresas;
   - as análises necessárias serão mais amplas e complexas;
   - os estudos de administração proporcionarão ferramentas matemáticas e da tecnologia da informação de auxílio ao processo diretivo e decisório nas empresas; e
   - o processo diretivo e o processo decisório estarão, cada vez mais, integrados e interativos, formando um único momento.

v. Decorrente da função **avaliação**
   São possíveis tendências:
   - ter maior interação com o sistema de informações da empresa;
   - haver necessidade da consolidação do momento ideal da aplicação do processo de controle e avaliação, para que não ocorra viés na análise;
   - ter interligação entre os níveis de avaliação (estratégico, tático e operacional);
   - ter consistência em cada um dos momentos no processo de controle e avaliação; e

- ter interação entre os resultados das avaliações e a evolução da empresa e de seus profissionais, e que esse processo ocorra de forma sustentada, evolutiva e forte.

vi. Decorrente da função **marketing**
Você pode considerar as seguintes tendências:
- consolidação de preços mais adequados pela evolução concorrencial e pelo maior nível de informações pelos compradores; e
- melhoria da qualidade dos produtos e serviços, sendo que a qualidade já deixou de ser uma vantagem competitiva das empresas e passou a ser uma premissa para a sua sobrevivência.

vii. Decorrente da função **produção**
São possíveis tendências:
- integração da atividade de produção à logística, "cortando" a empresa desde a entrada de insumos até o pós-venda;
- otimização do processo de programação e de controle da produção;
- aprimoramento das técnicas de programação das atividades a serem realizadas; e
- aumento do nível de flexibilidade na produção.

viii. Decorrente da função **desenvolvimento de pessoas**
Podem ser consideradas as seguintes tendências:
- saber e gostar de trabalhar com a globalização e a visão ampla dos profissionais das empresas;
- saber trabalhar com equipes multidisciplinares e com diversidades;
- melhor entendimento dos conhecimentos, habilidades e atitudes que cada cargo ou função exige do profissional, quer seja para o momento presente ou para o futuro;
- melhor estruturação da administração de cargos e salários da empresa; e
- consequentemente, mais facilidade e qualidade na elaboração dos planos de carreira dos profissionais da empresa.

ix. Decorrente da função **finanças**
Você pode debater as seguintes tendências:
- consolidar o modelo de finanças totais, com o seu pleno exercício em todas as áreas da empresa;
- consolidar o aspecto financeiro como foco catalisador das informações das empresas, bem como dos planejamentos e dos processos de avaliação; e
- consolidar a análise financeira no contexto internacional.

x. Decorrente da função **processos e tecnologia**
Neste caso, as possíveis tendências são:
- estruturação de metodologias e técnicas amplas, completas e interligadas para o desenvolvimento e a operacionalização das atividades das empresas;
- aumento da flexibilidade empresarial; e
- maior facilidade no estabelecimento das atividades essenciais da empresa.

1.4.3 Tendências dos planos de negócios

As tendências dos planos de negócios podem ser consideradas como um aprimoramento e fortalecimento das tendências evidenciadas para os estilos administrativos e para os modelos de administração das empresas. Isso porque tudo que ocorrer nestes dois últimos assuntos administrativos deve ser para aprimorar os planos de negócios das empresas, pois são esses – conforme já amplamente evidenciado – que proporcionam os resultados para as empresas.

Nesse contexto, você pode considerar de forma direta ou indireta, com maiores ou menores intensidade e velocidade, todas as tendências apresentadas nos itens "a" e "b" desta seção.

Além desse consolidado, você pode considerar, de forma geral, mais as seguintes tendências dos planos de negócios das empresas:

- os planos de negócios serão, cada vez mais, o instrumento administrativo de análise ampla e transversal que direciona todas as atividades da empresa para as oportunidades de mercado. Isso porque os planos de negócios, ao considerarem, no mínimo, as questões estratégicas, mercadológicas, tecnológicas, econômico-financeiras, estruturais e operacionais das empresas, eles facilitam, com qualidade, o processo administrativo delas;
- os planos de negócios estão se consolidando como um instrumento essencial de treinamento e de decisão nas empresas. Como os planos de negócios apresentam suas informações e análises de maneira bem estruturada e lógica, o seu processo de entendimento e de aplicação torna-se assimilável por todos os profissionais que ajudam na sua elaboração e o utilizam em suas decisões no dia a dia das empresas;
- os planos de negócios, junto com os planejamentos estratégicos, estão se tornando os principais instrumentos administrativos de apoio ao desenvolvimento sustentado das empresas. Você pode considerar que o plano de negócios e o planejamento estratégico se tornaram a principal "dobradinha" administrativa para a qualidade administrativa e o sucesso das empresas, logicamente sustentada pela capacitação de seus profissionais, questão fortemente sustentada neste livro, principalmente no Capítulo 5.

Na seção 6.4, é apresentado um resumo, com várias fases e etapas, para você desenvolver um plano de negócios de forma interativa com o planejamento estratégico de sua empresa. Mas antes de chegar lá, comece agora a pensar no assunto com o seu nível de conhecimento atual.

Respeitando o princípio da análise interativa e com diferentes abordagens, este autor apresentou os assuntos desta parte inicial do livro com diferentes enfoques, mas de forma perfeitamente interligável.

Nesse contexto, tem-se:

- as origens do estilo administrativo, do modelo de administração e do plano de negócios das empresas foram estruturadas pelas funções da administração e pelas funções das empresas;
- as finalidades dos três assuntos básicos deste livro foram apresentadas de forma isolada, mas evidenciando as principais interações entre eles;
- as possíveis tendências dos três assuntos foram apresentadas pelas funções da administração e pelas funções das empresas; e
- as possíveis variações das tendências do estilo administrativo, do modelo de administração e do plano de negócios foram apresentadas em uma listagem simples.

1.4.4 Possíveis variações nas tendências

Embora as tendências dos estilos administrativos e modelos de administração e dos planos de negócios evidenciados na seção 1.4.3 apresentem interessante nível de sustentação, é válido – e talvez necessário – serem listadas algumas possíveis variações nessas tendências.

Como existe uma dificuldade natural em explicitar essas possíveis variações, este autor apresenta determinadas situações que ele vivenciou, com maior ou menor intensidade, em algumas empresas onde realizou serviços de consultoria ou treinamento.

Nesse contexto, para debate, você pode considerar algumas possíveis variações nas tendências básicas dos estilos e modelos de administração e dos planos de negócios das empresas, sendo que para tornar o debate mais interessante, em alguns casos são apresentados os aspectos negativos e os aspectos positivos das tendências identificadas.

É importante fazer a análise das eventuais variações das possíveis tendências dos estilos e modelos de administração e dos planos de negócios nos contextos positivos e negativos para as empresas para que você possa planejar, antecipadamente, as ações para melhor usufruir ou evitar essas tendências e suas variações.

Na prática, pode-se considerar que sempre existe tanto o contexto positivo quanto o negativo, e são evidenciados, em algumas situações, os dois contextos, mas em outras situações você é quem deve evidenciar o contraponto de uma situação. Isso porque o "exercício mental" dessa análise é importante, pois a mudança de um estilo administrativo básico ou do modelo de administração de uma empresa ou, ainda, de seu plano de negócios só é possível ser feita, com a necessária qualidade e incorporação, se forem muito bem planejados, bem como desenvolvidos e operacionalizados em um período médio de tempo.

Outro aspecto é que na apresentação a seguir não se separou entre as dez funções – da administração e das empresas – pelo simples fato de que você deve ter feito, conforme solicitado, a análise integrada das tendências de todas as funções identificadas; ou seja, em alguns momentos é melhor você "abrir" a análise e, em outros, o ideal é "fechar" a referida análise, pois, em administração, você sempre deve considerar o global e cada uma de suas partes, sendo que estas devem estar interligadas de forma direta ou indireta. Lembre-se do princípio da administração total e integrada!

Essas possíveis variações nas tendências dos estilos e modelos de administração e dos planos de negócios das empresas são:

i. Desconsideração da função **planejamento** como foco orientativo das outras funções

Será que isso pode ser considerado um erro? Na opinião deste autor, esse é um forte erro, pois a empresa "perde o rumo" quanto ao que deverá fazer a curto, médio e longo prazos, gerando gastos e retrabalhos desnecessários e resultados medíocres.

Portanto, não se consegue visualizar aspectos positivos nessa situação. Entretanto, acredite se quiser, existem empresas que não colocam a função **planejamento** como foco orientativo das outras funções a serem desempenhadas, sejam elas da administração ou das empresas.

ii. Falta de visão macro

Isso pode ocorrer principalmente quando do debate de **cenários**, que são situações futuras que podem ou não ocorrer, mas que podem afetar, positiva ou negativamente, o futuro da empresa e de seus profissionais.

Essa é uma variação que pode ocorrer principalmente pelo estilo administrativo dos principais executivos de uma empresa; e com sérias consequências no seu plano de negócios. Nesse caso, eles visualizam apenas o "aqui e agora" e consideram que o debate de cenários é pura utopia e "conversa mole" de quem quer fugir da realidade.

O ideal é o executivo ter um equilíbrio otimizado e interativo entre a visão macro e de longo prazo com a visão micro e de curto prazo; mas tem-se observado que só consegue essa situação quem tem forte disciplina de raciocínio e de decisão, sustentada por elevado nível de conhecimento de assuntos gerais e específicos da empresa.

iii. Excesso de burocracia

Você deve ter observado que algumas empresas tendem para a burocracia como se essa pudesse lhes proporcionar mais segurança em suas atividades, o que não é uma verdade, além de bloquear a criatividade e a inovação na empresa. É lógico que a burocracia não provoca apenas situações inadequadas, pois ela pode disciplinar a atuação da empresa e consolidar uma interessante "personalidade" para o melhor conhecimento do público em geral; mas ela deve ser aplicada com discernimento e inteligência para que os resultados sejam otimizados para a empresa.

iv. Foco nas pessoas ou nas atividades?

Essa é uma dúvida que não deveria existir, pois são as pessoas que geram conhecimentos e as atividades são exercidas com base nesses conhecimentos. Entretanto, as mudanças nas atividades normalmente são bem mais fáceis de serem feitas do que nas pessoas, o que consolida uma importante – e, às vezes, difícil – premissa a ser respeitada: procure sempre se cercar de pessoas inteligentes e com amplo conhecimento para debate de assuntos diversos!

Essa é uma situação difícil de se consolidar? Acredite: não é, desde que a empresa saiba, antecipadamente, o que esperar de cada profissional, o que só é possível se o estilo administrativo dessa empresa tiver como foco orientativo a função **planejamento**.

v. Maior nível de resistência das pessoas perante as mudanças necessárias

Na prática, pode-se considerar que essa resistência ocorre, fundamentalmente, pela falta de transparência nos atos administrativos da empresa. Portanto, existe também o "outro lado da moeda", em que essas mudanças necessárias são efetuadas com a efetiva participação dos profissionais da empresa com base em um amplo e estruturado processo de transparência de seus atos administrativos.

Você verifica que o estilo administrativo tem forte influência nessa questão, e o modelo de administração proporciona a devida sustentação para esse processo evolutivo, pois as definições da empresa estarão bem claras e entendidas por todos que trabalham na referida empresa.

vi. Incompetência para a administração total e integrada

Na administração total e integrada, os diversos instrumentos e assuntos administrativos da empresa estão devidamente estruturados e interligados de maneira direta ou indireta, consolidando uma situação simples e de baixo custo, em que o processo evolutivo da empresa é sustentado.

Embora essa seja uma situação interessante para toda e qualquer empresa, não são todas que utilizam esse modelo de administração; e a razão básica só pode ser uma: a incompetência administrativa de seus principais executivos! Para análise detalhada, pode-se verificar o livro *A moderna administração integrada*, do mesmo autor.

vii. Falta de interação e troca de conhecimentos

Nesse caso, é desrespeitado o princípio do "ganha-ganha", em que os dois lados saem ganhando, o que pode ocorrer entre empresas, entre pessoas etc. Este autor teve a oportunidade de aprender com os outros em várias situações e diferentes pessoas: parentes, amigos em geral, professores, alunos, profissionais de empresas-clientes de consultoria e treinamento, colegas de clube etc.; e consolidou o entendimento de que o grande provedor de conhecimento é o processo de troca de ideias com os outros.

E existe um algo a mais: esses debates são prazerosos, porque você tem a oportunidade de incorporar, rapidamente, a experiência de outras pessoas quanto a um assunto específico e de seu interesse.

Na prática, você pode chegar a uma situação de *benchmarking*, em que aprende como o outro faz e, talvez, tenha condições de fazer melhor ainda!

viii. Falta de liderança pelo conhecimento

A **liderança** é exercida quando uma pessoa é capaz, por suas características individuais, de entender as necessidades e expectativas de outras pessoas, bem como exprimi-las de forma válida e eficiente, obtendo o engajamento e a participação de todos no desenvolvimento e na implementação das atividades necessárias ao alcance das metas e objetivos de todo o grupo de pessoas.

Agora imagine a situação de uma pessoa ser líder pelo seu conhecimento geral ou específico de um assunto. Seguramente, essa pessoa será muito respeitada e admirada em seu grupo de trabalho ou estudo.

Você já deve ter passado por uma situação, na instituição onde estuda ou empresa onde trabalha, em que pessoas falam: "Vamos perguntar ao Fulano de Tal, pois ele sabe como as coisas devem ser feitas!". Nesse momento, vocês definem que o Fulano de Tal é o líder pelo seu efetivo conhecimento do assunto em questão.

ix.   Não acompanhamento da evolução da tecnologia

Parece ser evidente que quanto mais uma empresa acompanhar, em **tempo real** e **na tarefa**, a evolução da tecnologia, menos ela sofrerá percalços de variações nas tendências que se visualizam como as mais viáveis para a sua realidade.

Na prática, pode-se considerar que essa deve ser uma verdade tanto para as empresas como para as pessoas.

x.   Ego das pessoas

Nesse caso, as pessoas "puxam a sardinha" para as suas áreas, e o resultado é um tremendo desequilíbrio administrativo na empresa. Devemos lembrar que **ego** é o sentimento exacerbado da própria existência, consolidando, nos vários contextos de convívio pessoal, uma situação deteriorada.

Já foi amplamente explicado que um dos principais fatores de sustentação dos estilos e modelos de administração e dos planos de negócios das empresas é que os seus profissionais saibam trabalhar juntos, principalmente em equipes multidisciplinares; sendo que o ego de algumas pessoas – sobretudo as com elevado poder de decisão – pode estragar todo esse processo evolutivo.

xi.   Uso de diferentes critérios de avaliação

Os critérios de avaliação devem ser estabelecidos no início do processo, ou seja, no momento do planejamento das atividades a serem realizadas, e todos os profissionais envolvidos devem ter pleno conhecimento desses critérios de análise e avaliação.

Portanto, esses critérios não podem sofrer alterações desnecessárias, e mais, deve haver determinada uniformidade na consolidação desses critérios para que todos os profissionais, trabalhando em diferentes situações, possam entender e aceitar esses critérios como lógicos e necessários para a evolução da empresa.

xii.   Falta de "personalidade" da empresa

Com base nas 11 possíveis variações nas tendências dos estilos administrativos e dos modelos de administração das empresas, provocadas pela própria empresa analisada ou em situações que fujam do controle dessa, pode-se afirmar que a empresa pode perder a sua "personalidade", prejudicando fortemente o seu plano de negócios e a sua interação com os diversos segmentos do mercado.

Uma empresa precisa ser uma referência, precisa ser lembrada e, para tanto, precisa ter uma "personalidade" que a identifique de alguma forma positiva, perante uma grande quantidade de outras empresas que sejam suas concorrentes ou não.

Espera-se que, ao final da análise deste livro, você tenha estabelecido, com sustentação, qual já é, ou vai ser, a "personalidade" de sua empresa!

Por diversos eventos que ocorrem em vários momentos em todo o mundo, você constata que a evolução dos estilos e modelos de administração e dos planos de negócios é algo inquestionável, sendo que a única questão a ser analisada é a maneira, a velocidade e a qualidade de como cada empresa vai absorver esse processo evolutivo.

Apenas para reforçar alguns desses eventos, tem-se:

- a revolução industrial no fim do século XVIII;
- a revolução tecnológica durante o século XX;
- o surgimento dos grandes conglomerados empresariais;
- as mudanças nas empresas familiares do "único dono";
- os vários processos de fusões, cisões e aquisições;
- as situações de parcerias entre as empresas;
- as legislações locais que afetam a administração global de empresas multinacionais;
- a maior concorrência no mercado de trabalho, fazendo com que os profissionais procurem consolidar novos, diferenciados e importantes conhecimentos para proporcionar maior visibilidade de suas vantagens competitivas junto às empresas;
- a necessidade de maior interação das empresas com seus diversos *stakeholders*: comunidades, governos, acionistas, fornecedores, clientes, empregados etc.; e
- o diferencial na operacionalização de otimizada governança pelas empresas, com maior confiabilidade em suas informações, inclusive com efetiva transparência administrativa junto aos seus diversos públicos.

E só para reforçar o seu raciocínio, é válido se lembrar dos princípios básicos da boa governança corporativa das empresas:

- ter responsabilidade corporativa, incluindo o respeito pela qualidade de vida e a geração de riqueza nas comunidades em que a empresa atua;
- garantir a conformidade em todos os seus atos, respeitando as leis e as regulamentações inerentes às atividades da empresa;
- assegurar tratamento justo e igualitário aos sócios e demais partes interessadas, considerando os seus diversos direitos, deveres, necessidades, interesses e expectativas;
- dar transparência aos dados e informações que não sejam confidenciais da empresa, e não apenas àqueles exigidos por leis e regulamentos;
- prestar contas a quem de direito de todos os atos administrativos aplicados visando garantir a perenidade e a prosperidade da empresa;

- proporcionar confiabilidade às demonstrações financeiras e relatórios gerais apresentados;
- consolidar eficiência, eficácia e efetividade às atividades da empresa; e
- prever, administrar e evitar riscos corporativos de qualquer natureza.

1.5 Necessidade de interligar os três assuntos do livro

Por tudo que foi apresentado neste capítulo, você constatou que os três assuntos abordados neste livro – estilo administrativo, modelo de administração e plano de negócios – têm de ser analisados e aplicados de forma interligada e interativa, cada um influenciando e recebendo influência dos outros dois.

Essa questão vai ser reforçada nos cinco capítulos subsequentes; mas sempre surge uma dúvida: Por que existem empresas que não respeitam esse princípio, que é simples e lógico?

Essa é a pergunta básica a que este livro procura responder; e mais: apresenta uma metodologia e algumas técnicas administrativas para facilitar o seu entendimento e aplicação nas empresas, sempre reforçando a necessidade de as empresas consolidarem o princípio da moderna administração total e integrada!

Resumo

Neste capítulo foram apresentados os conceitos dos termos básicos deste livro, incluindo um elenco interessante de eventos e estudiosos que proporcionaram sustentação ao seu desenvolvimento pelas empresas.

Na sequência, foram evidenciadas as finalidades básicas dos estilos e modelos de administração e dos planos de negócios das empresas para que você nunca se esqueça de aplicá-los, sempre com qualidade.

A análise de algumas possíveis tendências dos três assuntos abordados no livro facilita o entendimento de suas importâncias para as empresas em geral; e não podemos esquecer que podem ocorrer variações – positivas ou negativas – nessas possíveis tendências.

Questões para debate e consolidação de conceitos

1. Como você entende o conceito e a importância dos estilos administrativos e dos modelos para as empresas? E dos planos de negócios?
2. Explique como os estudos realizados ao longo do tempo podem contribuir para o aprimoramento dos estilos e modelos de administração, bem como dos planos de negócios das empresas.
3. Hierarquize as finalidades dos estilos e modelos de administração e dos planos de negócios de acordo com um critério estabelecido por você. Justifique com exemplos.

4. Hierarquize as tendências dos estilos e modelos de administração e dos planos de negócios de acordo com um critério estabelecido por você. Justifique com exemplos.
5. Hierarquize as possíveis variações nas tendências dos estilos e modelos de administração e dos planos de negócios de acordo com um critério estabelecido por você. Justifique com exemplos.
6. Explique, com exemplos, por que os três assuntos do livro devem ser trabalhados juntos.

Exercício para reflexão

A diretoria da empresa onde você trabalha determinou que você foi o escolhido para explicar o que "vem antes": o estilo administrativo, o modelo de administração ou o plano de negócios; e por quê.
A diretoria da empresa estabeleceu que você não precisa dar a explicação definitiva a respeito dessa dúvida deles; mas que deve apresentar, com o máximo de sustentação, o seu posicionamento a respeito.

A explicação definitiva deverá ocorrer após a conclusão da análise deste livro, correspondendo a um serviço de consultoria que está sendo realizado na empresa.
Portanto, esse é um exercício que você pode – e deve – ir complementando pela leitura dos diversos capítulos deste livro.
Na apresentação para a diretoria da empresa, você deve, no mínimo:

- explicar, com a máxima clareza, o que significa estilo administrativo, modelo de administração e plano de negócios;
- detalhar as principais contribuições para a empresa, explicitando a estruturação e a otimizada operacionalização dessas três questões administrativas; e
- apresentar as possíveis outras questões que deverão ser consideradas pela realidade da empresa onde você trabalha. Obviamente, você deve detalhar e justificar essas questões.

Caso para análise, debate e proposta de solução

Você foi convidado para explicar para a Diretoria da Alpha Indústria e Comércio Ltda. a importância de se debater e consolidar otimizados estilo e modelo de administração e plano de negócios na empresa.
O principal problema é que os diretores não acreditam na importância e necessidade desses três assuntos para a empresa.
A empresa Alpha Indústria e Comércio Ltda. apresenta, de forma geral, as seguintes características:

- é uma empresa familiar cuja gestão é realizada pela terceira geração, que apresenta algumas brigas e disputas, sendo algumas delas por questões de ego exacerbado;
- o modelo de administração é basicamente centralizador, causado pela falta de confiança e possível neurose dos acionistas e diretores;
- existe clara disputa para exercer o comando da empresa entre alguns irmãos e primos; e

- o modelo de administração da Alpha Indústria e Comércio Ltda. não está bem definido e, muito menos, disseminado pelos diversos níveis hierárquicos.

Essas são algumas questões básicas, as quais, infelizmente, você encontra em muitas empresas, inclusive nas familiares.

Para tornar o debate do caso mais interessante, você pode estabelecer outras questões para análise do caso da Alpha Indústria e Comércio Ltda. Ela é uma empresa do segmento industrial e atacado/varejista de autopeças, e o seu organograma resumido pode ser visualizado na Figura 1.3.

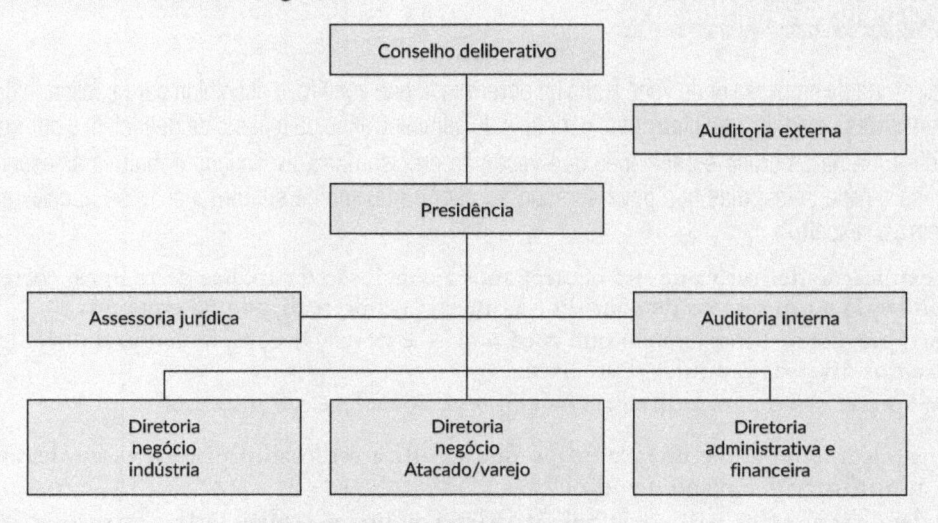

Figura 1.3 Organograma da Alpha Indústria e Comércio Ltda.

Para melhor desenvolvimento dos trabalhos, você deve completar o organograma da empresa de acordo com o seu interesse e conhecimento.

Pode-se considerar que o estilo administrativo básico na Alpha Indústria e Comércio Ltda. apresenta as seguintes características principais:

- todos os responsáveis por cada uma das oito unidades organizacionais evidenciadas no organograma se acham os "donos da verdade" e são bastante centralizadores em suas análises e decisões. E lembrando que o único momento em que esses oito profissionais debatem os assuntos da empresa é nas reuniões mensais do Conselho Deliberativo, o qual é presidido por um novo personagem, recém-chegado na empresa e que é tio do presidente da empresa; e
- esse estilo administrativo fica mais complexo ainda, porque são poucos os processos ou procedimentos administrativos que estão formalizados na Alpha Indústria e Comércio Ltda., pois o assunto **modelo de administração** nunca foi sequer debatido na empresa.

A quantidade de informações básicas que você recebe para analisar a situação da Alpha Indústria e Comércio Ltda. é baixa e, portanto, a sua primeira tarefa é completar esse caso com todas as informações e situações que julgar válidas, de acordo com o seu nível de conhecimento, ou seja, não se quer, nesse momento, alocar situações para você analisar e decidir que ainda não sejam de seu conhecimento básico.

Essa questão ocorre também quanto ao plano de negócios para o qual você deve dar o seu "toque pessoal".

A sua segunda tarefa é elaborar um plano de ação, como consultor contratado da Alpha Indústria e Comércio Ltda., para que o estilo e o modelo de administração, bem como o plano de negócios passem a ser considerados de interesse pelos oito profissionais e, posteriormente, por todos os funcionários da empresa.

Você percebe que esse caso deve ser complementado pela análise e pelo entendimento dos cinco capítulos subsequentes, o que pode representar algo motivador e desafiador para você.

Capítulo 2

Metodologia para o desenvolvimento e aplicação nas empresas

> "Tempo de decisão poupado
> é tempo de ação ganho."
> *Gerald Michaelson*

O foco deste capítulo é uma metodologia, perfeitamente estruturada e testada, para os estabelecimentos otimizados do estilo e modelo de administração e do plano de negócios ideais para a realidade de uma empresa e os seus negócios, produtos e serviços.

Essa metodologia não é única, devendo sofrer adaptações de acordo com a realidade específica, principalmente por parte dos principais executivos da empresa considerada no caso de esses profissionais não aceitarem incorporar algumas mudanças em sua atuação, o que é uma situação extremamente problemática, abordada na seção 2.1.3. De qualquer forma, ela serve, mesmo nesses casos, como referência para uma análise estruturada do que poderia ser a situação ideal para a referida empresa.

Nesse contexto, optou-se por apresentar uma metodologia de trabalho e, depois, especificar as premissas a serem respeitadas, os diversos fatores de influência direta ou indireta, o momento ideal e as precauções a serem consideradas na sua elaboração e posterior implementação e, finalmente, como a empresa pode consolidar todo esse processo da melhor maneira possível.

Evidenciou-se, também, que alguns aspectos são apresentados de forma mais detalhada do que outros, pois estes últimos podem estar sendo trabalhados em outros capítulos e seções deste livro, bem como respeitou-se a necessidade, em determinadas situações, de apresentar algumas questões com mais nível de detalhamento para facilitar seu entendimento e implementação.

Outra questão é que alguns aspectos citados como premissas, fatores de influência, precauções e fatores críticos de sucesso para o otimizado desenvolvimento e aplicação da metodologia se repetem quando são analisados os componentes, os condicionantes e os níveis de influência e de abrangência do estilo administrativo, do modelo de administração e do plano de negócios das empresas, conforme apresentado no Capítulo 3.

A razão básica dessa situação é simples: alguns assuntos inerentes ao "como fazer" se repetem quando se analisa "o que fazer", pois existem sobreposição e interação naturais entre essas duas abordagens de análise. E aqui seguramente ocorre uma sinergia positiva nos trabalhos, pois o resultado final é maior e mais interessante para a empresa do que quando se considera cada assunto isoladamente.

E esse processo sinérgico ocorre quando se analisa cada uma das questões apresentadas em todas as seções dos Capítulos 2 e 3.

> **Objetivos do capítulo**
>
> Ao fim da análise deste capítulo, você poderá responder a algumas importantes questões, a saber:
>
> - Qual metodologia pode ser utilizada para o adequado estabelecimento do estilo administrativo e do modelo de administração das empresas? E do plano de negócios dessas empresas?
> - Quais as principais premissas que devem ser respeitadas no desenvolvimento desses trabalhos?
> - Quais são os principais fatores que podem influenciar, de forma direta ou indireta, esses trabalhos nas empresas?
> - Quais as possíveis precauções que devem ser consideradas durante a elaboração e a implementação do estilo e modelo de administração e do plano de negócios ideais nas empresas?
> - Quais os fatores críticos de sucesso que devem sustentar esses trabalhos?
> - Como se deve determinar o momento ideal de se repensar o estilo e o modelo de administração de uma empresa?
> - Como se podem consolidar o estilo e o modelo de administração como base de sustentação ao plano de negócios e ao sucesso das empresas?

2.1 Metodologia para o estabelecimento do estilo administrativo e do modelo de administração ideais focando o plano de negócios

O termo **metodologia administrativa** pode ser conceituado como a explicitação estruturada de "como" as atividades inerentes a um assunto administrativo devem ser realizadas em um contexto geral ou específico. E acredite: você deve conhecer algumas empresas que não estabelecem as suas metodologias de trabalho!

Portanto, a metodologia a seguir apresentada, com vários detalhes evidenciados em capítulos e seções deste livro, serve como orientação geral para você trabalhar, da melhor maneira possível, com o estilo e o modelo de administração, bem como com o plano de negócios de sua empresa.

Você pode considerar seis fases e oito etapas no desenvolvimento desse importante trabalho na empresa, a saber:

Fase 1: Análise da realidade dos negócios e dos mercados de sua empresa.

Você deve começar os trabalhos com essa análise, a qual precisa ser a mais detalhada possível.

Existem algumas maneiras de você realizar essa análise, não sendo parte integrante deste livro apresentar todos os detalhes a serem considerados; entretanto, se você necessitar, pode verificar a metodologia apresentada no livro *Manual de avaliação de empresas e negócios*, deste autor.

Você deve ter achado estranho uma fase dos trabalhos ser referente à análise e ao entendimento da realidade dos negócios e dos mercados de atuação da empresa, o que corresponde a uma premissa de conhecimento de todo e qualquer profissional de empresa; entretanto, na prática não é isso que ocorre e, talvez, você já tenha encontrado executivos que não têm esse conhecimento em nível adequado. De qualquer forma, uma reciclagem no nível de conhecimento sempre é válida.

Essa análise dos negócios e dos mercados da empresa deve ser feita de maneira interativa, sempre em uma relação de causas *versus* efeitos; mas tomando cuidado nessas análises, pois muitas vezes são identificadas tanto causas como efeitos errados, provocando decisões inadequadas.

Com referência aos negócios, produtos e serviços, deve-se trabalhar de acordo com o impacto de cada um deles no faturamento – e no lucro – da empresa; e quanto aos segmentos de mercado, pode-se trabalhar com os clientes, os concorrentes, os fornecedores e a evolução tecnológica, nessa ordem, entre outros fatores, como a atuação dos governos – federal, estadual e municipal –, mercado financeiro etc.

Você vai perceber que é muito importante se ter adequado conhecimento de questões externas e não controláveis e, sempre, analisar as possíveis influências, positivas ou negativas, em sua realidade interna e controlável. Muitas vezes, as pessoas olham apenas a sua realidade, que é controlável; e pior, mentem para si próprias considerando qualidades e pontos fortes que não possuem.

Não é preciso gastar tempo em analisar as consequências desses posicionamentos!

E agora uma informação importante para você pensar a respeito: foi evidenciado que você, na primeira fase da metodologia, deve analisar a realidade dos negócios e dos mercados da empresa, sendo lógico que nesse momento você deve analisar e aprimorar toda a estruturação e o conteúdo do plano de negócios da empresa. Mas essa questão será evidenciada na seção 6.4, com a apresentação do resumo de uma metodologia para o desenvolvimento e a implementação do plano de negócios, pois esse autor considera que você deve conhecer os detalhes desse processo apenas após o pleno entendimento de todas as questões, fases e etapas que envolvem os assuntos abordados neste livro.

Consequentemente, na prática você deve, ao final da análise deste livro, alocar o conteúdo da seção 6.4 com a metodologia de desenvolvimento e implementação do plano de negócios nessa fase 1 e com detalhamentos nas fases e etapas subsequentes. Portanto, o plano de negócios deve ser considerado tanto uma premissa como uma consequência de tudo que está sendo analisado neste livro. E uma grande vantagem dessa alocação dos assuntos na metodologia é que você tem a oportunidade de identificar "qual é a sua" nesse contexto. Boa leitura!

Fase 2: Maneira ideal de atuação da empresa.

Com base na análise realizada na fase anterior, você pode estabelecer a forma ideal de atuação de sua empresa; e, nesse caso, você pode desenvolver os trabalhos em duas etapas perfeitamente interligadas:

Etapa 2.1: Interações com algumas questões estratégicas.

Essa etapa é de elevada importância, pois você tem a oportunidade de interligar o delineamento do estilo administrativo e do modelo de administração, bem como do plano de negócios atual de sua empresa com o que a referida empresa pretende alcançar e como pretende fazer isso.

Naturalmente, você deve fazer a interligação com todo o processo de planejamento estratégico, mas, neste momento é suficiente se focar apenas alguns itens mais importantes nesse processo, a saber:

a) **Visão** representa o que a empresa quer ser em um futuro breve ou mais distante. Portanto, a visão identifica o ponto futuro para o qual todas as estratégias e ações da empresa devem se direcionar, contribuindo diretamente para o melhor delineamento do estilo e modelo de administração e plano de negócios da empresa.

Por exemplo: se a visão da empresa for "ser referência no desenvolvimento e na disponibilização de produtos agropecuários de excelência", é necessário que os profissionais da empresa tenham o pensamento da pesquisa e da inovação tecnológica, bem como a busca constante da qualidade total; e o modelo de administração da empresa deve facilitar a realização desses trabalhos nessa empresa; e o plano de negócios deve focar esse assunto.

Também se deve considerar, nesta fase, o debate de **cenários**, que representam situações, critérios e medidas para a preparação do futuro da empresa.

Você verifica que tanto a visão da empresa como os cenários "incorporados" pela empresa têm elevadas influências no estilo e modelo de administração e no plano de negócios da empresa considerada. Isso porque se os cenários que a empresa considera como os mais viáveis de acontecerem forem prejudiciais para a referida empresa, ela poderá ter de fazer ajustes no seu estilo administrativo e, também, no seu modelo de administração, pois ele deverá proporcionar a lógica e a sustentação ao seu estilo administrativo; o mesmo ocorrendo com seu plano de negócios.

Entretanto, surge uma questão: é o estilo e modelo de administração e o plano de negócios que estabelecem a visão da empresa ou vice-versa?

Este autor considera, como ideal, que a empresa siga determinados passos nesse trabalho:

- inicialmente, estabeleça, com base em um otimizado processo de planejamento estratégico, a sua visão, ou seja, o que a empresa quer ser em um futuro breve ou mais distante;
- a seguir, analise se o plano de negócios está direcionado a essa visão; e
- depois, estabeleça o estilo administrativo e o modelo de administração correlacionados que proporcionarão a devida facilidade e sustentação para que a empresa se direcione de maneira otimizada para a sua visão.

Evidentemente, você deve consolidar este último passo pelo desenvolvimento de todas as seis fases e oito etapas do trabalho evidenciadas nesta seção, pois o estilo e o modelo de administração, bem como o plano de negócios de uma empresa só podem ser consolidados após a análise completa, caso contrário as consequências podem ser danosas para a empresa.

b) **Valores** representam os conjuntos de princípios, crenças e questões éticas fundamentais de uma empresa, bem como fornecem sustentação a todas as suas principais decisões.

Você verifica que os valores orientam e disciplinam as políticas da empresa, consolidando determinada "personalidade" de atuação e, portanto, eles interagem fortemente com o estilo administrativo e também com o modelo de administração da referida empresa.

É importante que você identifique, debata e consolide muito bem os valores básicos da empresa onde trabalha, caso contrário a sua administração se tornará frágil, complexa, morosa e de elevado custo.

Algumas empresas consideram que os valores de algumas pessoas consolidam, diretamente, o estilo administrativo dessas pessoas, mas a realidade não é essa, pois pode ser – o que é bastante comum – que essas pessoas não tenham sequer competência para estabelecer determinado estilo administrativo na empresa que não seja uma "bagunça total".

Evidencia-se, portanto, que neste livro o assunto **estilo administrativo** é analisado como algo estruturado e pensado, sendo que o mais importante é se esse estilo vai contribuir diretamente para os resultados da empresa analisada decorrentes, principalmente, de seu plano de negócios.

Nesse contexto, quando se aborda o assunto do estilo administrativo, é pela sua existência – adequada ou não – e não pela sua não existência, pois, nesse caso, a empresa está no caos.

Conforme já evidenciado, existem empresas que não conhecem – ou não se preocupam em conhecer – o seu estilo administrativo, o que, por si só, já é algo no mínimo esquisito!

c) **Missão** representa a razão de ser da empresa, evidenciando o espaço dentro do qual a referida empresa atua ou pretende atuar em um futuro breve ou mais distante, com a explicitação a quem ela atende com seus produtos e serviços. Portanto, a missão estabelece o "campo de futebol" dentro do qual a empresa atua no momento e já analisa alguns segmentos nos quais pretende atuar no futuro.

Você verifica que a amplitude da missão de uma empresa influencia, de forma direta, o seu estilo e o modelo de administração, bem como o seu plano de negócios, pois quanto mais ampla for a missão, mais os profissionais da empresa devem ter o processo decisório com maior nível de complexidade.

Talvez por essa razão algumas empresas projetam uma missão muito ampla para um futuro bem distante; mas estabelecem tamanhos intermediários que vão aumentando ao longo desse período. Para os casos de aprimoramentos e complementos dos planos de negócios, principalmente, mas também do estilo administrativo e do modelo de administração, essa análise evolutiva em geral se mostra como válida; evidentemente, com a premissa de que essas empresas tenham otimizados planejamentos estratégicos, em que todas as decisões e ações de curto, médio e longo prazos estejam muito bem estruturadas e interligadas.

Imagine uma empresa com a seguinte missão: "Atender às necessidades e expectativas do mercado de lubrificantes e autopeças na região dos municípios X, Y e Z.

Ela definiu o universo de seus negócios e áreas de atuação, os quais podem se manter, aumentar ou diminuir – inclusive pela especificação de novos lubrificantes e/ou autopeças –, situações essas que podem afetar, um pouco, o estilo administrativo e muito o modelo de administração da empresa e, mais ainda, o plano de negócios.

A prática tem demonstrado que a interação entre o estilo administrativo, o modelo de administração e o plano de negócios é mais forte no caso da visão – ver item "a" – depois com os valores – ver item "b" – e, finalmente, com a missão; e esse desequilíbrio ocorre, também, quanto aos diversos itens evidenciados a seguir nas fases e etapas da metodologia.

d) **Macroestratégia** representa a grande estratégia ou caminho que a empresa aplica com a finalidade de atuar nos negócios e segmentos de mercados atuais e potenciais identificados dentro da sua missão.

Você observa que a macroestratégia mostra o caminho básico que a empresa deve seguir durante um período de tempo mais longo e, portanto, é um forte indicativo do que deve ser o estilo administrativo e o modelo de administração ideais para proporcionar otimizada sustentação a esse processo e, principalmente, ao plano de negócios da empresa.

Naturalmente, cada macroestratégia deverá ser decomposta em **estratégias**, que são caminhos, maneiras ou ações formuladas e adequadas para se alcançar, preferencialmente de maneira diferenciada e inovadora, objetivos e metas estabelecidos no melhor posicionamento da empresa perante seu ambiente, onde estão os fatores não controláveis pela referida empresa.

A prática tem demonstrado que o estilo administrativo dos principais executivos da empresa tem influência direta na qualidade das estratégias e, principalmente, das macroestratégias da empresa; e que o modelo de administração pode proporcionar elevada sustentação a esse processo criativo, pois deve consolidar as melhores maneiras de as atividades da referida empresa serem realizadas!

Com referência ao plano de negócios, você pode considerar que a influência é decorrente de quatro aspectos: do pensamento e análise ampla e criativa de seus executivos, da estruturação do plano de negócios, da qualidade das informações utilizadas no processo decisório e da interligação com o planejamento estratégico da empresa.

Talvez se possa afirmar que o estilo administrativo consolida os aspectos informais e criativos das estratégias e das macroestratégias; o modelo de administração proporciona a devida sustentação e qualidade pelos aspectos formais estabelecidos; e o plano de negócios operacionaliza e valida as referidas estratégias e macroestratégias.

Em vários momentos deste livro, é evidenciada a necessidade de se interligar os três assuntos abordados, pois, caso contrário, a análise decisória ficará muito prejudicada na empresa, questão que foi reforçada na seção 1.5.

Você pode considerar que esses são os principais itens do processo de planejamento estratégico a serem considerados nesta fase da metodologia para o estabelecimento do estilo administrativo, do modelo de administração e do plano de negócios ideais para uma empresa.

Entretanto, no desenvolvimento dos trabalhos você deve considerar, também, ainda que de uma forma mais geral, os outros diversos itens de um processo de planejamento estratégico, como: macropolíticas, oportunidades e ameaças, pontos fortes e fracos, postura estratégica, objetivos gerais e funcionais, desafios, metas, projetos e planos de ação. Mas o foco deste livro não compreende todas essas análises e interações, sendo que detalhes podem ser obtidos no livro *Planejamento estratégico*, do mesmo autor.

Você verifica que este autor está partindo de uma premissa básica: que a empresa já tenha um planejamento estratégico estruturado, caso contrário é melhor resolver essa carência e só depois começar os trabalhos inerentes ao estilo administrativo, ao modelo de administração e ao plano de negócios da empresa.

Se não for respeitada essa premissa, a referida empresa poderá jogar fora dinheiro e tempo, bem como boas decisões e ações.

As outras importantes premissas a serem respeitadas nesse trabalho são apresentadas na seção 2.1.1.

Etapa 2.2: Interação ideal com os diversos segmentos dos mercados comprador e fornecedor.

Com base nas diversas análises anteriores, você pode estruturar e consolidar a interação ideal com os clientes e fornecedores, tanto atuais quanto potenciais, fechando um sistema em que o seu núcleo é a empresa onde você trabalha.

Portanto, a partir deste momento, toda a análise deve ser a mais ampla possível, considerando um sistema integrado formado pela empresa – com seus profissionais, atividades, tecnologias, produtos, serviços etc. – e todos os seus fatores externos ou não controláveis; ou seja, consolida-se a abordagem estratégica da metodologia em estudo, situação essa representada, de forma resumida, na Figura 2.1.

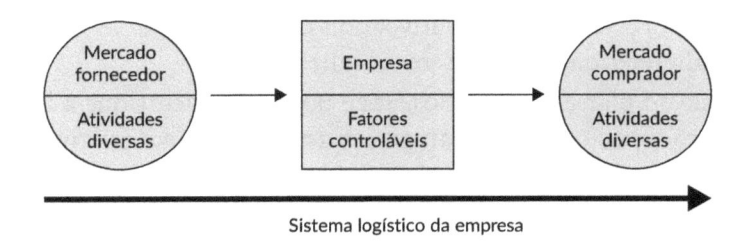

```
   ┌─────────┐           ┌─────────┐           ┌─────────┐
   │ Mercado │           │ Empresa │           │ Mercado │
   │fornecedor│    →     ├─────────┤    →     │comprador│
   │Atividades│           │ Fatores │           │Atividades│
   │ diversas │           │controláveis│        │ diversas │
   └─────────┘           └─────────┘           └─────────┘
                  ━━━━━━━━━━━━━━━━━━━━━━━━━━▶
                     Sistema logístico da empresa
```

Figura 2.1 Sistema logístico da empresa.

A Figura 2.1 representa o sistema logístico genérico de uma empresa, desde o seu planejamento de insumos até o pós-venda dos seus produtos e serviços, e esse processo exige elevada amplitude tanto do estilo e modelo de administração como do plano de negócios da empresa.

Na verdade, essa amplitude é a maior possível, basicamente coincidindo com a do processo de planejamento estratégico da empresa, ou seja, os instrumentos administrativos considerados, principalmente no início dos trabalhos, devem ser da mais alta amplitude, caso contrário a análise e o delineamento do estilo administrativo e do modelo de administração ideais da empresa podem ficar comprometidos e se direcionarem a decisões e ações erradas, sobretudo em seu plano de negócios, o qual vai operacionalizar, principalmente, as atividades mercadológicas da empresa. E aqui vai um comentário: você vai verificar, na seção 6.4.1, que um plano de negócios considera todas as atividades básicas de uma empresa, mas, na maior parte das vezes, pode ter um "cacoete" mercadológico e você vai verificar que isso pode ser interessante em alguns casos.

Fase 3: Interação dos sócios e dos conselhos com as atividades da empresa.

Naturalmente, os sócios e os conselhos, que existirem, devem ter atuado desde o início dos trabalhos inerentes às suas metodologias de estabelecimento e implementação, mas reforça-se, neste momento, a necessidade efetiva de uma forte interação formando um bloco único no processo decisório.

É necessário evidenciar essa questão, pois já se observou em algumas empresas o distanciamento dos sócios e – acredite! – dos conselhos nas decisões mais importantes da empresa.

A prática tem demonstrado que a melhor abordagem é da **governança corporativa**, que representa o modelo de administração que, a partir da otimização das interações entre acionistas ou quotistas, conselhos – de administração, fiscal, deliberativo e consultivo –, auditorias – externa e interna – e diretoria executiva, proporciona a adequada sustentação para o aumento da atratividade da empresa no mercado – financeiro e comercial – e, consequentemente, incremento no valor da empresa, redução do nível de risco e maior efetividade da empresa ao longo do tempo. Para detalhes, pode-se analisar o livro *Governança corporativa na prática*, do mesmo autor.

Os conselhos, quando existirem, também representam importante parceiro no processo de estabelecimento do estilo e modelo de administração e do plano de negócios ideais das empresas, pois são os órgãos colegiados onde devem ocorrer os grandes debates dos assuntos mais importantes de uma empresa; pelo menos é isso que se espera! Para detalhes, você pode analisar o livro *Comitês, comissões, conselhos e outros órgãos colegiados das empresas*, do mesmo autor.

A prática tem demonstrado que a forte, disciplinada e inteligente atuação das pessoas que têm o maior poder de decisão é um dos principais fatores de identificação, debate e consolidação de interessantes estilos e modelos de administração nas empresas e, portanto, de seus planos de negócios. Mas atenção: isso quando essas pessoas têm, efetivamente, competência para tal!

Fase 4: Delineamento do estilo administrativo e de atuação ideal dos executivos da empresa.

Com base nos resultados das três fases anteriores, você pode delinear o estilo administrativo e de atuação ideal que os principais executivos da empresa devem ter e apresentar, consolidando uma "personalidade" administrativa da empresa.

Na prática, esse é um delineamento geral de uma situação ideal que você vai complementar com a análise dos Capítulos 3 e 4.

Nessa fase, você também deve fazer uma análise básica da realidade do estilo administrativo que esses executivos e os demais profissionais da empresa apresentam, usando alguns critérios estabelecidos pela equipe participante dos trabalhos e outras questões evidenciadas principalmente no Capítulo 5.

Como exemplos de alguns assuntos administrativos que podem ser utilizados na análise do estilo administrativo dos executivos de uma empresa, tem-se:

- capacitação;
- conhecimento;
- habilidade;
- atitude;
- planejamento;
- organização;
- direção;
- gestão de pessoas;
- desenvolvimento de pessoas;
- liderança; e
- avaliação.

Evidencia-se que a prática tem demonstrado que o ideal é trabalhar com 15 a 20 assuntos para análise, proporcionando amplo debate entre os profissionais participantes do processo, mas também facilitando a necessária interligação entre esses assuntos administrativos.

Para facilitar a análise da interação entre o estilo administrativo ideal e o estilo administrativo que cada executivo apresenta, pode-se utilizar o formulário evidenciado na Figura 2.2.

Ordem	Assuntos para análise	Peso	Avaliação		Avaliação dos colegas		Ações para melhoria	Prioridade das ações
			Nota	Justificativa	Nota	Justificativa		

Figura 2.2 Análise do estilo administrativo.

A aplicação do formulário apresentado na Figura 2.2 deve respeitar a seguinte situação:

- **Número de ordem**: sequência dos assuntos a serem analisados, podendo estar em ordem sequencial de acordo com a técnica GUT – ver seção 2.1.4 – ou algum outro critério de escolha do grupo.
- **Assuntos para análise**: identificação de todos os assuntos a serem avaliados, podendo separar por grupos com alguma homogeneidade.
- **Peso**: estabelecimento do nível de importância do assunto, podendo utilizar a técnica GUT e, depois, alocar em grupos de peso de 1 a 5 de acordo com a evolução do nível de importância. A empresa deve manter a mesma estrutura de pesos dos diversos assuntos por um período considerável de tempo para uma análise comparativa adequada.
- **Autoavaliação**: avaliação que o profissional realiza de seu estilo administrativo, evidenciando:
  - Nota: você deve dar uma nota de 1 a 10 quanto ao seu nível de estilo administrativo no assunto analisado; e
  - Justificativa: é necessário apresentar as justificativas da nota que você se atribuiu na coluna anterior.
- **Avaliação dos colegas**: dois ou três colegas de trabalho devem realizar uma avaliação de você, evidenciando:
  - Nota: deve ser de 1 a 10; e
  - Justificativa: eles devem apresentar as justificativas básicas de cada nota dada para você.
- **Ações para melhoria**: você deve explicitar o que deverá aprender, desenvolver e aplicar para que a sua nota fique mais elevada. Na realidade, você deve considerar ações para melhoria mesmo para assuntos em que você tenha tirado a nota máxima; e pode interligar essas ações para melhoria com os diversos assuntos abordados neste livro, principalmente no Capítulo 5.

- **Prioridade das ações**: estabelecimento das prioridades, possivelmente por grupo de ações correlacionadas; e mais uma vez você pode utilizar a técnica GUT, com base na identificação dos diversos assuntos administrativos evidenciados nas diferentes ações.

Etapa 4.1: Análise interativa.

Você verifica que essa avaliação do estilo administrativo considerou duas realidades atuais:

- o estilo administrativo de cada profissional da empresa; e
- sua análise perante a situação dos outros instrumentos administrativos da empresa – modelo de administração, plano de negócios etc. –, sem considerar os possíveis processos evolutivos desses instrumentos administrativos da empresa.

Portanto, a ideia foi de realizar uma "fotografia" do atual estilo administrativo, sem a análise específica de sua qualidade para o que a empresa realmente precisa.

Você percebe que a sequência de desenvolvimento dos trabalhos pode seguir determinadas ordens quanto ao que deve ser o primeiro item, o segundo item etc. Mas a proposta é seguir uma ordem sequencial lógica com forte interação, ou seja, um trabalho influencia o outro, provocando um processo evolutivo interessante e sustentado.

A apresentação geral dessa ordem dos trabalhos é evidenciada neste momento pelo simples fato de que os assuntos das três fases anteriores são inquestionáveis. Nesse contexto, você vai perceber que a proposta deste autor é que a partir deste momento você observe o seguinte raciocínio:

- primeiro, deve-se debater o estilo administrativo existente, independentemente da realidade da empresa e de seus negócios, atuais e futuros. Isso é o que você fez, principalmente pela aplicação do formulário evidenciado na Figura 2.2;
- depois, você deve interagir com a situação atual e futura desejada da empresa e de seus negócios, o que você identificou e analisou nas Fases 1 e 2;
- a seguir, deve analisar "qual é a dos sócios e conselheiros" quanto às atividades e aos negócios da empresa, naturalmente explicitando formalmente as ações a serem aplicadas. Essa questão, evidenciada na Fase 3 da metodologia, é de elevada importância, pois essas pessoas podem ajudar ou atrapalhar, em muito, a qualidade dos trabalhos;
- depois, deve extrapolar esses trabalhos para os outros níveis hierárquicos da empresa, pois acredite: esse procedimento vai proporcionar diversas contribuições para o desenvolvimento dos trabalhos, inclusive para consolidar programas de treinamento que realmente sejam os necessários para sustentar o desenvolvimento das atividades dos resultados e dos negócios da empresa, sendo consolidado pelas etapas 4.2 e 4.3;
- o momento seguinte corresponde à análise e ao delineamento básico do modelo de administração que melhor sustente o desenvolvimento dos negócios da empresa,

conforme resultado das Fases 1, 2 e 3 e que respeite o identificado na Fase 4 da metodologia. Esse trabalho é fundamentado principalmente pelas etapas 5.1 e 5.2; e
- a seguir, você deve fazer todos os ajustes, pois o processo é interativo, com cada fase ou etapa fornecendo informações e aprimorando as outras fases e etapas da metodologia para o estabelecimento do estilo administrativo e do modelo de administração ideais focando o plano de negócios da empresa.

Você verifica que esse processo também é iterativo, ou seja, ele é repetitivo, bem como cada atividade – parte do processo – é resultante da realização da atividade anterior.

E aqui vai uma **dica**: quanto mais você tratar esse processo de forma interativa e iterativa e também com elevados níveis de participação e comprometimento dos executivos e demais profissionais da empresa, seguramente mais os resultados serão otimizados; e também: esse processo é um excelente mecanismo para o treinamento e melhor capacitação de todos **na tarefa** e **em tempo real**.

Etapa 4.2: Extrapolação para os demais profissionais da empresa.

Essa é uma questão evidente e muito importante, mas, por incrível que possa parecer, são poucas as empresas que aplicam, de forma plena e equalitária, um processo de autoavaliação e de avaliação integrada realizada pelos colegas para todos os profissionais da empresa.

Para as empresas que aplicaram com qualidade esse processo, tem ocorrido um interessante resultado: maiores níveis de qualidade na participação no processo decisório, no comprometimento para com os resultados planejados e com a produtividade setorial e global da empresa; ou seja, quando você extrapola e generaliza na empresa um procedimento importante, ela consegue "disciplinar" e equilibrar o seu estilo administrativo, consolidando a chamada "personalidade empresarial".

Essa é uma questão de extrema importância, pois você deve pensar o seguinte: como é possível fazer com que um estilo administrativo se consolide em uma empresa?

Seguramente, essa não é uma tarefa simples, mas você deve considerar as importantes premissas para alcançar o resultado esperado:

- inicialmente, você precisa estruturar algum instrumento administrativo que possa ser aplicado em todos os profissionais da empresa;
- em seguida, você deve explicar – muito bem! – a aplicação do referido instrumento administrativo; e
- finalmente, dar credibilidade à aplicação do referido instrumento administrativo, de forma equalitária, junto a todos os profissionais da empresa.

Esses procedimentos explicitam que na referida empresa todos os profissionais devem fazer parte de um todo único – que é a empresa –, mas com diferentes papéis, responsabilidades e autoridades direcionados para um objetivo maior comum.

O instrumento administrativo que este autor tem aplicado nos referidos procedimentos é o planejamento empresarial envolvendo, de forma integrada, o planejamento estratégico e os planejamentos táticos e operacionais da empresa, os quais consideram os mais diversos assuntos de uma empresa e, portanto, as suas diversas áreas e níveis hierárquicos, consolidando uma situação em que todos devem buscar os mesmos resultados intermediários e finais para a referida empresa.

Mas você pode trabalhar com outros instrumentos administrativos de plena abrangência na empresa, como logística, qualidade total, governança corporativa; e, se quiser – idealmente! –, pode trabalhar com todos os referidos instrumentos administrativos de forma conjunta, interativa e global.

Etapa 4.3: Estruturação e consolidação dos programas de treinamento e desenvolvimento profissional.

Quando você consolida a situação apresentada na etapa anterior, é uma interessante oportunidade para começar a estruturar otimizados programas de treinamento e desenvolvimento profissional; mas lembre-se: esses programas devem ter direcionamento, o qual é proporcionado pelo planejamento estratégico anteriormente elaborado, caso contrário o treinamento não servirá para nada!

As contribuições desse processo ultrapassam o estilo administrativo e chegam ao modelo de administração, proporcionando maior sustentação do plano de negócios da empresa, como apresentado na Figura 2.3.

Figura 2.3 Estratégico × comprometimento.

Neste momento, é válida a explicação de como o planejamento estratégico é o mais importante instrumento administrativo de sustentação aos otimizados programas de treinamento das empresas:

- no processo de todo e qualquer planejamento estratégico, o foco básico é o estabelecimento dos objetivos e metas – resultados a serem alcançados –, estratégias – ações a serem desenvolvidas para se alcançar objetivos e metas – e políticas,

que são leis e regras a serem respeitadas para se consolidar certa disciplina nesse processo e consequente uniformidade na realização e cobrança dos trabalhos e seus resultados;
- para que as estratégias não sejam simples frases, elas são decompostas em projetos, com a indicação explicitada e quantificada dos resultados a serem alcançados, das atividades ou partes do projeto a serem realizadas, dos prazos de realização de cada atividade e de todo o projeto, bem como dos responsáveis pelas atividades a serem desenvolvidas;
- essas atividades são alocadas em processos que representam os diversos trabalhos a serem realizados pelas diferentes unidades organizacionais da empresa;
- os profissionais da empresa são alocados nessas atividades dos diversos processos;
- esses profissionais são avaliados quanto ao seu nível de capacitação para realizar essas atividades;
- as carências dos profissionais são alocadas nos programas de treinamento da empresa; e
- os profissionais são, efetivamente, treinados em suas carências e para o que a empresa precisa para alcançar a situação futura desejada estabelecida no planejamento estratégico.

Fase 5: Estruturação do modelo de administração.

Neste momento, o foco é a estruturação, da melhor maneira possível, do modelo de administração que vai proporcionar otimizada sustentação ao estilo administrativo ideal e de atuação dos executivos e demais profissionais da empresa e, consequentemente, proporcionar efetiva sustentação ao seu plano de negócios.

Você pode considerar essa observação evidente – e o é! –, mas poderá ficar assustado com a quantidade de empresas que primeiro se preocupam com o seu modelo de administração e, depois – em alguns casos nem fazem isso! –, analisam o estilo administrativo e de atuação dos seus profissionais.

Se você tiver alguma dúvida a respeito, pense nas seguintes questões:

- Por que acertar como as atividades da empresa devem ser organizadas e desenvolvidas sem antes debater e ajustar o estilo administrativo e de atuação dos profissionais da empresa, os quais são responsáveis por essas atividades?
- Quais as chances de essas atividades serem otimizadas se os profissionais que as executam não se envolverem com elas?

Você vai constatar, pelo Capítulo 4, que sempre existe perfeita interação entre o estilo administrativo e o modelo de administração de toda e qualquer empresa; mas também vai verificar que embora os dois assuntos estejam sempre interativos, com um influenciando e recebendo influência do outro, na prática, quando da conclusão dos trabalhos, o modelo de administração deve estar proporcionando a devida sustentação para que o otimizado estilo administrativo estabelecido possa ser exercido na plenitude da qualidade total, não se esquecendo da questão do plano de negócios da empresa!

Para a adequada estruturação do modelo de administração de uma empresa, você pode utilizar dois instrumentos administrativos principais: os processos e a estruturação organizacional da empresa, cujos aspectos principais são apresentados a seguir.

Etapa 5.1: Estruturação pelos processos.

Você deve estruturar o seu modelo de administração ideal sustentado pelos **processos**, que representam os conjuntos sequenciais de atividades direcionadas a um resultado específico. Portanto, você deve, primeiramente, identificar todas as atividades realizadas – e a serem desenvolvidas em um futuro breve – pela empresa e, a seguir, alocá-las sequencialmente em processos que serão orientadores dos diversos trabalhos dos profissionais da empresa.

Essa situação tem uma série de benefícios para a empresa, inclusive por formalizar como os diversos trabalhos são realizados, pois só se consegue aprimorar o que foi formalmente estruturado anteriormente, ou seja, não se aprimora "conversa fiada". Para detalhes, analisar o livro *Administração de processos*, do mesmo autor.

De qualquer forma, neste momento você deve considerar as seguintes questões principais na identificação, estruturação e operacionalização dos processos na empresa onde trabalha:

i. A primeira questão é da amplitude de análise dos processos, e aqui a ideia é se "errar pelo excesso", ou seja, considerar todos os fatores ou assuntos internos e controláveis pela empresa, bem como os fatores ou assuntos externos ou não controláveis.
Uma ideia é você segmentar esses assuntos da seguinte forma:
- assuntos estratégicos considerando a análise, o desenvolvimento e a operacionalização de instrumentos administrativos com forte abordagem estratégica, como: planejamento estratégico, marketing total, qualidade total e logística;
- assuntos estruturais, como a estrutura organizacional, o sistema de informações gerenciais, o sistema orçamentário e de custos por atividade;
- assuntos tecnológicos, como o desenvolvimento de produtos e serviços, aprimoramentos do processo produtivo e identificação, captação, desenvolvimento e aplicação do conhecimento nas diversas atividades atuais e futuras da empresa; e
- assuntos da atuação profissional, como o nível de capacitação profissional, a análise e o aprimoramento do desempenho de cada profissional, a análise de seu potencial, o debate de seu comportamento e atitude diante das diversas situações que enfrenta, bem como a análise de seu nível de comprometimento para com os resultados esperados.

ii. A segunda questão refere-se ao sequenciamento de etapas que você deve considerar para o adequado desenvolvimento e implementação dos processos administrativos dentro do modelo de administração da empresa e, nesse caso, você pode considerar:
- consolidação do nível de comprometimento básico ideal por parte de todos os profissionais da empresa, em que você deve estabelecer e explicar os conceitos de todos os assuntos a serem abordados, as metodologias básicas

de seus desenvolvimentos e aplicações, as suas vantagens e precauções, resultando no delineamento do modelo ideal de realização dos trabalhos e dos correspondentes treinamentos para que ocorra um otimizado processo de mudanças na empresa;
- estruturação de todos os trabalhos a serem desenvolvidos para que os processos orientem e sustentem o modelo de administração da empresa, tais como a identificação das expectativas dos clientes, a interação entre fornecedores e clientes, as medidas de desempenho, a identificação dos processos de apoio, a análise dos problemas existentes e potenciais, a identificação de atividades permanentes e esporádicas, a identificação das atividades que agregam valor, o *benchmarking* ou aprendizado com os melhores, as estimativas de recursos necessários, bem como o estabelecimento das prioridades;
- análise de cada uma das questões: situação futura desejada, realidade dos processos considerados, verificação do valor agregado, aprimoramento dos indicadores de desempenho, verificação dos resultados alcançados, delineamento dos processos ideais, decomposição da passagem para a situação futura, identificação de alternativas e definição das prioridades;
- desenvolvimento das atividades básicas para consolidação dos processos como: sistema de informações gerenciais, efetivação da relação entre processos e informações, estruturação dos processos, análise da abordagem tecnológica, adequação da estrutura organizacional – ver etapa 5.2 –, delineamento dos estilos administrativos – ver fase 4 – e identificação do profissional catalisador responsável pelos trabalhos; e
- planejamento da implementação, com a realização de todas as atividades de planejamento dos processos na empresa, as suas implementações, bem como as necessárias avaliações e os posteriores aprimoramentos.

Esse é um resumo do conjunto de tarefas que você pode considerar para o adequado desenvolvimento e implementação dos processos administrativos para consolidar um otimizado modelo de administração nas empresas.

Etapa 5.2: Consolidação da estrutura organizacional.

Deve-se lembrar que **estrutura organizacional** representa o instrumento administrativo resultante de identificação, análise, ordenação e agrupamento das atividades e recursos das empresas, incluindo o estabelecimento dos níveis de alçada e dos processos decisórios, visando ao alcance dos objetivos estabelecidos pelos planejamentos das empresas.

Não é foco deste livro a apresentação dos diversos tipos de estruturação organizacional das empresas, com suas características, vantagens e precauções a serem consideradas, mas você deve saber que alguns tipos focam as atribuições específicas das empresas, outros têm a preocupação básica com os negócios das empresas, enquanto determinados tipos auxiliam as diversas estruturações organizacionais, mas, na realidade, as empresas geralmente utilizam combinações das diversas formas de estruturação. Para detalhes, você pode analisar o livro *Estrutura organizacional*, do mesmo autor.

Você verifica que a estruturação organizacional representa o fim e a consolidação de um modelo de administração ideal para a empresa, não devendo ser delineado no início dos trabalhos, pois pode engessar todo o raciocínio e análise posteriores; e a estrutura organizacional nunca deve preceder a estruturação estratégica e organizacional, pois essa deve ser delineada como sustentação para que a empresa alcance os resultados esperados e, portanto, considera outras questões além do desenho do organograma da empresa.

Embora seja uma observação evidente, muitas empresas ainda colocam o delineamento da estrutura organizacional antes do estabelecimento de suas estratégias, questão que só foi acertada em 1962, como decorrência principalmente dos estudos de Adolf Chandler, consolidados em seu livro *Strategy and structure*.

Para o estudo das estruturações organizacionais, podem ser considerados os modelos de administração que as empresas pretendem consolidar e, nesses casos, você pode trabalhar com as seguintes situações:

a) Quando a preocupação básica é estabelecer e administrar as principais atribuições de cada uma das áreas da empresa, podem-se considerar, de forma isolada ou conjunta, as seguintes estruturações organizacionais ou departamentalizações:

  i. **Funcional**, em que as atividades são agrupadas de acordo com as funções da empresa, podendo ser considerada a forma mais utilizada pelas empresas. Entretanto, ela pode apresentar algumas situações negativas para as empresas, como a formação de **feudos**, problemas de comunicação e excesso de burocracia na execução das atividades, sendo que você pode utilizar alguns instrumentos administrativos para amenizar ou eliminar esses problemas como os comitês ou comissões e as equipes multidisciplinares.

  De qualquer maneira, a departamentalização funcional pode ser considerada válida para empresas cujas atividades sejam bastante repetitivas, altamente especializadas e pouco integradas.

  Você encontra a departamentalização funcional em praticamente toda empresa, quer seja abrangendo todas as partes da empresa ou em algumas partes específicas e, neste último caso, se apresentando como a departamentalização mista (ver item c).

  ii. **Por quantidade**, em que ocorre o agrupamento de certo número fixo de profissionais responsáveis nas atividades não diferenciáveis com a obrigação de executar tarefas constantes sob a ordem de um superior.

  Foi colocado esse tipo esquisito de departamentalização pelo fato de algumas poucas empresas ainda o utilizarem; mas não se preocupe, pois o seu uso tem diminuído, pelas seguintes razões básicas:

  - há desenvolvimento da capacitação dos profissionais das empresas;
  - os trabalhos de equipes especializadas são mais eficientes e eficazes do que os baseados em número de pessoas; e

- não serve para os níveis intermediários e mais elevados da empresa, apresentando restrições para diversas áreas dos níveis mais baixos da hierarquia empresarial.

iii. **Por turno**, que pode ser considerada uma variante da departamentalização por quantidade, apresentando um conjunto de atividades similares alocado em diferentes unidades organizacionais tendo em vista o turno ou o período em que essas atividades similares são realizadas. Você pode encontrar esse tipo de departamentalização normalmente em áreas com atividades operacionais, quando:
- os trabalhos similares, repetidos e, principalmente, contínuos são desenvolvidos em todo o dia, ou pelo menos períodos que ultrapassem os horários normais do expediente de trabalho;
- a demanda dos produtos e serviços da empresa está elevada em relação aos recursos disponibilizados (pessoas, equipamentos);
- a empresa tem processos operacionais simples e padronizados, bem como elevado nível de realização com baixo custo administrativo; e
- não se quer pagar hora extra de trabalho.

iv. **Matricial**, quando ocorre a sobreposição de dois ou mais tipos de departamentalização sobre a mesma pessoa, sendo essa sobreposição geralmente a estrutura ou a departamentalização funcional – ver item i – com departamentalização por projetos (ver item "b" a seguir).

Foi alocada a departamentalização matricial nesse grupo pelo simples fato de que as departamentalizações funcional e por projetos apresentam elevada preocupação com o estabelecimento e a administração das atividades desenvolvidas pelas empresas.

Embora a departamentalização matricial apresente as desvantagens da dupla subordinação e dos conflitos de interesses entre os chefes funcionais e os chefes de projetos – e quem "sofre" com essas duas situações seja o funcionário subordinado a ambos –, pode-se considerar que ela apresenta algumas vantagens, a saber:
- possibilidade de maior aprimoramento da equipe de trabalho;
- coordenação da equipe de forma mais adequada e coerente;
- maior desenvolvimento da capacitação profissional;
- maior especialização nos trabalhos;
- melhor uso dos recursos diversos;
- melhor cumprimento dos prazos e orçamentos planejados;
- maiores níveis de motivação e de produtividade; e
- melhor conhecimento e atendimento aos clientes do projeto e também as questões decorrentes das outras atividades da empresa.

b) Quando a principal preocupação da empresa é o plano de negócios, com influência positiva no estilo administrativo, principalmente, e no modelo de administração, podem-se considerar, de forma isolada ou conjunta, as seguintes estruturações organizacionais ou departamentalizações:

i. **Unidades estratégicas de negócios**, em que se agrupam as atividades inerentes aos negócios da empresa ou grupo empresarial facilitando as suas interações com as necessidades e expectativas dos diferentes segmentos de mercado.

O desenvolvimento desse tipo de departamentalização está correlacionado a vários aspectos, tais como as constantes mutações dos fatores externos ou ambientais, as ações dos concorrentes atuais e potenciais, a forma de remuneração dos executivos, a busca de novos desafios, a filosofia de atuação do empreendedor interno e, principalmente, a forma de cobrança dos diversos segmentos do mercado.

Deve-se lembrar que **Unidade Estratégica de Negócios** (UEN) é uma unidade ou divisão da empresa ou grupo empresarial responsável por consolidar os resultados esperados de um negócio e por desenvolver uma ou mais **Áreas Estratégicas de Negócios** (AEN), que correspondem a uma parte ou segmento de mercado ou uma parte da população com a qual a empresa, por meio de suas UENs, se relaciona de maneira estratégica, ou seja, de forma otimizada.

Na prática, a departamentalização por UEN é uma das que mais influenciam no estilo administrativo das empresas, pois nesse caso a equipe responsável por uma UEN responde, efetivamente, pelo planejamento e pelos resultados apresentados, não tendo uma "bengala" de desculpas para falar que a "culpa foi dos outros".

Normalmente, uma UEN fica com algumas responsabilidades essenciais, como: pesquisa e desenvolvimento, produção ou operação e atendimento e/ou vendas.

Por outro lado, algumas atividades podem ficar na administração corporativa, que congrega atividades comuns às diversas UENs da empresa ou grupo empresarial, como: suprimentos, apoio administrativo e financeiro, bem como algumas atividades de marketing, como delineamento de estratégias mercadológicas, análise de mercado, propaganda e promoção.

Você pode considerar a possibilidade de criar uma UEN quando observar algumas características na análise da relação produtos ou serviços *versus* segmentos de mercado, como:

- preços e qualidade vinculados;
- clientes semelhantes;
- mesmos concorrentes; e
- mesmas necessidades fundamentais dos segmentos de mercado que estejam sendo atendidas.

De qualquer forma, você sempre pode observar determinadas vantagens proporcionadas pela departamentalização por UEN, a saber:

- maior facilidade de análise e de atuação sobre o ambiente estratégico;
- melhor balanceamento das atividades frente aos objetivos gerais da empresa/UEN ou mesmo em nível da administração corporativa, congregando algumas empresas parceiras;

- ter os processos de planejamentos estruturados, interligados, simplificados e incorporados; e
- ter, na maior parte das vezes, melhor qualidade nas estratégias formuladas.

Mais detalhes são apresentados no livro *Holding, administração corporativa e unidade estratégica de negócio*, do mesmo autor.

   ii. **Por clientes**, quando as atividades são agrupadas de acordo com as necessidades variadas e específicas dos clientes da empresa, possibilitando tirar proveito das condições de grupos de clientes bem definidos, bem como assegurando conhecimento e atendimento contínuo e rápido às necessidades específicas de diferentes tipos e classes de clientes.

Você verifica que a departamentalização por clientes estrutura a empresa "de fora para dentro", enquanto a departamentalização por produtos ou serviços – apresentada a seguir – estrutura a empresa no sentido inverso, ou seja, "de dentro para fora".

Essa é uma situação em que a departamentalização por unidades estratégicas de negócios – analisada anteriormente – apresenta-se na sua plenitude, considerando as duas direções, ou seja, de dentro para fora da empresa pelas UENs e de fora para dentro das empresas pelas AENs.

Essa interação entre o interno ou controlável pela empresa e o externo ou não controlável por ela é o que caracteriza a abordagem estratégica da estrutura organizacional ou departamentalização das empresas.

Em complemento, evidencia-se que a departamentalização territorial – apresentada no item "v" – auxilia o processo da departamentalização por clientes.

   iii. **Por produtos ou serviços**, quando o agrupamento é feito de acordo com as atividades inerentes a cada um dos produtos ou serviços da empresa, sendo observadas as seguintes vantagens:
- facilidade na coordenação dos resultados esperados de cada grupo de produtos ou serviços, pois cada um desses grupos funciona como uma unidade de resultados, possibilitando melhor qualidade na sua administração;
- melhor alocação de capital e de conhecimentos especializados em cada um dos grupos de produtos ou serviços;
- propicia maiores flexibilidade e versatilidade conforme as realidades dos produtos, ou serviços, sejam aprimoradas; e
- facilita o processo de inovação e criatividade.

Geralmente, a responsabilidade de coordenação dessas atividades é do gerente de produtos ou serviços, o qual deve catalisar o desenvolvimento, a disseminação e a operacionalização dos objetivos, das estratégias e das políticas dos produtos e serviços sob sua responsabilidade; e nesse contexto deve atuar de forma matricial "cruzando" praticamente toda a estrutura da empresa desde análise de mercado, passando por atendimento, vendas, logística, produção, tecnologia e chegando até a área financeira, analisando, principalmente, a rentabilidade dos produtos e serviços sob sua responsabilidade, mas sempre com atuação negociadora e inovadora até a consolidação do pós-venda.

iv. **Rede de integração entre empresas**, em que ocorre a cooperação estruturada, visando consolidar fortes e internacionais vantagens competitivas e otimizados modelos de administração, sustentados por adequadas tecnologias, melhor utilização dos ativos, bem como maiores produtividade, flexibilidade, qualidade, rentabilidade e lucratividade das empresas participantes, pela maior e melhor interação com os diversos segmentos de mercado.

A rede de integração entre empresas deve extrapolar as empresas participantes, interagindo com outros agentes nesse processo, tais como os clientes, os fornecedores, as instituições financeiras, as empresas intermediárias, os governos e as comunidades onde as empresas participantes da rede atuam e/ou pretendem atuar.

v. **Territorial** ou **por localização geográfica**, em que todas as atividades que se realizam em determinado território devem ser agrupadas e colocadas sob as ordens de um executivo.

Nesse contexto, procura-se obter vantagens econômicas de determinadas operações locais, a possibilidade de melhor capacitação e treinamento profissional, a aplicação de ações mais rápidas em determinada região, bem como a maior facilidade de conhecer os fatores de influência e os problemas locais, aprimorando o processo decisório.

Você também deve considerar outros dois tipos de estrutura organizacional ou departamentalização de empresas que muito contribuem para o desenvolvimento dos planos de negócios, bem como influenciam positivamente o estilo administrativo e o modelo de administração das empresas.

Essas departamentalizações são as por projetos e as por processos.

vi. **Por projetos**, nas quais as atividades e as pessoas recebem atribuições temporárias. A departamentalização por projetos baseia-se na definição de **projeto**, que é um trabalho único, com datas de início e de término, com resultado final previamente estabelecido, em que são alocados e administrados os recursos, tudo isso sob a responsabilidade de um coordenador.

As principais vantagens proporcionadas pela departamentalização por projetos para as empresas são:

- permite alto grau de responsabilidade da equipe de trabalho, incluindo consolidação dos conhecimentos necessários;
- facilita os trabalhos pela realização de atividades em equipes multidisciplinares, melhorando as comunicações entre diferentes áreas de conhecimento;
- apresenta alto grau de versatilidade e adaptabilidade, aceitando novas ideias e técnicas durante o desenvolvimento dos trabalhos;
- possibilita melhor atendimento ao cliente do projeto; e
- permite melhor cumprimento dos prazos e de orçamentos.

Mais informações a respeito da abordagem empresarial na utilização de projetos podem ser obtidas no livro *Administração de projetos*, deste autor.

vii. **Por processos**, baseada na definição de **processos**, que é o conjunto estruturado de atividades sequenciais que apresentam relação lógica entre si, com a finalidade de atender às necessidades dos clientes externos e internos da empresa; e, como consequência, proporciona alguns benefícios para as empresas:

- efetivo direcionamento para os resultados previamente estabelecidos, sempre focando os clientes externos e internos da empresa;
- reduzido custo operacional das atividades, pois somente as efetivamente necessárias são realizadas, e sempre de maneira adequada;
- facilita o estabelecimento de indicadores de desempenho, tanto para o processo como para as diversas atividades desenvolvidas;
- propicia melhor alocação de responsabilidades, autoridades e recursos nas diversas atividades do processo; e
- prepara a empresa para o desenvolvimento e implementação da qualidade total, pois os princípios e as estruturações básicas dos processos e da qualidade total são os mesmos.

Mais informações a respeito da abordagem empresarial na utilização de processos podem ser obtidas no livro *Administração de processos*, do mesmo autor.

Você percebeu que não foram apresentados organogramas representativos dos 11 tipos de departamentalização ou estruturação organizacional evidenciados nesta seção pelo simples fato de que você já conhece ou deve pesquisar a respeito de acordo com as diversas "chamadas" apresentadas no texto.

A partir deste momento, é evidenciada, pela opinião deste autor, a melhor departamentalização ou estruturação organizacional das empresas quando você pensa no trinômio: estilo administrativo, modelo de administração e plano de negócios.

c) Quando a principal preocupação da empresa é otimizar o estilo administrativo e o plano de negócios de forma sustentada pelo modelo de administração, esse deve estar baseado na governança corporativa com uma estruturação organizacional mista utilizando, de acordo com as necessidades específicas, algumas das departamentalizações apresentadas neste item.

Inicialmente, afirma-se que a estruturação organizacional mandatória tem de ser a **governança corporativa**, que, conforme já explicado neste livro, corresponde ao modelo de administração que, a partir da otimização das interações entre acionistas ou quotistas, conselhos – deliberativo, consultivo, administração, fiscal –, auditoria – externa e interna –, comitês e diretoria executiva, proporciona a adequada sustentação para o aumento da atratividade da empresa no mercado – financeiro e comercial – e, consequentemente, incremento no seu valor, redução do nível de risco e maior efetividade da referida empresa ao longo do tempo.

Em uma estruturação organizacional por governança corporativa, deve existir a efetiva preocupação com seis importantes questões administrativas:

- estrutura de direitos para preservar os direitos dos acionistas ou quotistas, principalmente os minoritários, sendo esse aspecto de elevada importância para a maior atratividade da empresa;
- atuação do governo, envolvendo a otimizada administração e o controle da empresa em suas interações com outras empresas e agentes do processo global de governança, pois o governo estabelece e pode fazer cumprir instruções gerais de governança corporativa;
- estrutura de poder, analisando o modelo de administração da empresa e as decorrentes decisões inerentes a objetivos, estratégias, políticas e resultados efetivados ou realocados nas operações da referida empresa. Essa estrutura de poder está, ao longo do tempo, se deslocando cada vez mais para o final do processo interativo com o mercado, ou seja, o cliente final;
- estrutura de valores, visando ao estabelecimento e à consolidação de valores culturais, éticos e operacionais na empresa tendo em vista a otimização das relações externas e internas dela. Pode-se considerar que o quão mais forte for a estrutura de valores da empresa, mais fácil se torna o processo de desenvolvimento e consolidação da governança corporativa, e alguns exemplos desses valores são: ter plena transparência dos atos estabelecidos pela empresa, ter senso de justiça, ter responsabilidade na prestação de contas e ter conformidade legal;
- estrutura de relacionamento, cuidando da estruturação, aplicação e aprimoramento contínuo e sustentado dos relacionamentos entre acionistas ou quotistas, conselheiros, auditores e diretores executivos visando ao maior valor agregado possível para as operações da empresa nos mercados atuais e potenciais; e
- estrutura dos instrumentos e processos administrativos, cuidando de todas as metodologias e técnicas administrativas, bem como de processos, normas e procedimentos que devem sustentar, de forma estatuária e legal, a excelência do modelo de administração da empresa e a proteção dos direitos de todas as partes interessadas na maximização dos resultados da referida empresa.

Você verifica que a governança corporativa procura otimizar o modelo de administração da empresa, mas sempre procurando facilitar o desenvolvimento do estilo administrativo ideal e a consolidação do plano de negócios da referida empresa.

Essas questões têm levado, com maior ou menor intensidade, a governança corporativa a ser aplicada nas empresas em geral, e não apenas nas empresas de capital aberto, de acordo com orientação da Comissão de Valores Mobiliários (CVM), quando se observou que as empresas que aplicavam bem os princípios da governança corporativa tiveram maior valorização de suas ações no mercado.

Na prática, você pode considerar que o modelo de administração da governança corporativa com departamentalização mista, ou seja, utilizando os diferentes tipos anteriormente apresentados de acordo com as necessidades administrativas e dos negócios da empresa consolida-se como a situação ideal, com um organograma representativo evidenciado na Figura 2.4.

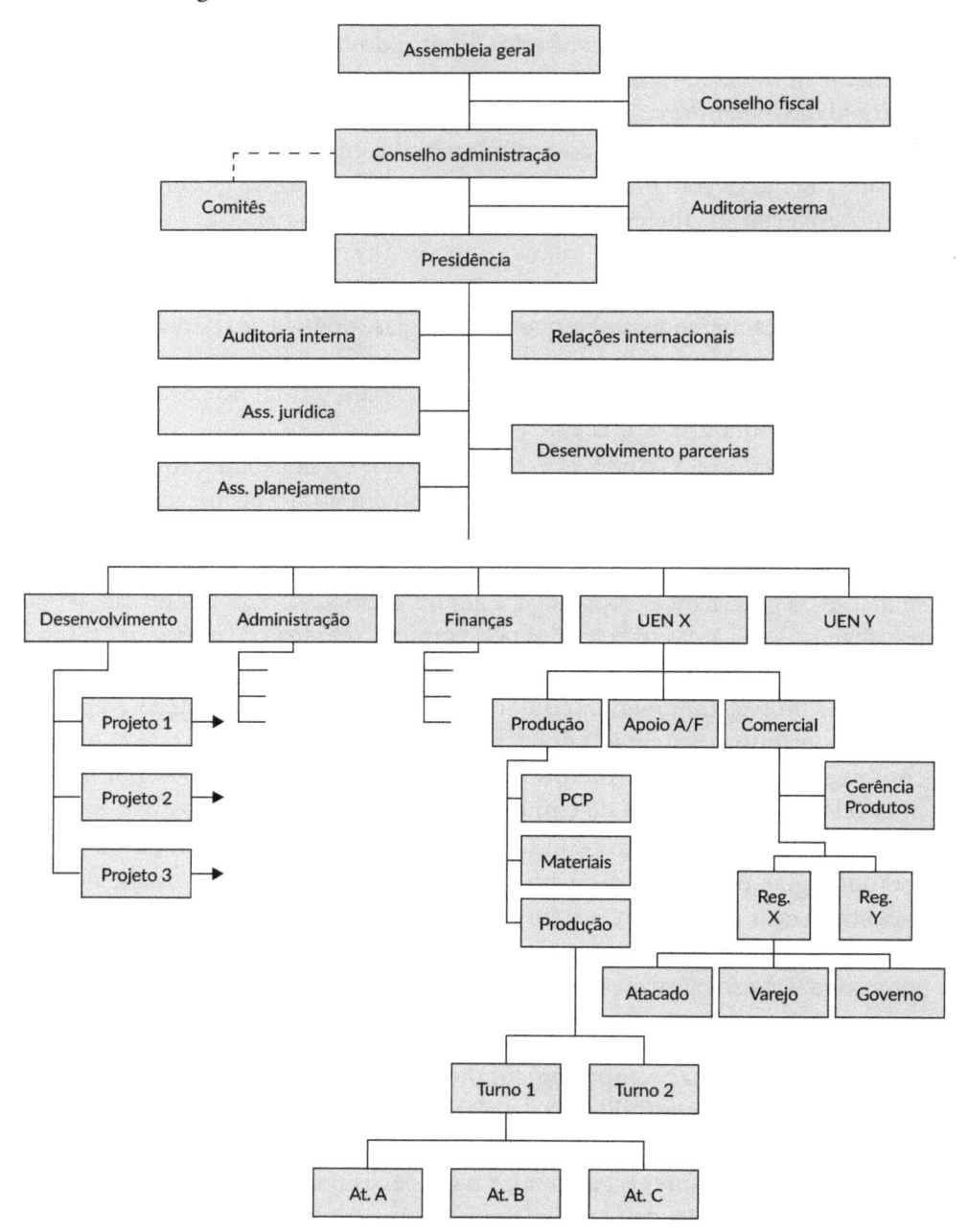

Figura 2.4 Governança corporativa com departamentalização mista.

Para fazer o organograma evidenciado na Figura 2.4, o autor teve de "forçar a barra" – e muito! – para que os diversos tipos de departamentalização das empresas fossem apresentados, ainda que de forma genérica e simplista.

Fase 6: Ajuste na interação estilo administrativo *versus* modelo de administração.

Esteja certo de uma coisa: sempre haverá necessidade de ajustes na interação entre o estilo administrativo e o modelo de administração das empresas, e as causas são diversas e possivelmente acumulativas, como:

- evolução dos negócios da empresa;
- alterações no ambiente empresarial, principalmente quanto aos concorrentes;
- alterações tecnológicas;
- novas necessidades e expectativas do mercado; e
- necessidades de novas capacitações profissionais.

Você verifica que o plano de negócios da empresa tem forte influência nas referidas questões.

No Capítulo 4, são apresentadas as análises interativas que devem ser efetuadas entre o estilo administrativo e o modelo de administração, com ênfase nos modelos administrativos básicos para cada função da administração e das empresas, ou seja, formam-se triângulos de interação entre estilo, modelo e função; sempre focando o plano de negócios da empresa.

Essa análise interativa é de elevada importância, pois:

- se você analisar apenas o estilo administrativo, colocará o **jeitão** e a vontade própria das pessoas como direcionadores do processo administrativo da empresa, o que é altamente perigoso. Talvez, você considere essa afirmação muito evidente e que essa situação não ocorre, mas acredite: é significativo o número de empresas que cometem esse grave erro;
- se você analisar apenas o modelo de administração, poderá estabelecer uma situação teórica ideal para a empresa, mas será apenas uma situação ilusória e que não leva a nada! Este autor – e acredito que você também – conhece algumas empresas que se vangloriam de seus modelos de administração, mas seus principais executivos não conseguem responder a perguntas básicas a respeito desses modelos, sendo que a maioria dessas pessoas gosta de falar que suas empresas implementaram a governança corporativa na plenitude, afirmando que criaram uma unidade organizacional responsável por esse assunto, mas essas empresas não conhecem, e muito menos aplicam, os princípios básicos do referido modelo de administração; e
- se você analisar apenas o plano de negócios, poderá idealizar uma situação irreal para a empresa, para a qual a sua equipe de profissionais não terá a competência, iniciativa, criatividade e a devida sustentação estrutural para alcançar. Nesses casos, você já deve ter observado situações em que as desculpas por não se alcançar os resultados esperados "correm soltas", e a empresa começa a perder a sua razão de ser.

A prática tem demonstrado que a melhor maneira é fazer a análise integrada e interativa dos três assuntos administrativos, e acredite: essa é, também, a maneira mais fácil e também facilita a identificação de "quem é quem" nos trabalhos.

Naturalmente, esses ajustes devem ser sistemáticos de acordo com as necessidades da empresa, mas também decorrentes do processo de aprendizado dos profissionais atuantes nesses trabalhos.

Essa é uma questão importante, porque esses ajustes e aprendizados ocorrem **na tarefa** e em **tempo real** e com custos praticamente nulos.

Etapa 6.1: Consolidação da capacitação ideal dos executivos e demais profissionais

Nesta questão do nível de capacitação ideal, deve-se considerar, também, conforme os sócios e os conselheiros, para "se fechar" o sistema empresa; e isso porque esses profissionais, na maior parte das vezes, não têm presença diária na empresa, mas costumam "dar opinião" em todo e qualquer assunto, com a agravante de que geralmente possuem baixo conhecimento da realidade da empresa e seus negócios, mas elevado nível de poder decisório na empresa.

Na seção 5.2, são apresentadas algumas capacitações necessárias para a adequada qualidade dos trabalhos, sendo que elas devem ser analisadas, detalhadas, complementadas e incorporadas, aplicadas, avaliadas e aprimoradas.

2.1.1 Premissas a serem respeitadas

Algumas premissas que devem ser respeitadas no desenvolvimento dos trabalhos inerentes ao delineamento da metodologia para se estabelecer o estilo e o modelo de administração focando o plano de negócios da empresa onde você trabalha são:

a) Ter disciplina e estruturação de trabalho

Embora sejam evidentes e talvez não devessem constar em uma lista, você provavelmente já notou que essas premissas são evidenciadas em várias das relações de sugestões para o otimizado desenvolvimento dos trabalhos. E a razão é simples: muitas pessoas pensam que têm disciplina e sabem estruturar os seus trabalhos, mas a realidade é outra!

b) Ter humildade

Talvez se possa afirmar que a pessoa que exercita a humildade em seus atos e decisões tem a inteligência em querer e saber aprender com os outros, bem como com seus próprios erros e acertos.

A maneira mais rápida, lógica, real, eficiente, eficaz e efetiva de se aprender é observando, analisando, incorporando, aplicando, testando e aprimorando o que os outros falam e fazem, mas sempre analisando os resultados apresentados por essas pessoas.

Nesse contexto, tem-se verificado que os principais aprendizados são inerentes ao "o que" saber e fazer, mas principalmente ao "como" fazer, ou seja, mais uma vez se aborda a questão básica que é o efetivo conhecimento de metodologias e técnicas administrativas, principalmente quando se considera o estilo administrativo, o modelo de administração e o plano de negócios da empresa.

E não se pode esquecer que, pelo menos teoricamente, é muito fácil uma pessoa administrar o seu nível de humildade, mas lembrando que o ego das pessoas pode ser o grande problema, podendo até levar ao "desaprendizado" de questões pessoais e profissionais.

c) Ter autoconfiança

É necessário se lembrar que **confiança** é a interação espontânea e evolutiva entre pessoas com base na segurança ética de procedimento, discrição, respeito e probidade, possibilitando a ampla e irrestrita troca de experiências, conhecimentos e expectativas.

Talvez se possa considerar que a autoconfiança ocorre a partir de quando uma pessoa obtém, em sua vida profissional e pessoal, vitórias e conquistas significativas; e ninguém consegue estas últimas se não tiver autoconfiança.

A autoconfiança é algo simples, mas uma pessoa tem ou não tem; e ela sabe ou não sabe lapidar, estruturar e sustentar essa autoconfiança a partir de acertos, erros, aprendizados com os outros, decepções, conquistas, mudanças de rumos, criatividade, inovação, humildade, estudo etc.

Entretanto, você deve ter controle sobre a sua autoconfiança, caso contrário você pode "morrer na praia".

Lembre-se do ditado: "Pior que uma pessoa incompetente, ignorante, desorganizada e desastrada é uma pessoa com tudo isso e com autoconfiança, pois o estrago será muito maior!"

E o corolário: "Se essa pessoa tiver iniciativa, o estrago será pior ainda!"

d) Ter ética

Embora a afirmação do que é ou não ético possa variar entre diferentes nações e culturas, cada pessoa e, logicamente, cada empresa deve estabelecer o seu **código de ética**, que é o conjunto estruturado, lógico e disseminado de normas de conduta e de orientações ao processo decisório de cada pessoa, quanto ao que deve ser considerado certo ou errado.

Um código de ética bem elaborado pode proporcionar sustentação para que uma pessoa seja ética, íntegra, moral e honrada em um processo lógico e interativo, lembrando que:

- ética representa o código de valores das pessoas;
- integridade é a maneira e a intensidade como a pessoa adere a esse código de valores;
- moral é o nível de qualidade como essa pessoa adere ao código de valores; e
- honra é o conjunto uniforme e evidenciado da ética, da integridade e da moral da pessoa.

e) Ter experiência pela prática, mas com sustentação da teoria

Em minhas atividades docentes, constatei que muitos alunos consideravam o aprendizado da teoria como uma "grande bobagem"; mas pode-se afirmar que um profissional de empresa sem a sustentação da teoria – em suas várias evoluções – ficará sempre "na mesma"; e isso por, no mínimo, duas razões básicas e inquestionáveis:

- a teoria é quem proporciona a sustentação da aplicação prática, pois ela explica, no mínimo, o porquê, o quê e o como fazer; e
- a teoria facilita o "exercício mental" de uma pessoa ao pensar em alternativas e em forma evolutiva, pois essa pessoa se sente segura por conhecer a essência do assunto em análise.

f) Saber pensar

Essa **dica** é para você pensar a respeito.

Talvez, o ideal seja você ter um raciocínio analítico sustentado pelas suas observações **em tempo real** e **na tarefa**, ou seja, por quê, onde, quando e como acontece.

Já se afirmou que o processo de pensar é o principal exercício mental de uma pessoa, desde que essa pessoa respeite três princípios básicos:

- tenha um processo evolutivo de aprendizado como sustentação ao assunto;
- tenha pessoas inteligentes e com sustentação para debater o referido assunto; e
- tenha a disciplina de pensar.

g) Ter efetivo conhecimento de metodologias e técnicas administrativas

Esse conhecimento deve ser decorrente tanto da teoria como da aplicação prática em empresas.

Alguém já afirmou de maneira jocosa que "quem sabe, faz; quem não sabe fazer, manda fazer; quem não sabe fazer e não sabe mandar fazer, ensina; e quem sabe fazer, não sabe mandar e não sabe ensinar, olha quem faz".

Independentemente de essa frase ser verdadeira ou não, deve-se pensar a respeito. Muitos executivos ficam tão preocupados com os resultados da empresa – pelos quais são fortemente cobrados –, que se esquecem de cuidar da otimizada aplicação de metodologias e técnicas que facilite a boa administração dela.

Essa é uma questão para a qual você deve estar sempre atento, pois poderá até contribuir para os bons resultados da empresa, mas não de forma otimizada, pelo fato de que os trabalhos podem estar sendo realizados de maneira inadequada; sendo que o conhecimento das melhores metodologias e técnicas administrativas para a empresa é uma responsabilidade muito mais fácil e simples do que obter resultados otimizados para a empresa. Portanto, essa é mais uma questão para você pensar!

h) Ter cuidado com os modismos em administração

Você já deve ter observado que periodicamente surgem e desaparecem modismos em administração, geralmente provocados por:

- estruturações inadequadas dos instrumentos e técnicas administrativas a serem utilizados para o assunto em questão;

- falta de conhecimento dos profissionais aplicadores dos instrumentos e técnicas administrativas idealizados e estruturados para solucionar o problema da empresa;
- diagnósticos errados com o problema ocorrendo em outro assunto da empresa ou identificando possíveis efeitos e não as efetivas causas do problema; ou
- "invenções" de alguns pseudoprofissionais que pretendem usufruir alguma vantagem nessa situação.

Um instrumento administrativo que foi muito criticado nos últimos anos é a **reengenharia**, que corresponde ao trabalho participativo e de elevada amplitude direcionado para os negócios e seus resultados, que tem como sustentação o desenvolvimento e a implementação de novos procedimentos que integrem funções e unidades organizacionais da empresa na busca contínua da excelência na realização de serviços e fornecimento de produtos aos clientes.

A ideia básica da reengenharia era "passar a limpo" a realidade da empresa principalmente quanto à validade e qualidade das atividades realizadas e aos resultados efetivos de seus negócios, produtos e serviços.

O grande problema é que algumas empresas começaram a eliminar atividades básicas e necessárias, levando a referida empresa ao declínio irreversível.

Na prática, pode-se considerar que a reengenharia em sua plenitude começou a ser substituída pela administração de processos, em que o foco básico é a integração estruturada entre todos os processos estabelecidos na empresa e a análise completa de cada uma das atividades – partes – dos processos, inclusive com a aplicação de vários indicadores de avaliação; e esse procedimento desviou o foco na redução de custos e direcionou para a otimização dos processos e suas atividades.

i) Fazer diagnóstico verdadeiro

Algumas empresas, perante todo e qualquer problema, partem para a realização de um diagnóstico, o qual pode levar a empresa que "tem um problema a ficar com 20 problemas"!

Quando uma empresa decide por um diagnóstico, deve respeitar algumas premissas:

- procurar realizar um diagnóstico amplo e analisando as relações de causas *versus* efeitos, sempre identificando, prioritariamente, as causas dos problemas, pois se essas não forem eliminadas, os problemas e seus efeitos continuarão e cada vez de forma mais intensa;
- colocar na equipe de trabalho profissionais que tenham efetivo conhecimento dos assuntos a serem analisados, caso contrário o diagnóstico torna-se uma "conversa fiada", situação que é exercitada por muitas empresas;
- esses profissionais devem saber fazer as perguntas certas, interligando todos os assuntos ou instrumentos administrativos da empresa, bem como analisando o momento atual e o curto prazo, mas também "levando" a empresa para uma situação esperada a médio e longo prazos;
- uma hipótese interessante é começar o diagnóstico fazendo perguntas básicas e elementares, pois uma atitude de "pseudoignorância" é fundamental para que o

debate envolva todos os aspectos do assunto em análise, bem como evita o famigerado "pseudoconhecimento";
- saber identificar o real problema a ser resolvido, com suas nuances e características, não se esquecendo de aplicar algum critério de avaliação do nível de conhecimento dos profissionais envolvidos quanto ao assunto em análise;
- analisar os fatores relevantes do problema identificado, os quais podem ser questões de tempo, dinheiro, pessoas, espaço, máquinas, tecnologia, processos ou qualquer assunto controlável ou não controlável que você já deve ter considerado em seu processo de planejamento estratégico (espera-se!);
- estabelecer, de forma estruturada, algumas estratégias ou cursos de ação alternativos para solucionar o problema, sendo que nesse momento você deve aplicar as estruturas de administração de projetos e de administração de processos; e
- analisar as vantagens e desvantagens de cada estratégia ou ação e decidir pela que for mais interessante para os resultados da empresa, incluindo as propostas de ações futuras para consolidar a solução do problema identificado.

j) Ter planejamento estratégico estruturado, elaborado, implementado e respeitado

Aqui a pergunta é simples e direta: "Como uma empresa pode consolidar uma metodologia ideal para o estabelecimento do estilo administrativo e do modelo de administração ideais focando o seu plano de negócios se não tiver, antecipadamente, aplicado um otimizado processo de planejamento estratégico?".

A resposta também é simples e direta: "Não pode!".

k) Ter tratamento equalitário de todos os assuntos para com todos os profissionais da empresa

Na essência, o que se pretende é "tirar o máximo" dos conhecimentos, experiências, motivações, força de trabalho, inovação e produtividade das pessoas que atuam, direta ou indiretamente, na referida empresa.

l) Entender que a análise do estilo administrativo é mais fácil e focada do que a da cultura organizacional

Você deve se lembrar que **cultura organizacional** é o conjunto de padrões prevalentes de valores, crenças, sentimentos atitudes, normas, interações, tecnologias, métodos e procedimentos de execução de atividades, bem como suas influências sobre os atos e as decisões dos profissionais da empresa.

Portanto, a cultura organizacional é extremamente ampla e considera a empresa como um todo, proporcionando e recebendo influência da atuação de todos os seus profissionais, naturalmente respeitando os níveis de influência de diferentes grupos, de acordo com o seu poder de decisão.

O estilo administrativo, conforme amplamente evidenciado neste livro, pode ser resumido como o "jeitão" de atuação dos seus profissionais, com forte influência da realidade de seus principais executivos.

Nesse contexto, talvez se possa afirmar que cultura organizacional seja o "guarda-chuva" da forma de atuação de sua empresa, e o estilo administrativo seja a especificidade dessa atuação; ou seja, você consegue especificar qual é o estilo administrativo de uma pessoa, mas não consegue estabelecer qual é a sua cultura organizacional.

Como consequência, é possível estabelecer, para sua análise e debate, algumas características práticas do estilo administrativo e da cultura organizacional, a saber:

- o estilo administrativo é uma questão mais pessoal, e a cultura organizacional é mais genérica, dificultando a sua efetiva avaliação;
- o estilo administrativo é de mais fácil identificação, inclusive pelas suas causas e efeitos, enquanto é mais difícil a efetiva identificação da real situação da cultura organizacional;
- o estilo administrativo apresenta uma interação direta com o viés de atuação de cada profissional, principalmente pelo conhecimento básico de cada um, por exemplo, um profissional com forte conhecimento de marketing pode direcionar – pelo bem ou pelo mal – as suas diversas decisões para o contexto mercadológico, sendo que no caso da cultura organizacional a interação é indireta com a empresa, provocando uma situação de relativa dificuldade de se avaliar o posicionamento e a contribuição de cada profissional da empresa; e
- a análise e o debate do estilo administrativo são mais palpáveis, tornando relativamente fácil sua interligação com o modelo de administração e o plano de negócios da empresa, o que não ocorre no caso da análise e debate da cultura organizacional, pela sua abordagem genérica.

2.1.2 Fatores de influência

Existem determinados fatores de influência – internos e externos à empresa, de maior ou menor intensidade ou amplitude, de influência positiva ou negativa – que podem afetar os estilos e os modelos administrativos, bem como os planos de negócios das empresas. São eles:

a) Ego das pessoas

Já foi evidenciado que o ego altera, geralmente de forma negativa, a atuação das pessoas, pois elas ficam se preocupando com a sua falsa realidade pessoal e não com os resultados da empresa onde trabalham, apresentando, na maior parte das vezes, avaliações ilusórias de suas participações nesses resultados, mas apenas nos casos positivos.

E essa situação agrava-se quando essas pessoas têm forte poder de decisão e não aceitam contrariedades. Infelizmente, essas situações são relativamente comuns e os outros profissionais da empresa têm elevada dificuldade em resolver esse problema.

Este autor já presenciou situações extremas em que profissionais de valor abandonam, por iniciativa própria, a empresa de forma abrupta, levando os seus importantes conhecimentos com eles sem passar esses ensinamentos aos profissionais que ficam na empresa.

Embora seja uma situação em que o "tiro pode sair pela culatra", piorando, em muito, a realidade atual do ambiente de trabalho na empresa, este autor tem sugerido que os profissionais afetados pelo ego de alguém que trabalha junto tomem uma atitude, de forma estruturada e sustentada, para evidenciar esses problemas.

Pode ser que em alguns casos os resultados não sejam os almejados pelo grupo, mas seguramente algumas mudanças positivas ocorrem desde que a conversa não caia em um "bate-boca" com fortes emoções em todos os lados; e, para tanto, reforça-se que o posicionamento do grupo tem de ser único, bem como fortemente estruturado, sustentado e exemplificado, mas também evidenciando, com detalhes, qual o estilo administrativo ideal a ser adotado pelas pessoas para que a empresa otimize os seus resultados em um interessante ambiente de trabalho.

Você percebe que, nesse caso, o estilo administrativo está sendo a "entrada" para o debate e o plano de negócios está sendo a "saída" do referido debate; e o modelo de administração está no "meio de campo", proporcionando sustentação para que o debate ocorra de maneira adequada.

Em alguns pontos deste livro, são evidenciadas, com exemplos, as interações entre os três assuntos abordados, mas você pode considerar, na prática, que em administração de empresas essas interações são muito amplas, e envolvem praticamente todos os assuntos ou instrumentos administrativos, dentro da abordagem da administração total e integrada. Você pode analisar detalhes no já citado livro *A moderna administração integrada*, do mesmo autor.

b) Saber questionar todas as suposições e premissas

Esse é um simples, mas importante ensinamento de Peter Drucker (Cohen, 2017, p. 131), que afirmava: "O que todo mundo sabe geralmente está errado", pois a maioria das pessoas afirma que sabe ou assume algo como verdadeiro sem qualquer questionamento ou análise; e pior, repassam esse "conhecimento" para outras pessoas!

Você já deve ter presenciado essas situações em ambientes profissionais, estudantis e sociais como clubes, festas, reuniões de amigos em que aparecem os famosos "sabichões" (cuidado com eles!).

Essa presunção de conhecimento deve ser analisada, pois pode se apresentar como falsa e imprecisa em várias situações e contextos, prejudicando toda a análise decisória posterior.

Para evitar esses "falsos conhecimentos", você pode ter alguns cuidados, como:

- identificar e analisar a qualidade das premissas compatíveis com o assunto em análise, verificando as suas origens, veracidades, confiabilidades e validades; e
- analisar o processo de comunicação do conhecimento.

c) Nível de conhecimento e da qualidade das habilidades e atitudes dos profissionais envolvidos principalmente em atividades multidisciplinares

O tripé de sustentação de uma pessoa em atividades profissionais ou particulares é formado pelos seus conhecimentos, as suas habilidades e as suas atitudes, lembrando que pode existir um **complicômetro** – ou um facilitador – quando essa pessoa está atuando em uma equipe multidisciplinar.

Apenas para relembrar, é interessante evidenciar os quatro conceitos:

- **conhecimento** é a capacidade de entender o conceito e a estruturação de um assunto administrativo ou técnico, bem como saber consolidar sua aplicação em uma realidade específica da empresa e serve para identificar o nível de sustentação que uma pessoa tem para resolver, com qualidade, uma questão ou problema;
- **habilidade** é o processo de visualizar, compreender e estruturar as partes e o todo dos assuntos administrativos e técnicos da empresa, consolidando resultados otimizados pela atuação dos diversos recursos existentes e serve para explicitar o "jogo de cintura" que uma pessoa tem para resolver, com qualidade, uma questão ou problema;
- **atitude** é a explicitação do comportamento, correspondendo ao modo de cada profissional se posicionar e agir perante cada situação apresentada à sua frente e serve para explicitar a personalidade e o padrão de conduta que uma pessoa tem para resolver, com qualidade, uma questão ou problema; e
- **equipe multidisciplinar** é o conjunto de profissionais, com diferentes conhecimentos e habilidades, que realizam reuniões coordenadas e programadas, em caráter temporário ou permanente, para emitir, mediante discussão organizada, opiniões a respeito de assuntos previamente estabelecidos e que, nascidas dos debates, seja a mais adequada à realidade e às necessidades da empresa e serve para "tirar o máximo" de cada participante especialista, visando resolver, com qualidade, uma questão ou um problema.

E agora podem ser feitos alguns comentários resumidos de como esses quatro assuntos podem influenciar, positiva ou negativamente, o estilo administrativo, o modelo de administração e o plano de negócios.

O nível de conhecimento é o mais importante dos quatro assuntos, pois é ele que vai consolidar a qualidade dos resultados dos trabalhos, evidenciando que o conhecimento deve estar diretamente correlacionado ao assunto em análise, pois conhecimentos diversos podem não servir para resolver a questão ou o problema em debate.

O nível de habilidade dos participantes do trabalho tem influência direta na velocidade das análises e na motivação dos participantes, pois os debates serão otimizados facilitando elevadas participação e contribuição efetiva de todos os profissionais envolvidos.

As atitudes dos participantes nos trabalhos têm influência direta na qualidade dos relacionamentos e níveis de respeito entre todos, facilitando que os debates, as análises, as conclusões e as ações sejam os melhores possíveis.

As equipes multidisciplinares, desde que bem constituídas e conduzidas, contribuem diretamente para a elevada qualidade dos trabalhos e, possivelmente, correspondem ao melhor momento de efetivo aprendizado com os outros profissionais **na tarefa** e em **tempo real** e, consequentemente, às melhores decisões, ações e resultados na empresa.

Embora essas quatro questões sejam evidentes e lógicas, muitas empresas – e você deve conhecer algumas – não as utilizam em seus trabalhos.

d) Resultados apresentados pelas decisões e pelos trabalhos

Aqui, normalmente a "coisa pega"!

Você pode considerar que, se os resultados da empresa forem inadequados, o plano de negócios, o modelo de administração e o estilo administrativo – nessa ordem – são fortemente questionados e, muitas vezes, alterados sem nenhuma sustentação e análise mais profunda e lógica, ou seja, prevalece o "achismo", o que pode provocar resultados ainda piores para a referida empresa.

É lógico que mudanças – algumas radicais – devem ocorrer como decorrência dos maus resultados da empresa, mas essas devem ser realizadas de forma planejada, sustentada, evolutiva e avaliada, inclusive com o estabelecimento de alternativas bem analisadas.

Essa é uma das razões básicas por que se afirma que os executivos devem estar sempre atentos ao plano de negócios da empresa, apresentando estratégias que sustentem as evoluções do referido plano, mas não se esquecendo de que o modelo de administração deve facilitar esse processo e que o estilo administrativo nunca pode atrapalhar essa evolução, mas ser o grande diferencial dessa situação planejada pela empresa.

O problema intensifica-se quando as pessoas que decidem se julgam "os donos da verdade" e, quando as coisas dão errado, culpam os outros; e você observa que essa é uma questão inerente ao estilo administrativo da empresa.

e) Poder de decisão, negociação e influência perante os diversos assuntos da empresa

É inegável que o poder é um fator muito forte de influência no estilo e modelo de administração e no plano de negócios de toda e qualquer empresa.

O poder, em si, não é algo ruim, pois uma empresa que não apresenta poder por parte de seus executivos e demais profissionais é uma empresa se preparando para a falência.

O problema é o poder mal aplicado, o "poder pelo poder", em que algumas pessoas querem provar que são inteligentes e competentes, mas na realidade são exatamente o inverso. E esse problema agrava-se muito mais quando essas pessoas têm a propriedade da empresa e, portanto, normalmente não são substituídas.

f) Atratividade do assunto e da equipe de trabalho

Este autor acredita que algumas das metodologias e técnicas administrativas que foram idealizadas para aplicação nas empresas, cidades, países etc. podem ser aplicadas em partes ou assuntos específicos das empresas e até pelas pessoas em suas atividades pessoais, como foi demonstrado na interação entre o planejamento estratégico de uma empresa e o plano de carreira de uma pessoa, com livro específico a respeito.

Neste momento, será apresentada uma interação entre a análise da atratividade de um assunto ou da equipe de trabalho e a análise da matriz de atratividade de mercado de uma empresa, técnica estratégica desenvolvida em 1976 e que trabalha com dois conjuntos de fatores responsáveis por atrair investimentos para determinado negócio; e, no caso de o presente livro identificar o quanto é atrativo se trabalhar com os três assuntos abordados.

Naturalmente, você é obrigado a fazer algumas adaptações e, neste caso, pode considerar as seguintes questões:

- O quão atrativo é cada um dos três assuntos abordados neste livro para a empresa onde você trabalha ou pretende trabalhar? Qual é a realidade atual de cada um dos assuntos na empresa? Em que, como e quando eles podem ser aprimorados? A empresa sabe avaliar a contribuição do estilo administrativo, do modelo de administração e do plano de negócios para os seus resultados totais e parciais?
- Qual o seu efetivo nível de conhecimento de cada um dos três assuntos? Como pretende estar sempre se aprimorando? Como apresentar a sua estratégia de atuação nesses três assuntos? Como pretende se tornar um líder perante seus colegas de trabalho nesses assuntos?

Você deve completar a lista com todas as questões a serem consideradas quanto ao nível de atratividade do estilo administrativo, do modelo de administração e do plano de negócios para a realidade da empresa, bem como qual é o seu posicionamento pessoal e profissional para com cada um dos três assuntos evidenciados.

Pode ser interessante você elaborar um gráfico com uma matriz que contém nove posições possíveis – ver Figura 2.5 –, possibilitando uma análise multidimensional dos módulos A, B e C com os seguintes significados para cada um dos assuntos abordados no livro:

- Grupo A: apresenta alto nível de atratividade para a empresa e de motivação e importância para seu plano de carreira como profissional da empresa;
- Grupo B: apresenta nível médio de atratividade para a empresa e de motivação e importância para você; e
- Grupo C: apresenta baixo nível de atratividade para a empresa e de motivação e importância para você.

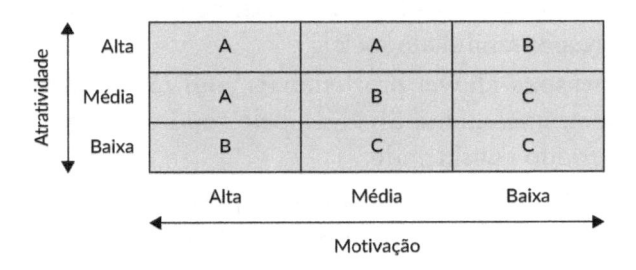

Atratividade	Motivação Alta	Motivação Média	Motivação Baixa
Alta	A	A	B
Média	A	B	C
Baixa	B	C	C

Figura 2.5 Matriz de atratividade.

Você deve alocar cada assunto ou instrumento administrativo nos módulos da Figura 2.5 de acordo com a sua interação nos níveis de atratividade da empresa *versus* sua motivação para com o referido assunto.

E pode alocar o assunto ou instrumento administrativo quanto à sua realidade atual para a empresa e para você, bem como para um momento futuro, facilitando o seu planejamento de aprendizado e reconhecimento na empresa, sustentando a evolução de seu plano de carreira.

Na prática, você deve alocar na Figura 2.5 todos os assuntos ou instrumentos administrativos com os quais tenha interação pessoal e profissional no momento atual ou pretenda ter no futuro, próximo ou distante. Esse posicionamento é fundamental para o seu plano de carreira. Os detalhes são apresentados no livro *Como elaborar um plano de carreira para ser um profissional bem-sucedido*, do mesmo autor.

2.1.3 Precauções na elaboração e na implementação

Para que os trabalhos inerentes ao desenvolvimento e implementação do estilo e modelo de administração, bem como do plano de negócios perdurem com qualidade na empresa você pode considerar algumas precauções, a saber:

a) Aplicar, com inteligência, os critérios e parâmetros de avaliação

Aqui você deve considerar a empresa, todos os seus negócios, produtos e serviços, todas as atividades desenvolvidas, bem como todos os profissionais que atuam nela de forma direta ou indireta.

Você pode considerar alguns indicadores de avaliação para cada um dos três assuntos básicos analisados neste livro.

Com referência ao estilo administrativo dos profissionais, você pode aplicar, entre outros, os seguintes indicadores de avaliação:

- **imagem**: percentual de entrevistados que têm uma visão positiva da empresa pelos seus diversos atos e decisões;
- **relacionamento**: prazo médio para a solução de problemas com os clientes;
- **geração de ideias**: percentual de ideias de processos, produtos e serviços avaliadas em relação ao total de pessoas envolvidas;
- **investimento em responsabilidade social**: percentual da receita investida em programas de responsabilidade social;
- **retenção de pessoas-chave**: profissionais com elevado conhecimento que se desligaram espontaneamente dividido pelo total de pessoas-chave do referido trabalho, no período considerado;
- **conhecimento e habilidade**: percentual de pessoas que se encaixam no perfil de conhecimentos e habilidades exigidos no cargo ou função;
- **satisfação**: percentual das pessoas que se declaram suficientemente motivadas e satisfeitas por trabalharem na empresa;

- **satisfação com a liderança**: percentual de pessoas que se declaram satisfeitas com o estilo de liderança e sentem que os líderes são capazes de conduzir a empresa ao sucesso; e
- **capital intelectual**: número de tecnologias dominadas dividido pelo total de tecnologias necessárias, ou percentual de conhecimentos críticos documentados e disseminados.

Para avaliar o modelo de administração, você pode aplicar alguns indicadores de avaliação, como:

- **margem bruta**: total das vendas menos o custo dos produtos vendidos, dividido pelo total das vendas, medindo o equilíbrio entre a receita e a despesa da empresa;
- **conformidade do produto ou serviço em relação ao padrão**: mede o percentual de produtos e serviços entregues dentro do prazo prometido aos clientes e na qualidade estabelecida;
- **desperdício**: percentual de materiais perdidos em relação ao total utilizado, ou percentual de horas de retrabalho em relação ao total de horas trabalhadas, ou percentual de tempo improdutivo em relação ao tempo do ciclo total do processo produtivo;
- **flexibilidade**: mede o prazo médio decorrido entre o pedido e a entrega do produto ou serviço ao cliente;
- **competência**: percentual de pessoas que não necessitam de supervisão direta, bem como percentual de pessoas que se sentem com autoridade e delegação suficientes para exercer as suas responsabilidades na empresa;
- **melhoria contínua e produtividade**: receita total dividida pelo número de profissionais e o percentual realizado das metas individuais e das equipes de trabalho;
- **eficácia do treinamento**: percentual de pessoas que melhoram o seu desempenho nas atividades treinadas;
- **segurança**: mede a frequência e a gravidade de acidentes, de quase acidentes, de pessoas capacitadas em segurança do trabalho;
- **participação**: número de sugestões implementadas dividido pelo total de funcionários e o percentual de pessoas que participam de projetos de melhoria;
- **qualidade dos produtos e serviços adquiridos**: mede a conformidade dos produtos e serviços às especificações, a pontualidade de entrega e o percentual de fornecedores com qualidade assegurada; e
- **qualidade do sistema de informações**: número de informações críticas disponíveis dividido pelo total de informações críticas necessárias.

Quanto à avaliação do plano de negócios, você pode considerar, entre outros, os seguintes indicadores de avaliação:

- **participação de mercado**: percentual que a empresa detém das vendas totais do setor em que participa;
- **fidelidade**: percentual da base de clientes que regularmente compra da empresa, por exemplo, há mais de três anos;

- **conquista de novos clientes**: número de novos clientes por segmento de mercado e a venda a novos clientes por segmento;
- **crescimento da receita**: total da receita no período atual dividido pelo total da receita no período anterior;
- **lucratividade**: relação entre os resultados apresentados e os gastos da empresa por um período de tempo;
- **rentabilidade**: relação entre os valores investidos na empresa e os resultados proporcionados pelos projetos implementados;
- **conhecimento**: percentual de pessoas que conhecem e seguem na plenitude o plano de negócios atualmente em vigor na empresa; e
- **aprimoramento**: percentual de pessoas que contribuem com propostas efetivas de aprimoramento do plano de negócios em relação à evolução dos resultados.

Você percebe que alguns dos indicadores de avaliação apresentados podem ser aplicados em qualquer um dos três assuntos abordados neste livro; e isso é importante dentro do princípio da moderna administração total e integrada, pois você foca a avaliação de um instrumento administrativo da empresa, mas também está analisando os resultados e as evoluções de outros assuntos administrativos dentro de uma interação causas *versus* efeitos.

b) Saber "o que fazer", mas também o "como fazer"

Na realidade, você deve se preocupar com todas as questões:

- o "por que fazer" considera a razão básica da existência da situação identificada;
- o "quando fazer" identifica o momento ideal da realização dos trabalhos, aspecto que tem muita influência nos resultados e depende de um adequado projeto com todas as atividades estabelecidas;
- o "por quanto fazer" pressupõe a existência de um bem elaborado projeto de desenvolvimento interligado com um orçamento econômico-financeiro com os detalhes necessários;
- o "para quem fazer" considera os usuários dos trabalhos a serem realizados;
- o "quem fazer" identifica os profissionais com seus conhecimentos, habilidades e atitudes ideais e necessárias aos bons resultados dos trabalhos;
- o "onde fazer" considera aspectos de infraestrutura e de logística para os otimizados resultados;
- o "que fazer" estabelece as atividades básicas a serem realizadas; e
- o "como fazer" identifica o conhecimento de todas as atividades sequenciais e interativas que devem ser realizadas com qualidade.

Essas oito questões são importantes e interligadas, mas as duas últimas podem identificar "quem é quem" na equipe de trabalho em termos de efetivos conhecimentos dos assuntos ou instrumentos administrativos da empresa.

c) Saber ensinar – e aprender – em **tempo real** e **na tarefa**

As situações de se ensinar e de se aprender são evidentes e lógicas para o processo de análise e debate do estilo e modelo de administração e do plano de negócios das empresas, caso contrário não ocorrerá uma evolução estruturada e sustentada.

Entretanto, tem-se observado que não é isso que ocorre em muitas empresas; e daí surge uma pergunta: "Qual é a razão?"

Este autor não tem uma posição definitiva a respeito, mas parece que as causas são bastante problemáticas:

- existem pessoas que não têm o que ensinar, ou não sabem ensinar ou consideram que ensinar é uma atividade "menos nobre" ou que não gostam de "perder tempo" com as pessoas; e
- existem pessoas que se acham as próprias "sabidas", que não têm nada para aprender ou que os outros "não sabem nada"!

Todas as pessoas deveriam entender que o processo de ensinar, e principalmente de aprender com os outros é o mais eficiente, rápido, verdadeiro, eficaz, efetivo e divertido que existe; desde que, logicamente, os outros sejam inteligentes e humildes!

Além dessas questões, você deve considerar que o ideal é que o processo de ensino e de aprendizado ocorra **em tempo real** e **na tarefa**, ou seja, no momento e no local em que a atividade está sendo efetuada.

d) Saber trabalhar com a rápida evolução dos assuntos administrativos

Os profissionais das empresas têm de trabalhar em ambientes com rápida evolução em seus negócios, produtos e serviços, bem como nas tecnologias, na estrutura de custos, na interação profissional entre as pessoas, no autoconhecimento, entre outras importantes questões inerentes à administração das empresas.

e) Trabalhar certo

Você pode constatar que, pelo menos teoricamente, o Brasil tem procurado "fazer as coisas direito", sendo que o problema pode estar no modelo de administração de algumas empresas e, principalmente, no estilo administrativo dos executivos dessas empresas, pois uma série de leis e regulamentos têm procurado disciplinar a boa atuação das empresas e seus profissionais, como:

- Lei das Sociedades Anônimas (n. 6.404, de dezembro de 1976);
- Lei n. 6.385, também de 1976, e complementada pela Lei n. 10.303, de outubro de 2001, que definiram as atribuições da Comissão de Valores Mobiliários (CVM);
- Índices gerais da Bolsa de Valores de São Paulo (Bovespa), atualmente denominada B3, com regras para as empresas que são listadas em seu pregão;

- Índices de Governança Corporativa, adotada também por empresas de capital fechado, pois cria um ambiente propício para os negócios e para a perpetuidade da empresa;
- Índice de Governança Corporativa – Novo Mercado, reunindo apenas as empresas que respeitam todos os critérios de governança definidos pela Bovespa; e
- Lei Anticorrupção (n. 12.846, de agosto de 2013), que estabelece a punição de empresas e de seus executivos que se envolvem em casos de corrupção.

Embora algumas ações governamentais, inclusive do Poder Legislativo, tenham o objetivo de prejudicar as ações anticorrupção – como a não aprovação dos assuntos considerados como de corrupção – ainda se pode acreditar que essa situação deverá evoluir para melhor, ainda que em ritmo lento.

Isso porque as empresas, os seus profissionais, os seus fornecedores, parceiros e consumidores, as comunidades onde elas atuam começaram a entender que a boa e honesta governança proporciona alguns resultados em que toda a população ganha, como:

- as empresas têm mais facilidade de obter crédito a juros menores, pela simples maior transparência e confiabilidade de seus números;
- como consequência, as empresas desenvolvem seus negócios e precisam contratar mais funcionários;
- mais pessoas melhoram as suas rendas e consomem mais, incrementando as vendas das empresas; e
- portanto, as empresas vão querer melhorar os seus modelos de administração com otimizadas análises de risco e desempenho, estruturação dos mecanismos de controle e de auditorias interna e externa, melhoria na análise de compras e de contratações, entre outras questões.

f) Ter administração integrada

A administração total e integrada é um dos principais aspectos que podem consolidar um modelo de administração otimizado, facilitar o desenvolvimento do estilo administrativo ideal, bem como fazer com que o plano de negócios da empresa apresente os melhores resultados possíveis.

Administração integrada é aquela em que todos os instrumentos administrativos da empresa estão interligados e interativos, de forma direta ou indireta, formando um único bloco decisório direcionado para um objetivo maior comum.

O modelo da administração integrada proporciona os seguintes benefícios básicos para as empresas:

- torna a administração mais simples e de fácil desenvolvimento e aplicação, pois ficam evidenciadas e estruturadas as interligações diretas e indiretas entre os diversos instrumentos administrativos da empresa;

- obriga a que cada instrumento administrativo tenha a sua metodologia estruturada de desenvolvimento e implementação, caso contrário esses instrumentos não se interligam;
- facilita a identificação de espaços "vazios" na administração da empresa;
- possibilita a extinção de atividades repetidas;
- facilita a visualização de todo o processo administrativo da empresa;
- facilita e incentiva o treinamento **na tarefa** e **em tempo real**;
- proporciona melhor adequação organizacional para enfrentar os atuais cenários de instabilidade global e de rápidas e constantes transformações socioeconômicas;
- facilita e incentiva o processo de aprimoramento da administração da empresa, pois neste caso se conhece a real situação administrativa da referida empresa;
- proporciona sustentação para a vantagem competitiva da empresa;
- possibilita consolidar um otimizado clima organizacional a partir do maior conhecimento das atividades dos outros profissionais da empresa;
- facilita o desenvolvimento e a consolidação de valores e de questões éticas e morais pela maior interação pessoal e profissional entre os que trabalham na empresa;
- facilita e incentiva a elaboração de planos de carreira pelo maior conhecimento das atividades da empresa;
- aumenta a produtividade, tanto pessoal como empresarial;
- evidencia compromissos das equipes de trabalho, bem como fidelização dos clientes, pela facilidade de a empresa ter um estilo disseminado de atuação; e
- mostra como e em que cada profissional ou equipe ou área contribui, direta ou indiretamente, para os resultados da empresa.

Para detalhes, analisar o já citado livro *A moderna administração integrada*, do mesmo autor.

A prática tem demonstrado que o desenvolvimento e a implementação de um modelo administrativo baseado na administração integrada devem se iniciar pelo mapeamento detalhado de todos os instrumentos administrativos existentes e a serem implementados na empresa e, com base nessa estruturação inicial, devem ser realizados os trabalhos interagindo todos esses instrumentos administrativos.

Este autor recomenda esse procedimento, entre outras razões, porque é mais lógico e fácil trabalhar com as particularidades e os detalhes quando se tem conhecimento do todo.

De qualquer forma, se você preferir, pode começar por alguns instrumentos administrativos que lhe apresentam, no momento, como mais evidentes e fáceis de se trabalhar.

g) Saber trabalhar com administração em rede

Essa abordagem de elevada amplitude começa a ser realidade no contexto mundial, principalmente para consolidar fortes e internacionais vantagens competitivas; e tem-se disseminado pelo modelo de administração da **rede de integração entre empresas**, que é a cooperação estruturada entre empresas participantes, sustentadas por otimizadas tecnologias, melhor utilização dos ativos, bem como maiores produtividade, flexibilidade, qualidade, rentabilidade e lucratividade com forte sinergia entre essas empresas.

Apesar de sua lógica e necessidade, na prática muitas empresas têm dificuldades de consolidar uma otimizada rede de integração, pois esse modelo de administração extrapola as empresas participantes interagindo com outros agentes nesse processo, tais como os clientes, os fornecedores, os governos e as comunidades onde as empresas participantes atuam e/ou pretendem atuar.

Existem algumas precauções que devem ser consideradas para se alcançar os melhores resultados possíveis da rede de integração entre empresas, a saber:

- os mecanismos de interação e de cooperação entre as empresas devem estar bem definidos, estruturados, aceitos e incorporados;
- devem existir transparência e transferência de conhecimentos, bem como complementaridade estruturada de sinergias de processos, atividades, tecnologias, inovações, infraestrutura, operações, entre outros;
- toda a estruturação organizacional da rede de integração entre empresas deve estar, preferencialmente, baseada na governança corporativa, e os seus negócios, produtos e serviços devem estar estruturados por unidades estratégicas de negócios, sendo que as suas atividades devem estar estruturadas por processos;
- o resultado final da operacionalização da rede de integração entre empresas é o incremento sustentado da vantagem competitiva das empresas participantes; e
- a aplicação da rede de integração entre empresas é válida para qualquer tipo e tamanho de empresa, ou seja, não existe nenhum tipo de restrição.

Entretanto, na prática, normalmente ocorre a necessidade de alguns ajustes e aprimoramentos nos estilos administrativos das empresas participantes. Quanto aos planos de negócios, o foco básico deve ser a busca da maior e mais ampla sinergia possível.

2.1.4 Fatores críticos de sucesso

Fator crítico de sucesso é o assunto interno – controlável – ou externo – não controlável – da empresa que apresenta elevada importância para a qualidade do estabelecimento e consolidação do estilo administrativo e do modelo de administração focando o plano de negócios da empresa.

Quando a empresa trabalha com fatores críticos de sucesso, ela tem condições de estabelecer uma disciplina de análise, pois a base dos assuntos analisados não sofre muitas variações ao longo do tempo e, portanto, as variações nos fatores – e as suas causas e efeitos – ficam mais fáceis e lógicas de serem identificadas, estimuladas ou corrigidas.

Você pode considerar alguns fatores críticos de sucesso:

a) Focos de análises estratégicas

No processo de estabelecimento e aplicação dos fatores críticos de sucesso em uma empresa, você pode considerar dois momentos básicos:

- o estabelecimento da lista geral de fatores controláveis e não controláveis pela empresa; e
- o estabelecimento, dentro dessa lista completa de fatores para análise, de quais devem ser considerados fatores críticos de sucesso para a empresa considerada.

Analisando como os trabalhos podem ser desenvolvidos nesses dois momentos, tem-se:

i.   Quanto ao estabelecimento da lista geral de fatores

Para esse caso, mais uma vez é válido se considerar uma parte dos trabalhos inerentes ao processo de planejamento estratégico na empresa.

A parte considerada é a do diagnóstico estratégico, em que se analisam, com o máximo de detalhes e de veracidade, os diversos assuntos ou fatores internos ou controláveis pela empresa, bem como os assuntos ou fatores externos ou não controláveis pela referida empresa, os quais afetam positiva ou negativamente, direta ou indiretamente, com maior ou menor intensidade, com efeitos a curto e/ou médio e/ou longo prazos os diversos estudos e planos para o crescimento e desenvolvimento sustentado da empresa.

Algumas empresas fazem esse trabalho com a possibilidade de "errar pelo excesso", ou seja, alocam alguns fatores e subfatores que podem ser excluídos durante os trabalhos pela sua menor importância nas análises e, principalmente, porque podem ser considerados como parte integrante de outros fatores ou subfatores sem causar nenhum prejuízo na qualidade da análise.

Apenas como exemplo, é apresentada, a seguir, uma lista genérica de fatores e subfatores de uma empresa hipotética:

I – Fatores e subfatores para uma análise externa:

- Mercados atuais:
    - segmentos;
    - participação de mercado;
    - tendências.

- Mercados futuros:
    - segmentos;
    - participação no mercado;
    - tendências.

- Evolução tecnológica:
    - identificação;
    - obtenção;
    - *benchmarking*.

- Legislação:
    - geral (tem influência em todos os tipos de empresa);
    - específica (tem influência apenas na empresa analisada).

- Concorrência:
  - identificação e análise dos concorrentes;
  - vantagens competitivas (de cada concorrente principal e da empresa analisada).

- Governo:
  - federal;
  - estadual;
  - municipal;
  - eleições.

II – Fatores e subfatores para uma análise interna:

- Produtos e serviços atuais:
  - (a ser detalhado).

- Produtos e serviços potenciais:
  - (a ser detalhado).

- Tecnologia:
  - processos;
  - produtos;
  - serviços;
  - conhecimentos;
  - inovações.

- Marketing:
  - imagem institucional;
  - eventos;
  - publicações;
  - internet;
  - mídia.

- Estrutura organizacional:
  - adequação ao plano estratégico;
  - responsabilidades;
  - autoridades;
  - comunicações internas;
  - processo decisório;
  - descentralização regional;
  - utilização de recursos;
  - estrutura física.

- Finanças:
  - contabilidade;

- orçamento;
- custos;
- fluxo de caixa;
- projetos;
- indicadores de desempenho.

• Suprimentos:
- fornecedores;
- desenvolvimento;
- parceiros.

• Recursos humanos:
- capacitação;
- treinamento;
- motivação;
- cargos e salários;
- benefícios;
- avaliação de desempenho;
- comprometimento.

ii. Quanto à identificação dos fatores críticos de sucesso

Com base na lista completa de fatores e subfatores anteriormente elaborada, você pode identificar os que podem ser chamados de fatores críticos de sucesso.

Para realização desse trabalho, você pode utilizar uma técnica consagrada, passível de aplicar em qualquer análise decisória de prioridade quando está trabalhando em uma situação de complexidade pela variedade e/ou quantidade de informações.

Essa técnica é denominada Gravidade, Urgência e Tendência (GUT) e considera o estabelecimento do nível de importância de um assunto ou fator como decorrência dos níveis de gravidade, de urgência e de tendência do assunto ou fator analisado (Kepner; Tregoe, 1978, p. 20). Você pode aplicar essa técnica para estabelecer as prioridades dos assuntos administrativos e técnicos que influenciam o estilo administrativo, o modelo de administração e o plano de negócios das empresas.

Quanto aos conceitos dos três fatores de avaliação utilizados, tem-se:

• gravidade é tudo aquilo que afeta, profundamente, a essência, o objetivo ou o resultado da empresa, da unidade organizacional ou da pessoa; e sua avaliação decorre do nível de dano ou prejuízo que pode decorrer dessa situação e, para tanto, você pode estabelecer uma escala de 1 a 5, desde o dano ser pouco importante até ele ser extremamente importante;
• urgência é o resultado da pressão do tempo que a empresa, ou a área ou a pessoa sofre ou sente; e sua avaliação decorre do tempo que se dispõe para atacar a situação ou para resolver a situação provocada pelo fator considerado e, para tanto, você

pode estabelecer uma escala de 1 a 5, desde uma situação em que não há pressa até uma em que é preciso tomar uma ação bastante urgente; e
- tendência é o padrão de desenvolvimento da situação. Sua avaliação está correlacionada ao estado que a situação apresentará, caso você não aloque esforços e recursos extras e, para tanto, você pode estabelecer uma escala de 1 a 5, desde uma situação que vai melhorar completamente se você mantiver a mesma forma e intensidade de atuação até uma situação que vai piorar muito se você mantiver a mesma forma e intensidade de atuação.

A seguir, é só você multiplicar os resultados dos níveis de gravidade, urgência e tendência de cada fator ou assunto analisado e terá estabelecido a ordem de importância para eles.

Naturalmente, você deve fazer essa avaliação para cada um dos três assuntos abordados neste livro; mas você vai perceber algo interessante: haverá pouca diferença entre os resultados das avaliações de prioridades dos fatores ou assuntos analisados quanto às suas influências no estilo administrativo, no modelo de administração e no plano de negócios das empresas; e a razão disso é evidente: esses três instrumentos administrativos das empresas têm elevados níveis de interação e interdependência entre si, o que, na prática, é altamente interessante para as empresas e para os profissionais que trabalham nelas.

b) Saber trabalhar com a inovação

Essa é uma das questões mais evidentes, mas geralmente problemática para as empresas, pois:

- existe o comodismo de continuar a fazer o que provocou o sucesso no passado, mas que atualmente pode ser a causa do fracasso da empresa;
- as mudanças empresariais normalmente provocam o medo nas pessoas de perderem "antigas conquistas" (fuja desse termo!); e
- as pessoas geralmente não têm sustentação de conhecimentos para incorporar as mudanças e inovações – necessárias – nas empresas onde trabalham.

Deve-se lembrar que **inovação** é tornar o processo mais capaz, inserindo recursos atualmente não disponíveis nas diversas atividades realizadas na empresa. Portanto, é diferente de **melhoria contínua**, pois nesse último caso se torna o processo mais capaz, com a utilização de recursos existentes e à disposição da empresa.

Mas como fazer os profissionais de uma empresa sempre estarem pensando em inovação?

Na opinião deste autor, o instrumento administrativo, desde que bem estruturado, aplicado e respeitado, que proporciona sustentação a essa necessidade empresarial é o planejamento estratégico com ampla participação, direta ou indireta, de todos os profissionais da empresa, inclusive com suas interligações com os planejamentos táticos e operacionais, pois nesse caso as pessoas são forçadas a pensar no futuro, no novo, no que poderá acontecer no ambiente não controlável e na empresa.

E aqui vai algo para você pensar: a inovação deve surgir como uma necessidade – se a empresa não inovar, ela quebra – ou como uma disciplina, uma atitude, uma "personalidade" da empresa?

A resposta óbvia é: a segunda situação.

c) *Compliance*

Você vai verificar, na seção 4.6.2, as informações complementares de que o *compliance* ou programa de integridade, quando exercitado na plenitude, representa um importante fator crítico de sucesso para a otimização do estilo e modelo de administração, bem como do plano de negócios de uma empresa, pois ele representa a exigência do cumprimento de condutas éticas e de plena responsabilidade e transparência na realização das atividades empresariais, visando, principalmente, a prevenção e combate à fraude e à corrupção, assuntos esses que infelizmente estavam em "moda" no Brasil quando este livro estava sendo escrito.

De qualquer forma, estudos demonstram que várias empresas de ramos de atividades diversos estão preocupadas em desenvolver e consolidar efetivos programas de *compliance*, o que é algo positivo para que as empresas sejam mais respeitadas no mercado e, portanto, seus produtos e serviços apresentem maiores níveis de atratividade perante o público consumidor.

Um adequado programa de *compliance* deve ter elevada amplitude de ação, envolvendo os mais diversos públicos de uma empresa: clientes, fornecedores, investidores, parceiros, funcionários, órgãos governamentais e comunidade.

É importante observar que no início a existência de um efetivo programa de *compliance* representava uma vantagem competitiva ou diferencial dessa empresa, e atualmente o *compliance* é uma obrigação. Em breve, as empresas que não tiverem esses programas serão excluídas do mercado.

O processo de incremento dos programas de *compliance* foi alavancado pela Lei Anticorrupção n. 12.846, de 2013, com base, principalmente, nas legislações dos Estados Unidos e do Reino Unido, e foi regulamentado pelo Decreto n. 8.420, de 2015, estabelecendo que, no caso de irregularidades de uma empresa, o reconhecimento formal da preexistência de um programa de *compliance* e de controles internos é fator de redução no cálculo de sanções para com a referida empresa. Mas deve-se considerar que, na prática, a intenção de praticar um programa de *compliance* não é suficiente para isentar essa empresa de culpa por atos ilícitos.

Pode-se considerar que a boa aplicação de programas de *compliance* desenvolve e consolida a cultura contra a corrupção e atos ilícitos, criando uma "personalidade" ética na empresa.

São várias as ações que uma empresa pode adotar em um programa de *compliance*, como:

- treinamentos dos funcionários e outros públicos envolvidos com as atividades da empresa;
- campanhas de comunicação interna, as quais ajudam no processo participativo e de comprometimento com os resultados planejados;
- canais de denúncia, que auxiliam na identificação e no tratamento de desvios de conduta e de não conformidade com as diretrizes do código de ética da empresa;
- análise dos fornecedores e dos terceirizados, avaliando seus históricos e reputações em produtos e serviços entregues;
- mapeamento e análise de risco, inclusive com monitoramento contínuo da eficácia do programa de *compliance*;
- regras relativas a doações, patrocínios, ofertas e recebimentos de presentes;
- regras quanto às relações – pessoais e profissionais – com clientes, fornecedores, parceiros e agentes públicos; e
- atuação efetiva de um comitê de ética, com autonomia para investigar, apurar e julgar possíveis casos de violação dos princípios éticos estabelecidos.

d) Código de conduta

Um instrumento administrativo que ajuda, e muito, o desenvolvimento e a consolidação de um otimizado estilo administrativo é o código de conduta, ou de ética, em que a empresa, entre outros assuntos, repudia toda e qualquer forma de fraude e corrupção em todos os seus níveis hierárquicos, explicitando, por exemplo, que:

- não financia, patrocina ou subvenciona, de qualquer modo, a prática de atos ilícitos;
- não influencia ou incentiva as pessoas a atuarem de forma imprópria ou ilegal em nome da empresa;
- rejeita e denuncia situações de fraude e corrupção, sob qualquer forma, direta ou indireta, ativa ou passiva que envolva ou não valores monetários; e
- nenhum profissional da empresa pode insinuar, solicitar, aceitar ou prometer, oferecer ou pagar suborno, propina ou qualquer vantagem indevida a quem quer que seja.

Esse código de conduta deve ser o mais completo e entendível possível, a fim de não suscitar nenhuma dúvida de interpretação.

Junto com o código de conduta, a empresa pode desenvolver e consolidar alguns procedimentos no contexto de seu modelo e administração que proporcionam maior sustentação ao estilo administrativo ideal esperado, como:

- terceirizar o canal interno de denúncias para garantir o anonimato;
- tornar o Conselho de Administração mais técnico e independente, no contexto do modelo administrativo da Governança Corporativa;
- implementar o *due deligence*, que é um mecanismo que cadastra e avalia fornecedores, com a verificação do histórico e da integridade de cada empresa; e

- desenvolver um mapa de riscos, com um processo de identificação, análise, priorização e detalhamento de ações para tratamento e consolidação das respostas ideais para enfrentar e eliminar os principais riscos, efetivando um conjunto estruturado das principais ações preventivas a serem adotadas pela empresa.

e) Inteligência criativa

Inteligência criativa é a capacidade cerebral de uma pessoa para entender, de forma mais ampla e inovadora, as situações que lhe são apresentadas e escolher o melhor caminho para a solução otimizada.

Na prática, a efetiva existência e aplicação da inteligência criativa é um importante fator crítico de sucesso para as pessoas e para as empresas onde trabalham.

A abordagem da inteligência recebe forte influência do ambiente em que cada pessoa vive, pois ela pode ser ensinada; já a abordagem da criatividade é basicamente intrínseca a cada pessoa.

Portanto, o nível de inteligência facilita – ou dificulta – uma pessoa a solucionar problemas com base em conhecimentos adquiridos em processos de aprendizado e experiências vividas; e a criatividade propicia a criação de novas ideias e soluções para problemas diversos.

O grande "lance" é essas duas questões atuarem juntas e de forma natural, consolidando o conceito de inteligência criativa, a qual pode ser incrementada quando a pessoa é muito observadora das situações ao seu redor e tem forte interação social de aprendizado e de ensino para com as outras pessoas; e nesse contexto existem cinco competências básicas da inteligência criativa (Bruce Nussbaum, 2013, p. 33):

- estar "ligado" ao seu ambiente, conectando informações de várias fontes de maneiras diversas, novas e inusitadas, mas sempre preservando – e aprimorando – as suas próprias experiências e aspirações;
- ter raciocínio e discernimento para entender o seu relacionamento com outras pessoas, bem como saber mudar quando suas perspectivas evidenciarem para tal;
- ter atuação transparente em todos os seus atos e decisões sabendo analisar as alternativas e possibilidades, e administrando com qualidade e responsabilidade os possíveis riscos envolvidos;
- saber otimizar a identificação e a aplicação de novas tecnologias e metodologias administrativas; e
- ter uma postura proativa para com a execução das ideias viáveis e, no mínimo, saber testar a viabilidade das diferentes ideias que são apresentadas para análise e possível aplicação.

Você percebe que, na essência, a inteligência criativa procura identificar o real problema existente, bem como a estruturação lógica de sua solução otimizada.

Lembre-se de Steve Jobs afirmando que a criatividade e a inovação não têm nada a ver com o tamanho de seu investimento em pesquisa e desenvolvimento, mas, sim, tem a ver com você, com a sua equipe, com o modo como a administra, bem como a quanto de resultado você e a sua equipe proporcionam para a empresa. Essa é para você pensar!

2.2 Momento ideal de repensar o estilo e o modelo de administração e o plano de negócios da empresa

E agora surgem três perguntas evidentes, mas cujas respostas podem ser um pouco difíceis: Como saber que chegou a hora de repensar o estilo administrativo básico de uma empresa? E quanto ao seu modelo de administração? E quanto ao seu plano de negócios?

Para responder a essas perguntas, você deve analisar, com efetiva sustentação e veracidade – caso contrário o "tiro pode sair pela culatra" –, algumas questões básicas, sendo que a maioria é evidenciada quando da apresentação de outros assuntos neste livro.

Para definir se chegou o momento de repensar o estilo administrativo básico da empresa, você pode analisar, no mínimo, as seguintes questões:

- Os resultados planejados para os negócios, produtos e serviços da empresa estão sendo alcançados? Isso porque o estilo administrativo, conforme amplamente evidenciado neste livro, tem elevada importância nos resultados do plano de negócios da empresa, sendo que se os seus resultados não estiverem sendo alcançados normalmente, o "culpado" é o estilo administrativo da empresa.
- As atividades da empresa estão sendo executadas com fluidez e qualidade? Nesse caso, você deve analisar o estilo administrativo da empresa, mas não se esqueça de verificar, com detalhes, o seu modelo de administração, pois este último é que pode ser o principal "culpado" dos problemas.
- Estão ocorrendo conflitos entre os profissionais da empresa? Aqui, você deve considerar que existem "conflitos bons", os quais geram situações em que os profissionais procuram, de forma evolutiva e sustentada, apresentar as suas propostas, mas também existem "conflitos ruins", geralmente provocados pelo ego das pessoas e sem nenhuma contribuição para os resultados da empresa.
- A empresa é desprovida de conflitos? Você deve considerar que a hipótese da inexistência de conflitos entre os profissionais da empresa pode significar um ambiente de completa alienação para com a referida empresa, não existindo debates e alternativas decisórias.
- Os profissionais apresentam efetivo comprometimento para com os resultados planejados e distribuídos entre as diversas áreas e atividades da empresa? Eles têm pleno conhecimento de suas atividades, responsabilidades e autoridades? Eles sabem e gostam de trabalhar em equipes multidisciplinares? O processo de aprimoramento desses profissionais está otimizado?
- Existe pleno entendimento dos resultados a serem alcançados? O seu estabelecimento foi perfeitamente estruturado e sustentado, ou eles foram "chutados"?

- Como está a evolução da capacitação profissional dos que trabalham na empresa? E o nível motivacional?
- O ambiente de trabalho estimula a criatividade e a inovação?
- As contribuições individuais e coletivas são reconhecidas pela empresa? De que forma?
- Quais outras evidências de possíveis problemas no estilo administrativo são apresentadas neste livro?
- Quais outras situações problemáticas ou questionáveis você está identificando na empresa onde trabalha?

Como o estilo administrativo envolve cada um dos profissionais da empresa, o elenco de questões a serem analisadas e debatidas é muito amplo; e nesse contexto a proposta é você fazer uma pesquisa básica junto aos profissionais da empresa e complementar a lista apresentada, sendo interessante que ocorram sugestões desses profissionais e que, após concordância geral, sejam inseridas na lista para debate do momento ideal de se repensar o estilo administrativo da empresa; ou seja, evite debater o estilo administrativo e sua possível mudança em um grupo restrito de pessoas que, naturalmente, não tem condições de saber todas as realidades e nuances da empresa, pois o "tiro pode sair pela culatra".

Com referência à definição do momento ideal para repensar o modelo de administração de uma empresa, você pode considerar as seguintes questões:

- a consistência interna, analisando as capacitações profissional e tecnológica da empresa, os seus recursos, objetivos e metas estabelecidos, bem como a cultura organizacional e sua influência no modelo de administração da empresa;
- a consistência externa, analisando as interações com os clientes, fornecedores, distribuidores, concorrentes, legislação, planos dos governos, bem como a conjuntura econômica e o contexto político;
- o nível de riscos envolvidos, considerando as questões financeiras, econômicas, tecnológicas, sociais e políticas;
- o horizonte de tempo do modelo de administração, considerando os impactos recebidos e exercidos a curto, médio e longo prazos;
- a praticidade do modelo de administração; e
- a aceitabilidade do modelo de administração.

Quanto ao momento ideal de repensar o plano de negócios, a resposta é bem simples: a todo momento!

Isso porque o plano de negócios é interativo e decorrente do planejamento estratégico, sendo que esse é um processo que não tem fim, ou seja, você não deve afirmar que o seu plano estratégico está "pronto".

Consequentemente, o planejamento estratégico e o plano de negócios devem ser parte integrante do estilo administrativo e do modelo de administração das empresas.

E fuja daquelas empresas que fazem reuniões no final do ano, geralmente em dois ou três dias, para "elaborar" o seu planejamento estratégico. Sem comentários!

Conforme evidenciado nos diversos capítulos e seções do livro, você tem de considerar, analisar e saber aplicar várias questões para o otimizado processo de estabelecimento e consolidação do estilo e modelo de administração ideais e direcionados ao plano de negócios de uma empresa, tais como:

- metodologia de trabalho;
- premissas, fatores de influência, precauções e fatores críticos para o sucesso dos trabalhos;
- momento ideal de realização dos trabalhos;
- análise integrada dos componentes, condicionantes e níveis de influência e de abrangência dos trabalhos;
- capacitações e comprometimentos dos profissionais; e
- processos de avaliação e de aprimoramento dos trabalhos.

Portanto, é válida, neste momento, a apresentação, para sua análise e debate, de um esquema geral e resumido que integra esses vários assuntos, sendo que alguns já foram apresentados no texto do livro e outros serão abordados em capítulos e seções específicas.

A importante questão do esquema geral é apresentada na seção a seguir, com forte viés direcionado ao plano de negócios da empresa, que é o resultado final – interessante ou não – de tudo que se fez anteriormente; pois é isso que sustenta a evolução da empresa!

2.3 Como proporcionar sustentação ao plano de negócios da empresa

São várias as finalidades de se desenvolver e consolidar otimizados estilos e modelos de administração nas empresas – ver seção 1.3 –, mas uma se sobressai, a qual corresponde à melhor sustentação ao plano de negócios de cada empresa.

Isso porque é o plano de negócios quem vai proporcionar o "finalmente" para cada empresa correspondente, principalmente, a sua lucratividade, rentabilidade, produtividade, participação de mercado e vantagem competitiva.

Na prática, pode-se considerar que uma empresa não consegue apresentar resultados interessantes de seu estilo e modelo de administração se não tiver um otimizado plano de negócios que sustente e consolide as atividades administrativas dessa empresa.

O pleno entendimento dessa relação de causas *versus* efeitos entre estilo administrativo, modelo de administração e plano de negócios é de suma importância para a otimização dos resultados das empresas.

O problema é que não são todos os profissionais de empresas que assimilam essa importância; e, nesse contexto, este livro apresenta uma contribuição estruturada e testada para a sua adequada aplicação pelas empresas.

Neste momento, surge uma questão: Por que trabalhar o plano de negócios como algo complementar ao modelo de administração e não como algo que é parte integrante?

É evidente que se pode trabalhar os dois instrumentos administrativos como um só, mas você pode considerar mais interessante trabalhar cada assunto como um projeto específico e com elevada interação entre eles e, no fim, juntar os dois trabalhos, podendo, inclusive, denominá-lo modelo administrativo de negócios e utilizar a conceituação apresentada a seguir: **modelo administrativo de negócios** é a estruturação organizacional e de processos/atividades da empresa de forma interativa com o plano de negócios visando otimizar os seus resultados.

Esse "exercício mental" de evoluir, de forma sustentada, na apresentação dos conceitos dos termos administrativos é algo interessante, pois você pode consolidar maior amplitude de entendimento e de aplicação, do assunto administrativo analisado; até porque aquele novo conceito é "de sua autoria" e, portanto, você tem total segurança na sua aplicação. Acredite: vale a pena você tentar!

Na realidade, você pode aglutinar o estilo administrativo à conceituação anteriormente apresentada, ficando a redação como a seguir apresentada: **estilo administrativo modelar de negócios** – gostou do termo? – é a triangulação otimizada entre a modelagem da estrutura organizacional e de processos para melhor sustentar o estilo administrativo da empresa, visando aos melhores resultados de seu plano de negócios.

Você percebe que esse processo evolutivo é interessante e prático, mas, antes de se chegar a esse ponto, é necessário trabalhar com cada uma das três partes básicas – estilo administrativo, modelo de administração e plano de negócios – de forma separada e bem estruturada para que se possa, ao fim, chegar a um modelo integrado e global que seja eficiente, eficaz e efetivo para cada empresa, levando em consideração a sua realidade atual e a situação futura desejada.

Nessa questão, pode-se considerar, como ideal, que você respeite a seguinte ordem básica dos trabalhos:

1. Primeiro, consolide, conforme já explicado, o planejamento estratégico básico da empresa, pois é esse instrumento administrativo que vai ser a "bússola orientativa" para onde a empresa quer se direcionar, bem como as principais estratégias que vai desenvolver para chegar aos objetivos estabelecidos.

   E não se esqueça de que o referido planejamento estratégico deve ser respeitado por toda a empresa, por meio de suas interações com os diversos planejamentos táticos e operacionais, interligando as questões macro com os assuntos do dia a dia da empresa analisada.

2. Depois, entre os diversos assuntos e instrumentos administrativos que um processo de planejamento estratégico envolve, você deve considerar, de forma interativa, as questões principais abordadas neste livro: estilo administrativo, modelo de administração e plano de negócios.

   E aqui vai uma **dica** importante: você pode trabalhar com as três questões de forma conjunta e interativa, mas sempre se lembrando de analisar, com a máxima profundidade, cada questão, pois elas sempre proporcionam contribuições importantes para o otimizado delineamento das outras duas questões.

3. A seguir, você pode estabelecer os fatores críticos de sucesso – ver seção 2.1.4 – e, neste momento, pode ocorrer algo interessante: você rever algumas questões inerentes ao plano de negócios e, até, do modelo de administração e do estilo administrativo ideais para a empresa considerada.

   Isso pode ocorrer pelo simples fato de que, ao se fazer a análise de um mesmo assunto, mas em outro contexto ou abordagem, a referida análise pode ser aprimorada; e você deve realizar essa "análise questionadora" para os vários assuntos ou instrumentos administrativos identificados em seus trabalhos.

4. O momento seguinte é da consolidação da vantagem competitiva – ou de sua revisão –, e aqui deve-se fazer um alerta.

   A empresa pode ter um único negócio com um único produto ou serviço; mas também pode ter – ou pretende ter – vários negócios com vários produtos e serviços. Você deve concordar que a explicitação do plano de negócios deve ser pela situação mais complexa, sendo simplificada de acordo com a realidade de cada empresa; ou seja, você deve saber o complexo para bem aplicar o simples!

Nesse contexto, você deve estabelecer a vantagem competitiva que seja o "guarda-chuva" das vantagens competitivas dos vários negócios, produtos e serviços da empresa ou grupo empresarial. Isso porque você cria uma "personalidade estratégica" da empresa ou grupo empresarial, facilitando o posicionamento do mercado perante a referida instituição, bem como aumentando, automaticamente, o nível de atratividade da empresa ou grupo empresarial perante o mercado, ou seja, os seus negócios, produtos e serviços passam a ser "puxados" pelo mercado – o que é o ideal –, e não mais serem "empurrados" para o mercado, que pode representar o caos a médio prazo, pois essa situação necessita de elevados investimentos e despesas da empresa.

E não se pode esquecer que essa situação ideal também facilita o processo sinérgico (o famoso 2 + 2 = 5) em que um negócio, produto ou serviço pode ajudar outro negócio, produto ou serviço quanto aos resultados gerais apresentados.

Mas aqui surge uma pergunta: Como conseguir essa situação ideal?

A resposta a essa pergunta não é tão complicada quanto possa parecer. Para tanto, você pode trabalhar com uma metodologia estruturada e completa para desenvolvimento e operacionalização de um processo de planejamento estratégico e focar, para toda a empresa ou grupo empresarial, bem como para cada um de seus negócios, produtos e serviços, tanto os atuais como os potenciais, no mínimo os seguintes fatores ou pontos de análise, sendo alguns controláveis e outros não controláveis pela referida empresa ou grupo empresarial:

- O nível de flexibilidade que a empresa apresenta para a qualidade de seus processos decisórios, lembrando que as questões estratégicas, principalmente pelo fato de sofrerem influência de fatores externos ou não controláveis pela empresa, exigem adequado processo de ajustes decisórios quanto a essas imprevisibilidades.

Na prática, pode-se considerar que essa flexibilidade deve ocorrer, principalmente, nos contextos operacional e mercadológico.

- A análise detalhada de cada um dos atuais segmentos de mercado atendidos pelos negócios, produtos e serviços da empresa, bem como dos segmentos potenciais decorrentes dos seus planejamentos estratégico e de marketing.

Esse é um momento interessante para se rever e detalhar os cenários analisados anteriormente no planejamento estratégico da empresa. Mas atenção: a frase é apenas um lembrete, pois as empresas devem estar monitorando, analisando e incorporando sistematicamente os sinais "enviados" pelos cenários!

- A análise da tecnologia, tanto a questão da evolução tecnológica inerente ao que está acontecendo no ambiente externo da empresa e o que seus concorrentes estão fazendo quanto a tecnologia aplicada pela empresa considerada, inerente aos processos, atividades, produtos e serviços, bem como aos níveis de produtividade e a efetivação de sinergias diversas.

Um assunto de elevada influência na questão da tecnologia aplicada são as parcerias com os fornecedores, o desenvolvimento de insumos, assim como a absorção de conhecimentos administrativos e técnicos.

- A análise de valor e o estabelecimento do valor agregado para a empresa, mas também para os seus diversos parceiros, os seus intermediários em itens variados e os seus clientes.
  Essa questão representa o "finalmente" do processo, mas, para se chegar com qualidade total a esse ponto, é necessário otimizar alguns outros fatores, como:
    - rede de distribuição, com atividades no atacado e no varejo;
    - processo de divulgação dos negócios, produtos e serviços da empresa, com ações de propaganda, publicidade e promoção; e
    - resultados das vendas, receitas, custos, lucratividade, rentabilidade e participação de mercado.

Para finalizar, é apresentada a estruturação básica do plano de negócios na Figura 2.6.

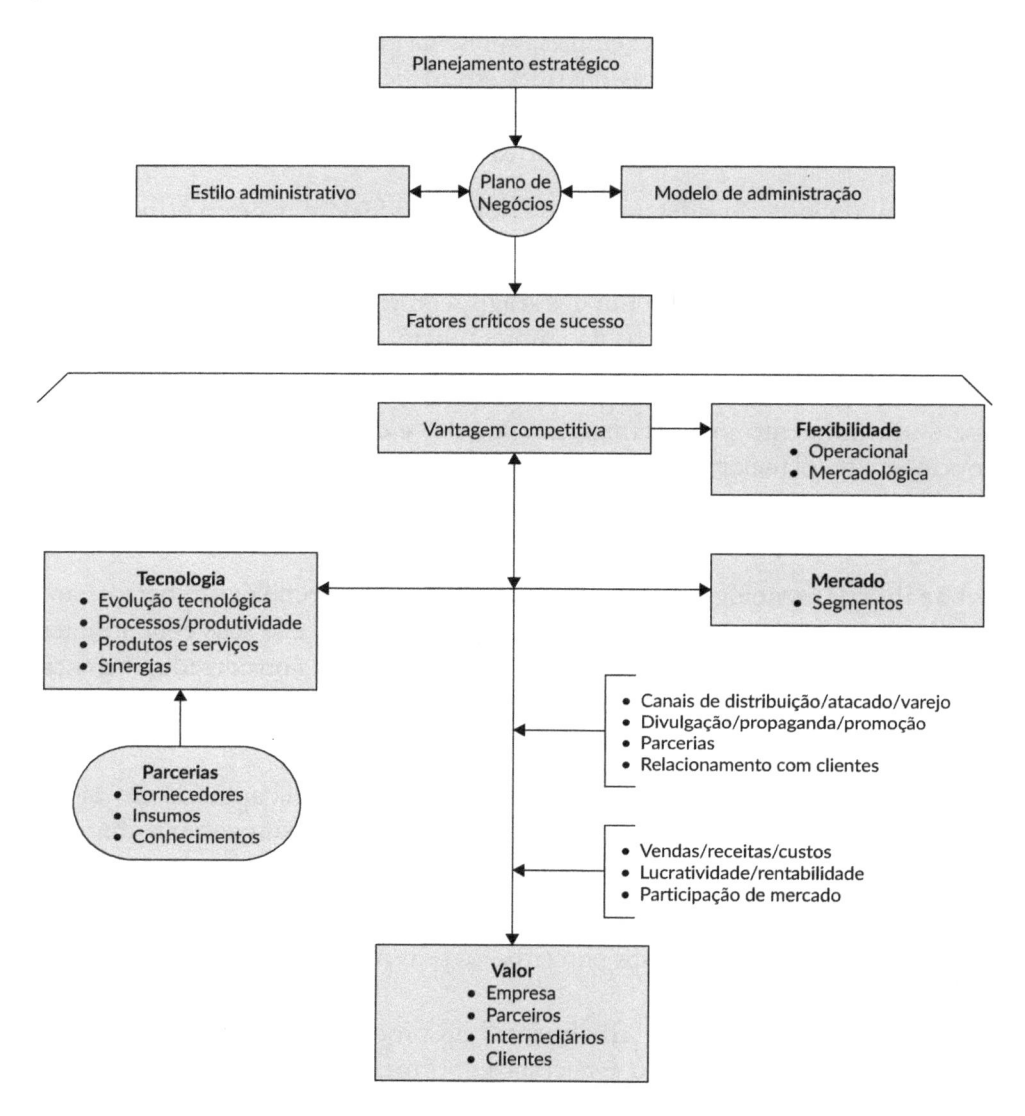

```
                        ┌─────────────────────────┐
                        │ Planejamento estratégico │
                        └───────────┬─────────────┘
                                    ▼
   ┌──────────────────┐        ╭─────────╮         ┌──────────────────────┐
   │ Estilo administrativo │◄──┤ Plano de ├──►│ Modelo de administração │
   └──────────────────┘        │ Negócios │         └──────────────────────┘
                               ╰────┬────╯
                                    ▼
                        ┌─────────────────────────┐
                        │ Fatores críticos de sucesso │
                        └─────────────────────────┘
```

Figura 2.6 Estrutura geral do plano de negócios.

[Diagrama: Vantagem competitiva → Flexibilidade (Operacional, Mercadológica); Tecnologia (Evolução tecnológica, Processos/produtividade, Produtos e serviços, Sinergias); Mercado (Segmentos); Parcerias (Fornecedores, Insumos, Conhecimentos); Canais de distribuição/atacado/varejo, Divulgação/propaganda/promoção, Parcerias, Relacionamento com clientes; Vendas/receitas/custos, Lucratividade/rentabilidade, Participação de mercado; Valor (Empresa, Parceiros, Intermediários, Clientes).]

Neste momento, são válidos alguns comentários a respeito de determinadas questões evidenciadas na Figura 2.6, e você deve analisar com profundidade cada questão antes de aplicar em sua empresa. São elas:

i. Quanto aos segmentos de mercados

Esses segmentos podem ser estabelecidos por necessidades comuns, por comportamentos comuns, por níveis comuns de renda, entre outros atributos; mas o importante é que esses sejam representativos para o processo decisório da empresa.

Como consequência, cada segmento de mercado necessita de ações de oferta diferentes, canais de distribuição diferentes, relacionamentos comerciais diferentes, proporcionando lucratividades diferentes e participações de mercado diferentes.

ii. Quanto aos canais de distribuição

Esses canais estabelecem a interação da empresa com os clientes e, portanto, auxiliam nos seguintes aspectos básicos:

- maior conhecimento dos clientes quanto aos negócios, produtos e serviços da empresa;
- facilidade na aquisição dos seus produtos e serviços;
- possibilidade de agregar valor ao cliente; e
- otimização do processo de pós-venda.

Em um processo de análise dos melhores canais de distribuição, deve-se considerar o funcionamento de cada um, como eles podem se interligar, a relação custos *versus* benefícios, a interação efetiva com os clientes, entre outras questões.

iii. Quanto ao relacionamento com os clientes

Esse relacionamento pode variar de pessoal até *online* e a distância, mas o seu foco sempre deve ser a conquista de clientes, a retenção e a fidelidade dos clientes e a ampliação das vendas sustentada pela divulgação da marca do produto ou serviço.

iv. Quanto ao valor proporcionado

Esse valor corresponde ao conjunto de benefícios que uma empresa oferece aos clientes, e esses têm informações e sustentação para entender como tal; caso contrário, esse valor não existe.

O valor proporcionado pode ser decorrente de uma inovação tecnológica, de sua maior facilidade de uso ou mesmo de sua customização, tornando o produto ou serviço algo "mais pessoal" para cada cliente.

Você percebe que para cada uma das quatro questões apresentadas como exemplos a empresa deve considerar alguns recursos básicos para o seu desenvolvimento e aplicação, como:

- recursos humanos, pois são as pessoas que detêm os conhecimentos essenciais de uma empresa;
- recursos financeiros, para "movimentar a máquina";
- recursos físicos, como fábricas, lojas, escritórios, veículos etc.; e
- recursos corporativos, como patentes, marcas, registros, informações, processos operacionais etc.

Em outras partes do livro e, principalmente, na seção 6.4, você pode analisar outras importantes questões inerentes à necessidade de o estilo administrativo e o modelo de administração estarem efetivamente focados na otimização do plano de negócios da empresa.

Embora tenha sido apresentada uma série de sugestões para melhor trabalhar com o trinômio estilo administrativo × modelo de administração × plano de negócios, você deve exercitar ao máximo o seu raciocínio e pensar com criatividade, lógica e sustentação para conseguir otimizar a aplicação dos conceitos, metodologias e técnicas apresentados no livro.

Você também deve se lembrar da máxima de Daniel Kahneman (5 de março de 1934-), prêmio Nobel em Economia, que afirmou: "pensar é caro"; e isso porque o nosso cérebro costuma nos enganar, pois, como os raciocínios complexos gastam muita energia, nossa tendência natural é aceitar informações confortáveis, mesmo que incompletas ou inadequadas. Portanto, você pode até ser cético e procurar "ver para crer", principalmente com informações que corroboram nossa visão de mundo.

É por isso que a proposta evidenciada no preâmbulo deste livro é que você analise o seu conteúdo, debata todos os questionamentos apresentados no texto dos diversos capítulos, resolva os exercícios e casos, bem como, se possível, aplique na prática de suas atividades nas empresas ou nas instituições de ensino – não se esquecendo de suas questões pessoais –, respeitando plenamente o processo de aprendizado contínuo, sustentado e evolutivo.

Resumo

A importância deste capítulo está em apresentar uma metodologia estruturada para você estabelecer e consolidar o estilo administrativo e o modelo de administração da empresa onde trabalha de forma a proporcionar efetiva sustentação ao plano de negócios.

Lembre-se: sem o conhecimento de uma metodologia de como realizar os trabalhos, nada será feito, ou só ocorrerão erros.

Você foi incentivado a debater a metodologia apresentada e, se tem restrições a ela, é só estruturar a sua metodologia; mas tenha uma!

Também foram evidenciadas as premissas, os fatores de influência, as precauções e os fatores críticos que devem ser considerados, bem como o momento ideal de começar os trabalhos e os aspectos básicos que devem ser considerados para que tanto o estilo administrativo como o modelo de administração sirvam de base de sustentação para o efetivo sucesso do plano de negócios da empresa.

Questões para debate e consolidação de conceitos

1. Explicar a aplicação da metodologia de desenvolvimento e operacionalização do estilo e modelo de administração apresentada neste capítulo.
2. Debater essa questão focando ou não o plano de negócios da empresa.

3. Pesquisar outra metodologia em referências bibliográficas diversas.
4. Fazer uma análise comparativa entre as metodologias das questões anteriores, apresentando suas vantagens e precauções na utilização.
5. Debater as premissas que devem ser respeitadas no processo de estabelecimento do estilo administrativo e do modelo de administração nas empresas, focando o seu plano de negócios.
6. Estabelecer outras premissas.
7. Debater os fatores de influência no desenvolvimento dos referidos trabalhos.
8. Idem quanto às precauções a serem consideradas nos trabalhos.
9. Debater o momento ideal de se repensar o estilo administrativo e o modelo de administração da empresa.
10. Debater o processo de consolidação do estilo e modelo de administração nas empresas sustentando o plano de negócios.
11. Explicitar, com justificativas e exemplos, as suas facilidades e dificuldades na análise e no debate das dez questões anteriores – e das alocadas no texto do capítulo – e, depois, não esquecer de colocá-las em seu plano de carreira.

Exercício para reflexão

Hierarquizar, com justificativas, de acordo com um critério estabelecido por você, as premissas, os fatores de influência, as precauções e os fatores críticos de sucesso a serem considerados no processo de estabelecimento do estilo administrativo e do modelo de administração das empresas, sempre focando o plano de negócios da empresa.

O enunciado deste exercício é bem simples, mas a sua solução poderá exigir razoável nível de análise e raciocínio de sua parte.

Nas seções 2.1.1, 2.1.2 e 2.1.3 foram apresentadas as premissas básicas, os possíveis fatores de influência e as principais precauções que você deve considerar quando da aplicação de uma metodologia para o estabelecimento do estilo administrativo e do modelo de administração ideais para a empresa onde você trabalha, com foco no plano de negócios.

Conforme já foi solicitado no texto do capítulo, você deve completar essas listas com outras questões que julgue importantes.

Após realizar essa tarefa, você pode completar, se for o caso, a lista de fatores críticos de sucesso para a aplicação da referida metodologia, conforme apresentado na seção 2.1.4.

A tarefa seguinte é você estabelecer um único critério – isso é importante! – para hierarquizar, pelo nível de importância para a qualidade da aplicação da referida metodologia, as quatro questões anteriormente elencadas.

Todo esse trabalho deve estar sustentado por completas justificativas de cada item hierarquizado. Um aspecto interessante que vai acontecer é que as justificativas começarão a se repetir para diferentes itens de cada análise; e isso vai demonstrar que esses diferentes itens têm forte interação, evidenciando pontos em que a administração integrada está ocorrendo, ou seja, diferentes assuntos ou instrumentos administrativos estão na relação causas *versus* efeitos, formando um todo interligado, sendo que esse assunto será abordado na seção 3.5 e, com detalhes, no Capítulo 4.

Faça esse trabalho agora e você vai perceber que, em administração, tudo é fácil, lógico e útil.

Boa diversão!

Caso para análise, debate e proposta de solução

A diretoria da empresa onde você trabalha – Betha Indústria e Comércio Ltda. – está dividida quanto à necessidade de se analisar, debater e aprimorar o estilo administrativo e o modelo de administração focando o plano de negócios da empresa.

Como todos sabem que você é um estudioso do assunto, foi convidado para fazer uma apresentação detalhada a respeito.

A Betha Indústria e Comércio Ltda. é uma empresa farmacêutica de tamanho médio pertencente a dois sócios que são amigos desde a juventude, sendo que a participação acionária deles é idêntica.

A empresa está passando por alguns problemas que se arrastam há alguns anos, e João, que cuida das áreas técnica e industrial, acha que a causa do problema é o jeitão com que eles administram a Betha, mas não sabe apresentar detalhes da situação, fazendo com que essa importante questão seja caracterizada como um "achismo" de João.

José é o sócio que cuida das áreas administrativa e financeira e considera que o problema está na situação da economia e todas as empresas estão passando por isso.

Você já verifica que João considera a causa do problema como interna e controlável, enquanto José afirma que a causa do problema é externa e não controlável.

Essa é uma questão importante em administração, pois são estilos bem diferentes: afirmar que o problema está no seu mundo ou que esse problema está sendo causado "pelos outros"!

A área comercial da Betha Indústria e Comércio Ltda. é exercida conjuntamente pelos dois sócios, e essa interessante decisão está correlacionada ao fato de que eles sempre quiseram ter uma efetiva atuação e responsabilidade conjunta, e o momento escolhido é quando os produtos e serviços da Betha ficam disponibilizados para serem colocados no mercado.

De forma resumida, o organograma da Betha Indústria e Comércio Ltda. é evidenciado na Figura 2.7.

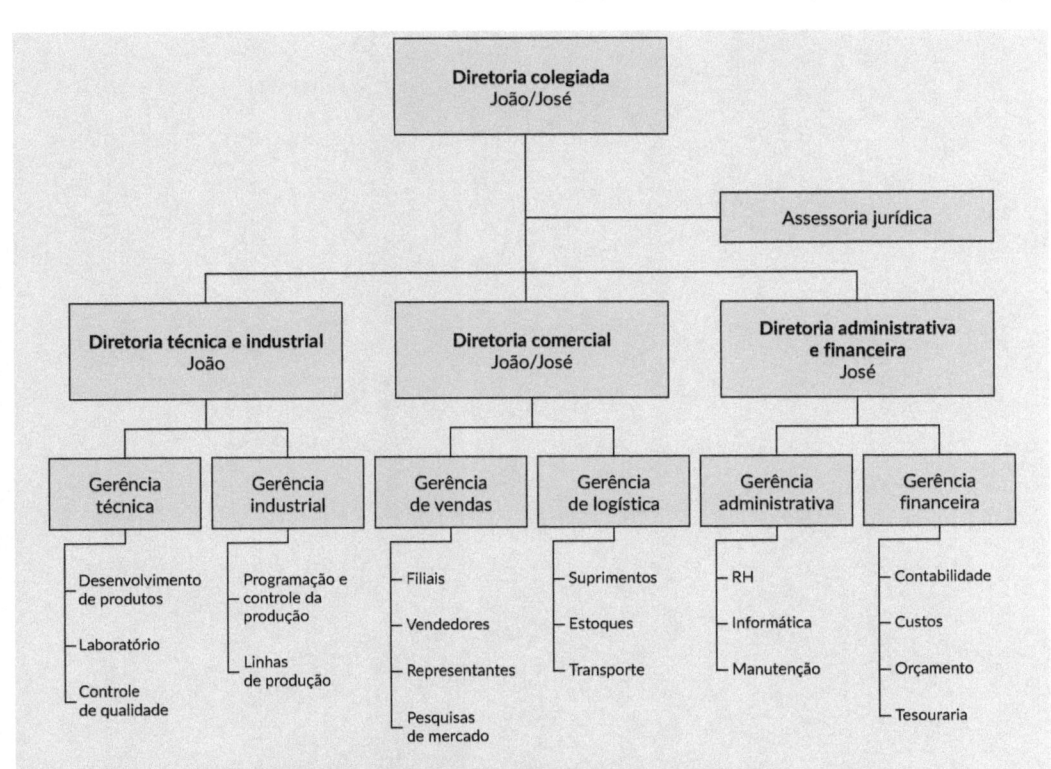

```
                    ┌─────────────────────┐
                    │ Diretoria colegiada │
                    │     João/José       │
                    └──────────┬──────────┘
                               │
                               ├──────────────┬─────────────────────┐
                               │              │ Assessoria jurídica │
                               │              └─────────────────────┘
        ┌──────────────────────┼──────────────────────┐
┌───────┴────────┐    ┌────────┴─────────┐    ┌───────┴──────────┐
│Diretoria técnica│    │Diretoria comercial│    │Diretoria administrativa│
│  e industrial   │    │    João/José     │    │    e financeira   │
│     João        │    │                  │    │       José        │
└─────────────────┘    └──────────────────┘    └───────────────────┘
```

Figura 2.7 Organograma da Betha Indústria e Comércio Ltda.

Estrutura de gerências:
- Gerência técnica: Desenvolvimento de produtos, Laboratório, Controle de qualidade
- Gerência industrial: Programação e controle da produção, Linhas de produção
- Gerência de vendas: Filiais, Vendedores, Representantes, Pesquisas de mercado
- Gerência de logística: Suprimentos, Estoques, Transporte
- Gerência administrativa: RH, Informática, Manutenção
- Gerência financeira: Contabilidade, Custos, Orçamento, Tesouraria

Você tem as seguintes tarefas básicas:

a) Estabelecer quatro situações inerentes ao estilo de administração na Betha Indústria e Comércio Ltda. usando as **dicas** apresentadas no texto e outras situações de seu interesse para posterior análise.
b) Idem quanto ao modelo de administração da Betha.
c) Preparar a sua apresentação para a diretoria da Betha Indústria e Comércio Ltda. quanto à análise estruturada da atual situação do estilo administrativo e do modelo de administração, considerando o formalizado nos dois itens anteriores.
d) Preparar a sua apresentação, com o máximo de detalhes, da metodologia proposta para o otimizado estabelecimento do estilo administrativo e do modelo de administração da Betha Indústria e Comércio Ltda., sempre focando o seu plano de negócios.

Com referência ao plano de negócios, você pode alocar as informações e situações que julgar interessantes para o seu debate.
João e José agradecem a sua colaboração!

Capítulo 3

Componentes, condicionantes, níveis de influência e de abrangência do estilo e modelo de administração e do plano de negócios

"Decisões empresariais sempre comprometem os recursos do presente com as incertezas do futuro."
Peter Drucker

O foco deste capítulo é a apresentação, para debate, das partes integrantes e dos fatores que podem interferir na qualidade do estilo e do modelo de administração da empresa quando focado o seu plano de negócios.

Normalmente, existe alguma dificuldade em listar todas essas partes e esses fatores, pois o estudo inerente ao conteúdo deste livro é bastante amplo; mas pode-se considerar que o apresentado é suficiente para você desenvolver os trabalhos, sendo que possíveis ajustes e complementações podem ser efetuados como decorrência da realidade de cada empresa, principalmente quanto aos seus negócios e mercados, bem como seus profissionais.

Objetivos do capítulo

Ao fim da análise deste capítulo, você poderá responder, com detalhes, algumas importantes questões, a saber:

- Quais são os componentes de um processo de desenvolvimento e implementação do estilo administrativo e do modelo de administração de uma empresa quando o foco básico é o seu plano de negócios?

- Quais são os condicionantes desse processo?
- Quais são os níveis de influência nas atividades desse processo?
- Quais são os níveis de abrangência que esse processo pode apresentar?
- Como pode ser realizada uma análise integrada dos quatro assuntos anteriores?

Você percebeu que o foco do capítulo anterior foi o processo de desenvolvimento e de aplicação de uma metodologia estruturada para se trabalhar com o estilo administrativo e o modelo de administração direcionados para o plano de negócios da empresa, com indicação das premissas a serem respeitadas, os fatores de influência, as possíveis precauções nos trabalhos, bem como os prováveis fatores críticos de sucesso no desenvolvimento e na aplicação da referida metodologia ou sequência de etapas de trabalho.

Já o foco do presente capítulo são as partes integrantes e os níveis de influência e de abrangência que você deve considerar quando estiver trabalhando com o estilo administrativo, o modelo de administração e o plano de negócios das empresas.

Portanto, os dois capítulos se complementam, com o Capítulo 2 cuidando do "como fazer" e o Capítulo 3 analisando "o que fazer", resultando no entendimento do "por que fazer"; o "por quem fazer" é de sua responsabilidade direta; e o "quando" e o "por quanto fazer" você decide!

3.1 Componentes

Você pode considerar 11 componentes ou partes integrantes do processo de desenvolvimento e operacionalização do estilo administrativo e do modelo de administração ideais de uma empresa focando o seu plano de negócios.

Sem a preocupação de hierarquizar o nível de importância deles para o sucesso dos trabalhos, podem ser considerados:

a) Conhecimentos dos negócios, produtos e serviços

Você pode acreditar no seguinte: quanto mais os profissionais conhecem, com sustentação, os negócios, os produtos e os serviços da empresa onde trabalham, mais os debates inerentes ao estilo administrativo e ao modelo de administração ficam direcionados e correlacionados ao plano de negócios da referida empresa.

Essa afirmativa nos remete a um sério problema de algumas empresas, que é o debate do estilo administrativo e do modelo de administração sem que os participantes tenham efetivo conhecimento dos negócios, produtos e serviços da empresa. Nesse caso, a pergunta é: estão debatendo o que e para quê?

Portanto, conforme já amplamente evidenciado neste livro, você deve analisar os três assuntos abordados de forma interativa, ou seja, cada assunto influenciando os outros dois.

Entretanto, esses conhecimentos devem ser disseminados de maneira organizada pela empresa para que não sejam perdidos ao longo do tempo por demissões, aposentadorias, doenças etc.; também para que esses conhecimentos sejam debatidos e aplicados por outras pessoas que possam aprimorá-los.

b) Tecnologia aplicada e nível de inovação

Tecnologia aplicada é o conjunto de conhecimentos e equipamentos que são utilizados para operacionalizar as atividades da empresa, visando alcançar os objetivos anteriormente estabelecidos.

Inovação é tornar o processo mais capaz, inserindo recursos atualmente não disponíveis na empresa; sendo, portanto, diferente de melhoria contínua, pois neste último caso os recursos existem e estão disponíveis.

Portanto, nessas questões você está focado no que está acontecendo "aqui e agora" quanto à modernidade dos conhecimentos, processos, atividades, produtos e serviços na empresa onde trabalha em relação às empresas concorrentes atuais e/ou potenciais.

O assunto em que a tecnologia e a inovação ficam mais evidentes é no plano de negócios; e a visualização no modelo de administração é média e no estilo administrativo pode ser considerada um pouco mais difícil a sua identificação.

Entretanto, tem-se observado algo interessante: a inovação e o nível de tecnologia aplicada são muito decorrentes das atividades das pessoas e, nesse caso, elas são ou não pessoas inovadoras; e, se o forem, elas são inovadoras em todos os seus atos e decisões, ou seja, são inovadoras para com os três assuntos abordados neste livro.

E agora um lembrete: o assunto **inovação** foi também evidenciado como um fator crítico de sucesso das empresas – ver seção 2.1.4 – e, portanto, você deve fazer uma análise conjunta e de maior amplitude.

Essa questão de as empresas consolidarem processos de inovação como o seu estilo administrativo deve passar pela análise de uma metodologia estruturada com uma sequência lógica de etapas básicas, pois nenhuma empresa vai ser inovadora com um "debate solto".

Nesse contexto, para sua análise, debate e possíveis ajustes e complementações podem ser considerados oito momentos:

- Como premissa a inovação deve fazer parte do processo de planejamento estratégico na empresa, apresentando, no mínimo, objetivos, estratégias e políticas a respeito. Como decorrência, será possível, por exemplo, estabelecer estimativas de valor que a inovação deverá gerar para a empresa alcançar seus objetivos financeiros e de participação no mercado.
- Consolidar grupos – formais ou informais – de geração e debate de ideias, lembrando que normalmente os profissionais das empresas costumam apresentar um elenco razoável de ideias e propostas de inovação, sendo que muitas vezes as empresas têm dificuldade de escolher as ideias a serem incorporadas por elas. Nesse contexto, uma sugestão é a empresa analisar um conjunto de projetos de ideias maior do que poderia financiar, e tomar a decisão com base na alocação e simulação desses projetos de ideias em seu plano estratégico, ou seja, a decisão é tomada com base em um processo sustentado e viabilizado.
- Nesse processo decisório, as empresas devem considerar, prioritariamente, os problemas importantes que precisam ser resolvidos para que os resultados globais

da empresa sejam otimizados, os conhecimentos e as tecnologias aplicadas que a empresa deve ter para que as soluções sejam as melhores possíveis, bem como a viabilidade do produto, serviço ou negócio considerado. Uma sugestão extra é não esquecer de considerar o estilo administrativo da empresa – que pode ser um pouco demorado de ser alterado – e o modelo de administração organizacional, que normalmente pode ser alterado com relativa facilidade.

- Considere a interessante possibilidade de fazer parcerias com empresas *startups*, pois elas podem representar uma maneira de a empresa se precaver do erro comum de somente pensar e analisar novas tecnologias e novos modelos de negócios quando aparece – e reconhece – uma ameaça inquestionável, e aí pode ser tarde demais.
- Tome muito cuidado com processos morosos – principalmente de decisão e de realização –, pois isso acaba sendo incorporado pelo DNA da empresa, consolidando um estilo administrativo preguiçoso em que tudo fica "para amanhã". Algumas sugestões simples para evitar esse problema são: trabalhar com equipes multidisciplinares com responsabilidades definidas e envolver, ao máximo, os clientes da empresa, pois esses sabem **cutucar** a realidade dos produtos, serviços e negócios da empresa, principalmente em relação aos seus concorrentes.
- Avalie, com o máximo de veracidade, o potencial de mercado de cada ideia ou projeto de inovação para estabelecer os recursos necessários e os riscos possíveis, não esquecendo de envolver os eventuais futuros fornecedores e distribuidores para que esses possam estar preparados para suprir as necessidades da empresa e do mercado.
- Procure parceiros diversos para o seu novo negócio, entre outras questões, porque esses parceiros podem trazer experiências, conhecimentos e tecnologias aplicadas interessantes para a empresa, além de serem importantes contrapontos em debates e análises de ideias e projetos de inovação dentro do princípio do "ganha-ganha".
- Dissemine o estilo administrativo inovador e da busca de novas ideias na empresa, sendo que essa cultura inovadora deve congregar criatividade, respeito, confiança, humildade, aprendizado, ensino, estratégia e desempenho. Essa questão do espírito inovador deve ser incorporada por todos os profissionais da empresa, caso contrário podem se formar os indesejáveis grupos de interesses contraditórios que não agregam nada para o desempenho e os resultados da empresa e nem para a qualidade de vida de seus profissionais.

c) Saber consolidar um otimizado portfólio de negócios, produtos e serviços da empresa

Como decorrência dos itens anteriores, você deve considerar que toda e qualquer empresa precisa consolidar, de forma sustentada, o conjunto otimizado de seus negócios, produtos e serviços por, no mínimo, algumas questões básicas:

- identificar as sinergias entre eles, facilitando a tecnologia aplicada nos processos e produtos ou serviços;
- idem quanto às ações mercadológicas; e
- analisar o ciclo de vida de cada negócio, produto e serviço, sustentando o necessário processo inovativo.

Ciclo de vida do negócio, produto ou serviço é o seu processo estruturado e sustentado de idealização, desenvolvimento e consolidação no mercado, identificando a sua possível evolução e manutenção, bem como o previsível declínio por, principalmente, questões tecnológicas e de mercado, incluindo a análise de como reverter esse processo.

Para prolongar o ciclo de vida dos negócios, produtos e serviços, pode-se incrementar o processo criativo e de inovação, mas também pode-se aplicar o *benchmarking*, que é o processo de análise referencial de uma empresa perante outras empresas do mercado, incluindo o aprendizado do que essas empresas fazem de melhor, bem como da incorporação dessas realidades de maneira otimizada e mais vantajosa para a empresa que aplicou o *benchmarking*.

Você pode acreditar que o saber aprender, com inteligência, o que os outros fazem de melhor é um dos maiores "lances" em administração.

d) Qualidade das atividades

Essas atividades referem-se tanto aos projetos como aos processos desenvolvidos pela empresa; sendo que para esse caso as empresas consolidam a **qualidade total**, que é a capacidade de um produto ou serviço de satisfazer, ou suplantar, as necessidades, exigências e expectativas dos clientes externos e internos da empresa. Portanto, a empresa deve ter plena qualidade em todas as suas atividades, atos, decisões e ações, e considerações básicas a respeito são apresentadas na seção 6.3.

Também são importantes as tarefas de planejamento e de controle e avaliação das atividades, mas não se esquecendo do já citado sistema de *compliance* (ver item "c" da seção 2.1.4).

e) Capacitação e força de trabalho

A análise da capacitação profissional considera os níveis de conhecimentos, habilidades e atitudes das pessoas; e a força de trabalho evidencia a intensidade e o comprometimento desses profissionais para com suas responsabilidades.

No Capítulo 5, são apresentados resumos dessas questões para sua análise, debate e avaliação pessoal.

Uma questão interessante é que pode ocorrer, com maior intensidade, uma interação entre cada uma das três partes da capacitação profissional com cada um dos assuntos básicos abordados neste livro.

Assim, por exemplo, o nível de conhecimento de um profissional é mais importante para a qualidade do plano de negócios da empresa, pois é nesse assunto que não se pode cometer nenhum erro quanto à aplicação de metodologias e técnicas administrativas, o que poderia gerar resultados negativos a curto, médio e longo prazos, muitas vezes de forma irreversível.

Com referência ao modelo de administração da empresa, parece que o assunto mais importante é a habilidade de seus profissionais, sabendo como identificar e utilizar da melhor maneira possível os recursos disponíveis e a serem obtidos pela empresa.

Quanto ao estilo administrativo, parece não haver dúvidas de que o mais importante corresponde às atitudes dos executivos e demais profissionais da empresa, pois elas é que explicitam o "jeitão" de atuar dessas pessoas.

f) Logística das atividades

Aqui a questão básica é o estabelecimento, com qualidade, de onde estão essas atividades, qual a realidade de cada uma, como utilizá-las na plenitude, como avaliá-las e aprimorá-las, bem como saber a sua contribuição para o processo de agregar valor, tanto para a empresa como para os clientes e fornecedores e, se possível, para as comunidades onde a empresa atua.

Lembre-se de que a **logística** é um processo estruturado que considera todas as atividades desde o planejamento das necessidades de insumos da empresa até o pós-venda de seus produtos e serviços, passando por todas as questões financeiras, operacionais, estruturais, mercadológicas etc. desenvolvidas internamente pela empresa.

Uma **dica** para você é considerar, em um processo de logística, "errar pelo excesso", ou seja, considerar o máximo de atividades que você consegue identificar alocadas em uma sequência lógica e direcionada para o cliente final; e não se esquecer de estabelecer indicadores de avaliação para cada atividade, bem como para o processo de logística como um todo.

g) Estrutura e atuação societária

Essa é uma questão muitas vezes esquecida, mas que pode ajudar ou atrapalhar – em muito! – todo o processo de desenvolvimento de otimizados estilo e modelo de administração e plano de negócios da empresa.

A interação pessoal e profissional entre sócios, quer esses sejam familiares ou não, pode ser algo complexo e de difícil solução. Por isso que se afirma que a decisão de se atuar em uma sociedade deve ser tão bem planejada quanto o negócio que a empresa vai operar. Com referência às questões familiares, detalhes podem ser obtidos no livro *Empresa familiar: como fortalecer o empreendimento e otimizar o processo sucessório*, do mesmo autor.

h) Administração integrada com todos os instrumentos administrativos consolidados

Embora essa não seja uma premissa básica respeitada por todas as empresas, não se pode esquecer de que, em administração, não existe instrumento administrativo que funcione por si só, sem a influência de outros instrumentos administrativos da empresa.

Na opinião deste autor, a razão básica de algumas empresas não implementarem a administração total e integrada é porque não estruturam, via metodologias adequadas, os seus instrumentos administrativos e, consequentemente, fica impossível fazer essas interligações.

Você deve considerar que a não aplicação da administração integrada encarece muito o processo decisório da empresa e, pior, provoca sérios erros nas análises, decisões e operacionalizações das atividades na referida empresa. Para detalhes, pode-se analisar o já citado livro *A moderna administração integrada*, do mesmo autor.

i) Liderança e meritocracia

Inicialmente, é válido relembrar os conceitos dos temas:

- **liderança** é o processo em que uma pessoa é capaz, por suas características individuais, de entender as necessidades dos profissionais da empresa, bem como exprimi-las de forma válida e eficiente, obtendo o engajamento e a participação de todos no desenvolvimento e na implementação das atividades necessárias ao alcance das metas e objetivos da empresa; e
- **meritocracia** é a análise da capacitação de cada indivíduo com base em seus méritos pessoal e profissional, correlacionados aos seus níveis de conhecimento, inteligência, decisão e ação.

Essas duas questões são partes integrantes dos três assuntos básicos deste livro, pois você pode imaginar o que acontece com uma empresa e seus negócios, produtos e serviços quando não existem líderes para orientar e criar situações motivadoras para os que trabalham na empresa, e esses não têm nenhum mérito para desenvolver e operacionalizar as diversas atividades da empresa.

Alguns assuntos administrativos que auxiliam a efetivação das adequadas liderança e meritocracia são:

- otimizado ambiente de trabalho, que corresponde a uma premissa para que a empresa seja um local disputado para se trabalhar e, portanto, a possibilidade de atrair os melhores profissionais é maior do que nas empresas "comuns";
- equipes multidisciplinares, pois as trocas de conhecimentos e experiências são elevadas, bem como facilitam saber "quem é quem" na empresa;
- líderes exponenciais, que conseguem aglutinar profissionais com elevados conhecimentos, inclusive em tecnologia aplicada, para sustentar a evolução da empresa em ritmo acelerado. Eles se tornam verdadeiros "gurus" nas empresas onde trabalham;
- planejamentos bem elaborados, disseminados, entendidos e incorporados, consolidando uma busca em bloco dos resultados anteriormente analisados, debatidos e estabelecidos;
- indicadores de avaliação de desempenho dos profissionais interativos com os indicadores de avaliação dos resultados da empresa;
- projetos, processos e atividades bem estabelecidos e consolidados pelos diversos profissionais da empresa; e
- veracidade e legitimidade em todos os atos e decisões na empresa.

j) Administração participativa e focada em resultados
   Administração participativa é a abordagem administrativa que consolida a democratização de propostas de decisão para os diversos níveis hierárquicos da empresa, com o consequente comprometimento pelos objetivos anteriormente estabelecidos.

Todo e qualquer conceito apresentado deve ser analisado com determinados cuidados; e um deles é você identificar as palavras-chave que sustentam e reforçam o conceito apresentado e como ocorrem essas influências.

Nesse contexto, você pode trabalhar, por exemplo, com as palavras-chave **democratização**, **comprometimento** e **objetivos**, consolidando as seguintes situações:

- A democratização decisória significa que a decisão pode ser tomada pelos diversos níveis hierárquicos da empresa, preferencialmente pelas unidades organizacionais que estão mais próximas das informações básicas para a decisão e da posterior ação, tornando o processo decisório mais rápido e geralmente de melhor qualidade, desde que se considerem as possíveis interações com outros assuntos administrativos de influência.
- O comprometimento, pelo menos na teoria, consolida a responsabilidade isolada ou solidária pelos resultados esperados pela empresa. Você já deve ter ouvido muito esse termo, principalmente em empresas que utilizam a administração participativa, mas, na realidade, muitos profissionais fogem de suas responsabilidades nos momentos de realização de tarefas e de consolidação de resultados. Na prática, a única solução para esse caso é a avaliação de desempenho de cada profissional estar diretamente correlacionada a sua efetiva contribuição para uma parte dos resultados da empresa, caso contrário a "conversa mole" prevalece.
- Os objetivos e as metas previamente estabelecidos explicitam os resultados a serem alcançados por quem e quando, sendo que as estratégias correlacionadas estabelecem o "como" e os projetos decorrentes identificam "por quanto", "quando" e "por quem", bem como a identificação das atividades a serem operacionalizadas.

Você percebe que a aplicação estruturada de três instrumentos administrativos pode facilitar esses trabalhos: planejamento estratégico, governança corporativa e avaliação de desempenho. Portanto, você deve ter um raciocínio interativo de identificar os assuntos a serem trabalhados e, a seguir, correlacionar com o instrumento administrativo mais adequado; e você vai observar que geralmente cada instrumento administrativo escolhido proporciona sustentação e aprimoramentos para outros assuntos da empresa que tenham ligação direta ou indireta com os focos básicos dos problemas em análise. É o famoso ditado: "Você dá um tiro e acerta mais de um alvo!".

Para a adequada administração para resultados nas empresas, você pode considerar algumas sugestões básicas:

- ter interações com o sistema de informações da empresa para, pelo menos, ter condições de tomar as decisões certas e no momento adequado;
- ter interação com os níveis de planejamento e de avaliação nas empresas: estratégico, tático e operacional;
- administrar as resistências às cobranças de resultados, principalmente junto a profissionais que gostam de cobrar resultados dos outros, mas não aceitam cobranças; e
- ter adequado nível de conhecimento por parte de todos os profissionais envolvidos.

Você pode ter uma análise completa da administração participativa e com foco em resultados pelo livro *Gestão para resultados*, do mesmo autor.

k) Vantagem competitiva

Pode surgir uma pergunta: "Por que colocar esse assunto aqui?".

A resposta é muito simples: se a empresa não tiver uma vantagem competitiva real e sustentada, bem como preferencialmente duradoura, ela não consegue identificar, analisar e trabalhar com as questões inerentes ao estilo administrativo, ao modelo de administração e ao plano de negócios, pois essa empresa não sabe "qual é a sua" perante o mercado e os concorrentes, entre outros importantes assuntos.

Para que uma vantagem competitiva represente efetivamente um diferencial para a empresa e auxilie nos adequados estilo e modelo de administração, bem como no plano de negócios, é necessário que ela seja, com qualidade assegurada:

- real, ou seja, tem de ser reconhecida pelo mercado, caso contrário ela "não serve para nada!";
- sustentada, pois a empresa deve ter pontos fortes que proporcionem diferencial e veracidade à referida vantagem competitiva; e, preferencialmente,
- duradoura, para que consolide uma "personalidade" da empresa e dissemine, interna e externamente, o seu estilo administrativo.

3.2 Condicionantes

Existem alguns fatores que não são partes integrantes, mas podem condicionar o processo e o resultado final dos trabalhos.

A maior parte desses fatores é interna ou controlável pela empresa, mas alguns são externos ou não controláveis obrigando a administração da empresa a consolidar uma abordagem estratégica para melhor trabalhar com esses assuntos, lembrando que essa é a abordagem que interliga os fatores controláveis com os fatores não controláveis pela empresa.

Você pode considerar os seguintes condicionantes do processo de desenvolvimento e operacionalização do estilo e modelo de administração das empresas quando essas focam os seus planos de negócios:

a) Realidade e atratividade do mercado

Isso porque quanto mais a empresa conhece a realidade do mercado e maior for a atratividade dos negócios, produtos e serviços disponibilizados para esse mercado, mais fácil será o processo administrativo da empresa e melhores os seus resultados.

Talvez você concorde que o problema aqui seja decorrente de significativa parte das empresas não conhecerem a realidade dos segmentos de mercado onde atuam, bem como considerarem que a análise do nível de atratividade dos seus produtos e serviços seja uma "perda de tempo".

b) Evolução tecnológica

Evolução tecnológica é o processo gradativo, sustentado e evolutivo dos conhecimentos existentes no mundo e que têm influência – direta ou indireta, positiva ou negativa – sobre os negócios, os produtos e os serviços de um conjunto de empresas e de seus estilos e modelos de administração.

Você deve considerar que a evolução tecnológica afeta, principalmente, o plano de negócios da empresa, pois seus negócios, produtos e serviços podem ficar defasados quanto às necessidades e expectativas dos segmentos atuais e potenciais do mercado.

Por outro lado, o estilo administrativo dos executivos e demais profissionais da empresa estabelece como a referida empresa vai se posicionar perante a evolução tecnológica, podendo ser de forma pioneira, ativa, passiva ou retardatária.

E o modelo de administração estabelece qual sustentação a empresa deverá ter perante as evoluções tecnológicas, envolvendo, inclusive, parcerias e desenvolvimentos próprios.

Nesse contexto, você deve considerar que o processo evolutivo do conhecimento e da capacitação profissional das pessoas deve estar interagente com a fronteira tecnológica evidenciada pela Indústria 4.0, a qual é resultante do uso integrado de tecnologias avançadas de automação, controle e inovação em processos de fabricação de produtos, incluindo a incorporação de tecnologias digitais de última geração, como internet das coisas, inteligência artificial, armazenamento em nuvem, *Big Data*, entre outros que já estão em análise de desenvolvimento. Portanto, todas essas questões podem ser implementadas em qualquer tipo de empresa, e o questionamento é: o quanto você acha que essas tecnologias terão influências nos negócios da sua empresa?

c) Atuação dos consumidores

Existe aquela lei de mercado: "O cliente é rei".

Independentemente da amplitude que você proporcione a essa frase, algo é inquestionável: se uma empresa não conhece, não entende e não atende às necessidades e expectativas dos segmentos de mercado, o seu fim está bem próximo.

Algumas empresas têm dificuldades de conhecer o mercado, sendo que geralmente o fato gerador desse problema é decorrente de seu estilo administrativo introspectivo, "olhando para o umbigo" e se esquecendo que é o mundo exterior que consolida a realidade de uma empresa.

Por outro lado, existem empresas fortemente atentas às necessidades e expectativas do mercado, recebendo e incorporando essas situações em seus planos de negócios, bem como ajustando o seu modelo de administração e fortalecendo o seu estilo administrativo.

Essas duas situações estão nos extremos de um processo contínuo, e você pode acreditar no seguinte: são os principais executivos de uma empresa que a colocam em um ponto específico desse processo contínuo; não é o destino!

Você percebe que o autor está apresentando os condicionantes do estilo administrativo, do modelo de administração e do plano de negócios, repetindo alguns assuntos, mas evidenciando-os em outras abordagens de análise.

Essa questão é desenvolvida em alguns pontos deste livro, para que fique claro que os profissionais de empresas sempre devem analisar os assuntos administrativos em diferentes abordagens, pois essa disciplina seguramente proporciona melhor qualidade ao processo decisório.

d) Atuação comercial

É preciso saber que a existência da empresa gira em torno das necessidades e expectativas de seus clientes atuais e potenciais.

Peter Drucker, o famoso guru da administração, afirmou que, além de a empresa criar valor para si, também deve criar valor para seus clientes e, nesse contexto, deve fazer, no mínimo, seis perguntas:

- Qual é a visão da empresa?
- Qual é o principal negócio da empresa?
- Quem são os clientes dessa empresa?
- Em que, e como, esses clientes encontram valor por meio dos negócios da referida empresa?
- Diante desse contexto, qual deve ser o negócio principal dessa empresa?
- Qual é o seu plano a respeito desse assunto?

Você percebe que essas seis perguntas se direcionam "ao finalmente" do debate, ou seja, ao plano de negócios da empresa, conforme evidenciado neste livro, e que o estilo administrativo e o modelo de administração são importantes na sustentação do referido plano.

E você pode resumir as seis perguntas em uma única questão: o propósito básico de um negócio da empresa é criar clientes e não simplesmente gerar lucro, pois esse em geral ocorre a partir de decisões momentâneas e não existe a garantia que sustenta o processo evolutivo da empresa a longo prazo.

Além dessas seis perguntas, você deve fazer outras que podem auxiliar em seu diagnóstico, mas desde que essas perguntas:

- sejam incentivadoras e catalisadoras de novos debates e outras análises;
- despertem curiosidades, novas ideias e processos de inovação;
- sejam abertas a diferentes posicionamentos, opiniões e pareceres;

- incentivem o contraditório e as controvérsias de opiniões; e
- facilitem os trabalhos em equipes, principalmente com formações multidisciplinares envolvendo conhecimentos e especialidades diversas.

e) Atuação dos concorrentes

Pense no seguinte: uma empresa que não tem concorrentes tem uma administração "capenga"; e, se você tem dúvidas, visualize a realidade administrativa de empresas que atuam no regime de monopólio, como várias empresas dos governos federal, estadual ou municipal.

E aqui uma pergunta simples: por que isso?

A resposta é mais simples ainda, e talvez um pouco chata: é porque a concorrência faz bem para a "adrenalina" da empresa!

Uma empresa que está sempre atenta aos movimentos de seus concorrentes – basicamente os principais concorrentes diretos – mantém o seu processo investigativo, criativo, decisório e inovativo sempre ágil e atuante com qualidade total na busca dos melhores resultados para a empresa e seus profissionais.

f) Atuação governamental

Alguém já afirmou que o governo é aquele sócio indesejável de toda e qualquer empresa, se metendo em tudo e não ajudando em nada!

Não é o escopo deste livro debater essa questão, mas a principal função do governo no campo empresarial é de estabelecer as diretrizes básicas de atuação dos diversos segmentos da economia e operacionalizar mecanismos de controle dessas atuações quanto aos produtos e serviços para a população; e, portanto, não é de atuar produzindo bens e serviços que empresas diversas poderiam fazer e bem melhor, como são os variados casos de conhecimento de domínio público.

E aqui a questão não é apenas de competência; é, principalmente, de vocação!

Entretanto, essa tem sido uma realidade em nosso país – com algumas oscilações por diferentes governos federais – e, portanto, o seu foco final é estabelecer qual a melhor estratégia para enfrentar, sem maiores danos, essa situação.

g) Mercado financeiro

O mercado financeiro, por si só, ou como decorrência de alguns planos governamentais, tem influência direta na administração das empresas, principalmente em seus planos de negócios.

A questão aqui é como a empresa vai interagir com as oscilações do mercado financeiro, sobretudo para se antecipar aos seus impactos negativos ou positivos.

Para tanto, significativa parte das empresas constitui equipes de trabalho que têm a responsabilidade complementar de ler e analisar todos os informativos e cenários, bem como ouvir e entender os debates que ocorrem principalmente em programas específicos na televisão e em algumas associações de classe.

h) Localização e infraestrutura

Essa é uma questão que infelizmente afeta muito os resultados das empresas com atividades em territórios brasileiros; e até parece como uma das mais preocupantes junto a empresários diversos a partir de pesquisas realizadas e apresentadas pela mídia.

Os cenários inerentes a esse assunto têm melhorado um pouco com base em programas de concessões e de privatizações que estão ocorrendo, mas não no ritmo necessário.

As perdas e os desperdícios provocados por problemas na infraestrutura do país apresentam números exorbitantes, principalmente no agronegócio, que é um propulsor da economia brasileira.

i) Interação com fornecedores

Para algumas empresas, a interação com fornecedores é o principal gargalo de seus negócios, sendo até mais importante que as interações com o mercado; e isso ocorre basicamente em empresas que dependem de insumos com elevada tecnologia e, portanto, são poucos os fornecedores com capacidade de atuar nesse segmento com qualidade assegurada.

Várias empresas conseguem resolver esse problema por meio de parcerias consolidadas e respeitadas e, nesse caso, proporcionam maior sustentação ao seu plano de negócios, o modelo de administração baseia-se principalmente na rede de interação entre empresas e o estilo administrativo deve ser o mais democrático possível.

j) Parcerias diversas

As parcerias podem representar, desde que os estilos administrativos das empresas participantes se complementem, uma das mais interessantes estratégias, pois os benefícios são evidentes:

- redução nos custos, pois as atividades são realizadas por quem melhor sabe fazer;
- incremento nas receitas pela sinergia entre atividades, negócios, produtos, serviços, processos, projetos, compras, comercialização, distribuição etc.;
- facilidade de troca e de absorção de tecnologias aplicadas e de conhecimentos entre as partes envolvidas; e
- possível melhor administração dos riscos envolvidos nos negócios das empresas participantes.

k) Qualidade total, marketing total e finanças totais

A empresa deve saber trabalhar com todos os instrumentos administrativos com abordagem "total", por exemplo:

- **qualidade total** é a capacidade de um produto ou serviço da empresa satisfazer – ou suplantar – às necessidades, exigências e expectativas dos diversos segmentos de

mercado onde atua e, para tanto, todas as áreas da empresa devem estar focadas nesse processo e em seus resultados;
- **marketing total** é o processo interativo e de direcionamento de todas as atividades e unidades organizacionais da empresa para as necessidades e expectativas dos clientes e mercados atuais e potenciais; e
- **finanças totais** é a situação em que todas as áreas da empresa trabalham de acordo com os princípios e normas financeiras visando aos melhores resultados para a empresa, e, consequentemente, para os seus profissionais.

Você verifica que a abordagem "total" direciona todos os recursos e esforços da empresa para o assunto em questão, consolidando um resultado muito maior se apenas os profissionais diretamente envolvidos se preocupassem com o referido assunto empresarial; e, a esse respeito, analisar detalhes no livro *A moderna administração integrada*, do mesmo autor.

O grande problema da abordagem "total" é a simples divisão da empresa em áreas e cada uma ficar cuidando de sua "pequena realidade", perdendo-se a visão do todo.

A abordagem "total" depende, além do esforço e da boa vontade dos profissionais da empresa, que todos os seus processos administrativos estejam bem estruturados, operacionalizados e respeitados.

A esse respeito, analisar o já citado livro *Administração de processos*, do mesmo autor.

l) Administração do risco

O risco está presente no dia a dia de todo e qualquer profissional de empresa; sendo quatro as questões básicas:

- o nível de risco que o profissional enfrenta na realização de suas atividades na empresa;
- o impacto que cada risco tem no resultado da empresa;
- a qualidade da decisão para enfrentar esse risco; e
- o aprendizado resultante de cada decisão tomada perante cada risco.

Deve-se lembrar que **risco** é o estado de conhecimento no qual cada estratégia alternativa leva a um conjunto de resultados, sendo a probabilidade de ocorrência de cada resultado conhecida do tomador de decisão. Portanto, você deve sempre estar atento ao contexto dos riscos em suas decisões de qualquer natureza.

E nessa questão de administrar o risco é necessário evidenciar a importância das premissas e suposições na qualidade da decisão tomada, pois se essas premissas forem erradas – e muitas vezes são –, as consequências são as piores possíveis para a empresa.

Na prática, pode-se considerar que algumas vezes os riscos ocorrem em situações imensuráveis, não sendo possível medi-los nem administrá-los; mas, mesmo assim, você deve efetivar todo o procedimento básico para administrar o risco.

3.3 Níveis de influência

Existem, também, alguns níveis de influência no desenvolvimento, implementação e aprimoramento dos trabalhos inerentes ao estilo e modelo de administração focando o plano de negócios das empresas. São eles:

a) Cenários

Deve-se lembrar que **cenários** representam situações, critérios e medidas para a preparação do futuro da empresa e, portanto, têm influência direta a curto, médio e longo prazos nos planos de negócios das empresas.

A questão é a disciplina e a capacitação dos executivos e demais profissionais das empresas em identificar, analisar e incorporar as possibilidades dos cenários em seus planejamentos estratégicos de negócios; e aqui a influência é do estilo administrativo de cada empresa.

Com referência ao modelo de administração da empresa, a questão é o nível de sustentação que proporciona com informações, projeções e simulações de dados reais e idealizados para a formatação dos cenários e a sua incorporação nos planos de negócios.

Você vai perceber que a análise, o delineamento e a aplicação de cenários sempre envolvem um nível de risco para a empresa – assunto que é um condicionante do processo, como apresentado ao fim da seção 3.2 – e, neste contexto, você pode considerar quatro situações básicas:

- risco muito alto, em que o grau de incerteza do futuro é alto e a probabilidade de ocorrência dos cenários é baixa e, nesse caso, as estratégias a serem aplicadas devem ser muito cautelosas;
- risco alto, em que tanto o grau de incerteza do futuro como a probabilidade de ocorrência dos cenários são altos, gerando estratégias cautelosas;
- risco médio, em que tanto o grau de incerteza do futuro como a probabilidade de ocorrência dos cenários são baixos, necessitando de estratégias conservadoras; e
- risco baixo, em que o grau de incerteza do futuro é baixo, mas a probabilidade de ocorrência dos cenários é alta, possibilitando o delineamento de estratégias inovadoras.

b) Modismos

Você já deve ter analisado a questão dos modismos e suas influências, tanto positivas como negativas, sobre as pessoas e as empresas.

No caso de modismos no campo da administração, você pode considerar, entre outras, as seguintes precauções básicas:

- analisar muito bem as questões inerentes a "o que" e "para que", ou seja, ter pleno conhecimento da finalidade do instrumento administrativo;

- conhecer com detalhes a questão do "como fazer", ou seja, quais as fases e etapas devem ser desenvolvidas e operacionalizadas para que o referido instrumento administrativo apresente bons resultados;
- analisar a questão do "quadro" de forma ampla, identificando possíveis resultados alcançados por outras empresas e aplicar o *benchmarking*, copiando e fazendo melhor e estudando a relação custos *versus* benefícios para a sua empresa; e
- ter disponíveis profissionais que apresentem efetiva capacitação para realizar as tarefas necessárias ao adequado desenvolvimento e implementação do referido instrumento administrativo.

Você percebe que o modismo pode ter influência de várias formas e intensidades sobre os três assuntos administrativos analisados neste livro.

c) Conflitos sociais

Os conflitos sociais, gerados pelas mais diversas formas, como greves, racismo, brigas de torcidas organizadas de clubes, religião, política etc., podem ter forte influência nas realidades empresariais, e aqui o assunto com elevada atuação nesse contexto é o estilo administrativo de cada empresa, pois esse estabelece como determinada empresa vai identificar, analisar e absorver um conflito social específico.

d) Administração de carreiras

Uma empresa com otimizada administração de carreiras pode influenciar fortemente o estilo administrativo de seus profissionais, bem como ajudar diretamente o seu modelo de administração e indiretamente o seu plano de negócios.

Deve-se lembrar que **administração de carreiras** é o conjunto estruturado de políticas e processos estabelecidos e divulgados pela empresa visando a maiores atratividade e facilidade de análise por parte dos profissionais do mercado, melhor negociação entre as partes, bem como otimizados planos de carreira e administração de pessoas, conciliando as necessidades e expectativas das pessoas e das empresas.

Portanto, a influência de uma estrutura de administração de carreiras ocorre nos profissionais de uma empresa, mas também nos profissionais que estão em outras empresas ou estejam disponíveis no mercado de trabalho.

O problema é que são relativamente poucas as empresas que têm planos de administração de carreiras e, quando os têm, geralmente são para evidenciar uma estrutura de evolução nas carreiras que não apresentam nenhum vínculo com os níveis de produtividade da empresa, suas áreas e seus profissionais e nem com os resultados financeiros e mercadológicos da referida empresa.

O ideal é que uma empresa com estrutura de administração de carreiras tenha seus profissionais com planos de carreira específicos, sendo a estrutura de administração de carreiras o estabelecimento dos possíveis caminhos da evolução na carreira dos profissionais da empresa, e o plano de carreira a estrutura evolutiva de cada profissional de acordo com a sua efetiva e comprovada competência.

E o grande "lance" que pode ocorrer nesse processo é você, em uma entrevista de emprego, mostrar como o seu plano de carreira pode se encaixar, de forma natural, na estrutura de carreira formalizada pela empresa. Acredite: o emprego será seu!

Cada empresa pode estruturar a sua administração de carreiras de acordo com o seu modelo de administração, podendo ser basicamente de quatro maneiras:

- Estrutura da carreira em linha ascendente, em que os cargos ou funções da empresa são apresentados em uma sequência lógica ascendente, com uma única direção e não aceitando alterações no processo.
- Estrutura em rede de evolução na carreira, em que os cargos ou funções são apresentados em forma de rede, possibilitando, conforme a vocação e a capacitação de cada profissional, que ele siga algum caminho que esteja mais correlacionado às suas expectativas e às oportunidades apresentadas.
- Estrutura paralela de evolução na carreira, em que as empresas propiciam o desenvolvimento profissional das pessoas de acordo com as suas expectativas básicas, quer seja no contexto administrativo ou no contexto técnico.
- Estrutura em Y de evolução na carreira, considerada uma variante da estrutura paralela, em que a base inicial é única e, depois, os profissionais se diversificam em suas carreiras, podendo ir para a carreira executiva ou para a carreira de pesquisador, cientista ou consultor interno.

Salienta-se que, na seção 5.3, você tem a oportunidade de analisar a aplicação dessas questões de forma mais detalhada, mas você já pode ir pensando a respeito, pois a interligação entre os planos de carreira das pessoas e a estrutura de administração de carreiras das empresas pode criar condições naturais de evolução do estilo administrativo nas empresas, podendo-se observar algumas tendências interessantes, como:

- Administração compartilhada entre o plano de carreira das pessoas e a estrutura de administração de carreiras das empresas, o que pode também trazer benefícios diretos para o modelo de administração e o plano de negócios das empresas.
- Possibilidade de desvinculação do plano de carreira das pessoas da realidade do modelo de administração e da estrutura organizacional da empresa como decorrência dos ocasionais **enxugamentos** nos quadros de funcionários.
- Eventual **cumplicidade** entre os profissionais e as empresas pelo maior conhecimento dos critérios e parâmetros para se evoluir na empresa.
- Implementação de estruturas de carreiras que motivem as pessoas a evoluírem em suas carreiras.
- Interação entre a realidade evolutiva de cada profissional e as necessidades das empresas.

Para detalhes dessas importantes questões, você pode analisar o já citado livro *Como elaborar um plano de carreira para ser um profissional bem-sucedido*, do mesmo autor.

3.4 Níveis de abrangência

A abrangência dos trabalhos pode ser algo muito amplo, tornando necessário dividi-la em faixas e, ao fim, fazer a interligação geral consolidando-a como um sistema global e integrado.

Você pode considerar os seguintes níveis de abrangência nos trabalhos inerentes ao estilo e ao modelo de administração focados nos planos de negócios das empresas:

a) Globalização

A atual realidade do sistema de globalização, que felizmente está ocorrendo em nosso país, afeta sobretudo os planos de negócios das empresas, com uma diferença: afetará positivamente se a empresa tiver um estruturado e bem elaborado e aplicado plano estratégico, caso contrário a situação da empresa será bem problemática.

O estilo administrativo tem influência direta na qualidade da atuação da empresa em uma realidade de globalização da economia; e o modelo de administração pode auxiliar nesse processo principalmente se o referido modelo estiver baseado na governança corporativa e na rede de integração entre empresas (ver seção 4.6.2 e outras partes deste livro).

Algumas sugestões que você pode considerar nesse amplo processo de globalização da economia são aspectos genéricos que servem para várias questões administrativas, como:

- cuidar do processo de debate e conversão, levando o tema para a alta administração e disseminando-o em todos os níveis da empresa, pois o assunto **globalização** deve ser entendido por todos os profissionais da empresa;
- acabar com a vaidade corporativa, não aceitando "achismos" e "juízos de valor" nessa importante questão decisória;
- dar valor à importância da humildade, pois o processo de globalização de uma empresa demanda conhecimento real por parte dos seus executivos e demais profissionais, não sendo, portanto, uma construção filosófica de alguns pseudoexecutivos; e
- preservar a identidade da empresa, fugindo da confusão e da inconsistência administrativa e decisória. E lembre-se: não existem atalhos nesse processo, pois se faz certo ou errado!

b) Visão de longo prazo

Quando os principais executivos têm essa visão de longo prazo, ocorre de maneira sistemática a maior abrangência de identificação e análise dos assuntos administrativos de uma empresa.

Essa visão é decorrente do estilo administrativo da empresa, sendo que o principal beneficiário é o plano de negócios da referida empresa, pois esse fica sempre na abordagem estratégica.

O possível problema é essa visão de longo prazo não apresentar nenhuma sustentação, e, aqui, o modelo de administração da empresa pode ajudar, ainda que geralmente seja de forma branda, pois não existe possibilidade de ser diferente.

Nesse caso, o que efetivamente pode ajudar é a visão de longo prazo estar perfeitamente interligada às visões de médio e curto prazos, consolidando um processo contínuo de análise. E isso ocorre de maneira estruturada quando a empresa tem processos estruturados e interligados de planejamento estratégico dos diversos planejamentos táticos, bem como dos decorrentes planejamentos operacionais consolidando em um único raciocínio lógico englobando diferentes momentos.

c) Interação entre empresas

Essa questão do processo interativo já foi abordada neste livro, lembrando que geralmente tem forte influência nos três assuntos analisados (ver seção 4.6.2 e outras partes do livro) onde foram apresentadas as situações adequadas.

Entretanto, essas interações também podem ocorrer no contexto negativo, como no caso de *dumping*, de empresas na busca de operações ilícitas e de processos prejudiciais aos consumidores, principalmente quanto ao preço de produtos e serviços oferecidos ao mercado.

O *dumping* pode provocar os mesmos problemas para o mercado que o monopólio ou o oligopólio, mas com o diferencial de que muitas vezes são situações camufladas, sem o conhecimento da população.

3.5 Análise integrada para direcionar a empresa ao seu plano de negócios

Você verificou que os trabalhos foram divididos em partes – inerentes às quatro seções anteriores deste capítulo –, mas chegou o momento em que se deve ter uma visão global e integrada da elaboração do estilo e modelo de administração das empresas de forma direcionada aos seus planos de negócios, situação essa que nunca pode ser negligenciada pelos executivos e demais profissionais das empresas.

Na prática, você pode considerar que não existem maiores dificuldades de se consolidar um modelo de administração direcionando a empresa para o seu plano de negócios; sendo que algumas dificuldades surgem como decorrência de um inadequado estilo administrativo que não consegue visualizar a governança corporativa como o modelo de administração ideal para uma empresa.

Nesse contexto, você pode repassar todas as questões evidenciadas nas seções 2.1.1, 2.1.2, 2.1.3, 2.1.4, 3.1, 3.2, 3.3 e 3.4, adequando à realidade atual e futura desejada de sua empresa, bem como respeitando na plenitude as medidas básicas de um programa de governança corporativa que podem ser resumidas em:

i. Quanto à transparência de informações:
- divulgação de políticas e regimentos internos da empresa em todos os mecanismos existentes;
- cronograma e respeito na divulgação de convocações e das atas de reuniões;

- aprimoramentos contínuos, via amplos debates, dos conteúdos dos formulários de referência de administração da empresa;
- elaboração correta e divulgação a quem de direito da carta anual de governança corporativa com todas as informações básicas comentadas;
- ter e aplicar de forma otimizada a política de divulgação de informações da empresa; e
- elaborar e divulgar o relatório integrado ou de sustentabilidade de forma global.

ii. Quanto aos controles internos:
- otimizar as alçadas de decisão, segregação de funções e os treinamentos, principalmente os realizados em **tempo real** e **na tarefa**;
- aplicar o código de conduta ou integridade;
- aplicar treinamentos periódicos sobre o código de conduta, com adequadas avaliações de resultados;
- instalar área de *compliance* e riscos, com plena capacitação e adequada atuação;
- definir muito bem as atribuições da área de *compliance* e riscos;
- consolidar a auditoria interna e o comitê estatuário de auditoria;
- divulgar o relatório do comitê estatuário de auditoria com comentários e os detalhes necessários;
- ter e aplicar a política de administração de riscos;
- ter e aplicar a política de transações com as partes correlacionadas em atividades diversas; e
- aprimorar constantemente as atribuições do Conselho Fiscal, quando existir, ou fortalecer firmemente a atuação das auditorias, interna e externa.

iii. Quanto à composição da equipe de administração da empresa:
- estabelecer e respeitar os requisitos mínimos para a indicação de administradores da empresa, baseando-se principalmente no princípio da meritocracia;
- ter plena aderência aos requisitos para indicação de administradores;
- ter um comitê capacitado para indicação dos administradores;
- ter processo estruturado e aplicado de avaliação dos administradores da empresa;
- ter restrição ao acúmulo de cargos, pois essa situação pode prejudicar a boa qualidade administrativa de uma pessoa;
- ter processo estruturado e respeitado de mandato dos conselheiros;
- ter o Conselho de Administração composto com, no mínimo, 30% de conselheiros independentes;
- ter programa estruturado de treinamentos e de suas avaliações e aprimoramentos; e
- ter compromisso do controlador da empresa em todas as principais decisões e atos administrativos.

> A pergunta é: por que muitas empresas não têm nada a respeito? Por que seus administradores fogem de suas responsabilidades? Ou tudo isso é por falta de conhecimento?
> Debata essas questões com colegas de trabalho e/ou de estudo.

Até o momento, você analisou como pode desenvolver os trabalhos para que sua empresa tenha a sustentação básica para consolidar adequados estilo administrativo e modelo de administração focando o plano de negócios, o qual é a razão de ser da empresa.

Na seção 6.4, você vai verificar uma maneira básica para consolidar o foco dos trabalhos no plano de negócios da empresa.

De qualquer forma, você verifica que todos os trabalhos devem ser desenvolvidos em um processo integrado e que nunca está concluído, pois precisa ter aplicação constante e aprimoramento sistemático, o que proporciona um benefício extra para a empresa, pois todos os seus profissionais devem estar envolvidos. Na Figura 3.1, é apresentado um resumo desse processo.

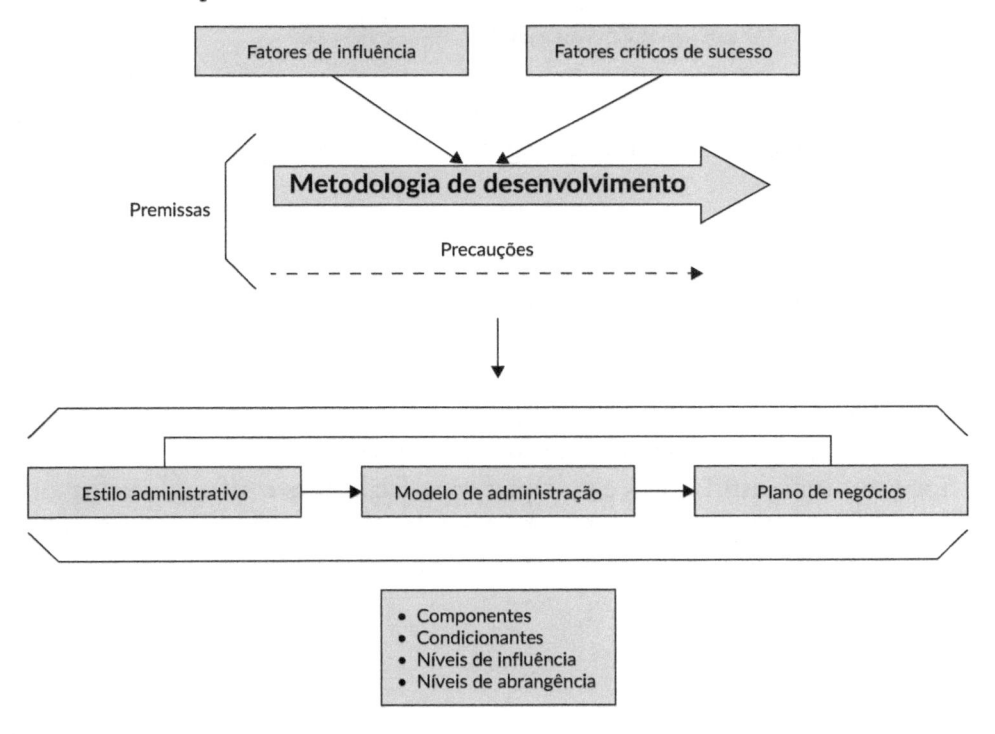

Figura 3.1 Resumo dos trabalhos.

Mas os trabalhos não terminam aqui, pois você deve alocar e analisar todas as interações e influências entre os três assuntos analisados no livro – ver Capítulo 4 –, a análise da capacitação e da atuação dos profissionais da empresa – assunto importantíssimo no Capítulo 5 –, bem como pode ser efetuado o processo de avaliação e de aprimoramento dos trabalhos, assunto que é apresentado no Capítulo 6.

Resumo

Este capítulo evidenciou aspectos básicos que você deve considerar na análise do estilo administrativo, do modelo de administração e do plano de negócios das empresas; sendo que você também deve relembrar o apresentado no Capítulo 2 quanto à estruturação da metodologia dos trabalhos.

Além de todas essas questões, e de outras evidenciadas por você, inerentes a situações específicas, você deve estar sempre atento quanto à elevada amplitude dos três assuntos administrativos analisados neste livro.

Pode ser interessante você elaborar uma lista completa com todas as questões a serem consideradas para se trabalhar com o estilo e modelo de administração, bem como o plano de negócios das empresas, pois esteja certo: essa lista será útil para vários outros trabalhos nas empresas!

Questões para debate e consolidação de conceitos

1. Debater os componentes do processo de elaboração e aplicação do estilo e modelo de administração e do plano de negócios ideais nas empresas. Pesquisar outros componentes.
2. Idem quanto aos condicionantes.
3. Idem quanto aos níveis de influência.
4. Idem quanto aos níveis de abrangência.
5. Debater a análise integrada dos componentes, condicionantes, níveis de influência e níveis de abrangência.
6. Pesquisar outra maneira de se efetuar a análise integrada do estilo e modelo de administração e do plano de negócios nas empresas.
7. Explicar, com justificativas e exemplos, suas facilidades e dificuldades na análise e no debate das seis questões anteriores – e das alocadas no texto do capítulo – e, depois, não se esqueça de colocá-las em seu plano de carreira.

Exercício para reflexão

Você recebeu uma tarefa bem interessante e desafiadora: explicar, em um contexto de análise integrada – ver seção 3.5 –, qual a sequência ideal de análise entre as diversas partes evidenciadas nas seções 3.1, 3.2, 3.3 e 3.4, com as devidas justificativas.

Você percebe, pelo apresentado nessas seções, que você deve considerar o total de 30 itens ou partes.

Logicamente, a sua resposta não será um modelo matemático inquestionável, mas o que interessa é a sua lógica na resposta, considerando, até de forma aleatória, os diversos itens ou partes, mas apresentando, com o máximo de detalhes, as suas justificativas.

Você vai verificar, independentemente de sua resposta, que o seu raciocínio e análise para resolver esse exercício serão de elevada validade para o seu aprimoramento em análises integradas, as quais são muito comuns e necessárias em decisões de questões administrativas em quaisquer áreas ou níveis hierárquicos das empresas.

Caso para análise, debate e proposta de solução

A empresa onde você trabalha estabeleceu quatro equipes para analisar e aprimorar a situação dos componentes, dos condicionantes, dos níveis de influência e dos níveis de abrangência do estilo administrativo, do modelo de administração e do plano de negócios da referida empresa.

Entretanto, surgiu um imbróglio entre essas quatro equipes, e você foi chamado para resolver, e rapidamente.

Já foi explicado que o estabelecimento dos componentes, dos condicionantes e dos níveis de influência e de abrangência do estilo administrativo, do modelo de administração e do plano de negócios não é uma questão matemática com um único resultado certo, pois exige elevado nível de raciocínio e lógica do profissional decisor.

A empresa em que você trabalha é uma rede de postos de serviços com seis unidades localizadas em uma grande cidade, sendo que a galonagem de venda de combustíveis é bastante elevada; e são vários os outros serviços que são disponibilizados ao mercado. De forma resumida, o organograma representativo da Rede Presidente, onde você trabalha, é apresentado na Figura 3.2.

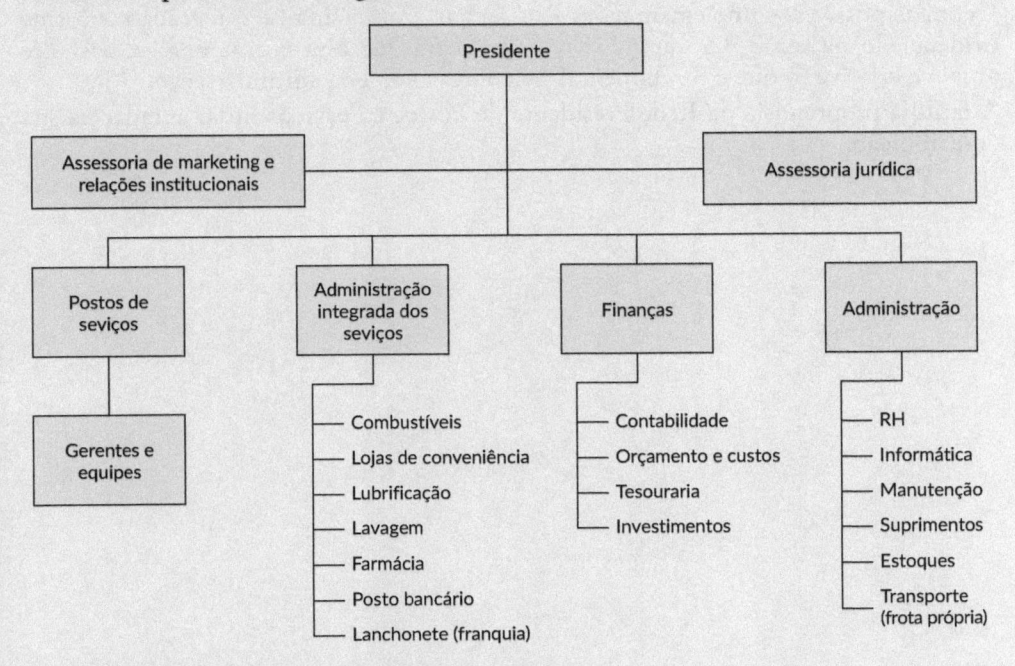

Figura 3.2 Organograma representativo da Rede Presidente.

A Rede Presidente de Postos e Serviços Ltda. é proprietária dos seis imóveis onde os seus postos estão localizados, bem como dos veículos para transporte de combustíveis e de outros produtos diversos utilizados em seus serviços ao público.

A Rede é administrada por uma pequena família que atua com as seguintes responsabilidades básicas:

- O pai exerce:
  - presidência, com elevada participação da esposa e da filha;
  - gestão operacional dos seis postos; e
  - gestão das atividades diversas da área administrativa.
- A mãe exerce:
  - gestão das atividades diversas da área financeira; e
  - assessoria jurídica, com as atividades de contratos e de contencioso.
- A filha exerce:
  - gestão das atividades diversas da área de administração integrada dos serviços dos postos; e
  - assessoria de marketing e relações institucionais (principalmente com a distribuidora e fornecedora da "bandeira" dos postos).

Pode-se afirmar que os três parentes têm bom relacionamento, tanto pessoal como profissional, sendo a sua primeira tarefa estabelecer o estilo administrativo específico e ideal de cada um deles.

Com referência ao modelo de administração, você deve completar com situações de seu livre interesse para posterior análise e debate.

A partir desse contexto, você deve aplicar o apresentado nas seções 3.1, 3.2, 3.3 e 3.4 – com as possíveis complementações – e "fechar" com a análise integrada conforme evidenciado na seção 3.5, quando você verificará que essa é uma análise bastante ampla e criativa, o que é fundamental no contexto da boa administração.

A família proprietária da Rede Presidente de Postos e Serviços Ltda. agradece a sua contribuição.

Capítulo 4

Análise interativa entre o estilo administrativo e o modelo de administração focando o plano de negócios da empresa

> "Sabedoria é o poder de enxergar o fim logo no início."
> *Rav Berg*

Um dos aspectos mais importantes e, ao mesmo tempo, sutil para a administração das empresas e os seus resultados é a interação entre o estilo administrativo e o modelo de administração, ou seja, como um influencia e recebe influência do outro, de forma positiva ou negativa; mas nunca se perdendo o foco no plano de negócios da empresa.

Objetivos do capítulo

Neste momento, é válido explicitar e debater seis grandes aspectos:
- Como ocorre a influência do estilo administrativo no modelo de administração?
- Como ocorre a influência do modelo de administração no estilo administrativo?
- Quais podem ser os aspectos positivos dessas influências?
- Quais podem ser os aspectos negativos dessas influências?
- Como podem ser maximizadas as influências positivas e amenizadas – ou eliminadas – as influências negativas?
- Como é possível realizar esses trabalhos sem perder o foco no plano de negócios da empresa?

Pelo fato de as várias considerações evidenciadas a seguir serem resultantes de observações deste autor em trabalhos de consultoria e treinamento em empresas diversas, optou-se por apresentar as justificativas básicas para maior sustentação a cada uma das considerações apresentadas.

Essa abordagem constatou algumas situações interessantes:

- algumas justificativas se repetem entre os seis grandes aspectos evidenciados, o que consolida a situação de que a adequada aplicação de uma ação pela empresa contribui, direta ou indiretamente, para se obter outros benefícios, ou seja, uma solução pode resolver vários problemas na empresa;
- a lista apresentada não é completa – e nem poderia ser –, pois são inúmeras as situações possíveis, principalmente pela grande quantidade de "estilos administrativos" que podem existir, pois esses estão correlacionados a cada uma das pessoas que trabalham juntas. De qualquer forma, a lista apresentada corresponde à base de sustentação para o processo decisório inerente à análise da interação entre o estilo administrativo e o modelo de administração de toda e qualquer empresa.

Evidencia-se, também, que todo o processo de análise da influência interativa entre o estilo administrativo e o modelo de administração deve ser efetuado considerando as realidades estratégicas, táticas e operacionais da empresa, com seus produtos e serviços, mercados, concorrência, evolução tecnológica contextualizada, tecnologia aplicada, capacitação dos profissionais envolvidos, entre vários outros assuntos; e isso porque não se pode esquecer que o foco é sempre o plano de negócios da empresa.

A abordagem geral desses aspectos, incluindo a metodologia estruturada de análise e aplicação é apresentada na seção 4.6, em que são particularizados os diversos modelos ideais de acordo com as cinco funções básicas da administração e as cinco funções básicas das empresas; ou seja, a ideia é que a empresa se estruture de uma maneira ideal para que seu estilo administrativo seja o mais adequado para que ela possa consolidar o seu plano de negócios de acordo com os resultados planejados.

Muitas vezes, uma empresa quer se consolidar, por alguma razão e por um período de tempo, com forte atuação, por exemplo, na função **avaliação** com efetivos processos e indicadores de controle. Nesse caso, pode analisar o evidenciado na seção 4.6.5, em que é apresentado, de forma resumida mas suficiente, o modelo de administração que a empresa deve implementar para direcionar o seu estilo administrativo ideal para que ela, como um todo, incluindo o seu plano de negócios, respeite, com qualidade, essa abordagem com foco no assunto **avaliação**.

Ao fim da análise e entendimento do conteúdo deste capítulo, você poderá responder – e aplicar na sua empresa – às seis grandes questões anteriormente evidenciadas. E tenha certeza de algo: os possíveis ajustes a serem realizados na metodologia apresentada a seguir serão efetuados de maneira lógica e otimizada para a realidade de sua empresa.

4.1 Influências do estilo administrativo no modelo de administração

Essa é, seguramente, a influência que mais ocorre nas empresas pelo simples fato de cada um de seus principais executivos considerarem, por questões diversas, o seu estilo administrativo como o ideal para a empresa.

Embora o estilo administrativo considerado possa até ser, efetivamente, o melhor para a empresa, não se pode esquecer que sempre deve ser analisado, com critério e estruturação, o atual modelo de administração da empresa e qual será o impacto, positivo ou negativo, sobre ele.

E daí surge uma pergunta evidente: essa análise é normalmente realizada?

A experiência deste autor em empresas diversas é de que essa análise é muitas vezes esquecida, e os resultados podem ser questionáveis, causando problemas desnecessários a curto e médio prazos para essas empresas.

Normalmente, a influência – positiva ou negativa – do estilo administrativo no modelo de administração da empresa ocorre quando:

i. O modelo de administração da empresa não está bem definido, e "cada um que chega" quer consolidar o seu estilo administrativo

Essa situação é muito corriqueira nas empresas; sendo que a precaução básica é se debater o estilo administrativo ideal conjuntamente com a estruturação do modelo de administração ideal para a empresa, considerando todos os seus principais aspectos, como negócios atuais e potenciais, mercado, concorrentes, tecnologias de processos, produtos e serviços, entre outras questões; a sugestão é que a empresa utilize a lista completa de fatores externos ou não controláveis e fatores internos ou controláveis que todo e qualquer processo de planejamento estratégico deve ter (ver, na seção 2.1.4, um resumo dessa lista).

ii. Não existe interação estruturada entre as questões estratégicas, táticas e operacionais

Essa situação propicia que algumas contribuições apresentadas pelos principais executivos da empresa considerada fiquem "soltas" e sem nenhum respaldo de sua aplicação efetiva, independentemente de essas serem, efetivamente, adequadas ou inadequadas; ou seja, perde-se o referencial de análise e de avaliação das propostas apresentadas.

Mais uma vez, você percebe que a otimizada estruturação, bem como o devido respeito ao modelo de administração é de elevada importância para a qualidade e a efetividade dos resultados de uma empresa.

iii. A empresa contrata – ou herda – como executivo da alta administração um profissional com o "ego nas alturas" e que não tenha o perfil e o respeito de um efetivo líder

Inicialmente, deve-se lembrar de alguns conceitos:

- **ego** é o sentimento exacerbado da própria existência, consolidando, nos vários contextos do convívio pessoal, uma situação deteriorada; e
- **líder** é aquela pessoa capaz, por suas características individuais, de entender as necessidades dos profissionais da empresa, bem como de exprimi-las de forma válida e eficiente, obtendo o engajamento e a participação de todos no desenvolvimento e na implementação dos trabalhos necessários ao alcance das metas e dos objetivos da referida empresa.

iv. O plano de negócios está incompleto ou inexistente e, portanto, a empresa não sabe "qual é a sua"

Todos os atos e decisões de elevada amplitude de uma empresa devem considerar a realidade atual e a situação futura desejada de seu plano de negócios, pois é esse que sustenta a interação da empresa com o mercado.

Por que algumas empresas não têm planos de negócios estruturados, completos, atualizados e respeitados? Essa é uma pergunta "chata" que este livro procura responder, bem como apresenta uma solução estruturada e testada.

Talvez se possa afirmar que a não existência de um adequado plano de negócios leva a empresa a apresentar um estilo administrativo inconsequente – pelo fato de não existir um ponto de referência em sua avaliação – e um modelo de administração vulnerável a toda e qualquer opinião mais forte.

Você vai perceber que o plano de negócios é o principal balizador da qualidade e do estilo administrativo – principalmente – e do modelo de administração de uma empresa; e que estes dois últimos ajudam, e muito, a qualidade e a efetividade de um plano de negócios.

4.2 Influências do modelo de administração no estilo administrativo

Essa é uma influência que pode evidenciar resultados positivos e negativos que normalmente aparecem a curto prazo, e os detalhes são apresentados nas duas seções seguintes.

De qualquer forma, é válido considerar, para análise, um aspecto que tem se apresentado como rotineiro para grande parte das empresas; e que, embora identificado pelos seus executivos, a sua resolução geralmente é morosa, pelo simples fato de que essa desagradável situação já faz parte da realidade administrativa e operacional da empresa analisada.

A solução para esse aspecto deve ser sustentada por um otimizado trabalho de **desenvolvimento organizacional**, que é o processo estruturado para consolidar a mudança planejada dos aspectos estruturais e comportamentais nas atividades e nas empresas, com a finalidade de otimizar a resolução de problemas e os resultados anteriormente estabelecidos nos planejamentos elaborados, sempre com adequado relacionamento interpessoal.

A empresa deve identificar uma equipe interna com perfil adequado para a realização dessa importante tarefa e/ou contratar um consultor com essa especialidade para ajudar nesse processo.

Você vai identificar que pelo menos dois benefícios básicos ocorrerão imediatamente na empresa:

- otimizado debate do estilo administrativo ideal para a realidade atual e futura de seus negócios; e
- estruturação adequada dos diversos instrumentos administrativos, processos e atividades que sustentam os negócios da empresa.

Deve-se lembrar que:

- **instrumento administrativo** é a metodologia ou técnica, estruturada e interligada, que possibilita a operacionalização e a administração das diversas decisões tomadas ao longo do processo administrativo das empresas;
- **processo** é o conjunto estruturado e sequencial de atividades direcionadas a um resultado específico; e
- **atividade** é a unidade ou parte identificada e administrada dentro de um projeto ou processo.

Portanto, na prática, sempre se deve responder com sustentação às perguntas básicas: o quê, por quê, como, quando, onde, por quem, para quem, por quanto; ou seja, o profissional da empresa deve ser um questionador e um solucionador de dúvidas e de problemas.

4.3 Influências recebidas e proporcionadas pelo plano de negócios

Aqui, as influências são plenas, e toda empresa deve envidar esforços e conhecimentos para administrar essa situação da melhor maneira possível.

São múltiplas essas influências e, para análise e debate, podem ser consideradas algumas influências básicas decorrentes da aplicação de alguns instrumentos administrativos que toda e qualquer empresa deve ter em seu modelo de administração.

Nesse contexto, você pode considerar:

- um plano de negócios que seja decorrente e que proporcione sustentação ao planejamento estratégico da empresa, sendo que esse plano deve considerar, de forma interligada, todos os itens ou partes que um processo de planejamento estratégico deve conter;
- que esse planejamento estratégico seja desenvolvido com ampla participação dos profissionais da empresa, em seus diversos níveis hierárquicos, para que todos entendam aonde a empresa quer chegar e o que deverá ser realizado para tal. Esse procedimento proporciona duas importantes situações: a facilidade de consolidação de um estilo administrativo uniforme e direcionado aos resultados esperados pela empresa, bem como uma adequada interação entre as questões estratégicas, táticas e operacionais;
- que o processo de análise, avaliação e aprimoramento dos resultados da empresa esteja interligado com o processo de avaliação de desempenho dos profissionais da empresa;
- que todos os projetos e processos, com suas atividades, estejam bem estruturados e disseminados para que os diversos profissionais da empresa saibam perfeitamente o que e como fazer seus trabalhos;
- que a abordagem do "marketing total" seja aplicada, direcionando toda a empresa para as necessidades e expectativas dos diversos segmentos de mercado, tanto atuais como futuros;

- que o modelo de administração tenha fluidez e transparência com base na aplicação otimizada da governança corporativa; e
- que exista um interessante processo de inovação constante e sustentada, principalmente baseada no "aprender a aprender" e no "aprender a ensinar".

Essas sete considerações básicas são orientativas para delinear as influências recebidas e proporcionadas pelo plano de negócios junto ao estilo administrativo e ao modelo de administração das empresas.

Você observa que o autor não "inventou" esses procedimentos e instrumentos administrativos, mas apenas repetiu o que está sendo evidenciado neste livro: com alguns poucos instrumentos administrativos, desde que bem estruturados e aplicados, você consegue otimizar o estilo administrativo, o modelo de administração e o plano de negócios da empresa onde trabalha.

4.4 Análise das influências

Essa questão da análise das possíveis influências recebidas ou proporcionadas pelo estilo administrativo e/ou modelo de administração e/ou plano de negócios deve ser inicialmente tratada como um projeto em que os profissionais da empresa analisam, debatem e consolidam o entendimento das possíveis influências positivas ou negativas, bem como podem otimizar essas situações; e, depois, deve ser tratada como um processo, ou seja, os profissionais da empresa assumem essa questão no dia a dia das suas análises, decisões e ações.

Não é possível estabelecer uma lista completa de aspectos positivos e negativos dessas influências, mas podem ser elencados alguns aspectos para análise e debate, conforme apresentado a seguir.

4.4.1 Aspectos positivos

Podem ser vários os aspectos positivos resultantes dessas influências entre o estilo administrativo, o modelo de administração e o plano de negócios de uma empresa; e sem a preocupação de hierarquizá-los em nível de importância para os resultados das empresas podem ser considerados:

i. Oportunidade de criação, análise e debate de uma nova "maneira de olhar" para os negócios da empresa

Aqui, a abordagem de análise é simples e corriqueira: quando você está analisando um assunto administrativo qualquer e consegue visualizar alguns outros assuntos administrativos que recebem ou provocam influência no assunto administrativo em análise, você conseguiu, de forma premeditada ou não, consolidar uma abordagem estratégica e ampla, possibilitando visualizar novas maneiras de analisar, decidir e agir; inclusive interagindo com questões externas e não controláveis pela empresa.

Essa situação torna-se da mais alta importância quando envolve os negócios da empresa, os quais representam a sua razão de existir.

ii. Adaptação de uma cultura organizacional aplicada a todos os profissionais da empresa

Nesse caso, a empresa consegue consolidar uma cultura organizacional, e essa proporciona plena sustentação ao seu estilo administrativo, facilita o funcionamento do modelo de administração, bem como direciona os diversos esforços e capacitações para o plano de negócios, todos os profissionais da empresa saem ganhando.

Uma dúvida que pode surgir é quanto ao que vem primeiro: a cultura organizacional ou o estilo administrativo.

Embora possa ser considerada uma resposta simplista, a sugestão é que você trabalhe esses dois assuntos de forma conjunta e simultânea, e todas as conclusões sejam plenamente aproveitadas pela empresa.

iii. Evolução natural do nível de capacitação profissional na empresa

Capacitação profissional é a competência sustentada de obter, deter e aplicar, de forma otimizada, um conjunto de conhecimentos e de metodologias e técnicas administrativas que se aplicam a uma área de atuação na empresa.

Esse é um assunto básico abordado no Capítulo 5 e em pontos diversos no livro.

iv. Consolidação de um otimizado ambiente de trabalho

A questão do ambiente de trabalho é uma das principais influenciadoras das empresas preferidas para se trabalhar; e você deve ter verificado que, após ampla divulgação, pela mídia, desse indicador de avaliação das empresas, essas têm, cada vez mais, se preocupado com a questão, inclusive desenvolvendo programas estruturados a respeito.

Na prática, pode-se considerar que o ambiente de trabalho não resolve os problemas das empresas; mas quanto a ajudar a resolvê-los, não existem dúvidas!

Com referência ao ambiente de trabalho, uma questão que pode fortalecer, em muito, o estilo administrativo da empresa é a **psicologia positiva**, a qual pode criar situações facilitadoras para que os profissionais da empresa sejam felizes e, consequentemente, superem desafios, apresentando melhores desempenhos e potencializando resultados.

As empresas podem incrementar o clima organizacional com as seguintes situações facilitadoras da felicidade profissional, como:

- trabalhos em equipes multidisciplinares, em que os debates, as análises, os aprendizados, os ensinamentos e as trocas de experiências ocorrem com elevada fluidez;
- ambientes de trabalho colaborativos e com fortes resiliência e habilidade de adaptação entre os profissionais da empresa;
- ênfase nos pontos fortes de cada profissional, pois é melhor gastar energia no incremento desses pontos fortes do que ficar gastando tempo em só tentar eliminar os pontos fracos, ou seja, deve-se enfatizar os sucessos, as conquistas, as evoluções de cada profissional da empresa, em vez de só ficar anotando os seus erros;
- consolide uma situação em que todos saibam a visão da empresa ou o que ela quer ser, bem como os diversos objetivos e as metas para alcançar essa visão única da empresa e, a seguir, decompor esses resultados até chegar ao nível das equipes de trabalho e dos diversos profissionais. Isso porque o entendimento de sua contri-

buição para os resultados globais da empresa é fundamental para a felicidade e a satisfação de cada profissional da referida empresa; e
- consolide a busca da felicidade pessoal e profissional como uma premissa do bom estilo administrativo da empresa e, consequentemente, do melhor trabalho no modelo de administração existente, bem como os resultados otimizados do plano de negócios da empresa.

4.4.2 Aspectos negativos

Você deve considerar que alguns aspectos negativos podem ocorrer nessa interação de influências entre o estilo administrativo, o modelo de administração e o plano de negócios da empresa analisada.

Sem a preocupação de hierarquizar esses aspectos, você pode considerar:

i. Consolidação de um estilo administrativo ou um modelo de administração "na porrada"

Talvez você conheça empresas que cometem essa barbaridade; e, pior do que isso, são as empresas que consolidam planos de negócios sem nenhuma sustentação, afetando diretamente sua sobrevivência.

Essas são situações tão absurdas, que não vale a pena gastar tempo debatendo a respeito.

ii. Desconsideração dessas influências interativas

Já foi explicado que, em administração, todos os assuntos ou instrumentos administrativos apresentam algum tipo de interação, seja direta ou indireta.

Portanto, se esse princípio básico não for respeitado por todos os profissionais da empresa, essa será uma "colcha de retalhos" com cada área da empresa fazendo o que bem entender e do jeito que sabe!

iii. Esquecimento de que o foco básico é o plano de negócios

Essa é uma questão evidenciada em vários pontos deste livro, com resumo consolidado na seção 6.4.

4.4.3 Como maximizar as influências positivas e amenizar as negativas

As influências interativas entre o estilo administrativo e o modelo de administração das empresas sempre existirão, em maior ou menor intensidade, de forma positiva ou negativa; a questão é como as empresas podem, de maneira otimizada, maximizar as influências positivas e amenizar os efeitos das influências negativas, focando o aprimoramento de seus planos de negócios.

A apresentação dessas influências representa, de certa forma, um resumo do que já foi evidenciado neste livro, mas também algumas outras questões que podem ser consideradas essenciais.

Para facilitar a análise e aplicação dessas **dicas** quanto à otimizada interação das influências, essas podem ser agrupadas em grandes assuntos administrativos:

- capacitação dos profissionais da empresa;
- atuação desses profissionais;
- planejamento de todas as atividades da empresa;
- estruturação das atividades e dos processos; e
- aplicação de indicadores de avaliação (do desempenho dos profissionais e dos resultados da empresa).

Naturalmente, existem outros assuntos administrativos que podem ser elencados, mas pode-se afirmar que esses cinco apresentados são suficientes, neste momento, para se demonstrar aspectos básicos que sustentam a maximização das influências positivas e a minimização das influências negativas das realidades e das interações entre o estilo administrativo e o modelo de administração de uma empresa quando o foco básico é a otimização de seu plano de negócios.

Nesse contexto, tem-se:

i. Quanto à capacitação dos profissionais da empresa

Essa é uma questão de elevada importância, pois quando se consegue identificar quais são os profissionais efetivamente capacitados – e em que área do conhecimento –, pode-se utilizá-los para acertar o modelo de administração, bem como serem os "gurus" do estilo administrativo ideal da empresa considerada para melhor operacionalizar o seu plano de negócios.

Embora essa seja uma afirmação evidente, o problema é conseguir identificar, com veracidade, esses profissionais capacitados para tais tarefas.

Mas, na prática, esse pode não ser um problema, pois o plano de negócios é o melhor instrumento para se avaliar a efetiva capacitação de um profissional, quando se está considerando possíveis modificações no estilo administrativo ou no modelo de administração de uma empresa. E, nesse caso, a questão é o referido plano de negócios ser de boa qualidade ou não.

Uma maneira de se conseguir identificar profissionais com efetiva capacitação para essas atividades é focar, pelo menos, em quatro questões básicas:

- o nível de conhecimento dos negócios, produtos e serviços disponibilizados pela empresa aos diversos segmentos de mercado;
- o nível de conhecimento das tecnologias atuais e em desenvolvimento para incrementar as ofertas da empresa, inclusive quanto a novos negócios, produtos e serviços;
- o nível de conhecimentos das necessidades e expectativas de cada um dos segmentos de mercado, tanto no contexto atual como para um momento futuro breve ou mais distante; e
- a vocação, a motivação, a criatividade, a iniciativa e o comprometimento dos profissionais da empresa, interligando com o apresentado no item seguinte.

ii. Quanto à atuação dos profissionais da empresa

Nessa questão, é fundamental que os profissionais da empresa atuem, com suas autoridades e responsabilidades diversas, respeitando dois aspectos básicos:

- os instrumentos administrativos, os processos e as atividades estabelecidas no modelo de administração básico e ideal para a empresa; e
- o estilo administrativo básico e ideal estabelecido para a empresa, preservando as realidades específicas de cada profissional.

O respeito a esses dois aspectos básicos proporciona a devida sustentação para que:

- a empresa consolide, com qualidade, uma cultura organizacional que seja a mais adequada aos seus negócios, produtos, serviços, mercados de atuação, entre outros importantes assuntos;
- os possíveis aprimoramentos no seu modelo de administração e no estilo administrativo só ocorram pela efetiva, ampla, entendida e aceita necessidade por todos os profissionais envolvidos; e
- os profissionais da empresa se sintam mais comprometidos para com os resultados a serem proporcionados pelo plano de negócios.

iii. Quanto ao planejamento de todas as atividades da empresa

Quando se debatem as questões do estilo administrativo e do modelo de administração, é importante saber o que a empresa quer ser e aonde quer chegar, bem como qual a melhor maneira de se alcançar essa situação desejada. E o instrumento administrativo que possibilita a realização dessas análises e decisões chama-se planejamento, o qual pode ter três abordagens ou níveis perfeitamente interligados: estratégico, tático e operacional.

Na prática, não é difícil uma empresa efetivar a perfeita interligação entre os três referidos tipos ou níveis de planejamento, pois toda e qualquer metodologia elaborada a respeito deles explica, com detalhes, esse procedimento. Se tiver dúvidas, pode analisar o já citado livro *Planejamento estratégico*, do mesmo autor.

iv. Quanto à estruturação das atividades e dos processos

Teoricamente, esse é um trabalho de fácil realização, embora, em alguns casos, seja de concretização relativamente demorada.

Entretanto, não se pode esquecer que esse trabalho proporciona, desde o seu início, a possibilidade de um interessante "repensar" a respeito da realidade administrativa da empresa. E como esse repensar pode ser efetuado?

Algumas maneiras são:

- fazer o levantamento e o mapeamento de todos os processos, principalmente como decorrência das diversas estratégias estabelecidas no planejamento estratégico da empresa;

- estabelecer as atividades ou partes que compõem cada processo;
- interligar todos os processos, verificando a ordenação das atividades, a repetição de atividades, a falta de atividades e as atividades desnecessárias;
- estabelecer os diversos responsáveis por processos e por atividades, incluindo o seu desenvolvimento, sua operacionalização, sua avaliação e seu aprimoramento;
- estabelecer todos os indicadores de avaliação dos processos e das atividades; e
- criar um clima organizacional de incentivo ao aprimoramento contínuo e sustentado dos processos e de suas atividades.

v. Quanto ao estabelecimento e à aplicação de indicadores de avaliação

Indicador de avaliação é o parâmetro e o critério previamente estabelecidos que permitem a análise da realização, bem como da evolução dos resultados anteriormente planejados.

Evidencia-se que esses indicadores devem considerar o desempenho dos profissionais da empresa e também os diversos resultados apresentados por ela; e, seguramente, deve existir uma interação estruturada, lógica e entendida por todos os profissionais da empresa.

Você pode considerar que uma maneira interessante de realizar essa interação é trabalhar conjuntamente os indicadores de avaliação dos resultados da empresa e de suas diversas áreas com os indicadores de desempenho dos profissionais, conforme explicado na seção 4.6.5.

4.5 Como conseguir a otimizada interação entre o estilo administrativo e o modelo de administração focando o plano de negócios da empresa

Nesta seção, é apresentado o resumo de como você pode trabalhar, da melhor maneira possível, com os três assuntos básicos analisados neste livro; e na seção 4.6 é apresentado o modelo de administração que você poderá aplicar em sua empresa se quiser operacionalizar um otimizado equilíbrio nas abordagens das funções da administração e das funções das empresas.

Portanto, você pode juntar o apresentado nesta e na seção 4.6 e, a seguir, fazer os ajustes necessários para a realidade atual e a situação futura desejada de sua empresa e, a partir daí, estruturar um modelo ideal para a sua empresa usufruindo ao máximo os estilos administrativos dos profissionais que trabalham nela, bem como consolidando interessantes resultados no plano de negócios da empresa.

Outro aspecto é a apresentação do importante assunto abordado nesta seção do livro utilizando apenas dois instrumentos administrativos com pequenas interações com algumas funções das empresas ou da administração.

É lógico que na prática a utilização de instrumentos administrativos teria de ser muito mais ampla, bem como todas as funções das empresas e da administração teriam de ser utilizadas, mas, nesse caso, a apresentação poderia ficar "poluída" e muito extensa e, portanto, o seu entendimento seria prejudicado.

Nesse contexto, a solução foi evidenciar algumas chamadas específicas de assuntos abordados em capítulos e seções deste livro e, quando necessário, direcionar a leitura para outros livros deste autor. Isso porque, em administração, quando você aborda questões mais complexas, fica obrigado a aplicar um número elevado de instrumentos administrativos, de acordo com a importante e necessária administração integrada e total, que é básica para as empresas terem uma administração lógica, ágil, fácil e de baixo custo.

Feitas essas necessárias considerações, a proposta é que você considere, para sua análise, a seguinte metodologia resumida de trabalho:

i. Inicialmente, você deve repensar todo o processo de planejamento estratégico – ou fazê-lo, no caso de não o ter, o que evidencia um sério problema para a empresa – e adotar alguns procedimentos que, em muito, podem auxiliar na qualidade dos trabalhos:
    - utilizar a técnica do painel integrado, realizando os trabalhos em equipes homogêneas e heterogêneas de forma interativa e conforme explicado resumidamente no final da seção 5.2.1;
    - usar a técnica vivencial de liderança (TVL) para a condução das reuniões de trabalho, conforme também explicado resumidamente no fim da seção 5.2.1;
    - aplicar, preferencialmente, a abordagem do marketing total – explicada resumidamente na seção 4.6.6 – para facilitar a interação do planejamento estratégico com o plano de negócios, mas podendo também aplicar, com equilíbrio, a abordagem das finanças totais – explicada resumidamente na seção 4.6.9 –, para proporcionar maior sustentação aos trabalhos; e
    - envolver o maior número de profissionais da empresa nesses trabalhos para conseguir que a empresa se torne um "bloco único" direcionado a um resultado comum e motivador para todos.

ii. Quando os trabalhos de planejamento estratégico chegarem ao delineamento e à aplicação das estratégias empresariais, eles devem ser os mais detalhados possíveis, pois:
    - as referidas estratégias serão o principal ponto de sustentação da vantagem competitiva da empresa, e esta última é o principal ponto de sustentação do plano de negócios da empresa;
    - toda e qualquer estratégia, conforme já foi explicado, deve resultar em um ou mais projetos, pois são estes últimos que contêm todas as informações básicas para se operacionalizar as referidas estratégias;
    - a partir do momento em que os projetos são consolidados – e representando rotinas e procedimentos que a empresa deve sempre seguir e respeitar –, eles transformam-se em processos que são incorporados ao dia a dia da empresa;

- todo e qualquer projeto ou processo é constituído de atividades específicas que devem ser realizadas e avaliadas; e
- para as referidas atividades serem realizadas, é necessário que sejam alocadas nas diversas unidades organizacionais da empresa, consolidando as devidas responsabilidades e autoridades.

iii. A partir desse momento, tem-se uma interligação entre as questões estratégicas – que estabelecem aonde a empresa quer chegar e como conseguir isso – e a sustentação que a empresa vai proporcionar a esse processo evolutivo pela atuação de seus diversos profissionais e a utilização dos diferentes recursos da empresa.

Para tanto, você deve considerar, no mínimo, os seguintes trabalhos:

- estabelecimento da estruturação organizacional mais adequada para a empresa alcançar os resultados planejados, analisando os diversos tipos existentes – funcional, territorial, produtos ou serviços, unidades estratégicas de negócios, projetos, processos, matricial, mista etc. – conforme explicado resumidamente na seção 4.6.2; e
- independentemente do tipo de estrutura organizacional aplicada – geralmente é a mista –, o modelo de administração deve consolidar e respeitar todos os princípios básicos da governança corporativa – ver seção 4.6.2 e outras partes do livro –, pois, dessa forma, ocorre uma interessante atuação do estilo administrativo e, praticamente, representando a "personalidade" da empresa.

iv. Com referência ao foco no plano de negócios, você deve considerar tudo que é apresentado no livro, com sua consolidação evidenciada na seção 6.4.

Você verifica que, na prática, existe um princípio em administração: "para se tratar qualquer assunto administrativo, esteja ou não explicitada sua interligação com outros assuntos administrativos, você sempre deve fazer essa análise interligando o referido assunto com, no mínimo, dois outros assuntos que tenham ligação direta com o assunto administrativo em análise".

Se você seguir esse princípio elementar e lógico, todos os trabalhos inerentes aos assuntos e instrumentos administrativos das empresas se tornarão mais fáceis, rápidos e sustentados.

Outro aspecto é que esse princípio se torna mais fundamental quando a análise envolve assuntos mais "sutis" e de relativa dificuldade de avaliação, como é o caso do assunto **estilo administrativo**.

Para facilitar a visualização do que foi exposto nesta seção, é apresentada a Figura 4.1.

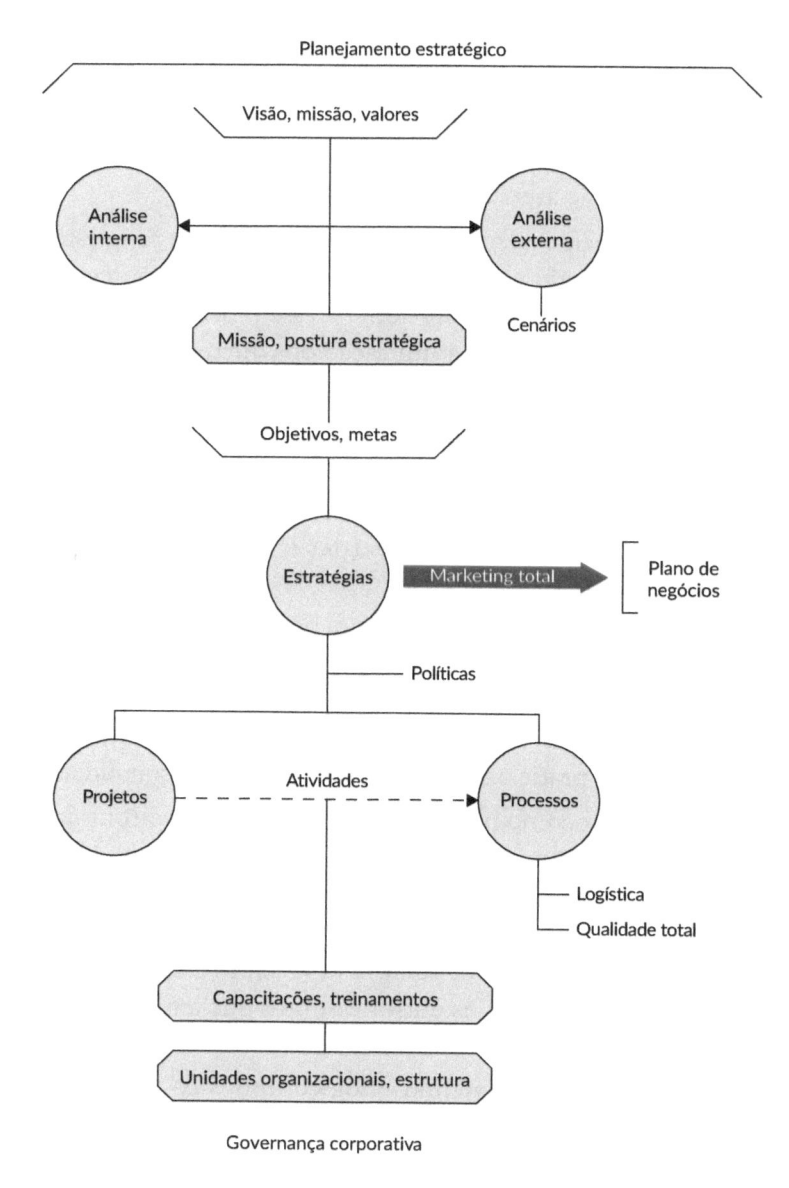

Figura 4.1 Interação estilo, modelo e plano.

4.6 Modelos administrativos ideais para consolidar otimizados estilos administrativos focando o plano de negócios da empresa

Você constatou que:

- o estilo administrativo de um executivo com forte poder de decisão e influência em uma empresa pode alterar, de maneira tranquila ou traumática, o modelo de administração dessa empresa; e

- um modelo de administração consolidado em uma empresa pode dificultar possíveis alterações propostas por diferentes estilos administrativos de seus principais executivos, quer essas alterações sejam adequadas ou não.

Portanto, você pode considerar que o "finalmente" desse processo é o modelo de administração da empresa, pois é ele quem representa a realidade administrativa dela; e o ideal é que as propostas e as ações decorrentes dos estilos administrativos de seus principais executivos sejam, essencialmente, para aprimorar, de forma sustentada, o referido modelo de administração.

Na prática, você verifica que essa situação não ocorre apenas nos casos em que o ego de seus principais executivos é exacerbado, e quem vai sofrer é a empresa e, consequentemente, os seus resultados.

Nesse contexto, você deve considerar que o ideal é trabalhar em uma empresa que tenha um adequado modelo de administração que proporcione a devida sustentação para que os trabalhos dos diversos profissionais possam ser realizados de acordo com o planejado; e que cada profissional possa dar, de acordo com a sua capacitação e seu conhecimento, a sua parcela de contribuição para o aprimoramento do referido modelo de administração, dentro de um processo "ganha-ganha" entre a empresa e cada um de seus profissionais.

Embora essa situação não seja encontrada em toda e qualquer empresa, certamente ela ocorre em muitas empresas, principalmente nas de sucesso e nas chamadas "preferidas para se trabalhar".

Portanto, neste ponto você deve considerar, para análise, quais são os modelos de administração que podem ser considerados como ideais para que se possa consolidar otimizados estilos administrativos; e, mais ainda, pois essa análise pode ser realizada considerando as diferentes funções, tanto da administração como das empresas.

Você vai perceber que, ao se fazer essa análise nessa abordagem, alguns aspectos vão se repetir entre diferentes funções, o que pode ser considerado adequado, pois a administração é um conhecimento interativo e global.

Essa análise pelas funções da administração e das empresas é interessante, pois toda e qualquer empresa pode ter o "cacoete" de pender para uma função específica e, daí em diante, saber hierarquizar o nível de importância das outras funções em seu modelo de administração; e acredite: é utopia considerar que uma empresa tenha – e aplique – todas as funções da administração e das empresas com a mesma intensidade e qualidade.

Pode-se considerar que o normal é ocorrer um "desequilíbrio administrado", e mais, que os seus profissionais saibam trabalhar e tirar proveito dessa situação.

Nesse ponto, surge uma pergunta lógica: qual será o fator de referência para você saber se a interação entre o estilo administrativo e o modelo de administração é a mais adequada?

A resposta é evidente: esse fator de referência tem de ser o plano de negócios da empresa quanto à sua estruturação e qualidade das informações, ao desafio proporcionado aos profissionais da empresa, bem como aos resultados efetivos apresentados em relação aos planejados.

Portanto, os dez modelos básicos de administração apresentados nas seções 4.6.1 a 4.6.10 respeitam todas as considerações anteriormente evidenciadas nesta seção.

Você vai constatar que, algumas vezes, a representação gráfica do modelo de administração básico quanto à função ideal escolhida – da administração ou das empresas – pode ser efetuada por uma estruturação organizacional de fácil "leitura" por todos os profissionais da empresa, mas, muitas vezes, essa representação gráfica é mais sutil e está alocada no "pano de fundo" da representação gráfica, sendo operacionalizada por processos e atividades bem estruturados e respeitados, os quais disciplinam e proporcionam sustentação para o aprimoramento funcional da referida empresa.

Essa é uma situação interessante, pois, conforme evidenciado na seção 4.6.10, se uma empresa não tiver os seus processos bem estabelecidos e respeitados, poderão ocorrer desperdícios, retrabalhos e tarefas inúteis, pois não existiria nenhuma referência para análise e avaliação, bem como os aprimoramentos e as inovações ficariam prejudicados pelo simples fato de que só se pode evoluir em algo se existir, anteriormente, uma referência formalizada para se avaliar, ou seja, só poderei aprimorar este livro lançando uma nova edição se me basear nesta edição, pois ninguém aprimora algo "em cima do vazio".

Essa questão também reforça a necessidade de você considerar a análise das dez funções evidenciadas nesta seção, embora o foco básico possa estar em uma dessas funções como decorrência do estilo administrativo do(s) principal(is) executivo(s) da empresa ou, preferencialmente, pela realidade da empresa e de seus negócios atuais e potenciais.

Essa situação é apresentada de forma estruturada na seção 4.7.

4.6.1 Modelo administrativo básico para a função **planejamento**

Se você decidir que o "cacoete" administrativo da sua empresa deve ser a função **planejamento**, é fundamental que todo o seu processo decisório esteja baseado no planejamento estratégico, pois é a única maneira de se analisar a situação atual e futura desejada de toda a empresa – com suas diversas partes –, interagindo com todos os fatores externos ou não controláveis pela empresa considerada; e mais, a teoria e a prática administrativa disponibilizam completas e estruturadas metodologias para o desenvolvimento e implementação do planejamento estratégico nas empresas, possibilitando que se aniquile o perigoso "desconhecimento administrativo", que acaba com muitas empresas.

Essas interligações entre as diversas metodologias de desenvolvimento e de operacionalização das atividades administrativas nos proporciona as estruturadas interligações do planejamento estratégico com os planejamentos táticos e, desses, com os diversos planejamentos operacionais, fechando, dessa maneira, todas as situações futuras esperadas inerentes a todas as atividades da empresa analisada.

As empresas devem desenvolver e implementar um otimizado processo de planejamento estratégico como principal base de sustentação de seu modelo e estilo administrativos e do seu plano de negócios. E essa situação deve se consolidar como um processo, e não como um trabalho ou seminário em alguns poucos dias no fim do ano, pois ele deve ser incorporado, com naturalidade, no dia a dia das atividades da empresa, ou seja, deve fazer parte do seu estilo administrativo.

Você vai verificar, na prática, que quanto mais o planejamento estratégico for incorporado como um processo na empresa, ou seja, que não tem fim, mais os profissionais consolidam o pensamento e a atuação estratégica em suas análises, decisões e atos, efetivando um otimizado estilo administrativo. Mas um importante lembrete: isso ocorrerá se o referido processo de planejamento estratégico estiver bem estruturado, completo, implementado, atualizado em **tempo real** e **na tarefa**, bem como respeitado por todos os profissionais da empresa.

Quando se aborda a questão do planejamento estratégico, ele deve ser considerado como parte integrante do planejamento global da empresa, basicamente constituído também pelos planejamentos táticos e operacionais, sendo todos eles perfeitamente interligados, cada um com suas finalidades específicas, conforme conceituações apresentadas a seguir:

- **planejamento estratégico** considera toda a empresa, sendo desenvolvido por uma metodologia estruturada e sustentada que possibilita o estabelecimento da melhor direção a ser operacionalizada, visando ao maior grau de interação com os fatores externos ou não controláveis pela empresa, bem como atuando de forma inovadora e diferenciada. E não se pode esquecer que o contexto estratégico ocorre quando interligamos os fatores externos ou não controláveis com os fatores internos ou controláveis da empresa;
- **planejamento tático** é a metodologia administrativa que tem por finalidade otimizar determinada área de resultado da empresa. Na prática, essa área de resultado é uma parte importante, geralmente focando um conjunto de assuntos administrativos e técnicos com adequado nível de homogeneidade, tais como: marketing, produção, desenvolvimento de pessoas, finanças, processos e tecnologia; mas também pode considerar um processo que aborda atividades e questões de várias áreas da empresa, tal como o sistema de logística, o qual tem forte interação com o sistema de qualidade total; e
- **planejamento operacional** é a metodologia administrativa para o desenvolvimento e a consolidação de determinados resultados a serem alcançados por áreas específicas da empresa, tais como: vendas, promoção, orçamento, fluxo de caixa, análise de investimentos, programação e controle da produção, entre outras.

Você pode considerar que as empresas devem ter um planejamento estratégico, alguns poucos planejamentos táticos e vários planejamentos operacionais, sendo todos eles perfeitamente interligados, bem como fornecendo e recebendo informações entre si em **tempo real** – ou seja, quando ocorre o trabalho – e **na tarefa**, ou seja, por quem realiza os trabalhos.

As empresas podem realizar o desenvolvimento de seus trabalhos quanto ao plano estratégico, que considera toda a empresa, pela identificação dos possíveis "vazios" no processo, bem como pela análise da qualidade das atividades que têm maior interação com o planejamento estratégico da empresa.

Outro aspecto é que algumas conceituações de termos administrativos se apresentam repetidas, mas alocadas em outras abordagens e metodologias, o que é altamente importante para a qualidade do raciocínio administrativo dos profissionais das empresas.

Nunca se pode esquecer que uma empresa já existente, que não tenha um processo estruturado de planejamento estratégico, seguramente tem uma série de questões estratégicas que são analisadas e operacionalizadas, caso contrário ela já teria deixado de existir há algum tempo. Esse aspecto é importante, pois se deve respeitar a realidade de cada empresa e aprimorar o estilo administrativo desse processo e o modelo de administração, sem querer fazer alterações drásticas e que aniquilem tudo que a referida empresa já realizou, inclusive com qualidade.

Nesse contexto, a metodologia ideal de planejamento estratégico deve apresentar um nível apropriado de versatilidade para se adequar à realidade de cada empresa, mas sem perder a essência da qualidade total em sua aplicação na empresa específica.

Antes, porém, de apresentar os assuntos estratégicos a serem considerados no processo de planejamento estratégico, é válido ressaltar alguns aspectos a serem respeitados pelas empresas para que o seu modelo de administração proporcione otimizada sustentação para a qualidade do estilo administrativo de seus profissionais e do plano de negócios da empresa:

- desenvolvimento dos trabalhos por uma equipe multidisciplinar de executivos da alta administração da empresa, podendo, inclusive, envolver sócios não executivos e alguns consultores especialistas. E aqui uma sugestão impactante para algumas empresas: estruture o processo para que, de maneira gradativa e sustentada, profissionais dos outros níveis hierárquicos da empresa participem dele, possibilitando que a interação com os planejamentos táticos e operacionais ocorra de maneira natural e integral, efetivando um planejamento único e global na empresa e, portanto, consolidando um estilo administrativo uniforme, o que beneficia diretamente o plano de negócios da empresa;
- a existência de elevados níveis de participação, envolvimento e comprometimento para com os resultados estabelecidos;
- proporcionar continuidade e respeito aos trabalhos pela adequada participação dos profissionais da empresa nas reuniões, bem como nas análises e nas propostas de soluções;
- ter uma atitude interativa para com o futuro da empresa, estruturando e aplicando projetos e processos que "façam acontecer";
- trabalhar no contexto da cultura da empresa, mas ir apresentando situações que façam os outros profissionais "começarem a pensar" em uma nova situação, o que reduzirá, também, os possíveis focos de resistências; e

- não ter expectativas de enormes e rápidos resultados em curto prazo para a empresa, pois a base da sustentação de todo o trabalho é a consolidação da disciplina, do pensamento e da atuação estratégica.

Voltando à questão dos assuntos estratégicos que você pode considerar nos trabalhos, evidenciam-se os seguintes na ordem apresentada, sendo que alguns deles já foram evidenciados em outros pontos deste livro:

i. **Visão** é o que a empresa quer ser em um futuro próximo ou distante.
Finalidade: proporcionar sustentação para as estratégias e todas as outras principais decisões da empresa, direcionando o estilo administrativo para essa situação desejada da empresa e proporcionando sustentação ao seu plano de negócios.

ii. **Valores** representam o conjunto dos princípios, crenças e questões éticas fundamentais da empresa, bem como fornecem sustentação a todas as principais decisões.
Finalidade: consolidar a personalidade da empresa e proporcionar sustentação para as suas políticas, ou seja, o que deve ser decidido e operacionalizado. Portanto, facilita a identificação do estilo administrativo ideal, bem como o processo decisório quanto ao plano de negócios.

iii. **Lista de fatores e subfatores** representa o conjunto de assuntos internos ou controláveis, e externos ou não controláveis, que deve ser analisado de maneira programada no processo de planejamento estratégico da empresa.
Finalidade: não deixar esquecer assuntos importantes, bem como facilitar o estabelecimento das prioridades e das amplitudes das análises e debates. Acredite: o esquecimento dos assuntos importantes é um dos aspectos que mais afetam a "disciplina" do estilo administrativo e a qualidade do plano de negócios das empresas. Na seção 2.1.4, foi apresentada uma lista resumida para sua análise.

iv. **Análise externa da empresa** é o debate da situação do ambiente – externo e não controlável – da empresa, incluindo as realidades do ambiente direto e do ambiente indireto, ou seja, o que se consegue ou não é possível identificar o nível de influência recebida ou proporcionada.
Finalidade: identificar e analisar as oportunidades e ameaças que estão no ambiente da empresa e que podem favorecer ou prejudicá-la em seu plano estratégico, com elevada influência no seu plano de negócios.

v. **Análise interna da empresa** é o debate da situação interna ou controlável da empresa, com as suas potencialidades e as suas fraquezas.
Finalidade: identificar e analisar os pontos fortes e fracos da empresa, e que podem favorecê-la ou prejudicá-la perante as oportunidades e ameaças do ambiente externo ou não controlável, com elevada influência no estilo administrativo da empresa e, principalmente, em seu plano de negócios.

vi. **Análise dos concorrentes** é o processo estruturado de verificação da realidade da empresa perante os seus principais concorrentes. Para facilitar esse trabalho, você deve se colocar, por empatia, em cada principal empresa concorrente para identificar os seus pontos fortes e fracos, bem como as suas oportunidades e ameaças; inclusive o seu nível de conhecimento para tal análise.

Finalidade: identificar a vantagem competitiva de nossa empresa, e de cada uma das principais concorrentes, incluindo a identificação de concorrentes potenciais. Essa análise tem elevada influência no plano de negócios, mas também proporciona ajustes no estilo administrativo da empresa.

vii. **Missão** é a determinação do motivo central da empresa, com a determinação de "quem ela atende e pretende atender" com seus produtos e serviços atuais e potenciais.

Finalidade: identificar o "campo de atuação" atual e potencial da empresa, inclusive para facilitar a análise dos seus negócios atuais e potenciais.

viii. **Propósitos atuais e potenciais** correspondem aos negócios, dentro da missão, em que a empresa já atua ou está analisando a viabilidade de entrada no setor, ainda que esteja em uma situação de possibilidade reduzida.

Finalidade: estruturar o elenco de produtos e serviços atuais e futuros, bem como os segmentos de mercado atuais e potenciais de atuação da empresa que fazem parte de seu plano de negócios.

ix. **Cenários** representam situações, critérios e medidas para a preparação do futuro da empresa.

Finalidade: retratar determinado momento futuro ou detalhar a evolução e a sequência dos eventos, desde o momento atual até determinado momento futuro. Tem influência no estilo administrativo, pois identifica os profissionais que sabem e os que não sabem debater cenários; e afeta diretamente o plano de negócios da empresa pela análise das possíveis situações futuras do mercado e de outros fatores externos.

x. **Postura estratégica** é a maneira mais adequada para a empresa alcançar seus propósitos atuais e potenciais dentro da missão, respeitando as realidades das análises externa e interna anteriormente realizadas.

Finalidade: facilitar o estabelecimento das estratégias pela realidade da empresa, bem como o estabelecimento de prioridades dos vários assuntos estratégicos da empresa pela lista de fatores internos e externos. Portanto, tem influência no estilo administrativo e no plano de negócios da empresa.

xi. **Macroestratégias** e **macropolíticas** correspondem ao estabelecimento das grandes ações e das principais orientações para o processo decisório da empresa.

Finalidade: ser o "guarda-chuva" das estratégias e das políticas da empresa, facilitando o debate dessas duas importantes questões em alguns momentos do processo de planejamento estratégico.

Obs.: dependendo do modelo de governança corporativa implementada na empresa – ver seção 4.6.2 –, esse assunto pode ser debatido logo depois da visão e dos valores; ou antes de missão da empresa.

xii. **Objetivos** e **metas** são alvos ou situações que se pretende alcançar, sendo a meta uma decomposição do objetivo a ser alcançado ao longo do tempo.

Finalidade: quantificar os resultados a serem alcançados, estabelecer os prazos e os responsáveis pelos trabalhos, com forte influência no plano de negócios da empresa.

xiii. **Estratégia** é o caminho ou ação a ser estabelecida e operacionalizada para se alcançar os objetivos e as metas da empresa.

Finalidade: explicitar o que e como devem ser desenvolvidas as ações para se consolidar os resultados anteriormente planejados, preferencialmente de maneira inovadora e diferenciada, o que demanda otimizado estilo administrativo e com forte influência nos resultados do plano de negócios da empresa.

xiv. **Política** é o parâmetro e o critério para tomada de decisões na empresa.

Finalidade: criar disciplina e facilidades no processo decisório, buscando autorização apenas para os casos não estabelecidos pelas políticas da empresa. Você observa que as políticas têm forte interação com os valores da empresa (ver item ii).

xv. **Projeto** é o trabalho único a ser realizado com responsabilidade de execução, resultados esperados com quantificação de benefícios e prazos para execução preestabelecidos, considerando os recursos necessários e as áreas da empresa envolvidas no seu desenvolvimento.

Finalidade: estruturar todas as ações e os recursos a serem utilizados na consolidação de cada estratégia da empresa, ou seja, detalhar as ações necessárias ao plano de negócios.

xvi. **Plano de ação** é o conjunto das partes comuns dos diversos projetos que estão sendo elaborados.

Finalidade: interligar as atividades ou partes comuns dos diversos projetos com as unidades organizacionais responsáveis pela sua operacionalização.

Obs.: na prática, e de forma resumida, pode-se considerar que os projetos interligam o plano estratégico com os planos táticos; e os planos de ação interligam os planos táticos com os operacionais. Também representam a principal interligação entre a função **planejamento** e a função **organização** (ver seção 4.6.2).

xvii. **Processos** correspondem às atividades sequenciais a serem desenvolvidas de forma sistemática.

Finalidade: consolidar e disciplinar o que deve ser realizado na empresa e facilitando o modelo de administração apresentado na seção 4.6.10. Você vai verificar que os processos atuam como "pano de fundo" para todos os modelos de administração das empresas.

xviii. **Avaliação** e **aprimoramento** devem ocorrer em cada um dos assuntos e dos momentos do desenvolvimento e implementação do processo de planejamento estratégico da empresa.

Finalidade: consolidar uma situação em que ocorra a autoavaliação, em **tempo real** e **na tarefa**, fortalecendo o modelo de administração evidenciado na seção 4.6.5, ou seja, à medida que você aprimora um modelo, pode estar beneficiando a otimização de outro modelo de administração, efetivando um interessante modelo administrativo integrado (ver seção 4.7).

O resumo dos assuntos que você deve considerar para efetivar um modelo administrativo básico para a função **planejamento** em sua empresa é apresentado na Figura 4.2.

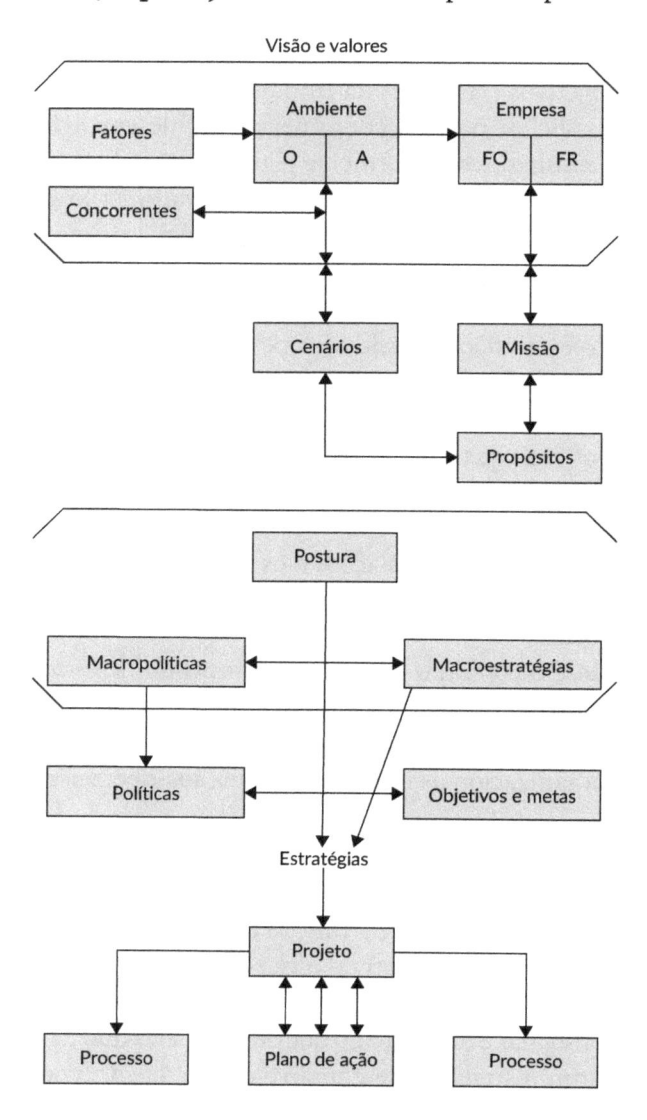

Figura 4.2 Componentes do modelo administrativo para a função planejamento.

4.6.2 Modelo administrativo básico para a função **organização**

Quando se aborda a questão do otimizado equilíbrio entre o estilo administrativo dos profissionais e o modelo de administração de uma empresa, naturalmente se visualiza um contexto empresarial, pelo menos, eficiente, eficaz, efetivo e ético direcionando os esforços para o plano de negócios da empresa.

A teoria e a prática administrativa já disponibilizaram vários instrumentos administrativos que facilitam o alcance de resultados otimizados, tais como os sistemas de qualidade total, do foco no cliente, do direcionamento ao negócio principal, da terceirização das atividades secundárias, entre dezenas de outras questões.

Entretanto, atualmente, existe um instrumento administrativo que, se for bem utilizado, proporciona a devida sustentação para que os assuntos empresariais ocorram de maneira adequada, lucrativa e ética; e esse modelo de administração se chama governança corporativa.

Para exercitar um pouco o raciocínio, é valido se lembrar, rapidamente, que a origem da governança corporativa foi a busca de uma harmonia ética entre os proprietários e principais executivos da empresa, de um lado, e os órgãos reguladores – públicos e privados – do outro lado; mas de nada adiantará essa situação se for um "simples teatro" da empresa, como nos famigerados casos de algumas empresas públicas e privadas brasileiras, situações fartamente noticiadas pela mídia, as quais acabam tendo de acertar sua situação e sua imagem pública.

De qualquer forma, deve ter ficado esclarecido que a governança corporativa é um modelo administrativo ideal – desde que adequadamente aplicado – para consolidar uma estruturação organizacional que facilite o processo de otimização do estilo administrativo dos profissionais que atuam na empresa, pois, resumidamente, pode-se afirmar que ela passa a ser obrigada a "mostrar a sua cara" de forma verdadeira; e quando isso acontece, esteja certo de que os seus profissionais ficam mais cuidadosos em seus atos e decisões.

Portanto, o modelo administrativo apresentado é baseado na governança corporativa, pois ele se preocupa, no mínimo, com o que se deve fazer, como deve ser feito, como avaliar e aprimorar as atividades realizadas, bem como devem ser feitas as divulgações das diversas informações da empresa, tudo isso de maneira plenamente ética e respeitada por todos os profissionais que nela trabalham.

A governança corporativa também é um instrumento administrativo perfeitamente estruturado e de fácil aplicação, quando os executivos da empresa realmente assim desejarem.

Na prática, tem-se verificado que a boa governança corporativa é um fator de influência direta para o adequado plano de negócios da empresa, pois, entre outros aspectos, o processo decisório fica mais "leve", fácil, ágil e entendido.

Para o adequado desenvolvimento e implementação do modelo de administração baseado na governança corporativa, podem ser considerados três grandes aspectos: as premissas a serem respeitadas, o delineamento do modelo ideal de governança corporativa, bem como o conteúdo do referido modelo permitindo a sua aplicação prática e posteriores processos de avaliação e aprimoramento.

Os detalhes básicos desses três aspectos são:

i. Quanto às premissas a serem respeitadas, você pode considerar:
- estabelecer o modelo de governança corporativa e de sua estruturação organizacional como decorrência das estratégias da empresa;
- analisar a cultura organizacional da empresa, pois ela representa o conjunto de valores, crenças e questões éticas que a empresa tem incorporado em seu dia a dia e que proporcionam sustentação – de forma positiva ou negativa – para as suas decisões e ações; e
- lembrar que as análises do modelo de administração, principalmente quando se abordam aspectos de governança corporativa, devem envolver todas as pessoas que tenham algum interesse, direto ou indireto, com a situação atual e futura da empresa.

ii. Quanto ao estabelecimento do modelo ideal de governança corporativa e de estruturação organizacional da empresa, é válido você percorrer as diversas formas de se estruturar organizacionalmente as empresas, incluindo sua abordagem de governança, em suas características mais importantes para a realidade atual e situação futura desejada da empresa e, preferencialmente, consolidar uma estruturação mista, envolvendo algumas formas de se departamentalizar ou agrupar as atividades da empresa analisada. O principal cuidado nesse trabalho é de não utilizar formas organizacionais que não sejam, efetivamente, válidas para a empresa analisada.

Nesse contexto, pode-se considerar o seguinte processo sequencial e evolutivo de estabelecimento do modelo ideal de governança corporativa e de estruturação organizacional das empresas:

- análise da governança corporativa da empresa, sendo que os trabalhos podem começar pela alta administração, em que se analisa, debate e desenvolve um modelo a partir da otimização das interações entre os sócios – executivos ou não –, conselhos – administração, fiscal, deliberativo, consultivo, família –, auditorias – externa e interna –, comitês e equipe executiva, proporcionando a adequada sustentação para o aumento da atratividade da empresa no mercado – financeiro e comercial – e, consequentemente, incremento no valor da empresa, redução do nível de risco e maior efetividade da empresa em longo prazo;
- estabelecimento das unidades organizacionais funcionais de acordo com as funções necessárias na empresa, tais como marketing, produção, finanças, recursos humanos, logística, qualidade, entre outros exemplos; essas funções necessárias e seus níveis de importância na empresa devem ser estabelecidos como decorrência das sustentações que a empresa deve proporcionar para o seu planejamento estratégico e para o seu plano de negócios;
- estabelecimento dos processos da empresa, que indicam como as atividades devem ser desenvolvidas, inclusive as suas sequências e interligações. Eles ajudam, e muito, a estruturação organizacional das empresas, principal-

mente como "pano de fundo" da explicação de como as atividades devem ser realizadas;
- estabelecimento dos negócios, produtos e serviços da empresa, a qual, nesse caso, é organizada de "dentro para fora", ou seja, considera-se como básico o que ela está oferendo ao mercado, ou seja, a essência de seu plano de negócios;
- estabelecimento dos segmentos de mercado e dos clientes da empresa e, nesse caso, a empresa é organizada "de fora para dentro", ou seja, considera-se como básico onde ela está atuando ou pretende atuar, em um futuro breve. Na verdade, a empresa pode atuar nas duas direções, consolidando conjuntamente o apresentado neste item e no anterior, o que pode ser bastante interessante para ela. Você percebe que em administração é sempre necessário considerar o processo interativo entre os assuntos ou instrumentos administrativos, demonstrando como um influencia ou recebe influência do outro;
- estabelecimento de parcerias com outras instituições, pois, em alguns casos, quando não envolve o foco básico do negócio da empresa, pode-se considerar a interação com algumas parcerias específicas desde que, antecipadamente, a empresa tenha estabelecido: os processos e as políticas que devem ser respeitados; os indicadores e os parâmetros de avaliação de cada atividade básica e dos processos; as responsabilidades e as autoridades envolvidas; as capacitações dos profissionais; e a integração entre os planejamentos das empresas envolvidas.

iii. Quanto ao conteúdo do modelo de governança corporativa e de estruturação você deve considerar quatro componentes e quatro condicionantes, resumidamente apresentados a seguir:
- componentes da governança corporativa e da estruturação organizacional:
  - estabelecimento das autoridades das unidades organizacionais, considerando os estudos dos seguintes assuntos; melhor departamentalização, ou seja, como a empresa será dividida em unidades organizacionais ou partes; atividades fins e atividades de apoio; e descrição das atividades a serem realizadas na empresa;
  - estabelecimento das autoridades dos profissionais da empresa, considerando: melhor amplitude de supervisão; níveis hierárquicos; delegação de autoridade; e nível de centralização e descentralização do processo decisório;
  - processo decisório, analisando: relatórios gerenciais; e decisões e ações;
  - sistema de comunicações entre as diferentes unidades organizacionais e os diversos profissionais da empresa.
- Condicionantes da governança corporativa e da estruturação organizacional, analisando: capacitação profissional, envolvendo as questões de conhecimentos, habilidades e atitudes das pessoas; fatores externos ou não controláveis da empresa, correspondentes às suas oportunidades e ameaças, com influência dos cenários; objetivos, estratégias e políticas da empresa, que correspondem

às suas diretrizes básicas; e evolução tecnológica e a tecnologia aplicada em seus processos, produtos, serviços e questões administrativas da empresa.

Portanto, você teve a oportunidade de identificar resumidamente os aspectos básicos da governança corporativa e o que ela proporciona para a empresa quando o foco básico é a função **organização**, sendo que detalhes podem ser obtidos no já citado livro *Governança corporativa na prática*, do mesmo autor.

Nesse momento, é válido você relembrar da representação gráfica de uma estruturação organizacional por governança corporativa utilizando uma departamentalização mista, evidenciada na Figura 2.4 (seção 2.1), ampla e genérica, para sua análise. É lógico que muitas empresas devem considerar o resumo dessa representação gráfica, enquanto algumas empresas devem trabalhar em um contexto mais complexo e amplo.

Você já percebeu que um modelo de administração baseado na governança corporativa e com sustentação do *compliance* – que você já analisou parcialmente no item "c" da seção 2.1.4 – é de suma importância para a empresa, pois proporciona efetivas contribuições de caráter geral, como:

i. Os códigos de conduta ou de ética têm elevada aplicação

Isso porque esses códigos apresentam, de maneira estruturada e lógica, os princípios éticos e morais que devem ser respeitados por todos os funcionários, e também fornecedores e clientes da empresa, como estilo de vida, integridade, veracidade, equidade, legalidade, transparência, entre outros importantes assuntos.

Portanto, os referidos códigos objetivam promover o equilíbrio na estrutura de poder, bem como o respeito aos negócios da empresa e de seus acionistas, funcionários, fornecedores, clientes, comunidades e entidades diversas com as quais a empresa interage no desenvolvimento de seus negócios.

Nesse contexto, por exemplo, os funcionários da empresa têm oportunidades iguais de carreira, os fornecedores da empresa atuam em negociações justas, os clientes e o mercado em geral recebem informações verdadeiras a respeito dos produtos e serviços da empresa.

ii. O código de conduta ou de ética pode representar importante sustentação para a vantagem competitiva de uma empresa

Já foi explicado que **vantagem competitiva** identifica os produtos ou serviços e os segmentos de mercado para os quais a empresa está realmente capacitada para atuar de forma diferenciada com relação aos seus concorrentes.

E quando o mercado percebe que o código de ética está sendo efetivamente respeitado pela empresa, esse mercado começa a "puxar" os seus negócios, pois os consumidores sempre querem exercer o direito de usufruir dos produtos e serviços oferecidos por empresas éticas, que atuem de acordo com a lei, tenham responsabilidade social, façam o melhor uso dos recursos naturais, promovam atividades comerciais justas, não explorem os seus funcionários e fornecedores, entre outras questões.

Na prática, tem-se observado que empresas com otimizada governança corporativa e elevada transparência de seus atos tendem a conseguir acesso privilegiado a mercados consumidores exigentes, recursos financeiros disputados e oportunidades de negócios estratégicos.

Você verifica que os programas de *compliance* procuram proporcionar maior nível de integridade para as empresas, com base nos seguintes objetivos:

- avaliar os riscos operacionais da empresa;
- gerenciar as regras e os procedimentos de todas as esferas da empresa;
- desenvolver projetos de melhoria contínua e adequação às normas técnicas;
- ajudar na prevenção de fraudes;
- auxiliar no monitoramento de medidas adotadas na área de segurança da informação;
- realizar auditorias periódicas;
- trabalhar na elaboração de manuais de conduta e desenvolver planos de disseminação do *compliance* na cultura da empresa; e
- adequar as leis ao universo da empresa.

As empresas que consolidam a busca desses objetivos podem ter os seguintes ganhos:

- credibilidade por parte de clientes, investidores, fornecedores e público em geral;
- ferramenta para empresas que buscam mercados externos;
- aumento da eficiência e da qualidade dos produtos oferecidos e dos serviços realizados;
- melhora nos níveis de governança corporativa e segurança estratégica;
- possibilidade de prevenção de desvios, fraudes e corrupção.

Entretanto, tudo que foi apresentado – e outras situações que você possa identificar – deve ser desenvolvido e operacionalizado de forma que não se torne simples burocracia ou, pior, possível "conversa mole", sendo que você deve conhecer empresas que afirmam ter governança corporativa e aplicar *compliance*, mas nem sabem o que é isso.

Para tanto, a empresa deve monitorar, permanentemente e de forma independente, os instrumentos administrativos implementados, analisando se eles estão alcançando os resultados esperados.

4.6.3 Modelo administrativo básico para a função **gestão de pessoas**

O modelo administrativo apresentado é baseado na meritocracia, pois a essência da administração das empresas são as pessoas que nela trabalham, e essas devem ter a disciplina, o conhecimento, a capacidade e a inteligência de contribuírem, direta ou indiretamente, para que aquelas consigam os resultados esperados.

Meritocracia é o processo estruturado de administração de carreira dos profissionais da empresa em que as análises e avaliações de desempenho desses profissionais é feita basicamente pelo efetivo mérito da qualidade de seus conhecimentos, atos e decisões proporcionados, direta ou indiretamente, para os resultados da empresa.

A meritocracia também pode considerar, ainda que com um peso menor, o potencial de crescimento do profissional, sendo que algumas empresas alocam o peso de 20% a, no máximo, 30% para esses casos. Portanto, você verifica que em meritocracia não existe a famigerada "conversa mole".

E aqui um alerta: se alguma dessas empresas pesquisadas afirmar que aplica o princípio da meritocracia sem explicar como é o processo e nem quais são os indicadores aplicados etc., esteja certo de que essa empresa nem sabe o que é meritocracia!

Embora o assunto **meritocracia** seja algo evidente e inquestionável, a pergunta é: por que são poucas as empresas que a aplicam na plenitude?

A resposta é muito chata: porque não querem! E a razão é bem simples: as incompetências podem ser evidenciadas!

E existe uma ressalva realística: não existe nenhuma dificuldade em se aplicar, com qualidade, o princípio da meritocracia em qualquer empresa!

Para você analisar, é apresentado um resumo do processo de desenvolvimento e implementação da meritocracia em uma empresa, quando podem ser consideradas as seguintes etapas básicas:

- a base de sustentação tem de ser o planejamento estratégico, pois é esse instrumento administrativo quem estabelece, de forma estruturada e lógica, aonde a empresa quer chegar, a sua realidade atual e o que essa empresa terá de fazer para alcançar a situação desejada;
- a seguir, devem-se estabelecer as capacitações necessárias para alcançar, com qualidade, a situação futura desejada;
- depois, devem-se consolidar essas capacitações em um **cadastro de capacitação interna**, que é o esquema de trabalho com aplicação de uma metodologia especial tendo em vista o levantamento e a análise de dados relativos aos níveis de conhecimentos, habilidades e atitudes dos profissionais da empresa. Esse cadastro deve considerar tanto as capacitações de cada profissional para o cargo ou função atualmente ocupada como para os cargos ou funções futuras como decorrência das necessidades futuras estabelecidas pelo plano estratégico;
- a seguir, deve-se estabelecer e disseminar pela empresa uma estruturada interligação entre o cadastro de capacitação interna e as capacitações existentes e necessárias no futuro. Essa divulgação deve ser efetuada junto com o detalhamento do programa de meritocracia na empresa;
- depois, a empresa deve disponibilizar um amplo programa de treinamento e capacitação com base nos trabalhos anteriores. Nesse programa, devem ser apresentados treinamentos gerais, bem como treinamentos específicos com indicação dos profissionais que devem participar, e algumas empresas abrem vagas para profissionais que desejam participar desses treinamentos específicos;

- o momento seguinte é da aplicação, em **tempo real** e **na tarefa**, das capacitações já possuídas e adquiridas pelos diversos profissionais da empresa;
- a seguir, ocorre a avaliação de desempenho dos profissionais realizada por critérios objetivos, ou seja, decorrentes dos detalhes estabelecidos pelo planejamento estratégico da empresa, bem como aplicando indicadores de avaliação que sejam quantificáveis e, portanto, inquestionáveis. Algumas empresas também aplicam avaliações com critérios subjetivos – aparência profissional, relacionamento pessoal –, mas proporcionando pesos bem menores para estes últimos. Acredito que você considera esquisito ser avaliado como "uma pessoa legal", pois isso, em termos profissionais e de resultados efetivos para a empresa, não significa nada;
- o passo seguinte é fazer a adequação do quadro de pessoal pela capacitação efetiva atual, bem como pelo processo evolutivo sustentado e interligado com o plano estratégico; e
- finalmente, você deve consolidar a integração entre o planejamento estratégico e a meritocracia como uma política básica de sustentação da empresa, estando sempre atento aos seus aprimoramentos.

4.6.4 Modelo administrativo básico para a função **direção**

O modelo administrativo apresentado é baseado na liderança pelo conhecimento, pois:

- a liderança corresponde ao processo em que uma pessoa é capaz, por suas características individuais, de entender as necessidades dos profissionais da empresa, bem como de exprimi-las de forma válida e eficiente, obtendo o engajamento e a participação de todos no desenvolvimento e na implementação dos trabalhos necessários ao alcance das metas e objetivos da referida empresa; e
- o conhecimento corresponde à capacidade de um profissional entender o conceito, a finalidade e a estruturação de um assunto administrativo ou técnico, bem como saber consolidar sua aplicação – isolada ou interativa com outras questões da empresa – em uma realidade específica da referida empresa.

Você deve concordar que a liderança é algo de elevada importância nas empresas, mesmo que ela seja decorrente, única e exclusivamente, do carisma do profissional; mas quando esse carisma é decorrente e sustentado por elevado e diferenciado nível de conhecimento administrativo ou técnico – de efetiva validade na empresa analisada –, a liderança desse profissional consolida-se como a mais forte e admirada possível.

A razão disso é lógica e simples, pois o conhecimento é algo que uma pessoa tem ou não tem; e mais, o conhecimento é facilmente explicitado por uma pessoa que o tem, mas quem não o tem, e quer afirmar que o tem, só "fala e faz bobagem".

Nessa situação, só existe um **complicômetro** que pode atrapalhar todo o processo de análise do nível de conhecimento: é o nível de conhecimento de quem está avaliando! É por isso que existe o dito: "Um profissional com conhecimento só consegue trabalhar bem com quem tem conhecimento".

Mas essa situação tem um interessante resultado para as empresas, pois torna-se possível consolidar um quadro de profissionais com elevados níveis de conhecimentos, tanto para as atividades atuais como para as possíveis atividades futuras e, consequentemente, a empresa pode se efetivar como eficiente, eficaz, efetiva, criativa e inovadora, bem como um excelente local de se trabalhar, aprender, ensinar, aplicar e evoluir.

Para sua análise e debate, você pode considerar o resumo de uma estruturação do modelo de administração básica para a função **direção** com abordagem na liderança pelo conhecimento representado na Figura 4.3.

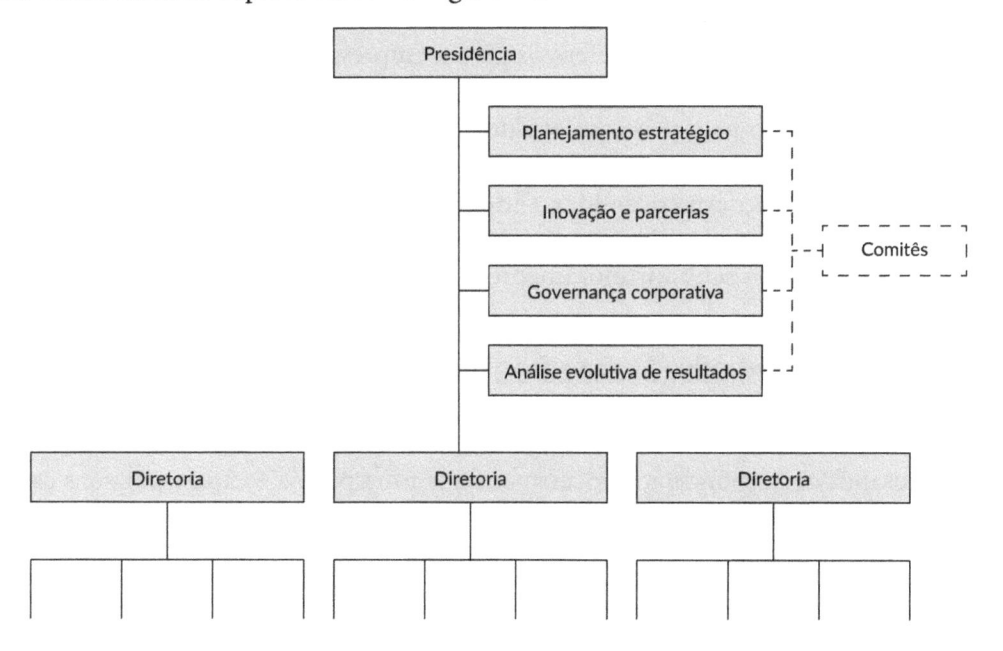

Figura 4.3 Modelo de administração da liderança pelo conhecimento.

Neste momento, são válidos alguns comentários a respeito da estruturação organizacional apresentada na Figura 4.3:

- não foi utilizado o simples modelo organizacional focado apenas na função **direção**, pois poderia caracterizar a tradicional organização da estrutura hierárquica pelo "mando", situação essa que é bem diferente da abordagem da liderança, principalmente a liderança pelo conhecimento, que é fortemente sustentada em seu processo de análise, decisão, ação e aprimoramento;
- como uma sustentação básica para o otimizado processo de desenvolvimento e consolidação da liderança pelo conhecimento é o amplo debate de assuntos de elevada amplitude na empresa, principalmente por equipes multidisciplinares, são apresentados quatro comitês que atuam como assessorias de alta administração da empresa;
- esses comitês são unidades organizacionais da empresa que consolidam reuniões estruturadas com vários profissionais, normalmente com conhecimentos multi-

disciplinares, para emitir opinião ou elaborar projeto a respeito de um assunto previamente estabelecido – de elevada amplitude na empresa – decorrente de debates abrangentes e que proporcione a situação mais adequada à realidade atual da empresa e/ou situação futura desejada. Para detalhes de seu adequado funcionamento, você pode analisar o livro *Comitês, comissões, conselhos e outros órgãos colegiados das empresas*, do mesmo autor;

- no exemplo da Figura 4.3, são evidenciados quatro comitês que respeitam a conceituação anteriormente apresentada:
    - comitê de planejamento estratégico, para estabelecer aonde e como a empresa quer chegar em um futuro breve ou mais distante;
    - comitê de inovação e parcerias, para identificar, buscar e orientar a aplicação dos novos conhecimentos e tecnologias, principalmente de produtos/serviços e de processos/atividades;
    - comitê de governança corporativa, para consolidar um novo modelo de atuação da empresa com elevada transparência de suas decisões e atos, bem como incluindo a sustentação de otimizados processos/atividades e de *compliance*; e
    - comitê de análise evolutiva de resultados, focando as realizações gerais da empresa, de suas diversas áreas, das equipes de trabalho e de cada um de seus profissionais, tendo em vista os planejamentos elaborados – estratégicos, táticos e operacionais – e disseminados por toda a empresa;
- esses quatro comitês são constituídos por profissionais de elevados conhecimentos em suas áreas de atuação que são "emprestados", em alguns momentos, para as referidas reuniões nos comitês. Evite a situação de ter profissionais em tempo integral nesses comitês, pois eles podem "ficar por fora" da realidade do dia a dia da empresa; e
- os membros desses comitês devem ser os treinadores e os disseminadores das atividades e das propostas decorrentes das reuniões dos comitês, ou seja, eles devem ter facilidades para se tornarem líderes pelo conhecimento. Esteja certo de que essa abordagem facilita e incentiva o surgimento de outros líderes pelo conhecimento na referida empresa.

Quando se analisa a questão das lideranças nas empresas, é válido lembrar do conceito de ***accountability***, pelo qual o poder das pessoas não está na autoridade, mas na coragem de assumir erros e dar autonomia às equipes de trabalho, quer essas sejam multidisciplinares ou não.

Existem alguns procedimentos pessoais, de relativa fácil aplicação, que podem ajudar um profissional a atuar no contexto de *accountability* em uma empresa:

- se a situação da empresa sob sua responsabilidade não está dando certo e ocorre fora do anteriormente planejado, você deve, imediatamente, assumir que perdeu o controle da situação e descobrir como fazer para resolver o erro, inclusive se socorrendo de colegas da empresa, isto é, seja esperto e tenha humildade;

- você sempre deve visualizar a área ou atividade sob sua responsabilidade como um importante negócio para a empresa e cujos objetivos e metas devem ser alcançados da maneira mais eficiente, eficaz e efetiva possível, isto é, seja produtivo e criativo;
- analise o seu plano de carreira quanto à sua reação perante os desafios que tem de enfrentar e como você pode conseguir transformar situações desfavoráveis em situações positivas para a empresa, isto é, seja resiliente e surpreenda a todos, inclusive a si próprio;
- receba os *feedbacks* de sua equipe como efetivas contribuições para a sua evolução profissional, analisando todos os assuntos que você acredita serem importantes em sua avaliação e consolide melhorias efetivas antes de debater os referidos assuntos com o seu superior hierárquico, isto é, seja proativo;
- fale com seus colegas a respeito de seus erros e explique, com o máximo de detalhes, como você vai resolver essas questões, bem como evidencie o seu interesse no processo de aprendizado e de evolução profissional, isto é, seja verdadeiro em todos os seus atos, dando o exemplo de como um profissional deve se comportar; e
- inspire confiança em sua equipe, criando vínculos com cada profissional e conhecendo-os com certa profundidade para facilitar o processo de capacitação dessa equipe, definindo claramente, e em conjunto, os resultados esperados e o nível de autonomia para que eles busquem esses resultados, isto é, dê o exemplo.

Essa questão do desenvolvimento de lideranças não é algo fácil e de resultados garantidos, sendo que pesquisas diversas evidenciam que apenas 20% das empresas estão contentes com os resultados obtidos, ou seja, pode haver distanciamento entre a capacitação profissional avaliada e a efetiva liderança exercitada pelo executivo considerado.

Provavelmente, o problema esteja no momento de avaliar o potencial dos diversos profissionais da empresa, em que os indicadores de avaliação devem estar muito bem definidos e aplicados, podendo estar correlacionados, principalmente, à inteligência, ao conhecimento, à motivação, à curiosidade, à determinação e ao comprometimento.

Ao longo deste livro, mais especificamente no Capítulo 5, você tem a oportunidade de analisar uma série de capacitações ideais dos profissionais da empresa e, a seguir, elencar o seu perfil profissional ideal.

4.6.5 Modelo administrativo básico para a função **avaliação**

Nesse caso, o modelo de administração apresentado é baseado nos indicadores de desempenho, tanto da empresa como de seus profissionais; mas com uma importante precaução: os dois grupos de indicadores devem estar perfeitamente interligados, pois um grupo influencia e recebe influência do outro.

Essa é uma **dica** evidente, mas importante, pois muitas empresas que têm indicadores de seus resultados, bem como de seus profissionais, não tratam essas questões de forma interativa; e aqui vai uma pergunta: Por que isso ocorre?

Talvez porque quando as pessoas avaliam os resultados das empresas, e esses resultados são ruins, não querem que suas avaliações como profissionais estejam correlacionadas aos resultados da referida empresa. E essa afirmação deve ser verdadeira, porque você pode conhecer pessoas que se vangloriam de suas possíveis contribuições quando os resultados da empresa são bons.

Na prática, pode-se afirmar que toda e qualquer empresa pode interligar, com facilidade, a avaliação da empresa com a avaliação de seus profissionais, sendo esse um procedimento de relativa facilidade.

Nesse contexto, foi apresentado o resumo de uma metodologia estruturada para você realizar essa interligação desenvolvendo algumas etapas básicas quando se analisou a função **gestão de pessoas** (seção 4.6.3) e algumas considerações complementares na apresentação da função **desenvolvimento de pessoas** (seção 4.6.8).

No processo de avaliação das empresas e de seus profissionais, você deve considerar vários assuntos e instrumentos administrativos. Como um interessante assunto é apresentado para debate, a aplicação do gerenciamento de risco e os consequentes resultados são normalmente avaliados pelas empresas.

O assunto **gerenciamento de risco** é um dos instrumentos administrativos que mais ganhou importância nas empresas, pois atualmente faz parte do processo de planejamento estratégico, da proteção de ativos e da criação de valor das empresas e, portanto, de suas principais decisões.

Nesse contexto, deve-se entender por que as empresas precisam tanto de um adequado processo de gerenciamento de riscos e como isso afeta os modelos de administração e, principalmente, os estilos administrativos de seus profissionais; mas não se esquecendo das suas influências, sobretudo na amplitude dos planos de negócios dessas empresas.

Entre essas razões, sem a preocupação de hierarquizar, tem-se:

- é uma exigência legal para significativa parte das empresas;
- as empresas enfrentam ameaças crescentes e cada vez mais complexas e intensas, tanto internas ou controláveis como externas e não controláveis;
- os riscos são inerentes às atividades empresariais, sendo impossível simplesmente eliminá-los;
- a empresa passa a agir de forma preventiva, em vez de maneira reativa, pois o foco é a antecipação da identificação dos problemas e de suas melhores soluções;
- a sua aplicação respeita a realidade e as peculiaridades de cada empresa, pois procura entender quais são os riscos e quais as áreas da empresa que devem ser tratadas para não engessar as suas decisões e ações, fazendo com que tudo funcione melhor;
- a sua amplitude de aplicação é bastante elevada, pois pode abranger questões como fraude, ética nos negócios, reputação empresarial e de seus profissionais, ataques cibernéticos, interação com meio ambiente e sustentabilidade; e
- a sua operacionalização envolve todos os níveis hierárquicos e todas as áreas de uma empresa, chegando a consolidar a cultura organizacional focada no gerenciamento de risco em toda a empresa, fortalecendo a consolidação de um importante estilo administrativo que seja regular e sistemático, e não apenas ocasional e eventual.

Pelo que foi apresentado, pode-se afirmar que a finalidade do gerenciamento de risco é identificar, antecipadamente, as principais ameaças, situações, circunstâncias e atividades que podem aumentar as possibilidades de que fraudes, violações e práticas ilícitas sejam realizadas pela empresa e seus profissionais.

Apenas por curiosidade, são apresentadas as etapas básicas que você deve considerar se quiser ter o gerenciamento de riscos em sua empresa:

- consolidar um processo estruturado de planejamento estratégico;
- analisar o estilo administrativo, o modelo de administração e o plano de negócios da empresa de acordo com o apresentado neste livro;
- identificar as áreas e possibilidades de risco para realização das devidas análises;
- avaliar os níveis de impacto e as probabilidades de ocorrência desses riscos;
- analisar quantitativamente os dados e os indicadores para investigar o impacto e os efeitos do risco identificado, com a devida precisão, tanto numérica como estatística;
- estabelecer as respostas e as maneiras de trabalhar o risco de acordo com o nível de significância do fato;
- monitorar e controlar o risco identificado no tempo, bem como a adequação do seu nível de exposição;
- planejar a continuidade e a evolução do gerenciamento de risco, consolidando-o como um processo dinâmico e que deve ser continuadamente executado e respeitado; e
- consolidar o modelo de administração e, principalmente, o estilo administrativo que fornecerá sustentação ao processo evolutivo do gerenciamento de risco na empresa, possibilitando otimizada administração do seu plano de negócios.

Para que esse modelo de administração – assim como os outros nove modelos apresentados na seção 4.6 – proporcione todos os benefícios para a empresa, é necessário que a produtividade dos seus profissionais seja medida de forma adequada.

Muitas empresas, quando se preocupam com a questão da **produtividade**, focam principalmente os resultados quantitativos da empresa e também os indicadores de desempenho resultantes da qualidade de seus produtos e serviços; mas podem estar esquecendo de aplicar esses indicadores nos resultados efetivos proporcionados pelos seus executivos e demais profissionais.

Se você quiser implementar um processo de medição da produtividade dos profissionais de uma empresa, pode considerar, pelo menos, oito questões básicas:

- estabeleça o seu projeto de medição da produtividade dos funcionários da empresa como decorrência de um projeto maior e de elevada amplitude, como o planejamento estratégico, a logística ou a qualidade;
- defina, com amplo debate, os itens básicos a serem medidos, como o número de clientes atendidos por dia, a quantidade de pedidos por hora, tarefas planejadas

versus executadas, horas de retrabalho, entre outras questões, não se esquecendo de estabelecer se o registro das ações será durante um dia, uma semana, um mês, um semestre ou um ano;
- um aspecto importante no item anterior é que cada área estabeleça os indicadores a serem aplicados, tais como para as atividades de vendas, compras, finanças, produção, logística etc., sendo válido que esses vários indicadores das diferentes áreas se cruzem, consolidando a influência de causas *versus* efeitos entre eles;
- utilize toda a tecnologia que a empresa pode dispor para automatizar o registro de dados e tornar o acompanhamento dos índices isento de interferências e de erros de cálculo e, preferencialmente, efetue a medição pelo cruzamento de vários indicadores que facilitem e proporcionem veracidade à análise realizada, tanto no contexto absoluto como no contexto relativo, comparando em períodos anteriores;
- acompanhe os indicadores diariamente, analisando os resultados que estão insatisfatórios, observando se é algo localizado em um grupo ou se é algo generalizado na empresa, não se esquecendo de fazer reuniões de *feedback* com os profissionais com resultados problemáticos, explicando os seus erros e acertos e onde e como podem melhorar os seus indicadores;
- interligue a medição da produtividade com a análise dos níveis de qualidade total da empresa;
- faça *benchmarking* junto a outras empresas do seu setor de atuação, ou seja, copie e faça melhor; e
- finalmente, insira todos os indicadores de desempenho da produtividade no referido planejamento estratégico inicialmente elaborado, pois ele é um processo e, portanto, nunca termina, sendo constantemente realimentado e aprimorado.

E agora um comentário geral: este autor decidiu alocar o assunto **produtividade** como importante fator do modelo administrativo básico para a função avaliação, pois o nível de produtividade é fundamental para se analisar e controlar os resultados de uma empresa. Entretanto, o referido assunto poderia ser alocado em qualquer uma das nove outras funções identificadas.

Com base nos cinco exemplos de modelos de administração apresentados, você pode fazer as devidas adaptações para focar a realidade de sua empresa.

Salienta-se que o nível de detalhamento na análise de cada um dos cinco exemplos evidenciados está correlacionado ao grau de possível dificuldade em trabalhar com o assunto considerado.

4.6.6 Modelo administrativo básico para a função **marketing**

Quando você considera o modelo administrativo básico para a função **marketing**, o ideal é partir de seu conceito e de suas partes direcionados para o marketing total da empresa.

Deve-se lembrar que **marketing** é a função das empresas responsável por análise, planejamento, implementação e avaliação de estratégias e projetos estruturados com a finalidade de atender – e até suplantar – às necessidades e expectativas de segmentos de mercado, bem como contribuir para o desenvolvimento sustentado da empresa.

Por essa conceituação, você verifica que o marketing é um assunto decorrente do planejamento estratégico da empresa e caracteriza-se como um planejamento tático englobando várias partes integrantes para consolidar a sua finalidade básica, como os produtos e serviços que a empresa deve disponibilizar para os diversos segmentos de mercado, os preços ideais desses produtos e serviços, como esses produtos e serviços devem chegar até os clientes alocados nos diferentes segmentos de mercado, como esses produtos e serviços devem ser bem conhecidos pela sua marca e ações de propaganda e publicidade, quando devem ocorrer campanhas promocionais para incrementar vendas momentâneas, bem como qual vai ser a vantagem competitiva da empresa que vai servir de "guarda-chuva" para a vantagem competitiva de cada um dos grupos ou dos produtos e serviços oferecidos ao mercado.

Você deve concordar que a área de marketing pode ter dificuldades de consolidar, na plenitude e com qualidade, todas essas questões administrativas e técnicas e, portanto, todas as áreas da empresa devem ter atuação mercadológica, ou seja, deve existir o marketing total, o qual você já verificou que corresponde ao processo interativo e de direcionamento de todas as atividades e áreas ou unidades organizacionais da empresa para as necessidades e expectativas dos clientes e mercados atuais e potenciais.

Nesse contexto, por exemplo, a área de finanças preocupa-se que a empresa tenha um otimizado sistema de custos, o qual possibilita consolidar preços competitivos para os seus produtos e serviços oferecidos ao mercado; a área de recursos humanos acompanha e orienta a evolução do nível de produtividade e de inovação na empresa para que os custos e a qualidade dos produtos e serviços fiquem em situação otimizada; a área de produção cuida dos processos produtivos e da qualidade dos produtos e serviços para que esses sejam mais bem-aceitos pelo mercado; ou seja, todos na empresa têm uma preocupação básica: criar mecanismos facilitadores de colocação e venda dos produtos e serviços da empresa nos vários segmentos de mercado.

Mas você deve tomar cuidado em não transformar a área de marketing e os seus profissionais nos mais importantes na empresa, pois a mais relevante é a função **marketing**, com todos os profissionais da empresa pensando em como podem contribuir para que os produtos e serviços da empresa onde trabalham possam ser "puxados" pelo mercado.

Esse posicionamento pode consolidar, também, o **marketing de relacionamento** na empresa, que corresponde à atuação mercadológica que se preocupa com a manutenção de clientes satisfeitos, e não apenas com a conquista de novos clientes.

Você percebe que o marketing total precisa de um modelo de administração que o sustente, mas também de um forte e amplo estilo administrativo que o consolide na empresa; e os seus benefícios recaem no plano de negócios da empresa.

4.6.7 Modelo administrativo básico para a função **produção**

Já foi verificado que **produção** é a função das empresas que cuida da transformação dos insumos – matérias-primas, energias, informações – em produtos e serviços utilizando, de forma organizada, os recursos e os conhecimentos da empresa.

A função **produção** pode ser considerada parte integrante de todo e qualquer modelo de administração das empresas e o foco básico deve estar, principalmente, na elevada qualidade e nos custos reduzidos e bem administrados; mas considerando a realidade atual e a situação futura desejada da empresa, principalmente quanto aos seus negócios.

De acordo com a realidade dos negócios, produtos e serviços da empresa, o sistema de produção pode ser por projetos específicos, por encomenda dos clientes, por lotes de produção, em massa ou grandes quantidades, bem como contínua, com baixa flexibilidade e sem interrupção.

A função **produção** exige alguns conhecimentos específicos que podem interferir no modelo de administração da empresa, como:

- engenharia do produto ou serviço, com sua concepção básica, o seu valor econômico e a análise de sua possível aceitação pelo mercado comprador;
- desenvolvimento do produto ou serviço, com o detalhamento de sua produção ou operação, podendo utilizar protótipos para testes;
- especificação do produto ou serviço com o estabelecimento dos detalhes operacionais, como medidas, quantidades, nível e padrões de qualidade;
- capacidade produtiva, com interação ao nível provável de demanda;
- produção **enxuta**, baseada na técnica *just-in-time* (JIT), que estabelece que os subconjuntos e componentes sejam produzidos em lotes pequenos e entregues ao estágio seguinte do processo produtivo no momento estabelecido, ou seja, pontualmente;
- análise e engenharia de valor, em que são avaliadas as funções dos componentes do projeto de um produto ou serviço com a finalidade de identificar materiais, atividades e processos que podem ser substituídos por outros mais baratos sem prejudicar as funções e as utilidades originais do produto ou serviço; e
- desdobramento da função **qualidade**, cuidando do processo interativo desde a pesquisa de mercado inicial e o planejamento do produto ou serviço até a engenharia, a produção ou operação, o marketing e a realização das vendas, a distribuição e entrega ao cliente, chegando na assistência pós-venda.

Além desses, existem quatro outros assuntos de abordagem geral que podem afetar o modelo de administração das empresas, a saber:

- programação e controle da produção é a atividade que procura garantir o balanceamento entre a capacidade produtiva disponível e a demanda de mercado, a disponibilidade dos recursos necessários nas quantidades e tempos certos, bem como os níveis de produtividade e qualidade planejados para os produtos e serviços da empresa;
- administração de materiais é a atividade que otimiza os níveis de estoque de produtos acabados, em processamento e matérias-primas, bem como estabelece os lotes econômicos das empresas;

- manutenção dos sistemas de produção é a atividade que cuida da conservação e do uso de equipamentos, máquinas, edifícios e instalações em geral, visando aos objetivos da empresa; e
- localização da fábrica, em que se devem analisar, no mínimo, a disponibilidade de profissionais capacitados na localidade, o acesso facilitado a matérias-primas e itens complementares, o acesso facilitado ao mercado comprador, bem como a existência de infraestrutura principalmente para o processo de logística.

Tem-se observado que os principais cuidados que as empresas tomam quanto à função **produção** são:

- integrar a atividade de produção à logística, pois esta última é um processo estruturado e bastante amplo que integra as atividades da empresa que têm uma relação entre si em uma sequência lógica, desde o planejamento das necessidades e expectativas de mercado, passando por todos os insumos, transformações – a produção é a principal –, vendas, entregas, até o pós-venda do produto ou serviço colocado no mercado;
- otimizar a programação e o controle da produção, que é uma premissa básica para a qualidade das várias atividades do processo produtivo; e
- utilizar, adequadamente, a tecnologia da informação, pois essa tem influência na qualidade e na velocidade dos trabalhos e na redução dos custos de produção.

4.6.8 Modelo administrativo básico para a função **desenvolvimento de pessoas**

Este autor, em seus trabalhos de consultoria e treinamento em empresas diversas, bem como na troca de ideias com outros profissionais, tem observado que as empresas apresentam, genericamente, duas "classes" de profissionais:

- os que têm conhecimento, capacidade de trabalho e inteligência – naturalmente em diferentes níveis – para realizar suas tarefas com qualidade e, até, com algum nível de criatividade; e
- os que não sabem nada e não fazem nada – ainda bem, pois estariam fazendo besteiras! –, mas ficam se vangloriando como se fossem excelentes e indispensáveis funcionários da empresa.

Seguramente, você conhece profissionais que se encaixam nesses dois extremos, e aqui vai uma afirmação inquestionável: para as empresas que querem sobreviver, só interessam os profissionais do primeiro grupo.

Mas daí surge uma pergunta bem simples, mas evidente: por que as empresas, em sua quase totalidade, apresentam em seus quadros profissionais inerentes aos dois grupos; e, pior ainda, em alguns casos com ampla predominância de profissionais do segundo grupo?

A resposta a essa questão é meio chata, mas a realidade é que alguns selecionadores e decisores das contratações de novos profissionais das empresas pertencem ao segundo grupo, formando o "corporativismo da incompetência".

A proposta para acabar com essa desagradável situação é a empresa aplicar o seguinte procedimento básico, resumidamente apresentado a seguir:

- consolidar um processo de planejamento estratégico para a empresa estabelecer aonde quer chegar e como alcançar essa situação desejada;
- identificar e detalhar as atividades básicas a serem realizadas nesse processo estabelecido;
- identificar e detalhar as competências necessárias nesse processo evolutivo;
- fazer as pessoas explicitarem – com sustentação e veracidade – as suas competências e incompetências perante esse processo;
- efetivar um processo de treinamento e de ajustes funcionais do quadro de profissionais e de possíveis contratações, visando ter a devida sustentação para que o processo evolutivo ocorra com qualidade; e
- consolidar essa postura de atuação na empresa evidenciando que o mérito profissional é algo de elevado valor para a empresa e para os que trabalham nela.

E agora uma dica **extra**, mas verdadeira: quando você aplicar esse processo na sua empresa, é bem provável que será obrigado a tomar determinadas posições quanto a alguns executivos da alta administração que estejam contra a capacitação profissional, pois, na realidade, eles se encontram longe dela e, muitas vezes, nem sabem o que ela significa e representa para as empresas e as pessoas que a possuem.

Já foi evidenciado que **capacitação profissional** é a competência sustentada de identificar, obter, deter, aplicar e se autoavaliar, de forma otimizada e verdadeira, quanto a um conjunto de conhecimentos, habilidades e atitudes, bem como de metodologias e técnicas administrativas que se aplicam genericamente ou a uma área de atuação da empresa.

As empresas podem incrementar o processo evolutivo da capacitação profissional dos que nelas trabalham com a existência de dois instrumentos administrativos, sendo um de iniciativa da empresa e outro de exclusiva responsabilidade de seus profissionais.

Nesse contexto, as empresas podem ter uma estrutura de administração de carreiras, e cada profissional deve elaborar o seu plano de carreira, cujos detalhes você analisará na seção 5.3.

Você percebe que a função **desenvolvimento de pessoas** tem forte interação com o estilo administrativo das empresas, bem como sofre elevada influência de alguns assuntos administrativos, como:

- **criatividade**, que é a capacidade intrínseca ao indivíduo **diferenciado**, de dar origem, com maior ou menor sustentação metodológica e técnica, a uma nova situação de realizar algo já existente ou, preferencialmente, algo novo. As empresas podem auxiliar nesse processo criando uma cultura pró-inovação, com o benefício de que a criatividade e a inovação são importantes fatores das vantagens competitivas das empresas;

- **clima organizacional**, que é o resultado da análise de como as pessoas se sentem em relação à empresa, com seu modelo de administração, bem como aos relacionamentos interpessoais existentes. O clima organizacional está correlacionado ao nível de moral, aos valores, bem como aos comportamentos e atitudes dos profissionais das empresas, ou seja, são fatores de elevada influência no estilo administrativo;
- **psicologia empresarial**, que é o estudo da interação e da interdependência entre a empresa e os seus profissionais na busca da otimização das relações interpessoais e dos resultados da empresa;
- **dinâmica de grupo**, que é a interação estruturada e sustentada entre pessoas com interesses comuns em uma atividade específica, buscando, em um contexto de solidariedade, um resultado coordenado comum; e
- **empreendedorismo**, que é o processo evolutivo e inovador da capacidade e habilidade profissionais direcionadas à alavancagem dos resultados da empresa e à consolidação de novos projetos estrategicamente relevantes. Nesse contexto, deve-se considerar o tradicional *entrepreneur*, ou empreendedor externo, ou aquele que empreende um novo negócio ou empresa, mas também o *intrapreneur*, ou empreendedor interno, ou empreendedor funcionário da empresa.

Pelo menos duas premissas do modelo de administração facilitam a função **desenvolvimento de pessoas**, a saber:

- acreditar nas pessoas, não de uma maneira inconsequente de se "acreditar por acreditar", mas entender que, em princípio, todas as pessoas são competentes e honestas; e
- consolidar o foco da administração nas pessoas, pois existe uma verdade inquestionável: o foco e o fator, gerador e receptor, da administração são as pessoas; ou seja, você é que pode fazer a diferença!

Você percebe que a qualidade da função **desenvolvimento de pessoas** depende, e muito, do nível de inteligência das pessoas envolvidas no processo; e neste momento é válido se lembrar de uma verdade estabelecida por Robert Orben (1927-): "Inteligência é quando você acredita somente na metade do que ouve, e brilhantismo é quando você sabe em qual metade acreditar!".

4.6.9 Modelo administrativo básico para a função finanças

Finanças é a função das empresas que cuida da administração dos recursos econômicos – patrimoniais – e financeiros das empresas com a finalidade de maximizar o seu valor de mercado e a remuneração de seus acionistas.

Para debate, podem ser apresentadas algumas possíveis tendências de evolução da função **finanças** nas empresas, como:

- maior utilização da parte mais sofisticada das finanças, pois algumas empresas só utilizam a contabilidade geral e a tesouraria, esquecendo-se de outros importantes instrumentos financeiros, como o orçamento, a contabilidade gerencial e a análise de viabilidade;
- a função **finanças** deverá se tornar o "centro nervoso" dos processos de planejamento e de avaliação nas empresas, talvez por um cacoete de análise pelos proprietários e principais executivos das empresas; e
- o executivo financeiro será cada vez mais valorizado pelas empresas, situação essa que você já deve ter observado nos noticiários da mídia, principalmente pelo fato de esses profissionais saberem trabalhar com situações "nebulosas e oscilantes" da economia brasileira.

Em termos das funções das empresas que mais são aplicadas nas análises dos planos de negócios, seguramente você pode considerar: marketing e finanças; e a razão é muito simples, pois as primeiras preocupações são inerentes ao mercado a ser conquistado e os investimentos necessários e resultados financeiros proporcionados para a empresa. Quanto às partes integrantes da função **finanças**, além das análises de financiamentos, da distribuição de dividendos, da emissão de títulos e dos empréstimos de terceiros, você pode considerar os seguintes instrumentos administrativos:

- **controladoria** é o processo de planejamento, execução e avaliação econômico-financeira com a finalidade de assegurar os resultados estabelecidos pelos acionistas ou cotistas da empresa. Ela pode se constituir das seguintes partes: contabilidade geral ou financeira, contabilidade gerencial, orçamento econômico-financeiro, contabilidade de custos, tesouraria (caixa, contas a pagar e contas a receber), investimentos e análises de viabilidade, estrutura de análise e de formação de preços dos produtos e serviços (que pode ser alocada na função **marketing**) e relatórios gerenciais;
- **contabilidade geral ou financeira** é a consolidação estruturada e sistemática, com análises periódicas, das movimentações e resultados do patrimônio, das receitas, das despesas e dos resultados da empresa. Atualmente, as empresas têm utilizado o balanço social, que é o instrumento contábil pelo qual é demonstrado, por meio de indicadores preestabelecidos e comuns entre as empresas, o cumprimento de sua responsabilidade social;
- **contabilidade gerencial** é o processo estruturado de identificação, consolidação, medição, análise, interpretação e disseminação de informações econômico-financeiras e físicas para a adequada administração da empresa e de cada um de seus negócios, produtos e serviços pelas diversas unidades organizacionais envolvidas;
- **orçamento** é o planejamento, a movimentação e o controle de todas as atividades da empresa que envolvam investimentos, receitas, despesas e análise de resultados durante um período de tempo;

- **custos** representam a sistemática estruturada de alocação e análise dos valores resultantes dos processos de operacionalização, transformação, desenvolvimento e comercialização dos produtos e serviços da empresa;
- **tesouraria** é o planejamento, a análise, a execução e a avaliação das movimentações financeiras de caixa, contas a pagar e contas a receber da empresa;
- **análise de viabilidade** é o processo estruturado em que todos os fatores externos ou não controláveis pela empresa em sua realidade atual e idealizada futura, bem como todos os fatores internos ou controláveis, de forma sistêmica e sinérgica, são analisados e avaliados quanto aos possíveis resultados a serem apresentados; e
- **auditoria** é a análise dos diversos elementos contábeis e processuais, verificando a exatidão e fidelidade dos procedimentos, demonstrativos e relatórios, de acordo com os princípios estabelecidos por lei e pela empresa.

Pelos vários instrumentos administrativos apresentados de forma resumida, pode-se considerar que a função **finanças** se torna, cada vez mais, o foco catalisador das informações da empresa, pois as empresas que não apresentam resultados econômico-financeiros satisfatórios com certeza são fechadas e as pessoas perdem os seus empregos; e também porque empresas financeiramente saudáveis são as mais procuradas para se trabalhar, não se esquecendo de que ninguém quer comprar um produto ou serviço de uma empresa que pode fechar em breve e não disponibilizar nenhuma garantia e assistência técnica para sua clientela.

Portanto, todos os profissionais da empresa devem pensar, com maior ou menor intensidade, na questão financeira em suas análises, decisões e atos.

Nesse contexto, o modelo administrativo básico para a função **finanças** pode considerar o princípio das "finanças totais", pois, assim como o marketing total – ver seção 4.6.6 –, a função **finanças** pode, e deve, ser exercida por todas as áreas da empresa.

Na realidade, essa questão da "função total" pode também ser exercida pela função **gestão de pessoas**, pois todas as áreas e atividades das empresas são responsáveis pelas pessoas que trabalham sob sua responsabilidade; e essa situação se reforça pelo fato de a administração estar, cada vez mais, focada nas pessoas.

4.6.10 Modelo administrativo básico para a função **processos e tecnologia**

Há alguns anos, o principal executivo de uma empresa cliente de consultoria deste autor solicitou que o modelo de administração favorecesse a disciplina e a inovação, ou seja, que esse modelo estivesse focado na função **processos e tecnologia**.

Isso porque:

- os processos representam os conjuntos estruturados de atividades sequenciais que apresentam relação lógica entre si com a finalidade de atender e, preferencialmente, suplantar as necessidades e as expectativas dos clientes externos e internos da empresa, ou seja, essas atividades dos processos consolidados estabelecem "o que" e "como" esses trabalhos devem ser realizados, para que os trabalhos posteriores sejam realizados sempre com qualidade, chegando até o plano de negócios para atender às demandas dos diversos segmentos de mercado, sendo que as atualizações e aprimoramentos nessas atividades – ou partes – dos processos devem ser respeitados por todos os profissionais da empresa, consolidando interessante nível de disciplina de atuação; e

- a tecnologia representa o conjunto de conhecimentos que são utilizados para operacionalizar as atividades da empresa – que estão alocadas em seus processos –, para que os objetivos anteriormente estabelecidos sejam alcançados. Mas cada tecnologia está em um ciclo de vida, com fases de nascimento, crescimento, maturidade e declínio e, portanto, as empresas devem inovar com novas tecnologias, as quais são decorrentes de criatividades e inovações, gerando a necessária evolução tecnológica, que corresponde ao processo gradativo e evolutivo dos conhecimentos existentes no mundo e que têm influência – direta ou indireta, positiva ou negativa – sobre os negócios, produtos e serviços de um conjunto de empresas e de seus modelos de administração e, consequentemente, de seus estilos administrativos.

A questão básica aqui é: como se deve estruturar um modelo de administração que represente o foco básico na função **processos e tecnologia**?

É lógico que cada empresa tem suas características básicas e, portanto, o modelo de administração deve atender a essas especificidades, mas você pode considerar, para análise e debate, a estruturação resumida e genérica evidenciada na Figura 4.4.

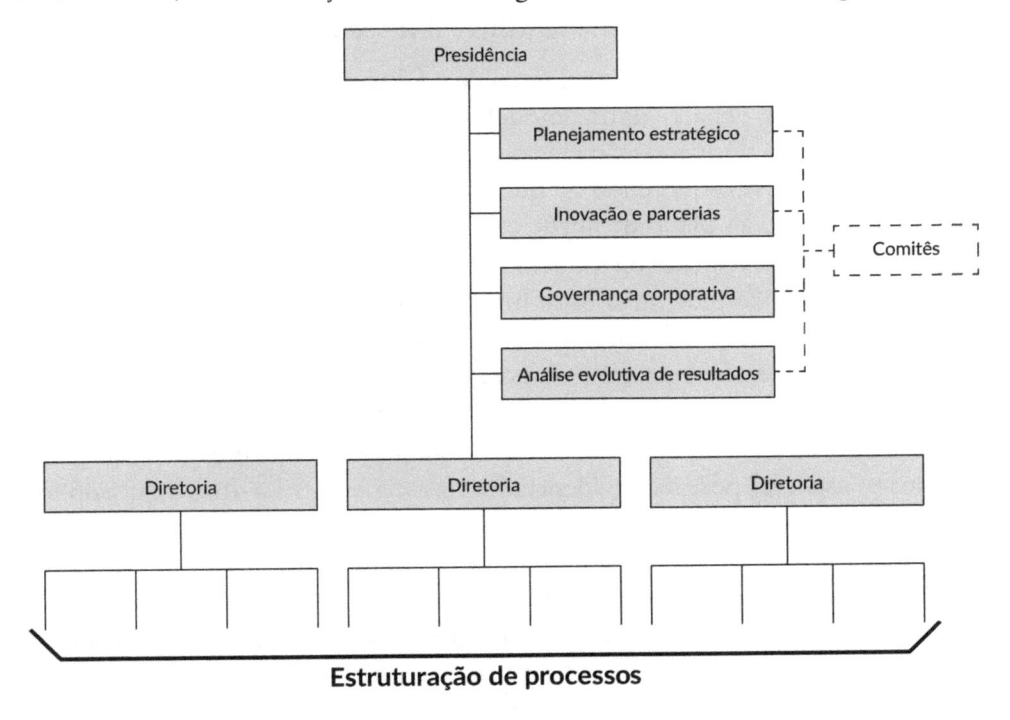

Figura 4.4 Modelo de administração por processos e tecnologia.

Você observa alguns aspectos na Figura 4.4:

- **ela é idêntica à Figura 4.3** apresentada na seção 4.6.4, inerente ao modelo administrativo básico para a função **direção**, em que se evidenciou a liderança pelo conhecimento; e
- **a única diferença – pequena – é que se evidenciou a necessidade de se otimizar a estruturação de processos**, mas que já apareciam na Figura 4.3 pelos trabalhos dos comitês de inovação e parcerias, bem como de governança corporativa. A questão da tecnologia foi adequadamente tratada na Figura 4.4.

Portanto, a ideia foi evidenciar que todo e qualquer modelo administrativo deve ser analisado sob o contexto mais amplo possível, abrangendo as várias questões da empresa e não se esquecendo de que, em administração, ao se trabalhar um assunto, está-se, sempre, influenciando, positiva ou negativamente, outros assuntos administrativos da referida empresa.

A partir dos cinco exemplos de modelos de administração apresentados com base nas funções das empresas, você deve fazer as possíveis necessárias adaptações para aplicar na realidade de sua empresa.

Salienta-se que o nível de detalhamento na análise de cada um dos cinco exemplos evidenciados está correlacionado ao grau de possível dificuldade em trabalhar com o assunto considerado.

4.7 Consolidação do modelo administrativo integrado

Embora não seja um modelo matemático de análise decisória, você verificou que se pode considerar, para debate, alguns modelos de administração que podem facilitar, em muito, o processo de adequação e de otimização do estilo administrativo em uma empresa, mas nunca se esquecendo de que os referidos modelos devem estar proporcionando sustentação ao plano de negócios das empresas.

Como o leque dessas opções de modelos de administração é muito amplo, optou-se por considerar o básico inerente a cada uma das funções clássicas da administração e das empresas no processo de identificação de modelos de administração e suas interações de influência recebida e/ou proporcionada pelo estilo administrativo e pelo plano de negócios da empresa.

Para se chegar ao modelo de administração integrado, é evidente que você deve resgatar todos os aspectos positivos evidenciados nas seções 4.6.1 a 4.6.10 quando foram consideradas as cinco funções básicas da administração e as cinco funções básicas das empresas, ou seja, a essência da teoria e da prática da administração de empresas.

Entretanto, antes da apresentação do modelo administrativo integrado que este autor considera como ideal para você analisar uma empresa que não se preocupa em ter nenhuma função principal orientativa de suas atividades, você deve considerar mais dois importantes assuntos administrativos que complementam tudo que já foi apresentado neste livro e proporcionam elevada sustentação ao conteúdo do Capítulo 5.

Esses dois assuntos são:

- a **inteligência emocional**, que considera o conjunto de conhecimentos, habilidades e atitudes que uma pessoa deve ter para conseguir se otimizar como indivíduo, bem como interagir com as outras pessoas, ou seja, consegue tirar o máximo de si e dos outros; e
- a **organização exponencial**, que proporciona sustentação para uma empresa evoluir desproporcionalmente pelo otimizado conhecimento e aplicação de avançadas tecnologias com ritmo acelerado de evolução; ou seja, estar sempre na vanguarda tecnológica.

Essas são explicações simples que serão detalhadas a seguir, mas que já evidenciam a enorme importância delas para os três assuntos administrativos abordados neste livro.

Você verifica que praticamente todos os assuntos e instrumentos administrativos das empresas proporcionam e recebem influência do estilo administrativo, do modelo de administração e do plano de negócios das referidas empresas.

Os aspectos principais dos referidos dois assuntos são apresentados a seguir.

a) Ter e exercitar a inteligência emocional

A inteligência emocional, conceito idealizado por Daniel Goleman (1946-) em seu livro *Inteligência emocional*, de 1995, é de elevada importância – embora seja pouco aplicada – no delineamento do estilo administrativo ideal de uma empresa, pois, nesse caso, o foco de debate é o nível de inteligência decorrente das emoções sentidas; e o referido autor afirma que quatro princípios básicos estão presentes em pessoas emocionalmente inteligentes:

- traquejo social, que possibilita ter bons relacionamentos e facilidade de aprender com os outros;
- autoconhecimento, que possibilita uma efetiva análise de sua realidade pessoal e profissional;
- empatia, que permite se "colocar no lugar do outro" ao fazer uma análise ou tomar uma decisão; e, principalmente,
- perseverança, que proporciona a sustentação básica de lutar pelo que acredita, mas sempre com uma lógica estabelecida.

Porém, você deve ter alguns cuidados na aplicação dessa técnica, pois:

- sua aplicação isolada não é garantia de sucesso na consolidação do estilo administrativo ideal – portanto, deve ser analisada conjuntamente com todas as capacitações apresentadas neste livro; e
- nem sempre os aplicadores dessa técnica possuem o conhecimento e o entendimento pleno sobre a inteligência emocional, provocando até erros simples.

Na prática, pode-se considerar que a técnica da inteligência emocional deve ser aplicada conjuntamente com a técnica do Quociente de Inteligência (QI) criado em 1900 por Alfred Binet (1857-1911) na França, mas se lembrando de que pessoas com elevado QI não necessariamente são as que apresentam os melhores resultados, tal como um gênio em engenharia de processos que não consegue desenvolver empatia e trabalhar com outras pessoas; e, portanto, esse engenheiro não vai conseguir evoluir na carreira nem vai proporcionar efetivos e contínuos benefícios para a empresa onde trabalha.

Nesse contexto, a inteligência emocional representa um conjunto de competências emocionais – o "eu" comigo mesmo – e sociais – o "eu" com os outros – e essas competências, para não serem "conversas fiadas", devem consolidar conhecimentos – saber o assunto –, habilidades – saber fazer – e atitudes, que representam o "fazer acontecer".

Pelo apresentado, pode-se considerar que a técnica da inteligência emocional trabalha no contexto estratégico de cada indivíduo, pois interliga fatores controláveis e fatores não controláveis pelos referidos indivíduos.

Nesse contexto, tem-se:

i. Fatores controláveis pelo indivíduo, como:
   - efetivo autoconhecimento em todos os aspectos, principalmente quanto às suas emoções e como cada pessoa consegue administrar – e alterar – essas situações para otimizar os resultados esperados;
   - motivação para com as ações e comprometimentos para com os resultados esperados, lembrando que motivação e comprometimento são questões intrínsecas a cada pessoa e não devem ser "jogadas" para a responsabilidade dos outros; e
   - administração otimizada das questões pessoais, com objetivos claros, flexibilidade e criatividade nas ações, controles efetivos, comportamentos otimizados, entre outras importantes questões.

ii. Fatores não controláveis pelo indivíduo, mas que podem ser influenciados positivamente, como:
   - conhecimento dos outros indivíduos com os quais tenha interação pessoal e/ou profissional; e
   - influência no ambiente de trabalho, facilitando o desenvolvimento da capacitação dos seus profissionais.

iii. Fatores que podem ser considerados semicontroláveis e que podem resultar em efetivas contribuições para o desenvolvimento pessoal e profissional dos que trabalham na empresa, como:
   - administração da atuação dos outros, sendo essa uma maneira interessante de exercitar a liderança situacional, com o tratamento de diversidades e de conflitos, trabalhos em equipes, desenvolvimento de lideranças e de cada um dos participantes desse processo, inclusive em questões com as chamadas "pessoas difíceis".

   Quando não se consegue resolver essas questões com qualidade, podem ocorrer situações de fraquezas emocionais no estilo administrativo das pessoas, como:

- junção desordenada de questões pessoais com questões profissionais, gerando conflitos que tiram o foco dos resultados esperados;
- ambiente de trabalho com elevada desmotivação, baixa produtividade, "fofocas" em todas as situações, com a consequente insegurança dos profissionais da empresa; e
- as pessoas ficam reclamando de tudo o tempo todo, ao mesmo tempo em que não aceitam críticas – mesmo as construtivas – e, por consequência, são incapazes de realizar qualquer plano de evolução em suas carreiras.

Pelo apresentado, você pode considerar que a inteligência emocional influencia os assuntos administrativos abordados neste livro da seguinte maneira:

- o estilo administrativo, pela própria decorrência das emoções das pessoas e como essas se relacionam e se "colocam nos lugares dos outros" reforçando os seus níveis de autoconhecimento;
- o modelo de administração, pelas capacitações dessas pessoas em entender a forma de atuação da empresa onde trabalham; e
- o plano de negócios, pela perseverança em consolidar as questões que tenham lógica e apresentem credibilidade.

Na prática, pode-se considerar que a inteligência emocional – quando ela realmente existir! – tem influência, geralmente de forma direta, sobre praticamente todos os atos e decisões nas empresas, sendo questão básica a efetiva identificação de sua existência, pois algumas pessoas podem julgar que a têm, sem a possuir, e as consequências podem ser desagradáveis.

b) Atuar no contexto das organizações exponenciais

Infelizmente, não são muitos os leitores deste livro que terão a oportunidade – e a competência – de trabalhar nas chamadas organizações exponenciais, as quais são extremamente ágeis, hábeis e inovadoras em competir e se organizar nesse mercado que se transforma com incrível velocidade, mas quem estiver nesse contexto seguramente será respeitado como profissional diferenciado.

As organizações exponenciais estão em constante evolução, pois o seu contexto de atuação está baseado na sistemática evolução tecnológica do mundo e na efetiva aplicação dessas tecnologias nas empresas.

Nesse contexto, o estilo administrativo e o modelo de administração dessas empresas são atualizados **na tarefa** e **em tempo real**, sempre com elevada qualidade total. E não se pode esquecer que o plano de negócios da empresa, com seus produtos e serviços oferecidos ao mercado, também pode – e deve – sofrer importantes e rápidas alterações.

Portanto, as organizações exponenciais afetam, de forma direta, as interações das empresas com os seus diversos mercados, tanto os atuais como os potenciais mercados futuros, o que obriga as empresas a pensarem com antecipação quanto aos diversos contextos e eventos estratégicos e mercadológicos.

Você percebe que a inteligência emocional coloca o indivíduo no contexto estratégico – interliga os fatores internos ou controláveis com os fatores externos ou não controláveis –, o mesmo acontecendo com a organização exponencial, a qual coloca a empresa no referido contexto estratégico. E, mais uma vez, você constata a plena interação entre os diversos instrumentos administrativos apresentados neste livro.

Você já verificou que **organização exponencial** é aquela cujo impacto, ou resultado, é desproporcionalmente grande – pelo menos dez vezes maior – comparado ao de seus pares, devido ao uso de novas tecnologias empresariais que alavancam as tecnologias aceleradas (Ismail; Malone; Van Geest, 2015, p. 19).

Para dar sustentação a esse processo, elas são construídas com base nas tecnologias de informação no contexto digital, que é algo em constante evolução tecnológica, como são os casos da inteligência artificial, robótica, neurociência, nanotecnologia, biotecnologia, realidade aumentada, computação em nuvem, computação quântica, entre outras.

E daí surge uma pergunta:

Qual a velocidade de evolução dessas tecnologias? Resposta: Extremamente aceleradas! E com um **complicômetro**: essas tecnologias normalmente se interligam, forçando a velocidade do processo!

Para significativa parte das empresas, a consolidação do estilo e modelo de administração baseado na organização exponencial se torna quase impossível pelo simples fato de que elas apresentam as infelizes características das empresas tradicionais: estrutura organizacional rígida, processo decisório linear e voltado "para dentro" da empresa, processos e atividades inflexíveis, estruturas "inchadas", foco básico nos resultados financeiros imediatos, plano estratégico baseado no passado, resistência às mudanças e análise do mérito profissional muito pela eficiência, pouco pela eficácia e nada pela inovação.

Você verifica que essa questão do modelo de organização exponencial pode ser algo complicado para muitas empresas; e, nesse contexto, o ideal é se iniciar pela análise da metodologia apresentada por Ismail, Malone e Van Geest (2015, p. 138-154), fazendo as devidas adaptações para o desenvolvimento de otimizados estilos e modelos de administração com foco no plano de negócios das empresas.

Para tanto, você pode considerar 12 etapas, a saber:

i. Estabelecer um propósito que gere uma importante transformação para muitas pessoas

Você deve identificar algum negócio, produto, serviço, processo ou atividade que tenha um grande problema a ser resolvido e que essa situação seja de elevada motivação para você.

Mas aqui há uma importante questão extra: você tem de possuir os conhecimentos, as habilidades e as atitudes para resolver esse enorme problema; ou saber identificar e conseguir trabalhar com quem tenha essas competências.

Você percebe que a simples identificação desse grande problema e a consequente motivação para resolvê-lo pode afetar, direta ou indiretamente, com maior ou menor intensidade, o estilo administrativo, o modelo de administração e o plano de negócios da empresa.

Mas o recado é: não queira alterar o estilo administrativo e o modelo de administração de uma empresa – e até o seu plano de negócios – simplesmente porque você considera que esse seja um grande problema, pois os outros profissionais da empresa podem não concordar com você; e não queira fazer uma mudança ilusória, ou seja, que não gere uma efetiva transformação evolutiva!

ii. Os novos estilo e modelo de administração da empresa devem ser importantes e vantajosos para todos os públicos

Esses públicos são os clientes e fornecedores – atuais e potenciais –, as comunidades, os governos etc., ou seja, todos os possíveis beneficiados e/ou afetados pelo processo de transformação; e não se esquecendo do público interno, que foi evidenciado na etapa anterior.

E esteja certo de algo: se o seu propósito no processo de transformação do estilo administrativo e do modelo de administração – e do plano de negócios – proporcionar benefícios para os diversos públicos da empresa, esses públicos ajudarão, de forma direta ou indireta, com maior ou menor intensidade essas transformações realizadas pela referida empresa; ou seja, o processo de "cumplicidade" se torna interessante.

iii. Formar a equipe ideal

O que é uma equipe ideal – e necessária – para uma organização exponencial e que contribua para o desenvolvimento e a consolidação de otimizados estilo administrativo e modelo de administração fortalecendo o plano de negócios?

Nos diversos capítulos e seções deste livro, e principalmente no Capítulo 5, são abordadas as principais capacitações e formas de atuação dos profissionais da empresa.

iv. Ter a ideia revolucionária

A ideia revolucionária já deve ter surgido antes, na etapa i, sendo que neste momento a referida ideia tem de comprovar que realmente é transformadora para a empresa e envolve os vários públicos, tanto externos quanto internos da referida empresa.

Lembre-se de que a organização exponencial não procura simplesmente a melhoria incremental em um mercado; mas o seu foco é a mudança radical.

Para tanto, não se esqueça de que uma ideia é o início de um processo, mas não é a solução, pois essa só pode chegar com a efetiva ação e persistência de seus responsáveis; e que para esses não existem impossibilidades, mas apenas barreiras a serem superadas, sempre com qualidade.

Com referência à mudança radical, vale a pena se repensar o que aconteceu com o instrumento administrativo **reengenharia**, que, conforme já explicado no item "h" da seção 2.1.1, começou a ser aplicada sem critério e provocou a extinção de algumas empresas que eliminaram, pela forte ansiedade e pressa, algumas atividades e determinados conhecimentos essenciais para os seus negócios e não conseguiram mais se reerguer.

Já foi explicado que o estilo administrativo deve ser exercitado na plenitude por todos os profissionais da empresa, formando um forte e único bloco de atuação perante o mercado, tanto o comprador como o fornecedor.

Uma possível situação de conflito também afeta a qualidade do modelo de administração pelo elevado nível de desequilíbrio da capacitação e de conhecimento dos seus profissionais, resultando em processos e atividades em plena desorganização.

E toda essa situação de conflitos de análise, decisões e ações fica consolidada no plano de negócios da empresa, provocando uma situação esdrúxula de o mercado não entender "qual é a da empresa".

E agora uma dica extra: se você souber que a sua empresa tem uma situação administrativa problemática, mas não sabe como identificar o foco básico deste problema e, portanto, não consegue estabelecer as relações de causas *versus* efeitos que circulam esse problema, você não precisa pensar duas vezes em iniciar os trabalhos em duas questões:

- mapeie, da melhor maneira possível, os processos inerentes às realidades dos diversos instrumentos administrativos da empresa, com suas atividades e interações; e
- concentre-se em trabalhar o assunto ou instrumento administrativo que você julga ser o foco do problema básico da empresa.

Esteja certo de que, mesmo se estiver errado em seu diagnóstico – e possivelmente estará! –, você terá dado um passo importante na busca de uma solução – ainda que intermediária ou provisória – para a sua empresa, pois terá uma visualização geral da realidade dela, facilitando a estruturação dos processos necessários para a adequada decisão posterior.

Portanto, nesse caso o lema é: não perca tempo e, se possível, busque ajuda de quem tem o conhecimento básico para tal. Isso porque a prática tem demonstrado que a pior situação é não fazer nada!

v. Estruturar o plano de negócios

Na Figura 2.3 – com detalhamento na Figura 2.6 –, foi apresentada uma estruturação geral para você trabalhar com o estilo administrativo, o modelo de administração e o plano de negócios; você deve consolidar a situação que melhor represente a realidade de seu trabalho.

A ideia é você "errar pelo excesso" quanto aos fatores externos – não controláveis – e fatores internos – controláveis – a serem analisados no plano de negócios e, para tanto, você pode considerar todos os fatores e subfatores externos e internos analisados no planejamento estratégico da empresa; mas lembre-se: esse planejamento deve estar estruturado, completo, lógico, operacionalizado, entendido e respeitado! Uma proposta básica e resumida dos fatores de análise foi apresentada na seção 2.1.4.

vi. Estabelecer o plano de negócios específico para a realidade e as expectativas da sua empresa

Nesse caso, você pode considerar alguns indicadores gerais – adaptados de Kevin Kelly (2011) –, a saber:

- proporcionar imediatismo e ineditismo para o consumidor;
- disponibilizar qualidade e funcionalidade e, se possível, fidelidade do mercado;
- ter valor agregado em todo e qualquer serviço proporcionado ao mercado;
- ter produto ou serviço real, seguro e autêntico;
- proporcionar facilidades no processo de o consumidor encontrar o que realmente quer;
- disponibilizar o produto ou serviço em formato físico ideal de apresentação;
- remunerar os autores das ideias, das atividades, dos produtos e serviços; e
- facilitar o processo do mercado encontrar o produto ou serviço desejado.

vii. Criar o protótipo do produto ou serviço

Isso para a empresa saber a reação do mercado ao produto ou serviço oferecido. É importante ter posicionamento bem crítico nessa etapa, caso contrário, os maus resultados serão bem fortes para a empresa e seus profissionais.

viii. Consolidar o planejamento de marketing e a efetivação das vendas

Esse público comprador deve ter fidelidade aos produtos e serviços da empresa, bem como fazer indicações para clientes potenciais, ou seja, ser "cúmplice" dos produtos e serviços da empresa.

ix. Implementar a ideia e as atividades correspondentes

Nessa etapa, você deve consolidar toda a documentação, as atividades, os indicadores, os recursos, a equipe de profissionais, os trabalhos em equipes multidisciplinares, a análise do nível de comprometimento, as experimentações e análises complementares, entre outros assuntos.

x. Definir a cultura organizacional

Você sabe que a **cultura organizacional** é o conjunto estruturado de valores, crenças, normas e hábitos compartilhados, de forma interativa, pelas pessoas que atuam em uma empresa.

Portanto, ela pode afetar, positiva ou negativamente, tudo que você realizou anteriormente; sendo que sempre a cultura organizacional deve ser um acelerador da evolução da empresa como organização exponencial.

E, nesse contexto, o trabalho conjunto com o estilo administrativo e o modelo de administração da empresa pode ser um importante facilitador da qualidade total desse processo administrativo, pois, nesse caso, o debate, a análise, a decisão e a operacionalização terão a maior amplitude possível, podendo proporcionar interessantes benefícios ao plano de negócios da empresa.

xi. Fazer as perguntas-chave periodicamente

Você sempre deve fazer oito perguntas-chave à medida que desenvolve e consolida uma organização exponencial; essas questões são úteis para qualquer análise mercadológica da empresa.

Segundo Ismail, Malone e Van Geest (2015, p. 153), são elas:

- Quem é seu cliente?
- Que problema do cliente você está resolvendo?
- Qual é a sua solução, e isso melhora a situação atual em, pelo menos, dez vezes?
- Como você vai promover o produto ou serviço?
- Como você está vendendo o produto ou serviço?
- Como transformar os clientes em parceiros para reduzir o custo marginal de demanda?
- Como você vai expandir o segmento de clientes?
- Como você vai reduzir o custo marginal de oferta para zero?

xii. Construir e manter uma plataforma de sustentação da organização exponencial

Essa plataforma, além de estar perfeitamente estruturada e entendida por todos os envolvidos no processo de desenvolvimento, consolidação e evolução da organização exponencial, também deve dispor de todos os dados e informações atualizadas para a otimizada qualidade no processo decisório.

Para tanto, a sua equipe de trabalho deve ter os melhores agentes de mudanças da empresa, bem como existir um "distanciamento administrado" dos atuais sistemas, processos, atividades e políticas da empresa para que ocorra uma liberdade de raciocínio inovador.

Parece difícil? Mas não é! É apenas uma questão de muita disciplina, otimizada inteligência e questionamento "à beça".

Você não precisa concordar, mas apenas para debater um contraponto dessa evolução tecnológica das organizações exponenciais, pode considerar o apresentado por Federico Pistono (1985-), que descarta a possibilidade de reinvenção dos empregos, afirmando que "os robôs vão roubar o seu trabalho, mas tudo bem" em um processo cada vez maior, acelerado e definitivo da obsolescência do trabalho humano.

Ele baseia seus estudos na Lei de Moore, de 1965, segundo a qual a capacidade computacional praticamente dobra a cada dois anos, provocando um crescimento exponencial que a mente humana tem dificuldade de compreender.

Um dos exemplos abordados é o da produção de carros, desde os seus primórdios até os dias atuais com os carros autônomos e o seu processo de aceitação, ou não, por parte da população.

De qualquer forma, é válido se repensar a respeito do processo evolutivo da administração e seus diversos impactos, com maior ou menor intensidade, na realidade das empresas e na vida das pessoas; sendo uma proposta de análise o livro *História da administração: como entender as origens, as aplicações e as evoluções da administração*, do mesmo autor.

Pelo apresentado, você pode considerar que as empresas que se consolidam como organizações exponenciais geralmente apresentam os três assuntos abordados neste livro da seguinte maneira:

- o estilo administrativo da empresa e de todos os seus profissionais – sem exceção! – deve ser fortemente criativo e inovador, sabendo fazer as experimentações, aplicações, avaliações e melhorias necessárias;
- o modelo de administração deve estar sustentado por otimizados processos e com estruturação organizacional que incorpore com facilidade as necessárias adequações decorrentes das evoluções dos negócios; e
- o plano de negócios deve ter forte e sustentada abordagem estratégica, facilitando à empresa "estar na frente" do processo evolutivo das tecnologias e das necessidades e expectativas do mercado, inclusive gerando novas necessidades.

Com base em tudo que foi apresentado, você pode consolidar um modelo administrativo integrado que considere, de forma equilibrada, as dez abordagens básicas apresentadas nas seções 4.6.1 a 4.6.10.

O ideal é que, a partir do apresentado a seguir, você elabore a estruturação organizacional que considera ideal para todo e qualquer modelo de administração das empresas, isto é, seja uma referência básica para você estruturar, a partir de ajustes específicos, o modelo de administração ideal para determinada empresa. Esteja certo de que este será um modelo básico que o auxiliará muito em suas atividades profissionais, pois você terá uma referência estruturada para fazer as suas análises e propostas de solução.

Você vai perceber a influência específica de cada função – da administração ou das empresas – no modelo administrativo integrado, possibilitando o estabelecimento do nível de importância de cada função no referido modelo, ou seja, você pode delinear o modelo administrativo ideal para a realidade atual e situação futura desejada da empresa.

Nesse contexto, você sabe que:

- a função **planejamento** só pode ser exercida se a empresa tiver o planejamento estratégico incorporado à sua realidade administrativa, preferencialmente decomposto e interligado com os diversos planejamentos táticos e operacionais da empresa para que exista uma perfeita interação entre as questões macro e as questões do dia a dia.
  As empresas não devem ter maiores dificuldades para consolidar esse processo, pois existem diversas metodologias estruturadas para desenvolver e operacionalizar esses planejamentos;
- a função **organização** fica mais bem representada e contribui efetivamente para o aprimoramento do estilo administrativo e para os resultados do plano de negócios da empresa se o modelo administrativo estiver baseado na governança corporativa, preferencialmente com forte sustentação do sistema de *compliance* e com uma departamentalização mista;
- a função **gestão de pessoas** tem de considerar todas as suas partes integrantes e os fatores de influência, mas deve estar totalmente baseada no princípio da meritocracia, pois, caso contrário, a incompetência profissional vai "correr solta";
- a função **direção** deve ser exercida pelos seus aspectos básicos, como a coordenação que cuida da integração dos conhecimentos, atividades e profissionais

da empresa; a comunicação interna e externa à empresa; o processo decisório, incluindo a identificação das informações necessárias, mas você não pode se esquecer de que nada disso funcionará adequadamente se na referida empresa não existirem algumas lideranças sustentadas pelo conhecimento dos assuntos essenciais da empresa;

- a função **avaliação** deve se sustentar por um otimizado processo interativo entre os indicadores de resultados da empresa e os indicadores de desempenho dos profissionais que trabalham nela, analisando os diversos níveis de produtividade, mas verificando a atuação desses profissionais quanto a alguns instrumentos administrativos de elevado nível decisório, como o gerenciamento de riscos;
- a função **marketing** deve considerar todos os seus fatores internos ou controláveis e fatores externos e não controláveis, mas a abordagem deve ser a do marketing total, pois só assim todos os esforços estarão direcionados para as questões das interações entre os produtos e serviços atuais e potenciais e os diversos segmentos de mercado, consolidando interessante vantagem competitiva da empresa;
- a função **produção** compreende as suas várias atividades e aparece como a base de sustentação operacional da qualidade em sua totalidade na empresa;
- a função **desenvolvimento de pessoas** deve se consolidar pela capacitação profissional dos que trabalham na empresa, mas com forte sustentação do programa de administração de carreiras elaborado pela empresa e pelos planos de carreira elaborados pelos seus profissionais;
- a função **finanças** deve considerar todas as suas partes e atividades, mas com direcionamento de todos os profissionais da empresa para o princípio das "finanças totais"; e
- a função **processos e tecnologia** deve se preocupar basicamente com o estabelecimento das atividades a serem realizadas, os seus sequenciamentos e interações, bem como as inovações necessárias para otimizar a colocação dos produtos e serviços da empresa nos diversos segmentos de mercado.

Evidencia-se que esse trabalho solicitado deve ser realizado a médio prazo e com sistemáticas análises e debates, pois não existe uma verdade única; e apenas após vários aprimoramentos é que você vai chegar ao modelo ideal que o orientará em seus processos decisórios nas empresas; mas os aspectos básicos são apresentados nos diversos capítulos deste livro.

Bons raciocínios e trabalhos, pois, se você recebesse algo pronto, teria problemas em seus trabalhos profissionais pelas diferentes características das empresas!

Resumo

Este capítulo apresentou a essência deste livro, pois a análise interativa entre o estilo administrativo, o modelo de administração e o plano de negócios das empresas é de suma importância, embora não seja muito analisada e debatida pelas empresas em geral.

Foram identificadas as questões positivas e negativas nessas interações, bem como apresentadas algumas sugestões para melhor trabalhar com esses assuntos.

Para explicitar e exemplificar os contextos básicos dos modelos de administração, foram evidenciados os "cacoetes" que as empresas podem apresentar quando o foco básico é uma das funções clássicas da administração ou das empresas.

Finalmente, foi evidenciado um modelo administrativo integrado que procura consolidar de forma equilibrada os dez "cacoetes" possíveis nos modelos de administração das empresas.

Questões para debate e consolidação de conceitos

1. Como você pode identificar as influências do estilo administrativo no modelo de administração das empresas?
2. E no caso das influências do modelo de administração no estilo administrativo dessas empresas?
3. E como analisar a influência do plano de negócios da empresa nas duas situações anteriores?
4. Como você pode incrementar as influências positivas nas três questões anteriores?
5. E para amenizar as possíveis influências negativas?
6. Como estabelecer o modelo de administração ideal para a realidade atual e situação futura desejada de uma empresa?
7. Em um modelo administrativo integrado consolidando as dez funções básicas – da administração e das empresas –, como se pode estabelecer um "cacoete" específico que seja o mais interessante para a empresa em um determinado período de tempo?
8. Baseado nas dez funções da administração e das empresas – seções 4.6.1 a 4.6.10 –, qual é o modelo de administração que você considera como o mais adequado para as empresas em geral? Justifique a resposta.
9. Indique, com justificativas e exemplos, as suas facilidades e dificuldades quanto às análises e às respostas das oito questões anteriores – e outras do texto do capítulo – e, depois, aloque-as em seu plano de carreira para seu desenvolvimento como profissional de empresas.

Exercício para reflexão

Este exercício é para você se divertir: explique, com o máximo de detalhes e justificativas, como você pretende otimizar a interação entre o estilo administrativo e o modelo de administração da empresa onde trabalha ou instituição onde estuda, com a premissa de manter otimizada a situação do plano de negócios anteriormente elaborado.

Você verifica que, neste exercício, está totalmente livre para estabelecer a realidade da empresa foco da análise, o que pode ser bastante interessante, principalmente se você trabalhar com informações verdadeiras.

Boa sorte em seus raciocínios, análises e decisões!

Caso para análise, debate e proposta de solução

Estilo e modelo administrativo do Jaqueira Esporte Clube.

O Jaqueira Esporte Clube é um clube focado em atividades sociais e esportivas, com mais de 30.000 associados e situado em importante cidade do país.

O seu modelo administrativo é presidencialista com a estruturação geral resumida na Figura 4.5.

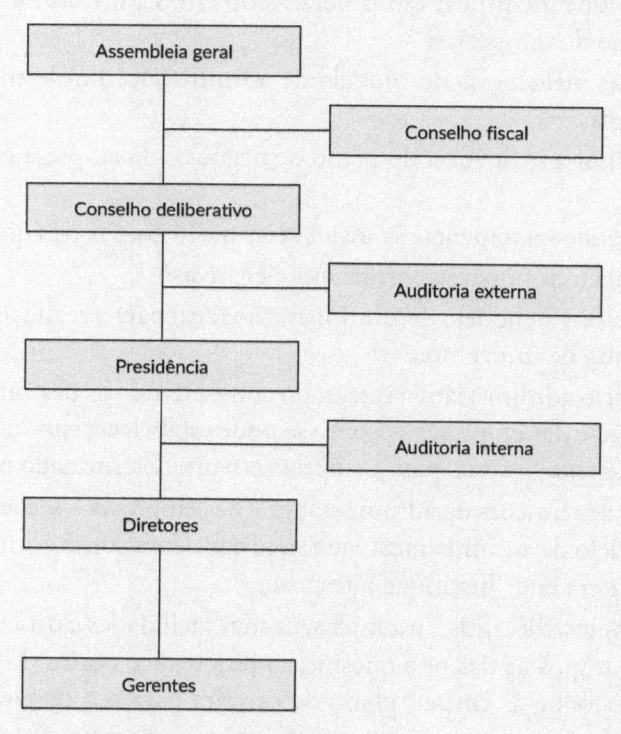

Figura 4.5 Modelo administrativo do Jaqueira Esporte Clube.

Alguns comentários são fundamentais para melhor análise e debate deste caso:

- os associados do Jaqueira Esporte Clube praticamente não se interessam pelas reuniões da Assembleia Geral, com frequência basicamente nula;
- o Conselho Fiscal, na prática, presta contas de suas atividades ao Conselho Deliberativo;
- o Conselho Deliberativo, que tem reuniões mensais, tem 220 membros, o que inviabiliza o debate estruturado de qualquer proposta apresentada, até porque essas

não são apresentadas com a estruturação básica de projetos, ou seja, nesse Parlamento "se parla" sem nenhuma sustentação ou compromisso de resultado;
- a Auditoria Externa – neste momento de opinião basicamente geral – deveria ter uma atuação mais forte e ativa em suas análises e pareceres;
- o Presidente tem maioria no Conselho Deliberativo e parece que tem "boas intenções", mas o seu conhecimento de administração é baixo e tem cometido uma série de **gafes** que estão deteriorando a sua imagem e, consequentemente, o seu apoio no Conselho Deliberativo;
- a Auditoria Interna parece ser constituída por uma equipe competente, mas, por incrível que pareça, não consegue realizar adequadamente as suas análises pelo fato absurdo de a maior parte dos processos – explicitação de como as atividades devem ser realizadas e por quem – não estar estabelecida, impossibilitando que a auditoria interna determine se os trabalhos e as decisões estão ou não amparados pelas boas práticas da administração;
- os diretores estão alocados e, consequentemente, são responsáveis pelas diferentes áreas e atividades realizadas pelo Jaqueira Esporte Clube. Evidencia-se que, como a cobrança de resultados é algo praticamente nulo no clube, existem diretores que trabalham e apresentam resultados interessantes, enquanto outros...; e
- os gerentes são funcionários do Jaqueira Esporte Clube e trabalham – com suas equipes – diretamente subordinados a cada um dos diretores. Na prática, pode-se considerar que cada gerente e equipe reflete a realidade do diretor ao qual está subordinado, ou seja, apresentam resultados ou não.

Com referência aos instrumentos administrativos principais que podem ser considerados no modelo de administração do Jaqueira Esporte Clube, tem-se, de forma resumida, os seguintes:

- planejamento estratégico praticamente inexistente;
- indicadores de desempenho "meia-boca";
- orçamento econômico-financeiro razoável;
- análises de investimentos oscilantes em qualidade;
- administração de projetos praticamente inexistente;
- clima organizacional com alguns conflitos resultantes das diferentes posições políticas no clube;
- poucos processos estruturados e operacionalizados;
- desenvolvimento e controle de atividades esportivas diversas são considerados de boa qualidade;
- realização de atividades sociais com altos e baixos; e
- serviço em bares e restaurantes é o "calcanhar de Aquiles" do clube.

Você deve respeitar as diversas considerações apresentadas até esse momento e, preferencialmente, acrescentar todas as informações e situações que julgar válidas para proporcionar maiores qualidade e amplitude de debate do caso.

Com referência ao estilo administrativo de alguns personagens do Jaqueira Esporte Clube, você pode considerar como verdadeiros:

- seguramente, 4/5 do Conselho Deliberativo não têm nenhuma fundamentação teórica e prática para debater, com sustentação, os assuntos que envolvem as atividades de um clube do tamanho e importância do Jaqueira Esporte Clube. E você deve concordar que os problemas começam aqui e "vão respingando" pelas outras unidades organizacionais do clube. A primeira é: "Qual seria uma possível solução para isso?";

- os membros do Conselho Fiscal, da Auditoria Externa e da Auditoria Interna podem ser considerados de competência adequada, mas que trabalham em condições operacionais inadequadas, conforme anteriormente evidenciado;
- o presidente é um centralizador;
- você pode considerar que, de maneira geral, os diretores alocados nas chamadas "atividades-meio" apresentam elevada incompetência administrativa, e os diretores das chamadas "atividades-fim" são competentes. E que todos os diretores são pessoas fáceis de se trabalhar junto; e
- os gerentes devem receber os mesmos comentários dos diretores quanto a serem pessoas fáceis de se trabalhar junto, mas quanto às suas competências você pode considerar exatamente o contrário dos diretores, ou seja, nesse caso os competentes são os que trabalham nas chamadas "atividades-meio".

Você também deve completar, com o máximo de detalhes, o estilo administrativo dos profissionais que trabalham no Jaqueira Esporte Clube.

Com base em tudo que foi apresentado, e pelo que foi complementado, você deve:

- estabelecer o estilo administrativo básico e predominante no Jaqueira Esporte Clube;
- idem quanto ao modelo de administração;
- identificar algumas possíveis interferências entre o estilo administrativo e o modelo de administração dominantes; e
- explicar, com o máximo de detalhes, como você pretende melhorar a atual realidade do Jaqueira Esporte Clube.

Os associados do Jaqueira Esporte Clube agradecem as suas colaborações!

Capítulo 5

Capacitação e atuação dos profissionais

"É mais fácil ser o primeiro do que continuar a ser o primeiro."
Autor desconhecido

A análise deste capítulo facilitará o desenvolvimento de seu plano de aperfeiçoamento profissional para conseguir uma otimizada interação entre o seu estilo administrativo – e dos seus colegas de trabalho – e o modelo de administração da empresa onde exercem suas atividades profissionais com direcionamento ao plano de negócios.

Essa não é uma questão simples e, normalmente, envolve repensar a respeito, tanto das pessoas como da forma como a empresa está estruturada para realizar os seus trabalhos e consolidar os seus produtos e serviços no mercado, geralmente com forte competição.

Talvez, o conteúdo deste capítulo represente algo que você deverá analisar, complementar, ajustar e aplicar durante toda a sua realidade como profissional da empresa.

Objetivos do capítulo

A análise deste capítulo proporcionará o debate das seguintes importantes questões nos trabalhos inerentes ao estilo administrativo, ao modelo de administração e ao plano de negócios das empresas:

- Qual a melhor maneira para se obter o efetivo comprometimento dos profissionais da empresa nesses trabalhos?
- Qual deve ser a capacitação ideal desses profissionais? E como esses profissionais devem atuar para obter os melhores resultados?
- Como deve ser a sistemática de evolução profissional dessas pessoas? E como deve ser feita a avaliação desse processo evolutivo?
- Como estabelecer e consolidar o estilo administrativo que melhor sustente o modelo de administração e o plano de negócios da empresa?

Você vai perceber que a análise da capacitação ideal dos profissionais está fortemente correlacionada com a identificação da atuação ideal por parte de cada profissional da empresa, pois essa junção é necessária para melhor entendimento das realidades do estilo administrativo, do modelo de administração e do plano de negócios de toda e qualquer empresa.

5.1 Como obter o otimizado comprometimento dos profissionais da empresa

O termo **comprometimento** é muito usado nas empresas, mas a realidade é que ele, em significativa parte das vezes, não é aplicado com qualidade, e quem sofre é a empresa com seus resultados inadequados.

É preciso se lembrar de que **comprometimento** é o processo interativo em que se consolida a responsabilidade isolada ou solidária pelos resultados esperados por si e pela empresa onde trabalha; ou seja, se alguém afirma estar comprometido com algo, tem a obrigação, para si e/ou para com os outros, de realizar as tarefas estabelecidas e de apresentar o resultado esperado; mas o que se observa é muita "conversa mole" a respeito, principalmente em vários programas de incentivo à participação de todos, pois nesses casos geralmente o nível de participação é elevado, mas o nível de comprometimento para com os resultados é basicamente nulo.

Essa pode ser uma questão complicada ou de relativa facilidade na empresa.

Será complicada, se a empresa quiser trabalhar cada um dos três assuntos básicos deste livro por si só, ou seja, querer resolver as questões do estilo administrativo e/ou do modelo de administração e/ou do plano de negócios pelas suas realidades específicas, e nada mais.

Nesse caso, esteja certo de que os profissionais da empresa terão dificuldades de entender a efetiva realidade do problema e de suas amplas consequências para a empresa.

Por outro lado, o trabalho pode apresentar relativa facilidade quando você interliga os três assuntos básicos do livro com um processo estruturado e amplo de mudança na empresa, como o planejamento estratégico, que é um instrumento administrativo que toda e qualquer empresa deve ter, e com qualidade.

Nesse caso, você pode considerar, de forma resumida, que:

- o estilo administrativo é o insumo do planejamento estratégico da empresa, ou seja, é a força motriz que movimenta o referido planejamento levando a empresa "para a frente";
- o modelo de administração é a sustentação estruturada do referido planejamento, explicitando as responsabilidades, as autoridades, as comunicações e as decisões que devem ser exercidas e explicitadas na empresa, ou seja, o referido modelo "dá ordem na casa"; e
- o plano de negócios é o resultado do planejamento estratégico, explicitando quais são e como os produtos e serviços da empresa devem ser oferecidos para o mercado, ou seja, o referido plano de negócios explicita "qual é o lance da empresa".

Naturalmente, também existem interações diretas entre os três assuntos deste livro, bem como junto a todos os outros instrumentos administrativos da empresa, de acordo com o importante modelo da administração total e integrada. Os detalhes você pode analisar no já citado livro *A moderna administração integrada*, do mesmo autor. Esse resumo pode ser visualizado na Figura 5.1.

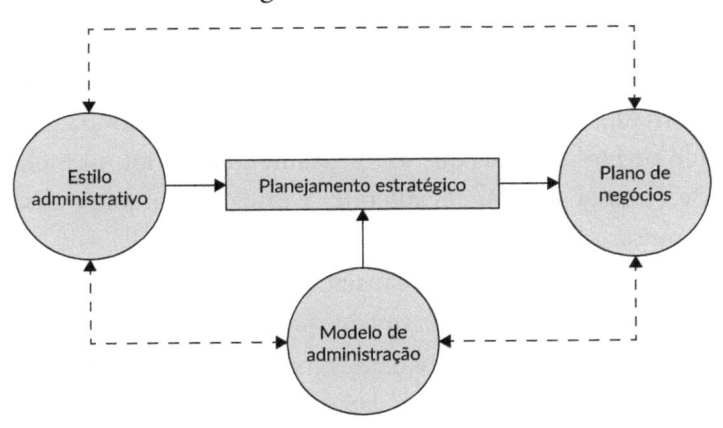

Figura 5.1 Influência do planejamento estratégico.

Uma sugestão importante nesse trabalho é você abrir a participação para o maior número de profissionais da empresa no processo de elaboração e de aplicação do planejamento estratégico, pois:

- esse procedimento consolida um processo participativo elevado que pode gerar interessante nível de comprometimento das pessoas, até porque elas ficam sabendo o que "está acontecendo" na empresa;
- pode-se identificar "quem é quem" na empresa, pois cada profissional, ou equipe, tem de apresentar as sustentações e justificativas de suas propostas de ações, bem como os resultados de seus trabalhos ficam mais evidentes;
- cada profissional ou equipe tem a possibilidade de entender as reais necessidades de mudanças nas empresas e, portanto, de consolidar a sua efetiva contribuição nesse processo; e
- todos passam a entender o significado do estilo administrativo, do modelo de administração e do plano de negócios nesse processo evolutivo da empresa.

5.2 Capacitação e atuação ideais dos profissionais

Como estabelecer a capacitação ideal dos profissionais que trabalham, individual ou conjuntamente, com os três assuntos básicos deste livro?

Essa é uma questão complicada, pois cada um dos assuntos é de elevada amplitude de análise e, quando integrados, a sua identificação pode se tornar mais complicada e, até, subjetiva e caindo no famigerado "achismo".

Nesse contexto, o ideal é apresentar um conjunto de capacitações que se enquadram como necessárias para cada um dos assuntos básicos abordados no livro e, depois, efetuar possíveis complementações e, mais importante, o estabelecimento da hierarquia da importância das diversas capacitações elencadas de acordo com o contexto específico da empresa analisada.

Como os três assuntos do livro apresentam elevada interação entre si, a lista apresentada a seguir considera capacitações que têm influência direta em cada um dos três assuntos abordados e, principalmente, na aplicação integrada dos três referidos assuntos, levando os profissionais que apresentam, com maior ou menor intensidade essas capacitações, a uma abordagem sinérgica e integrada, o que é altamente interessante para as empresas.

Mas antes de chegar à lista básica de capacitações de um profissional para trabalhar com os assuntos principais deste livro, outras questões devem ser debatidas.

E agora surgem outras perguntas evidentes, mas que exigem cuidados para as suas adequadas respostas: como estabelecer a capacitação ideal do executivo que vai coordenar o processo de aprimoramento do estilo administrativo de uma empresa? E de quem vai otimizar o modelo de administração da empresa? E de quem vai consolidar o plano de negócios?

Antes de responder a essas perguntas, deve-se lembrar de uma importante premissa: o estilo administrativo influencia e recebe influência do modelo de administração da empresa conforme apresentado nas seções 4.1 e 4.2.

Entretanto, essa análise exige a resposta a outra questão: Qual é o influenciador mais importante, o estilo administrativo ou o modelo de administração?

A resposta a essa pergunta exige um debate muito demorado e com diferentes interpretações, o que pode levar à conclusão de que "cada caso é um caso", ou seja, não se conclui nada!

Para evitar essa desagradável situação, é proposta a seguinte ordem de raciocínio:

- primeiro, você define a capacitação básica ideal para se analisar e aprimorar o modelo de administração, pois esse é um assunto mais bem estruturado e avaliável quanto à sua efetiva contribuição para os resultados parciais e globais da empresa considerada, pelo simples fato de existirem várias metodologias e técnicas administrativas consagradas que podem ser aplicadas com qualidade, desde que, logicamente, o coordenador responsável pelos trabalhos e sua equipe tenham adequado conhecimento dessas metodologias e técnicas administrativas, inclusive para escolhê-las entre diversas alternativas;
- depois, você estabelece a capacitação básica ideal para se analisar e aprimorar o estilo administrativo que proporciona melhor sustentação e qualidade no referido modelo de administração;

- a seguir, você define uma grade de interação – de relações de causas *versus* efeitos – entre as capacitações básicas ideais do estilo administrativo e do modelo de administração, possibilitando os devidos ajustes e aprimoramentos dessas capacitações;
- depois, você deve consolidar essas várias capacitações, e acrescentar outras, para o otimizado desenvolvimento e aplicação do plano de negócios da empresa; e
- finalmente, você identifica as equipes ideais para esses trabalhos, inclusive com programas específicos de treinamento.

Respeitada a referida premissa com os seus cinco momentos de trabalho, podem ser elencadas, para debate e possíveis complementações, as capacitações básicas do coordenador dos trabalhos e de sua equipe.

5.2.1 Quanto ao estilo administrativo

Nesse contexto, você pode considerar, sem a preocupação de hierarquizar, as seguintes capacitações ideais básicas no caso da coordenação e equipe de trabalho inerente ao estilo administrativo de uma empresa:

a) Raciocínio crítico

Raciocínio crítico pode ser definido como o processo de uma pessoa pensar e raciocinar de forma espontânea ou estruturada e sustentada quanto à validade conceitual e/ou aplicativa de um assunto, com a possível apresentação de uma alternativa.

Você verifica que o raciocínio crítico pode acontecer em um processo contínuo desde o puro achismo e a posição de "ser do contra", até em um contexto em que ocorre a análise estruturada e sustentada do assunto com a identificação de uma ou mais situações alternativas para o referido assunto em análise.

De forma inquestionável, pode-se afirmar que o ideal é cada profissional da empresa ter a capacitação necessária e atuar com raciocínio crítico, e criativo, na situação estruturada e sustentada; mas não se deve descartar totalmente o achismo e o "ser do contra", pois, algumas vezes, esses posicionamentos podem levar os profissionais envolvidos nos trabalhos a repensarem as suas propostas iniciais e, até, chegarem a desenvolver uma nova forma de realizar os trabalhos e de identificar os resultados, geralmente com novas estratégias bem mais criativas; mas cuidado, pois esses casos são exceções!

Para que o raciocínio crítico possa ser exercido de maneira adequada, é necessário que o profissional da empresa saiba controlar o seu possível **ego**; e, nesses casos, o estilo administrativo da empresa é afetado, pois esses profissionais com forte ego geralmente ficam em total isolamento, em que seus colegas de trabalho ficam assistindo, de longe, eles se "afundarem", sendo o problema maior quando as suas decisões também prejudicam a empresa.

Portanto, para que o raciocínio crítico ocorra na plenitude, é necessário que a mente esteja "livre" e que a maioria das capacitações apresentadas nesta seção do livro seja exercitada, com qualidade, pelo profissional da empresa.

b) Desenvolvimento e gestão de pessoas

Inicialmente, é necessário relembrar o conceito dos termos:

- **desenvolvimento de pessoas** é a função das empresas direcionada à evolução profissional das pessoas em ambientes otimizados de trabalho na busca de resultados compartilhados, desafiadores e negociados anteriormente; e
- **gestão de pessoas** é a função da administração que proporciona, pela aplicação de adequadas metodologias e técnicas, a necessária sustentação às otimizadas coordenação, suspensão e orientação e ao desenvolvimento dos profissionais que trabalham nas empresas.

Na realização das atividades inerentes ao desenvolvimento e à gestão de pessoas, são aplicados determinados instrumentos e assuntos de administração que, em muito, podem contribuir para o exercício do melhor estilo administrativo, como:

- os trabalhos realizados em **equipes multidisciplinares**, que você já sabe que são conjuntos de profissionais com diferentes conhecimentos e habilidades realizando reuniões coordenadas e programadas, em caráter temporário ou permanente para emitir, mediante discussão organizada, opiniões a respeito de assuntos previamente estabelecidos e que, nascidos dos debates, sejam os mais adequados à realidade e às necessidades da empresa. Na prática, essas reuniões são as que proporcionam a maior sustentação para o desenvolvimento profissional dos participantes, bem como o aprimoramento natural de seus estilos administrativos, pois suas realidades estão interagentes em **tempo real** e **na tarefa** com as realidades dos outros participantes;
- a **dinâmica de grupo**, que corresponde à interação estruturada e sustentada entre pessoas com interesses comuns em uma atividade específica, buscando em um contexto de solidariedade um resultado coordenado comum. Entretanto, os interesses devem ser comuns para que exista coesão no grupo, o relacionamento deve ser forte, os trabalhos devem ser próximos, o tamanho do grupo adequado, as comunicações completas e reais, bem como a boa vontade, o bom senso e, se possível, o consenso, devem imperar nas atividades do grupo;
- a técnica *brainstorming*, para se incentivar e assimilar a potencialidade criativa de uma pessoa ou equipe, direcionando essa criatividade para o alcance dos objetivos anteriormente estabelecidos. Para tanto, essa técnica deve respeitar os seguintes princípios: a rapidez e a clareza na exposição das ideias, a inexistência de críticas ou prejulgamentos, a exclusão de ideias desconexas e sem nenhuma sustentação, a existência de elevada quantidade de ideias, inclusive baseadas nas proposições dos participantes convidados da reunião, bem como a conclusão dos debates quando não mais existirem ideias novas;
- a boa qualidade no processo de trabalhar com pessoas, e essa questão é colocada pelo simples fato de muitos profissionais apresentarem sérias dificuldades nesse assunto, o qual representa uma das principais – ou a principal – características de um líder. E aqui vai uma sugestão: sempre que possível, procure trabalhar com pessoas inteligentes, pois, na prática, essa é a melhor maneira de se apren-

der de forma rápida e correta; nesse caso, você pode aplicar o *benchmarking*, que corresponde a copiar dos outros e fazer melhor! Você também deve considerar a situação de ter de trabalhar com parentes, o que pode ser uma tarefa simples ou complicada em que você deve consolidar um ambiente de respeito entre as pessoas, a avaliação deve ser sempre pela competência profissional de cada um e, preferencialmente, o modelo de administração da empresa deve estar baseado na governança corporativa;

- o tratamento adequado de conflitos e situações de diversidades em que o estilo administrativo ou "personalidade" da empresa deve estar bem disseminado e entendido, também com forte sustentação do seu modelo de administração. Uma sugestão para você analisar é: primeiro, interligar e incorporar o assunto gerador de conflito com o processo de planejamento estratégico da empresa para, efetivamente, identificar a influência, positiva ou negativa, do referido assunto no futuro da empresa a curto, médio e longo prazos, e depois alocar o assunto do conflito nas políticas e nos projetos e processos estabelecidos pela empresa para enquadrar a possível decisão na realidade estruturada dela; e
- a questão da **empregabilidade**, que corresponde à situação de uma pessoa conseguir trabalho e remuneração pelos seus conhecimentos, habilidades e atitudes intencionalmente desenvolvidos por meio de educação e treinamento sintonizados com as necessidades do mercado de trabalho. Você percebe que uma empresa com profissionais que acreditam na empregabilidade como uma filosofia de vida pessoal e profissional certamente tem um estilo administrativo bem interessante.

c) Inteligência emocional, racional e facilitadora

Você deve saber que:

- **inteligência emocional** é a que ocorre com base em sentimentos, emoções, experiências vividas ou observadas e até "achismo" em um contexto decisório específico, cujos aspectos básicos foram apresentados no item "a" da seção 4.7;
- **inteligência racional** é o conjunto de processos analíticos que transformam dados e informações em conhecimentos relevantes, precisos e úteis na compreensão e decisão de um problema simples ou complexo; e
- **inteligência facilitadora** é a capacidade de uma pessoa em entender a natureza da oportunidade ou do problema e de estruturar a melhor maneira de usufruí-lo ou de resolvê-lo.

Geralmente, as pessoas apresentam esses três tipos de inteligência, mas com predominância natural de um tipo; e mais, pode variar o tipo de inteligência que prevalece em um momento ou situação específica de acordo, principalmente, com a influência de outras pessoas envolvidas na questão em análise.

De qualquer forma, as inteligências racional e facilitadora são as bem estruturadas e seguem um raciocínio lógico, resultando em maior facilidade de aceitação por parte das outras pessoas, desde que essas também tenham a predominância de debates e análises mais estruturados; caso contrário...

Existem pelo menos quatro fatores que incentivam esses três tipos de inteligência:

- a **intuição**, que é a habilidade do cérebro de processar informações inconscientemente;
- a **motivação**, que é o conjunto de energias e forças internas controláveis por cada pessoa e que a mantém permanentemente direcionada para os objetivos e metas específicas e concretas estabelecidas pela empresa e por você em seu plano de desenvolvimento profissional;
- a criatividade, que possibilita fugir de padrões e encontrar novas soluções para problemas já existentes e novos; e
- o conjunto estruturado de conhecimentos, habilidades e atitudes de cada profissional da empresa, conforme amplamente divulgado neste livro.

Você percebe que uma pessoa motivada para trabalhar como profissional de empresa e que tenha intuição e criatividade de administrar as várias questões a longo, médio e curto prazos, além de possuir toda a sustentação de conhecimentos, habilidades e atitudes básicas, tem elevada possibilidade de ser um profissional de sucesso e que proporcione valor para a empresa onde trabalha.

A principal questão aqui é o nível de motivação da pessoa, pois deve-se lembrar que a motivação é intrínseca ao indivíduo e, portanto, o máximo que outras pessoas podem fazer é consolidar instrumentos administrativos e um ambiente de trabalho que incentive o processo motivacional do profissional considerado; e a intuição, a criatividade e o nível de capacitação – conhecimentos, habilidades e atitudes – são correlacionados apenas à realidade de cada pessoa; e como resultado o estilo administrativo de uma empresa é decorrente dessas pessoas. Simples, não?

Essa questão dos estudos dos tipos e níveis de inteligência e suas aplicações práticas tem evidenciado alguns outros tipos de inteligência, como:

- **inteligência múltipla**, que envolve elevados níveis de competências interpessoais com fortes níveis de empatia e de colaboração, trabalhando com questões musicais, espaciais e interpessoais; e
- **inteligência pedagógica**, em que a capacidade de ensinar ocorre em alto nível, situação de elevada importância não apenas nas instituições de ensino, mas também nas empresas onde o processo de aprendizado com os colegas deve ser incentivado pela sua facilidade, agilidade, qualidade, veracidade e baixo custo.

d) Capacidade de julgamento e de orientação

Essa é uma questão que ocorre muito em ambientes sociais e de trabalho, mas deve-se tomar alguns cuidados no seu exercício, para que o "tiro não saia pela culatra".

Para que uma pessoa possua efetivas condições de julgar e de orientar outra, é necessário que, no mínimo, tenha:

- adequado conhecimento da situação em análise e debate;
- otimizado conhecimento teórico a respeito do assunto; e
- adequada experiência prática a respeito do assunto, de preferência tendo exercitado em diferentes situações e com pessoas diversas.

O resultado desse processo de julgamento e orientação pode ter dois extremos:

- o positivo, em que o profissional que julga e orienta tem efetiva sustentação para tal e a sua aceitação – e até disputa para se trabalhar com ele – é elevada, tornando-o um importante líder na empresa, bem como formador de outros líderes; e
- o negativo, em que o profissional que julga e orienta não tem condições para tal e os resultados para a empresa, e para os profissionais que trabalham nela, são os piores possíveis.

Na prática, pode-se considerar que essa questão do nível de qualidade nos julgamentos e nas orientações realizados nas empresas é um dos fatores que mais mexe no estilo administrativo dessas empresas, com oscilações para cima ou para baixo nos resultados empresariais.

Não se pode esquecer que essa questão da capacidade de julgamento, de orientação e de tomada de decisão sofre influência direta da avalanche de informações presente nos dias atuais e que aumentam em proporção geométrica. Portanto, sempre será necessário analisar os dados e informações, contextualizá-los e interpretá-los.

O chamado *Big Data* – volume de dados e estatísticas correlacionados a determinado assunto – não faz sentido se não houver uma mente humana usando-o com sabedoria.

Nessa questão da análise da capacidade de julgamento e de orientação ao processo decisório, você também deve considerar a aplicação da realidade aumentada, a qual pode alterar o contexto de suas decisões.

A abordagem da realidade aumentada (RA) transforma grandes quantidades de dados e elementos de análise em imagens ou animações que são alocadas no mundo real, colocando a informação diretamente no contexto no qual é tomada a decisão com qualidade, contribuindo diretamente para as melhorias da produtividade, da qualidade, do treinamento e da geração de valor dos produtos e serviços disponibilizados pela empresa aos diversos segmentos de mercado.

Na prática, a RA melhora, e muito, alguns aspectos importantes para a qualidade decisória como a melhor visualização do processo operacional, as otimizadas instruções e orientações para melhor realização das atividades, bem como a adequada interação com a realização das diversas atividades, pois todo o processo decisório está sustentado por imagens verdadeiras e em tempo real.

Você pode associar a RA com a realidade virtual (RV), pois enquanto a RA interage a informação digital ao mundo físico, a RV substitui a realidade física por um ambiente gerado por computador, facilitando os processos de simulação.

Por tudo isso, a RA pode criar significativo valor para a empresa, tornando-se parte do próprio produto, mas também melhorando o desempenho de toda a cadeia de valor, passando por todas as atividades desde o desenvolvimento do produto até o pós-venda.

A aplicação da abordagem RA está em evolução, mas não na velocidade que se espera de tão importante técnica digital, sendo que a sua procura atual está mais concentrada em atividades perigosas, em atividades realizadas em locais remotos, bem como no caso de empresas que trabalham com produtos ou máquinas extremamente complexos e que não podem ser automatizados com facilidade.

Portanto, a RA proporciona elevado impacto na maneira como as empresas tomam decisões em ambientes fortemente competitivos; e as empresas que chegarem antes e com qualidade de aplicação terão importantes vantagens e diferenciais neste mundo altamente competitivo, inclusive porque o estilo administrativo delas é facilmente identificado pelos diversos segmentos de mercado.

Salienta-se que esse raciocínio perante a RA e a RV também é válido para outras questões decorrentes da forte evolução tecnológica que o mundo e as empresas estão passando.

e) Vocação

Vocação é o ato de explicitar uma predestinação de um talento ou aptidão para uma atividade, de maior ou menor abrangência, que proporciona sustentação para o desenvolvimento profissional, com qualidade de vida, das pessoas.

A vocação de uma pessoa pode ajudar ou não o estilo administrativo de uma empresa, dependendo se ela proporciona maior sustentação para o desenvolvimento do referido estilo; mas é muito difícil uma pessoa com vocação explicitada atrapalhar o estilo administrativo de uma empresa, pois normalmente apenas evidencia uma possível alternativa de atuação.

A explicitação da efetiva contribuição da vocação dos profissionais da empresa para o seu estilo administrativo pode ser entendida pelos componentes de toda e qualquer vocação, que são:

- o conjunto dos conhecimentos, habilidades e atitudes de cada profissional da empresa;
- o elenco dos possíveis focos de atuação desse profissional;
- os resultados que esse profissional está proporcionando para a empresa onde trabalha; e
- a evolução que esse profissional está apresentando, com base nas avaliações de desempenho, preferencialmente as realizadas por critérios objetivos e facilmente avaliáveis.

Nesse contexto, pode-se afirmar que a vocação de cada profissional sofre influência de dois fatores:

- a qualidade de vida que esse profissional está usufruindo; e
- o nível de aprendizado que esse profissional está obtendo pela realização de suas atividades na empresa.

Portanto, você verifica que quanto mais um profissional aprende e tem a oportunidade de aplicar os seus conhecimentos em suas atividades, mais ele se sente realizado e motivado para, cada vez mais, se aperfeiçoar de forma sustentada; e essa situação contribui diretamente para a melhoria de sua qualidade de vida, proporcionando toda a sustentação para que ele respeite e sempre esteja procurando melhorar o estilo administrativo da empresa onde trabalha.

f) Liderança

No processo de consolidação de otimizado estilo administrativo nas empresas, é necessário que os atuais líderes saibam desenvolver novas lideranças que consolidem e aprimorem o atual estilo administrativo da empresa e, para tanto, é necessário que os diversos profissionais da empresa entendam a necessidade de:

- existência de um propósito ou finalidade com efetivo entendimento por parte de todos os profissionais envolvidos nos trabalhos;
- valorização à cultura e ao exercício do pensamento e reflexão quanto às ideias, conhecimentos e experiências;
- foco continuado e constante na mudança, no novo, no crescimento e no desenvolvimento das pessoas, das equipes, da empresa, do mercado e da comunidade;
- lembrança de que controle diz respeito a poder e não liderança;
- prática efetiva da inovação em seus diversos atos;
- modelo de administração colaborativo e interativo para com os resultados planejados e comuns;
- liderança distribuída e compartilhada e não um único líder; e
- seguidores que desafiam, constantemente, as lideranças na efetiva busca de melhores decisões e ações.

Esse estilo administrativo também deve contemplar a atuação de líderes exponenciais, cujas características analisadas por Nail (2014, p. 10) são:

- defensor visionário dos clientes, os quais representam a razão de ser das empresas;
- experimentador movido pelos dados de mercado;
- realista otimista, com propostas de solução interessantes para os casos mais problemáticos;
- flexível ao extremo, com elevado processo de transformação e de adaptação, mas sempre com forte processo de aprendizagem;
- aberto às interações com a comunidade e de especialistas "de fora"; e
- verdadeiramente confiante, aceitando fortes desafios e até gostando deles.

g) Flexibilidade e agilidade cognitiva

Nesse caso, você deve ter amplitude, flexibilidade e agilidade de raciocínio para usar, ou mesmo criar, diferentes conjuntos de regras, políticas e hábitos para combinar, de alguma maneira, bens, situações ou pessoas de diferentes características para conseguir um resultado preestabelecido por você. Alguns chamam essa situação de "jogo de cintura criativo".

Embora o nível de cognição tenha influência da personalidade de cada pessoa, seguramente ela pode se desenvolver pela forma de atuação pessoal e profissional de cada um, e aqui vai uma sugestão: aproveite as suas necessárias interações com outras pessoas nos ambientes sociais, estudantis, esportivos e de trabalho para incrementar o seu nível de cognição, pois só tem a ganhar com isso e também as pessoas que convivem com você.

Você não precisa ficar aplicando critérios e parâmetros para avaliar periodicamente o seu nível de cognição, mas seria interessante você estabelecer alguma maneira, bem simples, de verificar se está ou não ocorrendo um processo evolutivo.

Você identificou que o termo **cognição** se refere à capacidade de ampliar as maneiras de pensar, imaginando diferentes caminhos para resolver os problemas que surgem; e, portanto, quanto mais flexível uma pessoa é, mais facilmente ela será capaz de visualizar novas possibilidades de solução para um problema. Portanto a palavra de ordem é: tenha flexibilidade cognitiva!

h) Negociação

Negociação é a capacidade de concluir, oportunamente, situações desejadas e necessárias aos resultados da empresa, de forma interativa e com a consequente otimização das relações interpessoais.

Você deve considerar que negociar é, antes de tudo, aprender coisas novas, em que se deve procurar a situação equilibrada do "ganha-ganha", quando ninguém sai perdendo, bem como toda negociação envolve determinado nível de imprevisibilidade, o que provoca a necessidade de os negociadores terem agilidade de raciocínio e controle emocional, bem como adequado nível de conhecimento do assunto que está sendo negociado, ou seja, o processo de negociação está fortemente relacionado com o estilo administrativo das empresas.

Na prática, você pode considerar alguns aspectos de boa negociação, a saber:

- ter um plano geral de negociação bem elaborado para o assunto em questão;
- saber que em toda negociação existe o aspecto contingencial, obrigando a ter um "plano B no bolso do colete";
- ter empatia e saber se colocar no lugar do outro, até para idealizar as próximas etapas da negociação;
- entender o estado de espírito do outro, pois uma situação de mau humor pode prejudicar todo o processo negocial;
- saber influenciar a si próprio antes de tentar influenciar a outra pessoa (Ury, 2018, p. 22);
- saber controlar a ansiedade e "ir com calma" durante a negociação; e

- sempre que possível e necessário, utilizar os serviços de intermediação de uma terceira pessoa que tenha a habilidade de encontrar o ponto comum que atenda às expectativas dos dois lados.

Duas habilidades podem ajudar nos processos negociais:

- ser articulado em seus atos, o que exige, no mínimo, o bom relacionamento com as pessoas, a vontade de crescer, pessoal e profissionalmente, com outras pessoas que estejam direcionadas para objetivos comuns, o uso otimizado das palavras com boa exposição das ideias e paciência e atenção em ouvir os outros, bem como a capacidade de contribuir para a ordenação, com equilíbrio, das diversas ideias e sugestões debatidas; e
- ter **empatia** em seus relacionamentos, lembrando que ela corresponde à capacidade de alguém se abstrair de sua identidade e se colocar, momentaneamente, **dentro do outro**, para assim sentir a realidade interior da outra pessoa. Entretanto, tem-se observado resistências a esse processo, geralmente provocadas por ignorância e incompetência pessoal, ausência de humildade, impaciência em ouvir as pessoas e, consequentemente, de entendê-las, bem como medo de decisões e ações, próprias e de terceiros.

i) Ética

Ética é o conjunto estruturado e sustentado de valores considerados como ideais e que orientam o comportamento das pessoas, dos grupos, das empresas e da sociedade como um todo.

No caso da interação entre a ética das pessoas e das empresas, essa ocorre principalmente pela paridade dos valores e das políticas de uma empresa e os valores e políticas de atuação das pessoas; mas de qualquer forma é válido que cada pessoa estabeleça o seu **código de ética** ou de conduta, o qual representa o conjunto ético dos comportamentos e atitudes das pessoas que pertencem a determinada instituição ou coletividade.

Pode-se considerar que a ética é um dos principais fatores integrantes e de influência no estilo administrativo das empresas e, portanto, é de elevada importância que você elabore, aplique e aprimore um código de ética pessoal.

j) Resiliência

Você já verificou que **resiliência** é o processo e o resultado de se adaptar, com sucesso, às experiências de vida difíceis ou desafiadoras, especialmente por meio da flexibilidade mental, emocional e comportamental, bem como do ajustamento a demandas internas e externas da empresa.

Na prática, pode-se afirmar que embora a resiliência seja considerada um fator de suma importância para o maior valor proporcionado pelos profissionais para as empresas, ela não é de fácil avaliação, o que leva, inclusive, algumas pessoas a se julgarem resilientes sem efetivamente o serem.

Além de uma pessoa ter a disciplina de ser resiliente, por um esforço pessoal, também deve ter experiências e conhecimentos diversos para ter condições de enfrentar essas situações diversas; e não se esquecendo de ter humildade para aprender com os outros as suas experiências e conhecimentos, para que até possa fazer melhor, ou seja, aplicar o princípio de *benchmarking*.

Como a resiliência é um processo evolutivo e sustentado, pode-se considerar que quando a empresa identifica os seus profissionais que são resilientes e os prestigia e dissemina a sua atuação, essa empresa pode consolidar um estilo administrativo bem interessante. A dificuldade que ocorre é quando se confunde resiliência com irresponsabilidade. Sem comentários!

k) Erros e riscos

Os profissionais das empresas devem saber trabalhar com erros, inclusive em seus processos de ajustes; e se lembrar do famoso ditado: "só erra quem faz", embora existam pessoas que não erram pelo simples fato de que não fazem nada!

O erro também pode contribuir para o aprimoramento do estilo administrativo de uma pessoa, pois o referido erro pode ser uma fonte de aprendizado, desde que o processo anterior tenha sido estruturado e formalizado, pois ninguém aprimora "conversa fiada".

O processo de saber trabalhar com riscos também pode contribuir para o estilo administrativo em uma empresa, lembrando que **risco** é o estado do conhecimento no qual cada ação ou estratégia alternativa leva a um conjunto de resultados, sendo a probabilidade de ocorrência de cada resultado conhecida pelo tomador da decisão.

O modelo de administração da empresa pode auxiliar no tratamento dos riscos identificados pela estruturação e utilização dos vários instrumentos administrativos existentes, como planejamento estratégico, governança corporativa, logística, qualidade total, orçamento, custos, relatórios gerenciais, indicadores de avaliação, bem como sustentada competência administrativa e decisória de seus executivos e demais profissionais.

Essas questões inerentes ao estilo administrativo e ao modelo de administração consolidam-se, de maneira efetiva, no plano de negócios da empresa, que é onde os erros e as consequências dos riscos aparecem em resultados quantificados e inquestionáveis.

É por isso que, embora o estilo administrativo seja o fato gerador dos erros e dos riscos inadequados, você deve iniciar a análise pelo plano de negócios em sua estrutura, abrangência e nível de riscos possíveis e depois verificar a sustentação fornecida pelo modelo de administração da empresa e, finalmente, debater o estilo administrativo ideal para tal situação e a identificação do atual estilo, ou seja, fazer os necessários ajustes no estilo administrativo e daí reiniciar o processo.

Você verifica, em vários pontos do livro, que, embora seja possível identificar o fato gerador da capacitação e atuação ideais dos profissionais das empresas, sempre é válido "rodar" os três assuntos administrativos abordados em uma relação causas *versus* efeitos; e esse comentário vale para vários outros assuntos e instrumentos administrativos das empresas.

Neste momento, são válidos alguns comentários da interação entre o retorno esperado de um investimento e o nível de risco aceitável.

O retorno esperado pode ser determinado por meio da relação entre o lucro obtido em determinado período dividido pela receita ou patrimônio líquido; e o grau de risco é estabelecido pela amplitude da faixa provável em que vai situar-se seu retorno, e, se essa for bastante ampla, o risco é elevado e a decisão será problemática.

O risco pode estar correlacionado a algumas situações:

- risco da evolução de fator externo ou não controlável, quando a empresa não consegue acompanhar a evolução que está ocorrendo em seu ambiente, como novas necessidades dos consumidores, o que pode levar a empresa a ficar "fora do mercado";
- risco da evolução de fator interno ou controlável, quando a empresa não atualiza os seus conhecimentos, processos, atividades, produtos ou serviços e gradativamente tem dificuldades de colocar seus produtos e serviços nos diversos segmentos de mercado até por questões de preços decorrentes de seus problemas de custos; e
- risco de consolidar uma evolução no mercado, quando a empresa não consegue comprovar que sua proposta inovadora é válida.

l) Iniciativa sustentada

A iniciativa, desde que tenha sustentação, é um importante aspecto do estilo administrativo das pessoas e das empresas.

O modelo de administração pode ajudar, e muito, nesse processo quando disponibiliza para os profissionais da empresa planejamentos bem estruturados, elaborados, implementados e respeitados; estabelecimento dos objetivos e metas por áreas da empresa e de suas equipes de trabalho; estruturada interação entre o processo de avaliação dos resultados da empresa e o processo de avaliação de desempenho dos profissionais da empresa; uma estruturada administração de carreiras na empresa, entre outros importantes assuntos.

Mas não se pode esquecer que alguns profissionais das empresas têm muita iniciativa, mas pouca "acabativa", pois eles não terminam as suas tarefas; e geralmente são esses que tumultuam o estilo administrativo da empresa.

A sustentação da boa iniciativa dos profissionais das empresas deve ser o conjunto de seus conhecimentos de metodologias e técnicas – o "como" fazer – e das experiências realizadas e de seus resultados, sendo que as empresas devem alocar essas informações no cadastro de capacitação interna – ver seção 4.6.3 –, pois elas representam a essência do capital humano de cada empresa.

Infelizmente, você deve conhecer empresas que não têm noção dos conhecimentos e experiências de seus profissionais, que poderiam ser utilizados – de graça! – na evolução de seus processos administrativos e de seus negócios.

m) Hábito

Hábito é a "maneira de ser" de um profissional, consolidando a sua personalidade de maneira positiva ou negativa para a empresa, sendo um foco básico de processos de mudanças planejadas para efetivar melhor estilo administrativo na empresa.

O modelo de administração também recebe influência dos hábitos dos profissionais da empresa, sendo que o referido modelo pode contribuir para a consolidação de fortes hábitos na empresa pela aplicação de:

- estruturado e efetivo processo de planejamento estratégico para que toda a empresa saiba por onde quer ir e o que vai ser realizado para se chegar a tal situação;
- um modelo de administração total e integrada baseado no modelo de governança corporativa;
- consolidação de um ambiente de trabalho que facilite o aprendizado, a motivação, a criatividade e a inovação perante as diversas atividades da empresa; e
- aplicação de instrumentos administrativos estruturados, lógicos, entendidos e aceitos de avaliação dos resultados da empresa e de avaliação de desempenho dos profissionais que trabalham nela.

n) Humildade

Essa é uma questão puramente pessoal, mas você deve concordar que os profissionais de valor transformam a sua humildade em força e em resultados, inclusive para ensinar e, principalmente, aprender metodologias, técnicas e situações de elevada importância para si e para as empresas onde trabalham.

o) Ambiente de trabalho

Toda e qualquer empresa deve consolidar um otimizado ambiente de trabalho que facilite a motivação, a criatividade, a iniciativa, a produtividade, a qualidade, entre outras importantes questões.

Para contribuir para a melhoria do estilo administrativo, a empresa deve disponibilizar um ambiente de trabalho que consolide, pelo menos, duas questões básicas:

- adequado **clima organizacional**, que é a qualidade ou propriedade do ambiente de trabalho percebida pelos profissionais que atuam na empresa e que tem influência, positiva ou negativa, sobre os seus comportamentos, habilidades e atitudes, ou seja, sobre o seu estilo administrativo. A empresa pode analisar o seu clima organizacional por meio de pesquisas, que devem ser estruturadas, amplas, periódicas e com seus resultados efetivamente aplicados na empresa; e
- otimizado ambiente de confiança na empresa, lembrando que **confiança** é a interação espontânea e evolutiva entre pessoas, baseada na segurança ética de procedimento, discrição, respeito e probidade, possibilitando a ampla e irrestrita troca de experiências, conhecimentos e expectativas.

Neste momento, vale a pena apresentar, para sua análise, complementação e debate, algumas situações que podem incrementar e sustentar o melhor nível de confiança entre as pessoas, como:

- aplicar, com qualidade, algumas contribuições advindas do modelo de administração da empresa, como os quatro princípios básicos da governança corporativa – transparência, prestação de contas, equidade e responsabilidade –, trabalhar com equipes multidisciplinares e com profissionais competentes; e
- respeitar os seis fatores componentes da confiança ou os "seis Cs": conhecimento para bem realizar as tarefas, compromisso para com os resultados esperados, coordenação dos trabalhos, cooperação na busca de resultados compartilhados, controle em **tempo real** e **na tarefa**, bem como a cultura organizacional focando a "maneira de ser" das pessoas.

p) Tempo

Você deve saber administrar o tempo de realização de suas diversas atividades, quer sejam profissionais ou pessoais; e acredite: muitas pessoas se esquecem do dito "tempo é dinheiro" e, pior ainda, de que o tempo perdido nunca será recuperado.

Ninguém precisa ficar escravo do tempo, mas algumas preocupações se devem ter a respeito, como: planejar todas as atividades suas, de sua equipe e da sua empresa; estabelecer, com sustentação e validação, a hierarquia de prioridades das atividades a serem realizadas; escolher os profissionais com o melhor perfil para cada tarefa; acompanhar e avaliar o desenvolvimento dos trabalhos; identificar em **tempo real** e **na tarefa** os erros a serem consertados; interligar as diversas atividades; criar bom ambiente de trabalho, bem como aplicar os princípios da meritocracia, em você e na sua equipe.

Um dos aspectos que mais prejudica o tempo das pessoas e das empresas é o retrabalho, em que se é obrigado a refazer o que foi feito anteriormente, simplesmente porque foi malfeito; e acredite: o nível de retrabalho das pessoas e das empresas é assustador!

q) Sustentabilidade

Quando você analisa o estilo administrativo de uma empresa, não pode se esquecer do assunto **sustentabilidade**, que, no ramo empresarial, além de estar associada ao meio ambiente, também se refere à capacidade de a empresa gerar valor no curto, médio e, principalmente, longo prazo, para manter, com qualidade, os seus negócios, produtos e serviços.

A sustentabilidade empresarial é um assunto muito amplo e pode envolver, além dos riscos ambientais, também riscos financeiros, mercadológicos, tecnológicos, sociais e regulatórios, entre outros; exige constante monitoramento e avaliação; facilita e incentiva o processo de inovação nas empresas; não deve ser um simples discurso de marketing, mas deve estar no DNA das empresas, sendo algo intrínseco aos seus negócios, produtos e serviços e também ao seu estilo e modelo de administração.

Você deve se posicionar e se avaliar frente aos 17 assuntos inerentes à capacitação e à atuação ideais de um profissional quanto ao estilo administrativo de uma empresa e, para tanto, pode aplicar o formulário apresentado na Figura 5.2.

Estilo administrativo Autoanálise da capacitação e atuação				Data _/_/_		Nº
Nome				Área		
Assunto	Peso	Nota	Justificativas	Avaliação de colegas		Ações para melhoria
				Notas	Justificativas	

Figura 5.2 Autoanálise da capacitação e atuação.

Além de seu nome, área de atuação na empresa e data de realização de sua autoanálise – para comparações futuras –, você deve considerar seis itens básicos:

- **assunto**: identificação do assunto no qual você vai se autoanalisar e ser avaliado pelos colegas de trabalho. Além dos 17 assuntos elencados nesta seção do livro, a sua empresa pode indicar outros que afetem a realidade do estilo administrativo;
- **peso**: estabelecimento do peso do assunto no contexto do estilo administrativo da empresa. Pode ser de 1 a 5, de acordo com a evolução do nível de importância do assunto em análise;
- **nota**: você deve dar uma nota de 1 a 10 quanto ao seu nível de capacitação e atuação no assunto analisado;
- **justificativas**: é necessário você apresentar as justificativas básicas da nota que você atribuiu na coluna anterior;
- **avaliação de colegas**: dois ou três colegas que têm bom conhecimento de você devem realizar uma avaliação, a mais objetiva possível, de sua capacitação e atuação no assunto analisado. Nesse contexto, eles devem dar notas de 1 a 10, com as justificativas básicas. Naturalmente, esses colegas devem ser sinceros e também seus amigos, pois somente os amigos "dizem na cara" a realidade de outra pessoa, para que essa possa efetivamente se aprimorar;
- **ações para melhoria**: você deve explicitar o que deverá aprender, desenvolver e aplicar para que sua nota final fique mais elevada. Na realidade, você deve considerar ações para melhoria mesmo para assuntos em que você, e seus colegas,

considerem que tenha otimizadas capacitação e atuação no assunto analisado e que afeta o estilo administrativo da empresa.

Você percebe que o formulário da Figura 5.2 também deve ser aplicado quando estiver analisando o modelo de administração e o plano de negócios da empresa, conforme identificação dos itens apresentados a seguir nas seções 5.2.2 e 5.2.3.

E agora são apresentadas algumas sugestões práticas complementares para você aprimorar o estilo administrativo da empresa onde trabalha, as quais são simples e evidentes.

As duas primeiras sugestões podem ser consideradas premissas básicas para o bom desenvolvimento das atividades de interação entre os profissionais da empresa:

- procurar sempre trabalhar e consolidar a boa qualidade do processo decisório por meio do uso disciplinado de equipes multidisciplinares, pois essas possibilitam os debates, os ensinamentos, os aprendizados e as interações de diferentes conhecimentos, especialidades e experiências, lembrando que a administração das empresas sempre envolve diversas áreas e atividades e, portanto, a decisão do "eu só" pode ser problemática;
- saber utilizar, na plenitude, as reuniões de trabalho e, para tanto, é necessário que essas sejam bem estruturadas, planejadas, coordenadas, avaliadas e que os profissionais participantes tenham efetiva sustentação para contribuir para a boa qualidade dos resultados dessas reuniões, caso contrário elas se tornam simples "eventos sociais" que não servem para nada a não ser para os que gostam de "conversa fiada"!

Para tanto, essas reuniões devem ser, no mínimo, bem estruturadas com:

- pauta da reunião, com indicação dos assuntos – e sua ordem – a serem analisados, os horários de início e término, bem como os relatores dos assuntos e os tempos previstos de cada apresentação;
- indicação das decisões dos assuntos debatidos, com os resultados esperados, os seus responsáveis, as possíveis decisões alternativas, bem como os documentos de apoio das análises, decisões e operacionalizações; e
- avaliação dos resultados esperados com base nas decisões tomadas nas reuniões, identificando qualidade, quantidade e benefícios proporcionados.

Com referência às duas outras sugestões práticas para você aprimorar o estilo administrativo da empresa onde trabalha, uma sugestão refere-se à estruturação das equipes de trabalho e a outra se direciona à maneira como os profissionais da empresa devem atuar nessas reuniões de trabalho.

Com referência à estruturação dos trabalhos, você pode considerar a interessante técnica do painel integrado que muito auxilia no desenvolvimento dos trabalhos, principalmente quando do debate de assuntos de elevada amplitude e complexidade.

A técnica do painel integrado surgiu de uma constatação segundo a qual, ao se trabalhar com equipes de qualquer natureza, verificou-se que era comum alguns de seus membros realizarem as tarefas enquanto outros **encostavam o corpo**, aparecendo, contudo, o resultado como se fosse trabalho cooperativo de todos os membros da equipe, o que pode gerar alguns problemas.

Por outro lado, também existe a necessidade de **se tirar o máximo das pessoas** sob o ponto de vista de colaboração a um resultado específico; e como está-se considerando, neste livro, equipes de trabalho que apresentam elevado nível de criatividade, a técnica do painel integrado torna-se vantajosa.

Para o estudo de um problema empresarial, é ainda o painel integrado a forma ideal de captar todas as sugestões de todos os participantes que têm a dar sua contribuição, pois:

- na primeira fase, cada membro da equipe maior participa de uma equipe menor, onde o primeiro debate é feito em um pequeno círculo de estudo; e
- em uma segunda fase, cada membro de cada equipe menor irá confrontar esse primeiro debate com os estudos que foram feitos nas demais equipes (painel integrado).

O painel integrado pode ser formado pelos membros das diversas equipes de trabalho, sendo fundamental a não existência da hierarquia organizacional, pois esse aspecto possibilita inibir determinado participante, o que pode bloquear o processo criativo que se deseja da equipe de trabalho.

Do ponto de vista operacional, o painel integrado pode funcionar conforme demonstrado na Figura 5.3; entretanto, a empresa deve saber que o processo de entendimento e assimilação dessa técnica pode necessitar de algum tempo e esforço de seus membros.

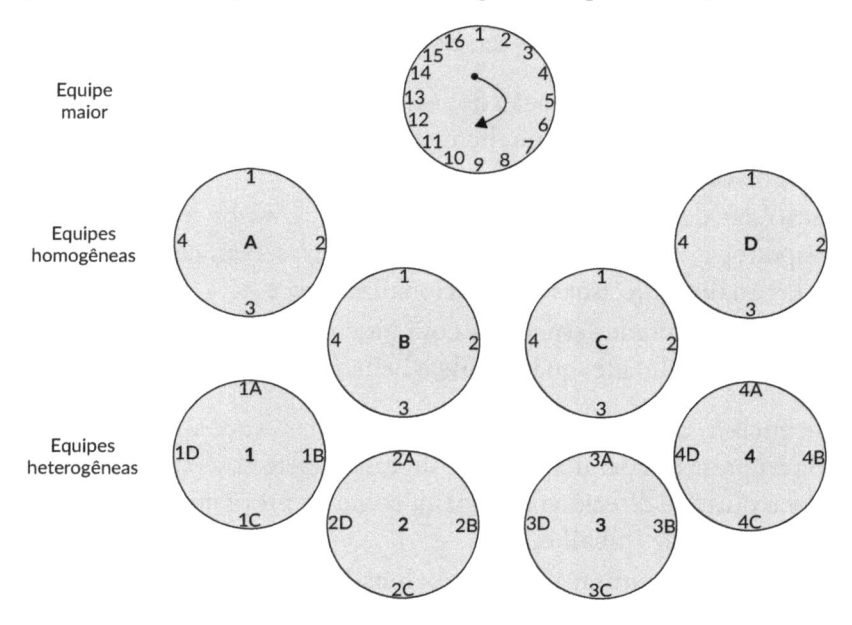

Figura 5.3 **Técnica do painel integrado.**

Você pode considerar o seguinte procedimento básico resumido do funcionamento da técnica do painel integrado:

- com referência aos assuntos a serem debatidos, a proposta é utilizar a lista completa dos fatores internos ou controláveis e dos fatores externos ou não controláveis do planejamento estratégico da empresa;
- o debate deve se iniciar na equipe maior para pleno entendimento dos trabalhos;
- a equipe maior deve ter representantes com o mais elevado conhecimento dos referidos fatores internos e externos;
- as equipes menores e homogêneas devem debater assuntos correlacionados (equipes A, B, C e D) de acordo com as suas áreas de atuação na empresa;
- as equipes menores e heterogêneas devem debater todos os assuntos (equipes 1, 2, 3 e 4);
- todos os participantes devem voltar para a equipe maior para os devidos ajustes e detalhamentos do processo operacional e de suas responsabilidades pelos trabalhos na empresa; e
- se necessário, fazer novas rodadas do processo.

Com referência à sugestão de como as reuniões de trabalho devem ser conduzidas e os participantes devem atuar você pode considerar a utilização da técnica vivencial de liderança (TVL), cujos aspectos são apresentados a seguir (Bachir *et al.*, 1976, p. 1-26).

A abordagem TVL trabalha os profissionais do ponto de vista humano, procurando atendê-los, realisticamente, nas suas necessidades mais profundas; não apenas acrescentando informações estratégicas, táticas e operacionais, mas também buscando, ativamente, desenvolver as suas potencialidades e os seus recursos.

Existem pessoas que têm, intuitivamente, esse senso de lidar com os outros, parecendo reconhecer a realidade psicológica das pessoas e, por isso, são capazes de ter certa sensibilidade para lidar com problemas humanos e, com isso, conseguem abrandar dificuldades e obter produtividade maior.

A abordagem TVL, como técnica de desenvolvimento de reuniões de trabalho, tem sua sustentação enfocada em dois conceitos básicos:

- conceito do profissional como pessoa humana, que integra o desempenho de sua tarefa específica em um contexto mais amplo, no qual também estão presentes e atuantes importantes necessidades e atitudes emocionais, desejo de reafirmação etc.; e
- conceito de liderança, fundamentado na ideia de transação social e pelo qual o exercício da liderança é visto como um fenômeno grupal e não como a expressão isolada e quase aleatória do talento inato de alguns indivíduos. Além disso, dentro dessa ideia de liderança, considera-se que ela é um atributo treinável e que profissionais capazes de melhor integração às necessidades e aspirações humanas estão, também, mais bem capacitados para receber da equipe a delegação de liderá-la dentro da transação social.

Essa técnica de reunião tende a desenvolver e reforçar importantes características pessoais, como objetividade, combatividade, criatividade e empatia.

A TVL facilita a montagem de reuniões, as quais transcorrem em mínimo período de tempo, obtendo-se a participação ativa e responsável da parte de todos. Não há conversas paralelas, nem referências de ordem pessoal; a discussão é objetivamente centrada no problema a ser resolvido, sendo que todas as perguntas, dúvidas e contribuições se referem, diretamente, à questão proposta pelo expositor à equipe de trabalho.

A técnica não impõe limitações quanto à natureza do problema a ser discutido ou à montagem específica da equipe em termos de escalões hierárquicos presentes à reunião; ou seja, a equipe tanto pode ser formada por pessoas da mesma hierarquia ou de hierarquias diferentes, desde que possam contribuir para a solução do problema discutido.

A TVL obedece à seguinte dinâmica:

i. Definição do tema

Embora isso possa parecer, a princípio, óbvio, convém lembrar os resultados frequentemente desastrosos das reuniões sem agenda. É necessário que o tema da reunião seja importante para a empresa ou para a pessoa que vai convocá-la.

ii. Seleção dos participantes

Não se deve convocar pessoas para uma reunião sem que haja motivo determinado, sendo que os participantes devem estar diretamente correlacionados com o assunto em discussão ou ser capazes de contribuir para sua solução.

Pessoas dissociadas do problema ou sem condições para colaborar perturbam a reunião e representam gasto inútil de tempo, especialmente na TVL, quando todos são levados a contribuir.

iii. Definição dos papéis

A reunião com o uso da TVL conta com os seguintes tipos de participantes:

- coordenador, que normalmente é o líder formal da equipe, o qual dirige a reunião;
- expositor, que é a pessoa encarregada de apresentar o problema em discussão; e
- participantes, com a responsabilidade de conhecer a realidade dos assuntos da reunião e de apresentar propostas de solução.

Dependendo do número de participantes e da abrangência e complexidade dos assuntos a serem debatidos, pode existir também o secretário da reunião, que pode ser um de seus membros.

iv. Organização formal da equipe

Sempre que possível, os participantes se sentam formando um círculo, pois isso permite que todos vejam uns aos outros sem esforço. A forma circular tem, também, um significado em termos de comunicação e facilita a interação dos participantes.

Durante a rodada de esclarecimentos ou de contribuições, o coordenador dá a palavra a cada participante, a partir da pessoa que está imediatamente à sua esquerda e mantendo até o fim o sentido horário, pois isso implica economia de energia e protege a equipe do risco de saltar algum participante.

v. Exposição do tema

A partir da constituição da equipe, o coordenador dá início aos trabalhos, indicando o tema e passando a palavra ao expositor. Esse tem, no máximo, dez minutos para expor o tema; portanto, ele deve ir direto ao ponto, ser simples e objetivo.

Se o tema for demasiadamente amplo para ser exposto dentro do limite de tempo previsto, convém dividi-lo em mais de uma exposição. Havendo tempo reduzido e determinado, os expositores se autodisciplinam no sentido da objetividade, evitando-se a perda de tempo com comportamentos e assuntos que não interessam diretamente aos participantes da reunião.

Do ponto de vista do conteúdo, o que se espera da exposição é que ela providencie dados e informações para a equipe trabalhar; portanto, ela é o arcabouço que será revestido ou finalizado pela ação da equipe de trabalho.

Em sua apresentação, o expositor deve preocupar-se não em convencer a equipe de uma solução, mas em convencê-la a envolver-se o máximo possível na busca de soluções viáveis. Deve, em suma, motivar a equipe, vender o problema aos participantes, fazendo com que se sintam corresponsáveis por sua superação.

A exposição deve terminar com uma pergunta clara que defina o tipo de problema que é preciso resolver pela equipe de trabalho.

vi. Rodada de esclarecimentos

Encerrada a exposição, é possível que alguma dúvida subsista; mas lembrando que para o encontro de soluções eficazes é necessário que o problema possa ser corretamente enfocado e debatido com base na contribuição de cada um dos participantes.

Assim sendo, o coordenador faz uma rodada de esclarecimentos, indagando um a um dos participantes, da esquerda para a direita, se têm alguma pergunta a fazer, alguma dúvida a esclarecer, podendo fazer quantas perguntas quiserem.

O expositor anota todas as perguntas, respondendo, por fim, a cada uma delas. Se necessário, são realizadas outras rodadas até a equipe considerar-se plenamente esclarecida; entretanto, mais de duas rodadas de esclarecimentos são indício de que a exposição não foi suficientemente clara.

vii. Rodada de contribuições

Em seguida, o coordenador solicita contribuições por parte dos participantes. Cada um deles, sempre em ordem sequencial e a partir da esquerda para a direita, tem oportunidade de apresentar suas ideias para resolver o problema em questão, todos devem ser chamados a contribuir; se necessário, outras rodadas de contribuição serão efetuadas.

Se forem necessárias mais do que três rodadas para esgotar as contribuições da equipe, é provável que o tema tenha sido colocado de forma muito ampla, merecendo ser subdividido e, se necessário, marca-se outra reunião.

Ao término da rodada de contribuições, o coordenador efetua uma síntese dos pontos de vista apresentados. Caso não se chegue a uma solução final por falta de dados e informações, caberá ao expositor a responsabilidade de coletar esses itens faltantes. Será, então, marcada uma nova reunião para se retomar a discussão no ponto em que se parou.

Se, porém, o assunto tiver sido esgotado, tendo a equipe apresentado diversas soluções, o coordenador deve definir qual a tendência dominante.

5.2.2 Quanto ao modelo de administração

Com referência às capacitações e atuações ideais básicas inerentes à coordenação e equipe de trabalho quanto ao modelo de administração das empresas, você pode considerar:

a) Metodologias e técnicas estruturadas

Talvez o efetivo conhecimento dos diversos instrumentos administrativos das empresas com suas metodologias de desenvolvimento e aplicação das técnicas auxiliares bem estruturadas seja a premissa básica das adequadas capacitação e atuação dos profissionais quanto ao modelo de administração das empresas.

Já foi evidenciado que **instrumento administrativo** é a metodologia ou técnica, estruturada e interligada, que possibilita a operacionalização e a administração das diversas decisões tomadas ao longo do processo administrativo das empresas.

Esses instrumentos administrativos devem trabalhar no princípio da administração integrada, sendo que você pode considerar relativamente fácil e lógica a identificação dos instrumentos administrativos das empresas, pois deve existir uma correlação direta com as diversas atividades exercidas por essas empresas, como: planejamento estratégico, planejamento de marketing, estrutura organizacional, logística, qualidade, orçamento, custos, avaliação de desempenho, entre tantas outras.

O problema é que existem profissionais de empresas – acredite! – que não sabem estruturar os instrumentos administrativos inerentes às atividades de sua área de atuação, bem como não se preocupam em aplicar o princípio da administração integrada na empresa, visando proporcionar uma administração mais fácil, ágil, lógica e de menor custo. Para mais detalhes, analisar o já citado livro *A moderna administração integrada*, do mesmo autor.

b) Governança corporativa e *compliance*

Já foi explicado que boa governança de uma empresa é ter otimizadas interações entre acionistas ou cotistas, conselhos – de administração, fiscal, deliberativo, consultivo –, auditorias – externa e interna – e diretoria executiva, proporcionando a adequada sustentação para o aumento da atratividade no mercado – financeiro e comercial – e, consequentemente, incremento no valor da empresa, redução do nível de risco e maior efetividade da empresa ao longo do tempo.

A boa notícia é que a governança corporativa é um modelo de administração bem estruturado e com seus princípios adequadamente explicitados não gerando erros na sua aplicação, desde que os responsáveis tenham os conhecimentos básicos de administração de empresas. E, para detalhes metodológicos e operacionais, pode-se rever o apresentado nas seções 1.4.1, 2.1.3, 3.4, 4.5 e 4.6.2, procedimento que é importante para consolidar o pleno entendimento do assunto.

A governança corporativa também ajuda no processo de tomada de decisões mais assertivas a curto, médio e longo prazos, bem como de forma mais sustentável, o que aumenta o nível de confiança dos profissionais da empresa; contribui para a melhor administração de riscos e para a empresa se manter dentro da lei e de acordo com um programa estruturado de *compliance* – cumprimento de regras –, que é uma questão de elevada importância para o Brasil, que vive um momento de elevada corrupção como nunca antes visto, conforme notícias diárias nos meios de comunicação. Nas seções 2.1.4 e 4.6.2, foram apresentadas algumas questões básicas inerentes ao *compliance*.

Evidencia-se que esse procedimento de se reler, em alguns casos, o anteriormente apresentado é de elevada importância para o completo processo de assimilação de alguns assuntos administrativos de relativa complexidade e, principalmente, de elevada amplitude de aplicação nas empresas.

Esse princípio também se aplica quanto à reapresentação do conceito de alguns termos técnicos de assuntos administrativos, para a sua plena incorporação.

c) Meritocracia

Você pode considerar que a meritocracia, embora seja um conceito muito antigo idealizado em meados de 500 a.C. por Confúcio (551 a.C.-479 a.C.), ainda é um dos princípios essenciais a serem aplicados nos modelos de administração das empresas.

A meritocracia é simplesmente basear as avaliações dos profissionais pelo efetivo mérito apresentado com base em seus conhecimentos, habilidades e atitudes aplicados nas atividades realizadas e os decorrentes resultados obtidos na empresa; ou seja, a avaliação é objetivada pelo que se sabe, é aplicado e apresenta resultados efetivos, não existindo a famigerada "conversa fiada".

Embora a meritocracia contribua para um ambiente de trabalho disciplinado, inteligente e inovador em que todos sejam beneficiados, existem empresas que não a implementam por dificuldades diversas e, principalmente, por medo dos processos de avaliação de desempenho e, até, de serem avaliados pelos colegas de trabalho.

A meritocracia contribui, de forma direta ou indireta, para o aprimoramento de outras questões que as empresas enfrentam, como:

- o estabelecimento da quantidade, da qualificação, da capacitação e da atuação ideais dos profissionais que devem fazer parte do quadro funcional da empresa;
- o delineamento dos programas de capacitação e de evolução profissional para os que trabalham na empresa;

- a interação e a alavancagem dos diversos conhecimentos existentes na empresa; ocorrendo forte vontade de ensinar e de aprender por parte de todos os profissionais da empresa;
- o incentivo ao processo de armazenamento e de processamento de conhecimento até o momento futuro de orientar seus profissionais quanto aos conhecimentos necessários para eles e para as empresas onde trabalham;
- o estabelecimento conjunto e interativo de indicadores de avaliação dos resultados da empresa e o sistema de avaliação de desempenho dos profissionais da referida empresa;
- a avaliação dos resultados apresentados pelas diversas atividades dos projetos e processos estabelecidos;
- o processo de avaliação dos outros e de aceitar ser avaliado, incluindo o estabelecimento do que vai fazer a respeito;
- a separação de situações de sorte e de azar, pois a "boa sorte" empresarial sempre está acompanhada de três fatores: conhecimento, inteligência e trabalho;
- o equilíbrio entre o potencial de desenvolvimento, o desempenho apresentado e os seus resultados para a empresa;
- a colocação em prática de tudo que foi planejado e elaborado, bem como aceitando as avaliações decorrentes; e
- a atuação como administrador de sua própria vida, em suas questões pessoais e profissionais. Será que você é bom nisso?

Na prática, todo o processo de análise da meritocracia se baseia na efetiva capacitação dos profissionais da empresa, bem como na qualidade dos resultados apresentados por esses profissionais, sendo a premissa dessa base de sustentação formada pelos conhecimentos, pelas habilidades e pelas atitudes de cada profissional da empresa analisada.

Com referência ao processo de avaliação de desempenho, é válido um comentário extra, referente à aplicação de indicadores que avaliem por critérios objetivos fugindo, sempre que possível, de critérios subjetivos ou, pelo menos, dando um peso pequeno para estes últimos.

Imagine a diferença entre você receber as seguintes avaliações:

- ...alcançou 107% do resultado esperado no período, mantendo o nível de qualidade;
- ...formou toda a equipe de trabalho na filial no prazo estabelecido e apresentando 90% da produtividade da equipe anterior; e
- ...o projeto do novo produto sob sua responsabilidade se consolidou em 140% do prazo estipulado, com a qualidade estabelecida e ao custo de 80% do planejado.

E, em outra situação, receber as seguintes avaliações:

- ...é uma pessoa relativamente motivada, mas com potencial de apresentar maior nível de comprometimento para com os resultados pela empresa.
- ...se posiciona bem nas apresentações técnicas; e
- ...tem facilidade em agregar relacionamentos pessoais e profissionais.

Você verifica que, na primeira situação, é possível saber, muito bem, os seus aspectos positivos e negativos, facilitando a elaboração e a aplicação de seu plano de aprimoramento profissional; e, na segunda situação, você recebe apenas orientações genéricas quanto à sua atuação profissional, sem saber em quanto deve se aprimorar.

Algumas empresas usam as duas abordagens, proporcionando pesos diferentes, como: 70 ou 80% para as avaliações objetivas e 30 ou 20% para as avaliações subjetivas.

d) Funções da administração e das empresas

Você já sabe que:

- **funções da administração** são as atividades que devem ser desempenhadas em todo e qualquer processo administrativo nas empresas e por todas as suas unidades organizacionais ou áreas; são cinco funções: planejamento, organização, gestão de pessoas, direção e avaliação; e
- **funções das empresas** são as atividades homogêneas e multidisciplinares inerentes a uma área de conhecimento da empresa; sendo cinco as funções explicitadas neste livro: marketing, produção, finanças, desenvolvimento de pessoas, bem como processos e tecnologia. Essas podem ser consideradas as funções básicas, mas uma empresa pode trabalhar com outras funções como: logística, qualidade, parcerias, projetos, administração de riscos, entre outros assuntos administrativos e técnicos da empresa considerada.

Na prática, você deve conhecer e saber aplicar as cinco funções da administração; e ser especialista, pelo menos, em uma função das empresas, mas ter conhecimentos básicos a respeito das outras quatro funções das empresas, inclusive como elas se interligam.

Se você se esqueceu, pode analisar os livros *Teoria geral da administração* e *Introdução à administração*, do mesmo autor.

e) Armazenamento e processamento dos conhecimentos

Nesse caso, a empresa deve saber identificar, obter, armazenar, processar e aprimorar os diversos conhecimentos que ela precisa no momento atual e para os momentos futuros; e mais, saber orientar seus profissionais quanto aos conhecimentos necessários para eles e para a empresa onde eles trabalham; e mais ainda, saber analisar e avaliar a validade atual ou futura dos possíveis novos conhecimentos que alguns desses profissionais trazem para a empresa.

Essas questões podem apresentar elevada ou baixa dificuldade para as empresas, pois:

- os conhecimentos explícitos de cada profissional são de fácil identificação e avaliação, pois essas pessoas estão aplicando sistematicamente esses conhecimentos na empresa;

- os conhecimentos não explícitos, mas aplicados por alguns profissionais da empresa, são geralmente mais difíceis de serem identificados e avaliados, mas a empresa pode utilizar de forma plena um **cadastro de capacitação interna**, que é o esquema de trabalho com aplicação de uma metodologia para levantamento e análise dos dados relativos aos níveis de conhecimentos – utilizados ou não –, habilidades e atitudes dos profissionais da empresa;
- o processo de alavancagem dos diversos conhecimentos existentes na empresa pressupõe a realização das duas atividades anteriores, bem como da elaboração e aplicação de estruturados programas de capacitação profissional com efetivos processos de avaliação nos momentos intermediários e finais; e
- o processo de interligação dos diversos conhecimentos da empresa muitas vezes apresenta elevada complexidade pelo simples fato de que isso exige alto nível de interação, transparência e vontade de ensinar e aprender por parte de todos os profissionais da empresa, o que, como você deve saber, geralmente é difícil de ocorrer. Mas você pode considerar a formação de várias equipes multidisciplinares de trabalho para amenizar esse problema.

f) Administração participativa e compartilhada

O processo estruturado de participação e de compartilhamento geralmente apresenta resultados interessantes para o modelo de administração das empresas, lembrando que:

- **administração participativa** é representada pela democratização de propostas de decisão para os diversos níveis hierárquicos da empresa, com o consequente comprometimento pelos resultados anteriormente planejados. O seu lado bom é que consolida o processo de "ensina-aprende" pela troca de conhecimentos e experiências, bem como proporciona maior qualidade e agilidade no processo decisório e a redução de eventual nível de resistências aos necessários processos de mudanças na empresa. O lado ruim é que nem sempre a maior participação gera o maior comprometimento, bem como alguns executivos implementam a administração participativa para diluir responsabilidades, principalmente quando os resultados da empresa são insatisfatórios; e
- **administração compartilhada** é a metodologia estruturada em que os profissionais envolvidos com uma atividade específica, ou com todo o processo, são incentivados a contribuir para o seu melhor desenvolvimento e operacionalização, quando ocorre a evolução pessoal e profissional de todos, em um ambiente de trabalho de confiança mútua.

Neste momento, são necessários dois comentários:

- a administração participativa pode ser considerada um estilo administrativo, mas que depende fortemente do modelo de administração que lhe proporcione sustentação operacional, pois todos os executivos e demais profissionais da empresa devem trabalhar nessa abordagem; e

- a administração compartilhada deve ser aplicada em situações específicas, podendo ser de maior ou menor amplitude na empresa e depende, em muito, do estilo administrativo do executivo coordenador dos trabalhos, tendo sido observado que situações de sucesso em uma área facilitam a sua consolidação na empresa e, nesse caso, a administração compartilhada pode ser um estilo administrativo da empresa.

Essa troca de posição ocorre pela simples razão de que um assunto ou instrumento administrativo está proporcionando sustentação estruturada aos atos, atividades, decisões e ações na empresa – modelo de administração – ou está sendo praticado na empresa como algo integrante da realidade da referida empresa, do seu "jeito de ser", ou seja, do seu estilo administrativo.

g) Orientação para o coletivo

Esse é outro exemplo de assunto administrativo que poderia estar alocado como estilo administrativo ou modelo de administração, mas optou-se por esta última situação pelo fato de que muito dificilmente uma empresa conseguirá consolidar um processo administrativo e decisório orientado para o coletivo e o interativo se não existir um otimizado modelo de administração que proporcione sustentação a esse processo.

Se existir essa sustentação, mesmo o "dono" de uma empresa ou quem está em qualquer nível hierárquico da empresa pode se sentir seguro de sair da decisão individual e passar para a decisão interativa, quer o assunto dependa ou não de uma análise e decisão com base em amplo processo colegiado; essa situação pode se facilitar ou complicar dependendo do comportamento, da atitude e do ego de cada um; ou seja, o estruturado modelo de administração é necessário, mas não é suficiente por si só, pois depende da atuação de cada profissional, embora se possa considerar que alguns sucessos decorrentes de decisões interativas facilitem a sua consolidação em toda a empresa.

De qualquer forma, a decisão interativa possibilita que a empresa se conheça melhor e amplie o conjunto de profissionais que a conhecem de forma verdadeira, contexto que é extremamente importante para a análise, o desenvolvimento e a aplicação de questões estratégicas.

Entretanto, para que tudo isso ocorra, é necessário que a empresa saiba conciliar diferentes culturas de trabalho, o que ocorre muito em processos de aquisições e fusões de empresas, em empresas dispersas geograficamente, ou mesmo em empresas concentradas em um local de trabalho, mas com processos inovativos mais fortes; mas também empresas sem essas situações complexas podem apresentar problemas em conciliar diferentes culturas de trabalho.

E aqui vai uma dica: para que esses problemas decorrentes das diferentes culturas de trabalho não ocorram, a primeira e principal iniciativa da empresa deve ser estruturar e consolidar, da melhor maneira possível, o seu modelo de administração como orientação básica a todo processo administrativo e decisório da referida empresa, e, nesse caso, pode-se até "errar pelo excesso" o que pode, inclusive, criar uma nova cultura de trabalho, mas que seja "a" cultura de trabalho da empresa e que será consolidada em seu estilo administrativo.

h) Coordenação

Coordenação é o ato de integrar, com método e ordem, os diversos conhecimentos, atividades e pessoas alocadas no desenvolvimento e operacionalização de um processo, projeto ou sistema visando a um objetivo comum da empresa.

Você verifica que para a ocorrência de coordenação dos diversos recursos da empresa é necessário que o seu modelo de administração esteja estabelecido e conhecido; caso contrário, não se consegue interligar esses diversos recursos.

O processo de coordenação pode caminhar de cima para baixo na estrutura hierárquica da empresa, mas também de baixo para cima quando existir forte influência da questão **conhecimento do assunto** em análise, e até nos sentidos horizontal e transversal para que o processo diretivo, as decisões e as comunicações sejam otimizados.

Algumas empresas utilizam a análise da atuação de um profissional na coordenação de, principalmente, um projeto com atividades multidisciplinares para saber o nível de qualidade do seu estilo administrativo e do seu conhecimento do modelo de administração da empresa, bem como a intensidade de direcionamento do projeto para o plano de negócios da referida empresa. Esse é um processo de avaliação bem interessante porque é em **tempo real** e **na tarefa**.

i) Direcionamento dos recursos e atividades da empresa para os objetivos e metas

O modelo de administração de uma empresa deve "obrigar" que todos os recursos, atividades e ações estejam direcionados para os objetivos e metas anteriormente estabelecidos.

Embora essa afirmação seja evidente, existem empresas com atividades que não podem ser medidas e profissionais que fogem da cobrança de resultados quantificados consolidando um modelo de administração que não serve para nada!

Na prática, essa situação deve evoluir até o ponto de tudo que a equipe de profissionais de uma empresa sabe e aplica efetivamente proporcione valor aos negócios da empresa e aos seus clientes e fornecedores. E esteja certo de que existem empresas que fazem análise de valor de todas as suas realizações básicas.

Já foi explicado que uma empresa só consegue direcionar os seus recursos e atividades para os objetivos e metas estabelecidos se a referida empresa tiver um adequado planejamento estratégico implementado e respeitado.

Mas será que isso é suficiente?

A resposta é: não; pois para que esse direcionamento ocorra, é necessário que a empresa saiba a contribuição de cada unidade organizacional, de cada equipe de trabalho e, até, em alguns casos, de cada profissional da empresa.

Para tanto, é necessário que a empresa implemente, com base no referido planejamento estratégico, uma **rede escalar de objetivos**, que é a decomposição dos objetivos pela estrutura organizacional – da alta para a média e a baixa administração –, de tal forma que o sucesso de uma unidade depende de outra unidade organizacional, quer esteja em nível hierárquico superior ou inferior.

Como essa rede escalar pode alocar as decomposições dos objetivos até o nível dos profissionais das empresas, é possível realizar um dos melhores processos de avaliação de desempenho desses profissionais, pois a base de análise é a efetiva contribuição de cada profissional para os resultados esperados pela referida empresa.

Algumas empresas afirmam que esse processo é trabalhoso, mas acredite: é um dos trabalhos que mais aumenta o nível de produtividade da empresa; e mais, uma vez implementado o método, a sua atualização torna-se bastante simples e automática.

j) Foco e prioridades

O modelo de administração da empresa deve facilitar e orientar a realização das diversas atividades com foco e com prioridades estabelecidas em um contexto de análise global e integrada.

Com referência a ter foco, o seu modelo de administração deve estar baseado, no mínimo, no planejamento estratégico – para saber o que fazer –, na governança corporativa – para ter plena transparência em seus atos – e em processos estruturados, para saber quais atividades realizar e as sequências e interações delas.

Quanto ao estabelecimento de prioridades, a sugestão é a aplicação do método gravidade, urgência e tendência (GUT), que foi explicado na seção 2.1.4.

k) Qualidade total e perpetuidade

Na prática, a qualidade total é uma premissa para a existência de uma empresa, sendo uma obrigação essencial dela em todos os seus atos, consolidando a sua capacidade de satisfazer, ou até suplantar, as necessidades e expectativas dos seus clientes externos e internos por meio das atividades realizadas e dos produtos e serviços disponibilizados para os diversos segmentos de mercado.

Um otimizado modelo de administração pode proporcionar a devida sustentação para que a qualidade total seja a principal razão da perpetuidade de uma empresa e, nesse caso, os seus executivos e demais profissionais apresentam alguns interessantes posicionamentos que aprimoram o estilo administrativo da empresa, como:

- uma visão clara de perpetuação dos negócios e não apenas de suprir suas necessidades por meio da empresa. É o que cada um faz pela empresa e não o contrário;
- convicção de que o capital humano pode ser o maior bem de uma empresa inteligente;
- orientação para que todos os profissionais, clientes e fornecedores da empresa tenham clara compreensão da razão da existência da empresa, inclusive para formar uma unidade de expectativas profissionais;
- resolução interna dos problemas dos funcionários e da empresa, não empurrando para os clientes e fornecedores;

- otimização no equilíbrio e interação entre produtividade, rentabilidade, lucratividade, criatividade e inovação;
- alinhamento da visão da empresa – o que ela quer ser – com as estratégias estabelecidas, fazendo acontecer o que realmente precisa acontecer na empresa;
- agregar valor aos produtos e serviços oferecidos ao mercado, mas também aos clientes e fornecedores de insumos diversos, bem como se esforçar para que essa questão chegue até a comunidade onde a empresa atua;
- trabalhar com otimizados e fiéis canais de distribuição dos produtos e serviços; e
- ter efetivo conhecimento e gostar do que faz.

5.2.3 Quanto ao plano de negócios

Com referência às capacitações e atuações ideais básicas inerentes à coordenação e equipe de trabalho quanto ao plano de negócios da empresa você pode considerar:

a) Resolução de problemas complexos

Possivelmente, essa deve ser uma das questões que mais afetam os resultados dos planos de negócios, mas as consequências podem ser bem positivas se a empresa tiver condições de resolver problemas complexos que os seus concorrentes não conseguem resolver, podendo consolidar importante diferencial competitivo perante o mercado.

Existem algumas realidades que podem ajudar os profissionais das empresas a analisar e resolver, de forma adequada, os problemas de elevada complexidade, e geralmente inesperados, que periodicamente aparecem na frente desses profissionais.

Todas elas são importantes, e os profissionais de empresa devem ter as necessárias agilidade e qualidade de raciocínio para enfrentar essas situações, mas a prática tem demonstrado ser fundamental que a empresa disponibilize para esses profissionais um estruturado modelo de administração com projetos, processos e atividades com informações verdadeiras, caso contrário a decisão decorrente poderá estar totalmente errada, com sérias consequências para a empresa.

Essas situações que, em muito, podem auxiliar o desenvolvimento e a operacionalização dos planos de negócios das empresas são a existência, com qualidade, de:

- **pensamento estratégico**, que é a postura do profissional direcionada para a otimizada interação, em **tempo real**, entre a empresa com o seu ambiente que é externo e não controlável. Esse profissional está constantemente "ligado" com o que está acontecendo ou poderá acontecer no ambiente empresarial e sabe como incorporar essa situação à realidade administrativa atual da empresa; mas, para tanto, é premissa que a referida empresa tenha em seu modelo de administração um estruturado, operacionalizado e respeitado processo de planejamento estratégico;
- **resiliência**, que é o processo e o resultado de um profissional se adaptar, com sucesso, a experiências de vida difíceis ou desafiadoras especialmente por meio da

flexibilidade mental, emocional e comportamental e do ajustamento a demandas internas e externas da empresa;
- experiência em ***turnaround***, que é o processo de transformar negócios em situação de dificuldades em empresas saudáveis; e
- trabalhos em contexto de **multitarefa**, que é a situação em que o profissional da empresa tem de realizar, ao mesmo tempo, atividades envolvendo vários assuntos diferentes, interligados ou não, cada um deles com determinado nível de complexidade e de impacto nos resultados da referida empresa. E lembre-se: a multitarefa exige que cada um dos trabalhos apresente resultados efetivos para a empresa, sendo que são relativamente poucos os profissionais que conseguem executar, simultaneamente, essas diferentes atividades com qualidade assegurada.

b) Criatividade

Essa criatividade deve ter forte sustentação dos conhecimentos, habilidades e atitudes dos profissionais da empresa e também dos processos e atividades do modelo de administração da empresa, bem como deve estar direcionada para o desenvolvimento de novos negócios, produtos e serviços ou aprimoramento dos atuais; caso contrário, criatividade não serve para nada!

Lembre-se de que **criatividade** é a capacidade intrínseca ao indivíduo **diferenciado** de dar origem, com maior ou menor sustentação metodológica e técnica, a uma nova situação de realizar algo já existente ou, preferencialmente, algo novo.

As empresas podem incentivar a criatividade de seus profissionais com modelos de administração que contemplem as já citadas administração participativa e compartilhada – ver seção 5.2.2 –, bem como saber trabalhar com as atuais tecnologias aplicadas na empresa e estar atentas à **evolução tecnológica**, que é o processo gradativo e acumulativo dos conhecimentos que têm influência, direta ou indireta, sobre os negócios, produtos e serviços de um conjunto de empresas; e, portanto, aqui a questão básica é quem tem condições de absorver essa evolução tecnológica com maior rapidez e otimizada qualidade.

Essas análises devem considerar as atuais e as novas tecnologias que estão surgindo ou podem surgir em um futuro breve, ou mais distante; e, para tal, devem saber trabalhar com **cenários**, que representam situações, critérios e medidas para a preparação do futuro da empresa. Os aspectos básicos foram apresentados nas seções 3.3 e 4.6.1, e seus diversos tipos e detalhes operacionais podem ser obtidos no livro *Estratégia empresarial e vantagem competitiva*, do mesmo autor.

No contexto interno da empresa, a tecnologia aplicada é bem abrangente, pois considera, no mínimo, as tecnologias de processos, as tecnologias dos produtos e serviços e as tecnologias da administração de forma ampla; e deve-se considerar o "aqui e agora", mas também o que poderá acontecer no futuro.

E uma técnica simples que pode auxiliar nesse processo é o já citado *brainstorming*, que trabalha a potencialidade criativa de uma pessoa ou equipe em direção aos objetivos anteriormente estabelecidos (ver item "b" da seção 5.2.1).

Essas questões, entre outras, ajudam as empresas em seu processo criativo e de inovação, que é uma premissa para a perpetuidade delas, e detalhes podem ser obtidos no livro *A empresa inovadora e direcionada para resultados*, do mesmo autor.

c) Capacidade decisória

A qualidade e os resultados de um plano de negócios evidenciam "quem é quem" em uma empresa quanto às decisões tomadas.

Processo decisório é a identificação das informações básicas inerentes a um assunto, bem como a escolha entre as hipóteses alternativas que direcionam a determinado resultado, incluindo o acompanhamento da aplicação da decisão operacionalizada na empresa.

Você pode considerar essa conceituação evidente, mas não pode se esquecer de que a qualidade de uma decisão depende, e muito, de três outras qualidades:

- qualidade da informação, sobre a qual você deve tomar a decisão;
- qualidade do processo, e suas atividades ou partes, em que as informações são alocadas de forma estruturada e lógica; e
- qualidade do decisor, ou seja, a sua qualidade em tomar decisões.

Na prática, pode-se considerar que a qualidade do decisor é a que mais tem influenciado a qualidade da decisão, pois o bom decisor geralmente consegue perceber a qualidade da informação e tem competência para, rapidamente, fazer ajustes no processo e nas atividades onde a informação está alocada.

d) Trabalho com números e com a intuição

Os números e as estatísticas, desde que apresentem veracidade e lógica, são essenciais no processo decisório; mas não esqueça de "jogar" alguma intuição nesse processo.

Intuição é a habilidade do cérebro de processar informações inconscientemente.

Algumas pessoas consideram intuição e "achismo" a mesma coisa, mas não o são.

A intuição envolve um processamento inconsciente de informações em um primeiro momento; mas se observa que no momento seguinte o processo se torna consciente com análises lógicas do assunto considerado; já o "achismo" parte direto para a ação, a qual pode ser desastrosa.

É lógico que você pode ter outras conceituações para os dois termos; mas esteja certo de que intuição e "achismo" não são a mesma coisa!

e) Valor pleno

Neste momento, é necessário se repetir a questão de os profissionais das empresas terem a capacitação de elaborar planos de negócios que proporcionem valor aos negócios, produtos e serviços da empresa, bem como para os seus mercados comprador e fornecedor e até, preferencialmente, para as comunidades onde a empresa atua.

f) Concorrência

Toda e qualquer empresa deve saber trabalhar em regime de concorrência. Inclusive este autor, em alguns poucos trabalhos realizados em empresas monopolistas, solicitou que os seus planejamentos estratégicos considerassem eventuais possíveis futuros concorrentes, caso contrário os seus planos estratégicos praticamente não teriam desafios; e mais, a concorrência faz bem para as empresas em geral, pois elas naturalmente ficam produtivas, criativas, inovadoras, rentáveis e mais respeitadas pela população.

O grande "lance" em análise da concorrência é uma empresa, em seu processo de planejamento estratégico, por empatia, se colocar no lugar de cada uma das concorrentes principais e "elaborar" o plano estratégico dessas empresas concorrentes; e daí, quanto maior for o conhecimento efetivo de cada empresa concorrente, menor será o risco estratégico perante cada uma dessas empresas; e a análise do conjunto das principais empresas concorrentes facilita o estabelecimento das estratégias básicas de atuação da empresa que realizou a referida análise.

Por outro lado, se uma empresa não consegue fazer essa análise, com relativa qualidade, das empresas concorrentes, significa que ela não conhece o mercado concorrencial e, portanto, o seu risco estratégico é elevado e a empresa está em possível perigo de sobrevivência.

Essa questão de nível de conhecimento deve chegar até o ponto de uma empresa ter de saber administrar o que o mercado pensa a seu respeito.

É lógico que uma empresa não consegue ter efetivo controle do que os diversos fatores externos e não controláveis – clientes, fornecedores, instituições financeiras, governos, comunidades etc. – falam e pensam a respeito dela, e essa situação pode se estender até os profissionais da empresa, porque eles falam o que veem e sentem a respeito, mas as empresas têm controle do que deve ser realizado para terem uma boa imagem, principalmente se estiverem sustentadas por boas atitudes e bons hábitos e resultados.

Lembre-se: a imagem institucional de uma empresa ou pessoa consolida-se como boa ou ruim como resultado de acontecimentos anteriores que podem ser verdadeiros ou falsos, mas sempre com base em uma determinada razão, a qual geralmente tem uma "razão de ser".

g) Sinergia

Todo e qualquer plano de negócios deve procurar facilitar a identificação, o desenvolvimento e a consolidação entre negócios, produtos e serviços – atuais e potenciais – da empresa.

Se você tem dúvidas a respeito dessa afirmação, imagine o contrário: cada plano de negócios ficar apresentando apenas negócios, produtos e serviços novos para a empresa. Não haveria conhecimento, recursos e tecnologia aplicada que dessem conta disso!

Entretanto, essa questão de sinergia não é algo muito simples. Quando se trabalha com a sinergia, logicamente está-se referindo à **sinergia positiva**, que é a ação coordenada entre vários elementos que compõem um sistema, de tal forma que a soma das partes é maior do que o efeito obtido, isoladamente, de cada elemento (2 + 2 = 5) e lembrando que **sistema** é o conjunto de partes interagentes e interdependentes que, conjuntamente, formam um todo unitário com determinado objetivo e efetuam uma função específica.

Portanto, quando você enfoca a questão sinérgica em um plano de negócios, você deve ter otimizados conhecimentos dos seguintes assuntos, pelo menos:

- de todas as utilidades e aplicações dos negócios, produtos e serviços analisados em suas versões atuais e potenciais básicas;
- dos processos e atividades necessários para a realização dos negócios, produtos e serviços;
- de todos os insumos necessários para a realização das atividades da empresa;
- de todas as transformações necessárias;
- das atividades dos processos e das características que proporcionam valor agregado aos negócios, produtos ou serviços atuais e que podem se fortalecer no plano de negócios; e
- das diversas interações que a empresa pode fazer com os negócios das empresas-clientes e das empresas fornecedoras.

Esta última questão é de elevada importância, mas pouco praticada, pois geralmente as empresas não se preocupam em conhecer as estratégias de negócios de suas potenciais empresas-clientes ou empresas fornecedoras e, portanto, não conseguem consolidar amplos processos de sinergia de negócios. Esse processo pode ocorrer com negócios complexos, mas também com negócios menores e mais simples.

Como exemplo, cita-se o caso recentemente vivenciado pelo autor quanto a uma pequena empresa prestadora de serviços automotivos que consolidou um processo sinérgico com uma grande empresa distribuidora de combustíveis e outros itens para postos de serviços com a sua marca ("bandeira"), que estava aplicando uma interessante estratégia de negócios, oferecendo um amplo leque de serviços para os clientes que se dirigissem a um dos postos de serviços de sua ampla rede de distribuição.

Você observa que existe, nesse caso, uma sinergia de negócios baseada na estratégia de negócios da rede de postos de serviços, pois o que foi oferecido corresponde a mais um serviço que pode se encaixar na referida estratégia e, nessa situação, não deve haver resistência em que a referida empresa prestadora de serviços automotivos participe desse processo, pois, na verdade, está contribuindo para fortalecer a estratégia de negócios da rede de postos de serviços; ou seja, existe o princípio da complementariedade de interesses profissionais.

Portanto, o ideal, e inteligente, é você estar sempre muito atento em analisar como a sua estratégia de negócios pode consolidar um processo sinérgico com as empresas clientes ou fornecedoras atuais ou potenciais; e acredite: essa é uma situação que agrega muito valor para as empresas participantes, e de maneira rápida e fácil!

Você percebe que algumas capacitações podem ser alocadas nas duas listas, o que evidencia algo muito interessante: "você dá um tiro e acerta dois alvos!".

5.3 Sistemática de aprimoramento profissional

Você deve consolidar uma sistemática de aprimoramento profissional sustentada por um plano de carreira estruturado que lhe proporcione toda a base para melhor identificar, absorver, aplicar e aprimorar os conhecimentos, habilidades e atitudes essenciais para esse processo evolutivo.

Nesse contexto, você pode se basear em uma metodologia completa para o desenvolvimento e aplicação de seu plano de carreira, podendo analisar o livro *Como elaborar um plano de carreira para ser um profissional bem-sucedido*, do mesmo autor.

Mas você pode fazer essa análise em um contexto alternativo que esteja diretamente correlacionado aos três assuntos deste livro, pois em administração as análises podem ser feitas em diferentes abordagens.

Nesse contexto, você pode considerar os aspectos básicos identificados no referido livro acrescido de outros quatro aspectos que podem facilitar nas análises específicas de seu estilo administrativo, de sua atuação nos modelos de administração das empresas e de seu foco no plano de negócios da empresa de forma correlacionada ao seu "negócio" como profissional.

Para cada um dos três assuntos deste livro, você pode considerar:

- os seus componentes, ou seja, as partes da metodologia básica de desenvolvimento e implementação do plano de carreira que se correlacionam diretamente com o estilo administrativo, o modelo de administração ou o plano de negócios, formando um processo completo e interativo;
- os fatores de satisfação pessoal e profissional que você pode ter para com cada um dos três assuntos analisados neste livro;
- os indicadores da análise de sua evolução quanto ao estilo administrativo, à atuação no modelo de administração e à efetivação do plano de negócios; e
- o contexto de sua atuação frente a cada um dos assuntos do livro, inclusive com um exemplo da interação entre esses três assuntos.

Uma dica importante em administração, para ter maior segurança na obtenção de resultados interessantes, é você, sempre que possível:

- elaborar a análise em outro contexto, utilizando, por exemplo, outra metodologia complementar de desenvolvimento e implementação do assunto considerado e verificar se o resultado foi idêntico; e
- adaptar a metodologia básica de desenvolvimento e implementação do assunto considerado – no caso é plano de carreira – ao(s) assunto(s) em análise, sendo, no

caso, o estilo administrativo, o modelo de administração e o plano de negócios. E no caso específico deste livro foi aplicada essa abordagem.

Portanto, você pode fazer a análise da interação do plano de carreira com os três assuntos básicos abordados neste livro da seguinte forma:

i. Quanto ao estilo administrativo

Nesse caso, você pode considerar as seguintes análises:

a) Pelos componentes do plano de carreira

Aqui, você pode considerar as seguintes partes que todo e qualquer plano de carreira com abordagem estratégica deve conter:

- estabelecimento de sua visão, que corresponde ao que você quer ser dentro de um período de tempo mais longo e uma abordagem mais ampla, para analisar todas as possibilidades interessantes para a sua realidade. Ela é o foco básico para o qual suas estratégias e ações devem se direcionar;
- explicitação de seus valores pessoais, que representam o conjunto de seus princípios, crenças e questões éticas fundamentais, os quais fornecem sustentação a todas as suas principais decisões. Os seus valores pessoais servem como orientadores de suas políticas de atuação e suas questões éticas e morais e, até, ajudam em sua possível vantagem competitiva como profissional de empresa;
- delineamento de sua vocação profissional, que corresponde ao ato de explicitar a predestinação de um talento ou aptidão de sua parte para uma atividade, de maior ou menor abrangência, que proporciona sustentação para o seu desenvolvimento profissional com qualidade de vida;
- estabelecimento de suas políticas de atuação, que correspondem aos parâmetros e critérios para sua orientação em seu processo decisório quanto ao plano de carreira, delineando a sua personalidade profissional. As políticas correspondem às leis pessoais, as quais devem interagir com as leis das outras pessoas e da empresa onde trabalha e, até, com a comunidade onde se vive, bem como respeitando a abordagem mais geral de seus valores pessoais; e
- explicitação de seu código de ética profissional, que corresponde ao conjunto estruturado, lógico e disseminado de normas de conduta e de orientações ao seu processo decisório, quanto ao que deve ser considerado certo ou errado. Você pode se basear no código de ética já existente para a sua profissão atual ou futura – administrador, contabilista, médico, professor, consultor etc. – e fazer as devidas adaptações e complementações para a sua realidade pessoal e profissional.

Você deve ser realista e sincero, quanto à análise dessas cinco partes, bem como consolidar elevada abrangência e interação de assuntos, mas com especificidade.

b) Pelos fatores de satisfação

Aqui, você deve analisar se o seu estilo administrativo está sofrendo influência – positiva ou negativa – dos seguintes fatores:

- satisfação pessoal com a carreira, geralmente indicando o quanto você está satisfeito com a empresa e essa reconhece a sua adequada atuação profissional, existindo, portanto, uma interessante reciprocidade entre você e a empresa; e
- otimizado nível de adaptabilidade, quando você consegue se adaptar e, até, a se antecipar às mudanças que as empresas são obrigadas a realizar pelas constantes mutações dos fatores externos e não controláveis, como os mercados – comprador e fornecedor –, os governos – federal, estadual e municipal –, as instituições financeiras e os sindicatos.

c) Pelos indicadores de evolução

Nesse caso, o seu estilo administrativo tem relação de causa *versus* efeito quanto a duas questões básicas:

- eficiência, que é a otimização de aplicação de suas capacitações – conhecimentos, habilidades e atitudes – no desenvolvimento de seu plano de carreira, ou seja, você faz bem o que deve ser feito; e
- produtividade, que é a otimização das suas capacitações para a obtenção dos melhores resultados em seu plano de carreira e pode ser medida, por exemplo, pela equação entre a qualidade dos resultados apresentados dividida pelo tempo que necessitou para decidir e agir.

d) Pelos contextos de atuação

Aqui, o seu estilo administrativo pode sofrer influência como resultado de seu entendimento e aplicação de duas questões básicas:

- a sua incorporação do conceito de empregabilidade, que corresponde a fornecer ou conseguir trabalho e remuneração pelos seus conhecimentos, habilidades e atitudes intencionalmente desenvolvidos por meio de educação e treinamento sintonizados com as necessidades do mercado de trabalho. Considera-se que você pode aumentar o seu nível de empregabilidade pelo maior conhecimento de alguns assuntos administrativos ou técnicos específicos, principalmente os que apresentam alta complexidade e elevada demanda do mercado. De qualquer forma, a empregabilidade atualiza as concepções de carreira e de qualificação como profissional até então vigentes, bem como coloca as pessoas como seres inteligentes que investem adequadamente em si mesmos, para tornar sua força de trabalho atraente para as empresas; e
- a sua maneira de avaliar os objetivos e metas propostos pelo seu plano de carreira, em que você mede o nível de alcance dos resultados proporcionados pelo plano de carreira para a sua vida profissional e pessoal.

ii. Quanto ao modelo de administração

Nesse caso, você pode considerar as seguintes análises:

a) Pelos componentes do plano de carreira

Para tanto, o seu plano de carreira com abordagem estratégica deve conter:

- explicitação de sua capacitação profissional, que corresponde à sua habilidade de identificar, adquirir e aplicar conhecimentos – conceituais, metodológicos e técnicos – em processos e atividades de sua área de atuação na empresa; essa aprendizagem deve ocorrer de forma gradativa, acumulativa e sustentada ao longo do tempo;
- identificação da sua missão ou razão de ser quando você, com base no modelo de administração da empresa, identifica os seus focos de atuação e os públicos que atende a partir da realização de suas atividades profissionais. Dentro de um processo evolutivo, você deve identificar os seus atuais focos de atuação na empresa, mas, também, os seus possíveis focos futuros de atuação como decorrência de novas necessidades da empresa e de novas capacitações de sua parte; e
- o estabelecimento de sua postura estratégica, que corresponde ao seu nível de aceleração direcionada aos seus focos de atuação dentro de sua missão como profissional, em sua realidade atual ou futura. Essa velocidade depende dos seus pontos fortes em relação aos seus pontos fracos como profissional, bem como da situação das oportunidades e das ameaças que o mercado de trabalho está oferecendo.

b) Pelos fatores de satisfação

Neste momento, você deve verificar se o modelo de administração da empresa está sofrendo influência – positiva ou negativa – do senso de identidade dos profissionais para com a realidade da empresa, considerando as suas múltiplas e complexas atividades e um grande número de profissionais com diferentes expectativas e capacitações.

Uma premissa evidente para a existência desse senso de identidade é que o profissional tenha pleno entendimento do modelo de administração da empresa, o que infelizmente não ocorre em algumas empresas, prejudicando o nível de produtividade desses profissionais e, consequentemente, os resultados da empresa.

Nesse contexto, você pode considerar, para análise, os fatores críticos de sucesso evidenciados na seção 2.1.4, fazendo os devidos debates, ajustes e complementações com os profissionais da empresa.

Na prática, você deve considerar que a lista final não deve ser extensa, podendo-se levar em conta algo como 10 a 12 fatores, os quais devem aglutinar todos os assuntos inerentes à lista completa de fatores, que devem corresponder à lista que você esteja utilizando no desenvolvimento do planejamento estratégico da empresa.

c) Pelos indicadores de evolução

Aqui, você pode verificar que o modelo de administração da empresa apresenta uma relação de causa *versus* efeito quanto a duas questões básicas:

- efetividade, que é a relação otimizada entre os resultados alcançados por você e os objetivos propostos ao longo do tempo no seu plano de carreira, sendo que já foi explicado que o modelo de administração da empresa tem forte influência nessa questão. Imagine, por exemplo, você ser membro do conselho deliberativo de um clube social e esportivo junto a outros 215 conselheiros e que não exista uma estrutura de análise decisória com base em projetos estruturados: você nunca vai evoluir em um modelo de administração desses; e

- valor agregado, que corresponde à situação em que as capacitações adquiridas podem aumentar os resultados proporcionados pelo seu plano de carreira, sendo evidente que esse processo de adquirir capacitações depende muito de sua realidade, mas deve concordar que um otimizado modelo de administração com vários trabalhos realizados em equipes multidisciplinares ajuda, e muito!

d) Pelos contextos de atuação

Nesse caso, o modelo de administração da empresa pode sofrer influência de três questões básicas, com diferentes formas de impacto:

- nível de adequação à estrutura de administração de carreiras da empresa, sendo que esta corresponde ao conjunto de políticas e processos estabelecidos e divulgados pelas empresas, visando a maiores atratividade e facilidade de análise por parte dos profissionais do mercado, melhor negociação entre as partes, bem como otimizados planos de carreira e administração de pessoas, conciliando as necessidades e expectativas das pessoas e das empresas. Essas estruturas de administração de carreira podem ser, conforme já explicado, de quatro tipos:
    - em linha ascendente, com os cargos ou funções apresentados em uma sequência lógica ascendente com uma única direção, não aceitando alterações no processo. Talvez se possa considerar que, nesse caso, os estilos administrativos dos profissionais sejam de maior conhecimento pela empresa;
    - em rede de evolução na carreira, em que os cargos ou funções são apresentados em forma de rede, possibilitando, conforme a vocação, a capacitação e o estilo administrativo de cada profissional, que ele siga um caminho mais correlacionado às suas expectativas e às oportunidades apresentadas. Em empresas cujos profissionais tenham efetivo autoconhecimento de suas capacitações e deficiências essa situação tem se mostrado bem interessante;
    - estrutura paralela de evolução na carreira, em que as empresas proporcionam e facilitam o desenvolvimento profissional das pessoas de acordo com suas expectativas básicas, quer seja no contexto técnico ou no contexto administrativo. Portanto, o estilo administrativo de cada profissional, em sua grande abordagem de atuação, é respeitado pela empresa, ou seja, a referida estrutura de administração de carreiras evita que profissionais da empresa sejam "obrigados" a ocupar cargos executivos para subir na carreira independentemente de eles apresentarem expectativa, vocação e capacitação para tal, pois podem preferir serem pesquisadores, analistas ou consultores internos, já que esse é o seu real estilo administrativo; e

- estrutura em Y, que pode ser considerada uma variante da estrutura paralela, pois a base inicial é única, mas, depois, os profissionais diversificam-se em suas carreiras, podendo ir para a carreira executiva ou para a carreira de pesquisador, cientista ou consultor interno. Portanto, nesse caso cada profissional tem a oportunidade, durante o período inicial de sua atuação na empresa, de identificar qual é o seu estilo administrativo ou o seu "jeitão de atuar" na empresa.

Você verifica que essas estruturações de administração de carreira permitem, com maior ou menor intensidade, que cada profissional conheça, exercite e explicite o seu real estilo administrativo em sua atuação no modelo de administração da empresa, sempre focando a otimização do plano de negócios da referida empresa.

E dessa situação "democrática" podem surgir interessantes situações para que ocorram, de forma interativa, algumas melhorias sustentadas nos estilos administrativos dos profissionais, bem como nos modelos de administração e nos planos de negócios das empresas. É uma questão de ocorrer forte processo de aprendizagem entre todos os envolvidos nessas realidades;

- avaliação dos insumos que cada profissional da empresa está identificando e analisando para saber como a sua carreira está evoluindo e, nesse caso, pode considerar a qualidade das informações do mercado de trabalho e suas oportunidades atuais e futuras, bem como a qualidade da profissão em análise e dos cursos que lhe proporcionam maior sustentação; e
- avaliação do processo evolutivo em si, correspondente ao aprendizado obtido e retido por você em suas atividades realizadas na empresa com determinado modelo de administração.

Nesta última questão, você pode elencar um conjunto de fatores para a sua autoavaliação, indicando seus pesos, suas notas, bem como as ações que serão operacionalizadas para que você evolua no assunto.

Entre esses fatores, você pode considerar:
- flexibilidade para aceitar e otimizar mudanças necessárias na empresa;
- liderança e desenvolvimento de pessoas;
- espírito colaborativo nas análises, nas decisões e nas operacionalizações das ações;
- nível de criatividade e de inovação;
- identificação, antecipação e administração de riscos;
- combinar excelência técnica com conhecimento do negócio; e
- experiência global, envolvendo várias atividades da empresa, principalmente em suas interligações.

iii. Quanto ao plano de negócios

Nesse caso, você pode efetuar as seguintes análises:

a) Pelos componentes do plano de carreira

Você pode considerar algumas partes que todo e qualquer plano de carreira com abordagem estratégica deve conter:

- identificação e análise das oportunidades e ameaças, que representam situações incontroláveis pelas pessoas, vindo em determinados momentos do mercado de trabalho, as quais podem favorecer ou prejudicar os seus planos de carreira durante um período de tempo. Essas identificações e análises devem ser efetuadas em **tempo real**, para que não se fique incompatível com a realidade do mercado de trabalho, deve-se conhecer o direcionamento, a intensidade e a velocidade das mudanças ou evoluções que irão ocorrer, bem como considerar as possíveis faltas de vocação e de capacitação profissional para enfrentar e/ou usufruir as novas situações apresentadas pelo mercado de trabalho;
- em complemento ao item anterior, você deve identificar, analisar e debater os cenários, que correspondem a situações, critérios e medidas para a preparação do futuro das pessoas. Você deve estabelecer as situações mais provável, otimista e pessimista, correlacionando o seu nível de vocação e capacitação profissional para com o assunto analisado do mercado de trabalho;
- análise dos concorrentes, quer seja em uma análise geral do que o mercado de trabalho está disponibilizando para as empresas, ou em uma análise mais específica na empresa onde trabalha e você esteja disputando o mesmo cargo/função com outros profissionais da empresa, situação essa muito corriqueira no mercado de trabalho. Na realidade, essa concorrência pode existir antes, quando você está terminando o seu curso técnico ou universitário e está se preparando para entrar no mercado de trabalho e tem de disputar vaga em alguma empresa que coloca um aviso na instituição de ensino. Mas esteja certo de uma realidade: essa concorrência tem um lado positivo, que é forçar as pessoas a se desenvolverem como seres humanos e como profissionais de empresas. Essa é para você pensar;
- estabelecimento de sua vantagem competitiva, que é a razão básica pela qual a empresa **compra** os seus serviços e conhecimentos em detrimento de outros profissionais porque sabe que o seu diferencial é importante para os negócios da empresa. Essa vantagem competitiva deve ser real, ou seja, conhecida por quem a está contratando e pelos outros profissionais da empresa; sustentada, pois você deve ter um conjunto de pontos fortes que proporcione sustentação à sua vantagem competitiva, evitando que seja uma "conversa mole" e, preferencialmente, que ela seja duradoura para que consolide uma personalidade profissional para você;
- estabelecimento dos seus objetivos e metas, os resultados finais e intermediários que você deve conquistar em seu processo de aprimoramento profissional. Todos esses resultados devem estar quantificados e com prazos para realização e, preferencialmente, serem desafiadores e exigirem elevado nível de motivação. Naturalmente, devem estar sustentados pela sua vocação e capacitação profissional – atual e futura –, bem como correlacionados às oportunidades de mercado e da empresa onde trabalha e aos cenários correspondentes; e
- estabelecimento das estratégias e dos projetos, ou seja, o que você vai fazer para alcançar os seus objetivos e metas como profissional da empresa. O estabelecimento das estratégias corresponde ao seu momento de maior criatividade nesse

processo de aprimoramento profissional. E a função dos projetos é identificar os resultados finais proporcionados pelas estratégias, os prazos de execução, as atividades a serem executadas e os recursos necessários à sua adequada realização.

b) Pelos fatores de satisfação

Aqui, você deve analisar se o plano de negócios está sofrendo influência – positiva ou negativa – de um fator básico:

- seu real desempenho na carreira considerando algumas questões como o valor total do salário em termos absoluto ou relativo quanto ao mercado de trabalho, a velocidade da evolução profissional, a quantidade e nível profissional dos subordinados, o volume de recursos financeiros administrados, o poder geral de decisão na empresa e em entidades ou associações que participa representando ou não a empresa, bem como os benefícios indiretos.

c) Pelos indicadores de evolução

Neste caso, você deve considerar duas questões básicas:

- a sua qualidade decisória, bem como dos executivos, mas também dos demais profissionais da empresa em suas propostas para análises, lembrando que muitas empresas, por questões diversas, têm dificuldades de acertar essa questão, a qual pode provocar sérios danos para a empresa; e
- a sustentação de que as suas análises, decisões e ações, assim como dos executivos e demais profissionais da empresa, proporcionam efetiva sustentação aos negócios da empresa. Na prática, pode ocorrer uma dicotomia entre o que é decidido e feito com o que os negócios precisam para consolidar otimizados resultados, sendo possível que você já tenha presenciado essa desagradável situação!

d) Pelos contextos de atuação

Neste caso, a análise deve abordar, principalmente, três questões básicas:

- o nível de criatividade e de inovação proporcionado por você e pelos profissionais que trabalham na empresa, pois, como já foi explicado neste livro, a velocidade evolutiva dos negócios, produtos e serviços disponibilizados ao mercado é muito forte e se uma empresa pelo menos não acompanhar essa evolução, ela fica fora do mercado. Na realidade, o ideal é a empresa ser a pioneira nesse processo, mas essa é uma situação específica e realizada apenas pelas empresas com o estilo de atuação empreendedora e inovadora, sendo que você deve conhecer algumas – poucas! – empresas assim;
- a existência e a otimizada qualidade da flexibilidade decisória para saber trabalhar com constantes mutações nos fatores externos e não controláveis interagentes com vários cenários possíveis. Essa flexibilidade é exercida pela adequada interligação

entre as questões externas ou não controláveis e as questões internas ou controláveis, a qual é o princípio básico da abordagem estratégica; e
- o necessário aprimoramento da realidade administrativa da empresa com suas adequações e evoluções em suas capacitações, processos, atividades, tecnologias e outros vários assuntos. Embora essa seja uma questão evidente, a maior parte das empresas não tem cuidado adequadamente dessa questão por motivos diversos: comodismo, esnobismo, falta de recursos – pode ser uma desculpa! –, desconhecimento, inabilidade administrativa e política etc.

5.3.1 Análise da evolução profissional

Você deve considerar de elevado interesse a estruturação e a aplicação de um processo de análise de sua evolução profissional quanto aos três assuntos abordados neste livro.

Como proposta básica e inicial para você completar e aplicar de acordo com a sua realidade e expectativa profissional, este autor apresenta uma lista com os assuntos que as suas empresas-clientes de consultoria e treinamento consideram, de forma geral, como os mais importantes para os seus profissionais.

Outra questão é que não houve preocupação em hierarquizar os diversos assuntos, pois a lista resultante não foi igual nas diversas empresas-clientes, bem como não ocorreu similaridade quanto aos assuntos abordados e a sua influência nos resultados finais.

Essa questão da capacitação e atuação ideais dos profissionais da empresa pode ser analisada, de forma global, pela maneira como esses profissionais respondem às situações ideais dos modelos de administração das empresas, pois esses estão no "meio de campo" entre o estilo administrativo e o plano de negócios das empresas.

Nesse contexto, você pode considerar, para análise, um conjunto de aspectos que estão alocados nos indivíduos e, portanto, o processo evolutivo do estilo administrativo, do modelo de administração e do plano de negócios fica mais administrado, pois o foco da análise é sempre o profissional da empresa, o que corresponde à situação ideal.

Considerando as cinco funções da administração e as cinco funções das empresas apresentadas na seção 4.6, podem-se ter para análise:

i. Com referência à função **planejamento**, você pode considerar a existência ou não, de sua parte e pelos diversos executivos e demais profissionais da empresa, do já citado **pensamento estratégico**, que é a postura do profissional voltada para a otimização interativa da empresa com o seu ambiente – externo e não controlável – em **tempo real**.

Portanto, o pensamento estratégico é algo de elevada contribuição para a qualidade administrativa das empresas, sendo totalmente dependente da qualidade analítica, decisória e de inteligência de seus profissionais. O grande problema é quando os profissionais da empresa pensam que possuem pensamento estratégico, sem o ter: as consequências são desastrosas!

Você vai perceber que a alocação de cada uma das funções da administração e das empresas diretamente nos profissionais que trabalham nelas é algo evidente e também fácil, desde que a avaliação da capacitação desses profissionais seja verdadeira.

Não é necessário explicar como deve ser efetuada a efetiva avaliação dos profissionais da empresa, mas no caso das questões estratégicas é apresentada uma maneira que este autor tem aplicado em algumas empresas-clientes e os resultados têm sido evidenciados de forma natural e sem traumas; e você pode fazer uma autoavaliação a respeito.

Nessa abordagem, você pode considerar, no mínimo, três questões:

- as premissas básicas a serem respeitadas nos trabalhos, caso contrário não se terá uma base de sustentação para se analisar o estilo administrativo dos profissionais da empresa;
- as principais capacitações dos profissionais quanto aos seus conhecimentos, habilidades e atitudes, sendo que elas são evidenciadas em vários pontos deste livro, principalmente no presente capítulo; e
- uma metodologia básica de trabalho que explicite um processo estruturado de identificação, análise e debate das questões estratégicas para que se possa avaliar o nível do pensamento estratégico dos profissionais da empresa, o que tem elevada influência no estilo administrativo da referida empresa.

Com referência às premissas a serem respeitadas, você pode considerar as seguintes:

- os trabalhos devem envolver o máximo dos instrumentos administrativos da empresa, lembrando que esses devem estar bem estruturados e conhecidos pelos profissionais envolvidos, pois, caso contrário, a qualidade dos debates será nula;
- os trabalhos devem começar pelo planejamento estratégico, perfeitamente estruturado, entendido e aplicado, sempre com ampla participação dos profissionais da empresa, pois a prática tem demonstrado que a melhor maneira de as empresas contribuírem para suas situações atual e, principalmente, futura é pelo processo de planejamento estratégico, sendo que nesse momento o pensamento estratégico pode ser plenamente exercitado;
- deve existir perfeita e estruturada interação entre o planejamento estratégico e os planejamentos táticos e, desses, com os planejamentos operacionais, envolvendo todos os níveis da empresa de forma integrada e consolidando um bloco único de estilo administrativo;
- deve-se considerar que durante esses trabalhos vários ajustes podem ser realizados nas atividades, atos e decisões na empresa, criando um processo evolutivo e sustentado de análise e aprimoramento do estilo administrativo da empresa;
- os trabalhos devem envolver diversos tipos de indicadores, pois não se pode esquecer que o estilo administrativo é algo "sutil" e sua avaliação não é simples e direta. Nesse contexto, você pode considerar:
  - **indicador de avaliação ou de desempenho** é o parâmetro e critério de avaliação, previamente estabelecido, que permite o acompanhamento e a análise da realização, bem como da evolução dos resultados planejados. Podem ser estabelecidos para a empresa e para os seus profissionais, mas sempre de forma interligada;

- **indicador de intervenção** é o que estabelece as maneiras como as intervenções devem ser realizadas sempre que ocorrer um problema no assunto empresarial considerado. O foco pode ser principalmente o profissional da empresa, pelo nível de qualidade de sua intervenção; e
- **indicador de progresso** é o que estabelece quanto foi, efetivamente, realizado em relação às várias etapas e atividades planejadas, podendo ser aplicado para a empresa e para os profissionais, inclusive em equipes multidisciplinares de trabalho e, nesse caso, você pode considerar a identificação da **postura estratégica**, que representa uma escolha consciente entre as alternativas estratégicas possíveis, respeitando a realidade da empresa em determinado período de tempo, tendo em vista a análise interativa entre seus pontos fortes, pontos fracos, oportunidades e ameaças, mas não se deve considerar uma simples soma aritmética desses fatores, e, sim, analisar os níveis escalonados de gravidade ou de impacto provocado por eles; da urgência de tempo que os profissionais da empresa devem atuar sobre eles; e da tendência desses fatores, caso não sejam alocados esforços e recursos extras neles, ou seja, deve-se aplicar a técnica GUT apresentada na seção 2.1.4. Portanto, o indicador de progresso evidencia a "velocidade" com que a empresa pode atuar para alcançar os seus objetivos estratégicos;

- como a situação da empresa tem influência direta no processo de avaliação dos seus profissionais, inclusive quanto a aspectos de criatividade, iniciativa, liderança, conhecimento, vocação, disciplina, entre outros assuntos, você sempre deve procurar uma análise interativa e ampla para melhor consolidação e aplicação dos resultados globais e parciais da empresa e dos resultados da atuação de seus profissionais, quer sejam executivos ou não; e
- o foco básico das análises e das perguntas deve ser sempre os profissionais da empresa e, portanto, devem ser tomadas algumas precauções: eles devem entender todo o processo de análise e avaliação de desempenho; devem gostar de serem avaliados, evidenciando-se que os profissionais que não são sistematicamente analisados e avaliados têm a sua validade questionada; bem como devem saber que apenas os profissionais que são avaliados por terceiros é que têm uma orientação e um indicador básico para a sua evolução profissional na empresa.

Com referência aos três componentes da capacitação dos profissionais – conhecimentos, habilidades e atitudes –, eles são amplamente abordados neste livro, principalmente no presente capítulo, sendo que você pode trabalhar em dois contextos:

- aplicar os indicadores estabelecidos conforme evidenciado na seção 6.1, o que representa um processo de avaliação mais estruturado, mecanicista e quantitativo; e
- utilizar, com bom senso e critério, um processo de observação nas ações, reações, propostas, soluções, contribuições e interações desses profissionais quanto às questões estratégicas da empresa.

E, para auxiliar nesse processo, você pode utilizar uma metodologia, de fácil aplicação, para avaliar o seu nível do pensamento estratégico e de cada profissional da empresa. Atenção: com pequenos ajustes e possíveis complementações, você pode aplicar para avaliar o nível de conhecimento de todo e qualquer assunto ou instrumento administrativo da empresa.

Para reforçar essas colocações, você pode considerar que, por exemplo, a avaliação do conhecimento é algo binário, ou seja, a pessoa conhece ou não; e o nível de conhecimento de um profissional de empresa deve ser naturalmente questionado para que essa pessoa possa identificar no que deve se aprimorar, sendo, portanto, um processo de contribuição interativa e positiva e não uma simples crítica e uma situação de melindre. Mas isso tudo depende da personalidade de cada um!

Você percebe que esse procedimento tem uma premissa interessante correspondente à necessidade de conhecimento do assunto analisado por parte do avaliador, ou de quem o assessorou a respeito. Esse nível de conhecimento por parte do avaliador não precisa ser pleno, mas deve ser o suficiente para conseguir uma adequada análise do avaliado.

Como resultado dessa situação, você percebe uma grande vantagem para as empresas correspondente à necessidade de conhecimento de cada assunto avaliado, naturalmente cada profissional com seu nível de necessidade de conhecimento e, portanto, fugindo da desagradável situação em que algumas empresas têm executivos sem nenhum conhecimento do que seus subordinados devem fazer e como devem fazer. Sem comentários!

Na prática, esse procedimento consolida dois resultados importantes para as empresas:

- melhor qualidade nas avaliações, principalmente dos profissionais da empresa; e
- otimização do nível de conhecimento dos executivos e demais profissionais da empresa. E não se pode esquecer que muitas pessoas só aprimoram os seus níveis de conhecimento quando forçadas a tal!

Naturalmente, pode ser considerada como ideal a situação em que se aplicam os dois focos de avaliação anteriormente apresentados:

- pelos resultados efetivos apresentados pela empresa como um todo, mas também pelas suas unidades organizacionais, equipes de trabalho e até individualmente por seus profissionais; e
- pelo adequado conhecimento dos princípios, metodologias e técnicas de administração, proporcionando efetiva sustentação a "o que" deve ser feito e ao "como" deve ser feito, além de outras questões como: por que deve ser feito, por quem, quando, por quanto, onde etc.

A referida metodologia pode ser aplicada em equipes multidisciplinares de trabalho em que são inicialmente debatidos os conceitos e as finalidades de cada um dos itens de um processo estruturado de planejamento estratégico, pois, para que um profissional possa ter um mínimo de pensamento estratégico, é premissa básica que ele tenha conhecimento do assunto **planejamento estratégico**.

Já foi evidenciado que não é parte integrante deste livro apresentar com profundidade todas as metodologias e partes dos instrumentos administrativos citados – e nem poderia ser, pois este livro ficaria com 10.000 páginas! – e os detalhes do referido assunto podem ser analisados no livro *Planejamento estratégico*, do mesmo autor.

Portanto, essa metodologia de análise do nível de pensamento estratégico dos profissionais da empresa deve considerar seis fases de trabalho, preferencialmente realizadas por equipes multidisciplinares:

Fase 1: Estabelecimento, consolidação, entendimento e disseminação da metodologia ideal do processo de planejamento estratégico da empresa.

A apresentação das fases e etapas a seguir procura evidenciar que a análise do nível de pensamento estratégico – que é um assunto de elevada amplitude de raciocínio sem a necessidade de plena formalização do processo – possibilita avaliar, em tempo real e na tarefa, o efetivo nível de conhecimento do profissional da empresa.

Portanto, essa abordagem pode ser aplicada com qualquer instrumento administrativo que aborde toda a empresa, como logística, qualidade total, marketing total etc.

Como vários desses assuntos são evidenciados em outros pontos deste livro, são apresentados apenas os assuntos administrativos de cada fase ou etapa, e explicitando os seus conceitos e finalidades básicas, pois a prática tem demonstrado que a sua releitura facilita o seu entendimento e incorporação pelos profissionais das empresas.

Fase 2: Debate das grandes orientações estratégicas.

Para avaliar os profissionais da empresa no contexto estratégico, você pode considerar algumas partes de todo e qualquer processo de planejamento estratégico que abordem questões de elevada amplitude e que são assuntos controláveis pela empresa, a saber: a sua visão – o que ela quer ser em um futuro breve ou distante –, a sua missão – o campo de atuação da empresa – e os seus valores, representados pelo conjunto de princípios, crenças e questões éticas fundamentais para a empresa; e os seus profissionais devem ser avaliados pelo nível de criatividade, pela sinergia entre os negócios e pela disseminação e respeito ao código de conduta.

É primordial para o seu pleno entendimento que alguns assuntos e componentes do processo de planejamento estratégico das empresas sejam pesquisados, identificados e trabalhados por você, pois dessa forma o seu pensamento estratégico se consolidará com maior facilidade; e os profissionais que apresentam forte e criativa contribuição para esses debates têm elevado nível de sustentação para o desenvolvimento de suas empresas. Naturalmente, essas contribuições devem apresentar adequados níveis de sustentação conceitual, metodológica e prática.

Fase 3: Estabelecimento e debate das análises interna e externa da empresa e das suas interações.

Essa fase corresponde à maneira mais direta e simples para se saber "quem é quem" na empresa, em termos de conhecimentos sustentados, pois na análise interna o foco é a identificação e a avaliação dos fatores ou assuntos controláveis pela empresa, o que pode ser fácil para muitos profissionais, inclusive para os que extrapolam essa análise com fortes "achismos"; mas você pode alocar um "complicômetro", solicitando que cada profissional participante, de forma isolada, explicite, por escrito, as justificativas da avaliação efetuada, e mais, que apresente as ações que deverão ser desenvolvidas pela empresa, independentemente do que vai ser analisado nos momentos e fases subsequentes do processo de planejamento estratégico; ou seja, que cada um apresente tudo que já pensou a respeito do assunto em análise.

Nessas análises, você pode considerar:

- **ponto forte** é a vantagem estrutural controlável pela empresa que a favorece perante as oportunidades e ameaças do ambiente, onde estão os assuntos não controláveis pela empresa. Portanto, o profissional na empresa deve ser avaliado quanto à sua capacitação em identificar esses pontos fortes; e mais, saber interligar com as possíveis oportunidades e ameaças externas identificadas, bem como saber acompanhar a evolução do processo; e
- **oportunidade** é a força ambiental, incontrolável pela empresa, que pode favorecer sua ação estratégica, desde que conhecida e aproveitada, satisfatoriamente, enquanto perdura. Você percebe que a própria conceituação do termo explica como os profissionais das empresas devem ser avaliados nessa questão.

A identificação de um assunto como controlável ou não pela empresa depende da interpretação – no contexto estratégico – por parte de cada profissional da empresa. Como exemplo, esse autor tem encontrado o fator **imagem institucional** como interno ou controlável, mas também como externo ou não controlável. Essa diferença ocorre pela forma como o referido assunto é analisado pelo profissional da empresa. Se ele julgar que a imagem institucional é o resultado direto de tudo que a empresa realiza e tem condições para tal, o referido fator é controlável e, portanto, é identificado como ponto forte ou fraco da empresa; caso contrário, o fator é incontrolável pela empresa, sendo identificado como oportunidade ou ameaça. Só para seu conhecimento este autor considera que a imagem institucional é algo controlável pela empresa, desde que tenha competência para tal, ou seja, saiba o que está acontecendo na sua empresa!

E um aspecto muito importante para se avaliar a qualidade do pensamento estratégico dos profissionais da empresa é pelo conhecimento e aplicação do processo de interação entre os fatores externos ou não controláveis e os internos e controláveis, ou seja, da abordagem estratégica, facilitando o estabelecimento dos objetivos e metas da empresa – ver Fase 5 –, bem como de algumas de suas estratégias (ver Fase 6).

Fase 4: Identificação e análise de cenários.

Nesse contexto, cada profissional participante do processo estratégico deve ser analisado quanto à sua atuação criativa e efetiva frente à interação dos cenários – com seus imprevistos e acasos – e suas alternativas mais prováveis, otimistas e pessimistas frente à complexidade das empresas, resultante de seu estilo e modelo administrativos, seus negócios, produtos e serviços, seus mercados, sua tecnologia aplicada, a capacitação de profissionais, entre outros diversos fatores em constante mutação.

Para que um profissional tenha pensamento estratégico em cenários, é necessário que, no mínimo, ele se discipline a debater e estruturar cenários, bem como analisar o processo evolutivo deles, incluindo a leitura de periódicos e a verificação de debates de especialistas em alguns eventos ou programas de televisão; e, uma vez escolhidos os cenários básicos, ele deve saber incorporá-los no planejamento estratégico da empresa, caso contrário os referidos cenários terão pouca serventia para o processo decisório da empresa analisada.

Como no momento de se estabelecer os cenários ocorre a principal situação em que o pensamento estratégico é exercitado na plenitude, é válido dividir essa fase em quatro etapas:

Etapa 4.1: Tipos de cenários.

Nessa etapa, ocorre o debate geral dos tipos de cenários a serem utilizados, inclusive com interações entre eles, analisando, por exemplo, as abordagens projetivas e prospectivas, qualitativas e quantitativas; com o consequente delineamento da situação mais adequada para a realidade do estilo administrativo, do modelo de administração e do plano de negócios da empresa considerada. Esse debate facilita a identificação da realidade dos profissionais participantes do processo para você saber até onde vai o raciocínio estratégico deles. Se você perceber que não existe espaço e conhecimento para o debate dos cenários e de seus possíveis imprevistos, desista desse grupo e idealize outra alternativa para o problema.

Etapa 4.2: Técnicas de cenários.

Nesse momento, tem-se o debate geral das diversas técnicas de estabelecimento de cenários existentes em livros e artigos diversos com a posterior estruturação da situação mais adequada para o processo estratégico da empresa considerada. Você verifica que essa etapa é primordial para proporcionar maior segurança no processo decisório estratégico da empresa e, consequentemente, maior agilidade perante os imprevistos que ocorrem no ambiente empresarial. Evidencia-se que esse debate deve, preferencialmente, considerar todas as técnicas de cenários; e, ao final desse debate, você pode ter uma técnica ideal para o estilo e modelos administrativos, negócios e mercados de sua empresa. Para detalhes das técnicas de cenários e das técnicas estratégicas – inerentes à Etapa 4.3 a seguir –, você pode analisar o livro *Estratégia empresarial e vantagem competitiva*, do mesmo autor.

Etapa 4.3: Técnica estratégica.

Nessa etapa, ocorre o debate geral das diversas técnicas estratégicas para os melhores estabelecimento e implementação das estratégias das empresas consolidando uma situação que melhor se adéque à realidade atual e futura desejada da empresa considerada.

Você verifica que o básico nesse processo evolutivo é, mais uma vez, proporcionar maior segurança no processo decisório estratégico, pois a estruturação aceita e consolidada de qualquer instrumento administrativo é básica para a segurança e a qualidade decisória. Uma ideia é você consolidar esse debate com a interação entre as questões estratégicas, táticas e operacionais da empresa analisada, ampliando a análise da qualidade do pensamento estratégico dos profissionais da empresa.

Etapa 4.4: Estabelecimento interativo dos objetivos com as unidades organizacionais da empresa.

Nesse importante momento, ocorre a interação da situação estratégica consolidada anterior com a rede escalar de objetivos, em que os diversos resultados esperados são interligados, de forma direta, com as unidades organizacionais da empresa; ou seja, correlaciona-se o que "se vai fazer" com o que "se vai alcançar" como resultado; e aqui vale uma **dica**, pois o processo de planejamento estratégico deve ser interativo, ou seja, interligado e iterativo, ou seja, é um processo de idas e voltas para proporcionar maior qualidade decisória.

Você percebe que, ao se interligar o tratamento de imprevistos dos cenários com os objetivos da empresa – que são resultados bem estabelecidos e quantificados –, começa-se a interligar essas incertezas com as realidades da empresa considerada, facilitando e agilizando os ajustes da empresa frente a essas mudanças intempestivas do ambiente empresarial.

Como decorrência, pode-se considerar que os ajustes que deverão ser realizados na estrutura organizacional, nos projetos, nos processos, nas atividades, entre outros instrumentos administrativos, se tornam mais estruturados, lógicos, fáceis, simples, rápidos e de menor custo. Portanto, em qualquer situação de análise, deve-se procurar interligar as decisões estratégicas com as táticas, e essas com as decisões operacionais, consolidando um todo único e mais bem administrado, também facilitando o tratamento dos imprevistos que ocorrem no ambiente empresarial; e esteja certo: nesse momento, o pensamento estratégico está na plenitude e o processo de planejamento estratégico está sendo bem avaliado.

Fase 5: Estabelecimento dos resultados a serem alcançados.

O foco dessa fase é "o que" deve ser alcançado, e os profissionais devem ser avaliados quanto ao estabelecimento dos resultados, mas também quanto a estarem ou não alcançando os resultados sob sua responsabilidade. Isso porque embora toda e qualquer empresa afirme que sabe os resultados que devem ser alcançados, surge uma pergunta simples: será que esses resultados foram bem estabelecidos?

Em um contexto estratégico, os resultados a serem alcançados devem ser decorrentes, direta ou indiretamente, mas sempre de forma conjunta, de duas análises estruturadas:

- da interação entre as oportunidades e ameaças não controláveis pela empresa e os pontos fortes e fracos controláveis; e
- da influência dos cenários estabelecidos.

Essas duas questões são importantes para que se avalie a capacitação e o pensamento estratégico dos profissionais envolvidos no processo estratégico.

Você nunca deve se esquecer de que cada um desses resultados estabelecidos deve estar sustentado por adequadas justificativas e, principalmente, pela explicação de como e por que foram estabelecidos, incluindo a indicação de seus responsáveis, dos prazos intermediários e finais de realização, de como serão medidos, ou seja, dos critérios e parâmetros de verificação, entre outras informações julgadas necessárias.

Uma ideia interessante é fazer uma rede escalar de objetivos em que esses são decompostos e alocados, de forma interativa, nas diversas unidades organizacionais da empresa; e analisar a validade de unidades organizacionais em que não são alocados esses resultados esperados, pois geralmente essas unidades organizacionais não proporcionam nenhuma contribuição efetiva para os resultados da empresa.

Fase 6: Ações e atividades a serem operacionalizadas.

Nessa fase, o foco é como os resultados estabelecidos deverão ser alcançados, em que o exercício dos níveis de criatividade e de pensamento estratégico deve ser efetivado na plenitude.

Para tanto, o processo de análise da atuação estratégica de cada profissional envolvido pode considerar os seguintes assuntos já apresentados no livro: estratégia – maneira estruturada e adequada para se alcançar, preferencialmente de forma diferenciada e inovadora, os objetivos e metas estabelecidos –, projeto – detalhamento das atividades a serem realizadas –, processo – sequenciamento das atividades – e plano de ação, correspondendo ao conjunto de partes comuns dos diversos projetos. E uma proposta para facilitar a identificação de "quem é quem" na empresa é a técnica do painel integrado (ver seção 5.2.1).

Uma dica para consolidar, com qualidade, o processo de avaliação da capacitação estratégica dos profissionais da empresa é realizar, a partir deste ponto, o sentido inverso, ou seja, começar dos planos de ação e chegar até a visão, em um processo de causas *versus* efeitos. Nesse contexto, normalmente, ocorre uma situação interessante, que é o natural aprimoramento de tudo que foi anteriormente realizado. Isso porque as pessoas têm maior facilidade e sustentação para aprimorar o que anteriormente foi proposto, desde que esteja documentado e justificado, pois ninguém consegue aprimorar algo com base em colocações genéricas e verbais. Essa afirmação é para você pensar a respeito!

E um comentário final: você deve ter verificado que, ao se analisar questões inerentes ao assunto **planejamento**, sempre é necessário fazer considerações de como esse planejamento será avaliado; e essa interação em **tempo real** do que foi planejado com o que tem de ser avaliado fortalece, em muito, o processo de pensamento estratégico.

ii. Quanto à função **organização**, a sugestão é você orientar os diversos profissionais da empresa a terem uma atuação direcionada à efetiva transparência de seus atos, análises e decisões a todos os colegas na empresa que tenham interação, direta ou indireta, com as atividades de sua área de responsabilidade.

Você pode conhecer empresas que divulgam, com a maior ênfase e "cara de pau", que o seu modelo de administração é a governança corporativa e que existe otimizada transparência de informações para o mercado, mas, na realidade, não existe transparência de informações nem entre as diversas áreas da empresa; e daí como é que fica a qualidade administrativa nessas empresas se você sabe que existe total interação entre as diversas atividades de uma empresa de acordo com o inquestionável princípio da administração integrada e total?

Este autor encontrou sérias dificuldades em implementar o modelo de governança corporativa em empresas cujas áreas eram "fechadas" nas informações entre si.

A solução foi encontrar o apoio de alguns profissionais da área de recursos humanos da empresa que tinham adequado conhecimento da técnica de desenvolvimento organizacional e começar um programa de aculturamento da importância do conhecimento das atividades de uma área pelas outras áreas, possibilitando efetiva melhoria na qualidade administrativa da empresa, em que todos que nela trabalham saiam ganhando mais conhecimentos e maior facilidade em suas atividades. Após resolver essa situação, foi possível começar a implementar um verdadeiro modelo de governança corporativa na empresa.

Você pode considerar que essa solução deu "voltas desnecessárias", mas acredite: uma péssima decisão é você se basear em inverdades e ilusões administrativas dos profissionais da empresa para desenvolver outro projeto, pois dentro da relação causa *versus* efeito esse novo projeto "não vai dar em nada"!

E você pode estar certo de que essa questão de acreditar ou não em transparência nas informações está correlacionada à sustentação que o profissional tem quanto às suas decisões; e isso recai no estilo administrativo de cada um. De qualquer forma, é sempre melhor antes "arrumar a casa" e depois se expor para o mercado e outros fatores externos à empresa.

iii. O caso da função **gestão de pessoas** é, pelo menos teoricamente, de fácil solução, pois a técnica proposta é a meritocracia – ver seção 4.6.3 –, a qual está diretamente correlacionada à realidade de cada profissional da empresa.

Mas lembre-se de que a técnica da meritocracia só tem validade se for aplicada – por uma estruturação geral previamente estabelecida e entendida por todos os envolvidos – na realidade e qualidade administrativa e de conhecimentos de todos os profissionais que trabalham na empresa; e o processo de avaliação deve apresentar justiça, veracidade e equidade de tratamento.

Você nunca deve aceitar nenhuma desculpa para que a técnica da meritocracia não seja aplicada na empresa onde trabalha e instituição onde estuda!

iv. Com referência à função **direção**, a sugestão é aplicar a liderança pelo conhecimento, a qual é de fácil análise e avaliação de quem possui e exerce esse tipo de liderança com conhecimentos gerais e específicos que efetivamente proporcionem contribuições diretas e indiretas para a evolução da empresa e de seus negócios, produtos e serviços.

Entretanto, não é possível que todos os profissionais da empresa sejam líderes pelos seus conhecimentos, pois o normal é existirem líderes e liderados; e daí surge uma questão: como fazer com que os liderados sigam e apliquem, com qualidade, os ensinamentos e conhecimentos dos líderes? E como esses liderados podem evoluir e se tornarem os novos líderes pelo conhecimento?

A resposta à primeira questão está correlacionada à qualidade das metodologias e técnicas administrativas apresentadas pelos líderes e, principalmente, pelos resultados decorrentes de suas aplicações na empresa, ou seja, bons resultados proporcionam bons ensinamentos e boas aplicações práticas.

A resposta à segunda questão pode ser um pouco complicada, pois depende da postura de cada profissional como futuro líder e, principalmente, se o seu conhecimento vai agregar valor ao processo, produto ou serviço que já está sendo realizado ou, mais ainda, se vai proporcionar algo novo para a empresa.

Talvez, a principal base de sustentação que a empresa pode proporcionar para essa segunda questão seja o completo mapeamento de todos os processos e atividades executadas na empresa com a identificação dos conhecimentos gerais e específicos para cada um desses trabalhos; e esse mapeamento pode facilitar a identificação de possíveis "vazios" onde os profissionais da empresa podem propor interessantes soluções criativas e evolutivas.

Essa é a maneira como este autor tem desenvolvido a questão da liderança pelo conhecimento em empresas-clientes de consultoria e treinamento.

v. Quanto à função **avaliação**, você pode considerar que uma maneira bem interessante de focar em cada indivíduo é trabalhar a avaliação de desempenho de cada profissional da empresa como resultado de sua efetiva contribuição, de forma direta ou indireta, para os resultados da empresa.

Você deve sempre se lembrar que a avaliação de pessoas é normalmente algo complicado, seja em uma empresa, em uma instituição de ensino ou entre amigos, parentes etc.

Na prática, pode-se considerar que a melhor maneira de se avaliar pessoas e evitar debates e "achismos" inúteis é respeitando, pelo menos, duas premissas básicas:

- que os indicadores de avaliação sejam inquestionavelmente objetivos, com critérios e parâmetros estruturados, disseminados, entendidos e aceitos por todos os profissionais envolvidos; e
- que exista uma forma de avaliação relativa, ou seja, com referência a outra avaliação que seja também por critérios e parâmetros objetivos.

A avaliação dos resultados da empresa de forma objetiva é algo fácil, e os indicadores estão disponíveis, como lucratividade, rentabilidade, participação de mercado, produtividade, inovação etc.

O problema ocorre quando alguns profissionais "criativos" começam a afirmar que os bons resultados foram decorrentes de seus trabalhos e inovações; e os maus resultados da empresa são decorrentes das falhas "dos outros", gerando conflitos que só prejudicam ainda mais os resultados da referida empresa.

A maneira de interligar a avaliação dos resultados da empresa com a avaliação de desempenho dos profissionais da empresa não é difícil de ser realizada; e mais, utiliza instrumentos administrativos que toda e qualquer empresa deve ter, como:

- planejamento estratégico, que estabelece, entre outros assuntos, os resultados gerais a serem alcançados pela empresa e as principais estratégias e políticas a serem consolidadas;
- planejamento tático de marketing, que indica os resultados e as ações específicas a serem operacionalizadas visando consolidar os resultados planejados para a empresa;
- estrutura organizacional, que estabelece as áreas específicas da empresa e as suas responsabilidades e autoridades para consolidar seus resultados;
- rede escalar de objetivos, que decompõe os objetivos da empresa em funcionais e setoriais, que são alocados nas diversas áreas e unidades organizacionais da empresa;
- administração de projetos e processos, que estabelecem as diversas atividades a serem desenvolvidas pelas unidades organizacionais da empresa para que os resultados sejam alcançados;
- cadastro de capacitação interna, que estabelece as competências atuais e potenciais dos diversos profissionais interagentes com as necessidades atuais e futuras da empresa;
- estrutura de administração de cargos da empresa, que apresenta as possíveis lógicas evolutivas dos profissionais da empresa;
- plano de carreira, que cada profissional deve elaborar e seguir com dedicação e qualidade para evoluir na empresa;
- estruturação de equipes multidisciplinares, que estabelece a interação dos debates e trabalhos de profissionais de diferentes áreas com conhecimentos diversos e complementares;
- indicação de resultados específicos, que estabelece os resultados a serem alcançados por profissional trabalhando individualmente ou em equipe para contribuir, direta ou indiretamente, ao alcance dos resultados planejados da empresa; e
- avaliação de desempenho de cada profissional por critérios objetivos, podendo ocorrer, se for o caso, uma pequena influência de alguns critérios subjetivos.

Simples, não? Mas por que não são todas as empresas que aplicam critérios objetivos de avaliação de desempenho?

A resposta a essa pergunta já foi apresentada neste livro: é porque a maior parte das pessoas não gosta de ser avaliada!

vi. No caso da função **marketing**, já foi explicado que você deve trabalhar com o princípio do marketing total, em que todos os profissionais da empresa, no desempenho de suas atribuições específicas, procuram fortalecer o processo de a empresa melhor disponibilizar os seus produtos e serviços aos diversos segmentos de mercado.

Esse é um princípio evidente, mas a questão é saber como você pode estimular e fazer os diversos profissionais da empresa terem efetiva atuação mercadológica, a qual é, inclusive, bastante criativa.

Para tanto, você pode pensar em algumas atividades, como:

- primeiro, explicar qual é o papel de cada área da empresa frente aos planejamentos estratégico e do marketing da empresa;
- depois, solicitar que cada profissional de cada área ou unidade organizacional da empresa – ou profissionais alocados no mesmo cargo na área – explicite a sua contribuição, direta ou indireta, para os resultados mercadológicos da empresa;
- a seguir, revisar e aprimorar a qualidade de todos os processos inerentes ao marketing, ou seja, como as atividades mercadológicas devem ser desenvolvidas;
- com base nesses trabalhos, detalhar todas as atividades desses processos estruturados, incluindo o adequado estabelecimento dos indicadores de avaliação, bem como a otimizada interligação entre todas as atividades de marketing desenvolvidas pelas diversas áreas da empresa;
- depois, analisar o cadastro de capacitação interna de todos os profissionais da empresa, identificando as competências atuais e potenciais futuras quanto às atividades mercadológicas;
- a seguir, consolidar programas de treinamento com base nas competências identificadas, podendo utilizar instrutores que sejam profissionais da empresa, propiciando a consolidação de um bom ambiente de trabalho;
- nesse momento, a empresa já deve apresentar sustentação para estruturar equipes de trabalho, preferencialmente heterogêneas quanto aos seus conhecimentos e experiências, para criar núcleos de debates de ideias, inovações e estratégias para o planejamento de marketing e, talvez, para o planejamento estratégico; e
- você não deve se esquecer de consolidar as diversas equipes de trabalho – homogêneas e heterogêneas –, para que ocorram amplos debates de questões mercadológicas, sendo que essas equipes também devem efetuar a autoavaliação de seus atos, propostas e decisões, facilitando o aculturamento do marketing total na empresa. Para aprimorar esses debates em equipes, você pode aplicar a técnica do painel integrado (ver seção 5.2.1).

vii. Com referência à função **produção**, a proposta é você utilizar dois instrumentos administrativos que aparecem com muita intensidade em outras funções – avaliação e também processos e tecnologia –, conforme apresentado nas seções 4.6.5 e 4.6.10.

Esses instrumentos administrativos correspondem, basicamente, à produtividade e aos processos, pois:

- a produtividade analisa a empresa, mas também os seus profissionais quanto ao que eles contribuem para os resultados dela, e existe perfeita interação entre as análises da empresa e dos seus profissionais; e
- os processos e as suas partes ou atividades estabelecem o que deve ser realizado pelas diversas áreas e seus profissionais para que os produtos e serviços da empresa sejam disponibilizados de maneira otimizada aos segmentos de mercado. Os pro-

cessos também proporcionam a interligação entre as diversas atividades realizadas pelas diferentes áreas da empresa, possibilitando uma análise do individual para o geral e vice-versa.

Portanto, a função **produção** pode ser a base da sustentação para que a produtividade e os processos sejam extrapolados para toda a empresa. Essa é uma informação evidente, mas você já deve ter presenciado a situação de alguém perguntar como está o nível de produtividade da empresa e os respondentes olharem para a área de produção, quando, na realidade, todos os profissionais da empresa deveriam "olhar para o espelho"!

Essa questão de se particularizar um assunto administrativo é bastante comum, mas deve-se lembrar que todos os assuntos ou instrumentos administrativos estão interligados, formando um bloco único e influenciando toda a empresa.

Outros instrumentos administrativos que podem ter a mesma abordagem que a produtividade e os processos são a qualidade total e a logística.

viii. O caso da função **desenvolvimento de pessoas** apresenta-se como um dos mais fáceis e lógicos para se consolidar a administração dos resultados em cada um dos profissionais da empresa, bem como as suas contribuições proporcionadas, de forma direta ou indireta, para ela.

Isso porque ela está baseada na capacitação profissional de cada indivíduo que trabalha na empresa e no que cada profissional estabelece e realiza em seu plano de carreira, o qual pode ter alguma correlação com a estrutura de administração de carreiras disponibilizada pela empresa.

O problema é apenas um: muitas empresas não têm programas de análise, planejamento, estruturação e avaliação dos níveis ideais de capacitação de seus profissionais e nem conhecem a técnica do cadastro de capacitação interna (ver seção 4.6.3); e da parte dos profissionais das empresas são raros os que elaboram e aplicam planos de carreira.

Mas acredite: se a empresa decidir implementar um programa com base na função **desenvolvimento de pessoas**, os benefícios aparecerão a curto prazo e terão uma evolução natural a médio e longo prazos com níveis de investimentos e despesas bem reduzidos em relação aos resultados proporcionados.

ix. A questão do tratamento da função **finanças** pode ter a mesma abordagem apresentada para a função **marketing** – ver item vi – pois, nesse caso, a abordagem é das finanças totais (ver seção 4.6.9).

Na prática, a diferença que este autor tem identificado em empresas-clientes é que a abordagem do marketing total é bem mais motivadora para os diversos profissionais da empresa do que a abordagem das finanças totais, talvez porque esta última exija mais conhecimentos técnicos com maior dificuldade de assimilação.

x. Quanto à função **processos e tecnologia**, a empresa não deve ter maiores dificuldades de alocar a sua administração nos diversos profissionais da empresa, pois:

- os processos, com suas partes e atividades facilmente avaliáveis, representam um dos instrumentos administrativos com melhor identificação dos profissionais responsáveis pelos seus trabalhos e com a vantagem extra de consolidar as interligações entre as diversas áreas da empresa. Já foi explicado que as atividades ou partes dos processos representam uma das maiores facilidades de se avaliar os trabalhos dos profissionais da empresa principalmente pela natural alocação dos indicadores de avaliação dessas atividades e dos indicadores de desempenho dos profissionais da empresa; e
- a tecnologia, por sua elevada abrangência, apresenta relativa complexidade de avaliação do nível de contribuição de cada profissional da empresa e, nesse caso, a proposta é que essa análise seja realizada quanto à contribuição da área ou unidade organizacional e, depois, por algum critério lógico e aceito por todos, ser alocado em cada profissional da unidade organizacional; mas sem a possibilidade de alocar por cargo na referida unidade.

A prática tem demonstrado que os profissionais das empresas, de forma geral, apresentam elevada aceitabilidade em serem treinados na realização de trabalhos inerentes às atividades integrantes dos processos; e, no caso da tecnologia, eles se sentem motivados pelo aprendizado das inovações.

Portanto, a empresa não deve encontrar maiores resistências nessas questões, podendo aplicar a administração focada nas pessoas e conseguir melhor qualidade em seus produtos e serviços.

Quando você aborda a questão da tecnologia aplicada nas empresas, é necessário também estar atento à evolução tecnológica que está acontecendo no mundo.

É inquestionável que a evolução tecnológica – que é uma realidade que nunca para de evoluir – tem constante e forte influência no estilo administrativo, no modelo de administração e no plano de negócios das empresas em geral.

Para facilitar a análise, você pode considerar a influência da evolução tecnológica na realidade dos empregos nas empresas como decorrência, por exemplo, do forte incremento da automação envolvendo novas formas de executar os trabalhos e até a robotização, passando pela tecnologia da informação com toda a parafernália digital existente e a ser inventada, o que não deve demorar muito.

Você deve concordar que essa evolução tecnológica afeta, direta ou indiretamente, com maior ou menor intensidade, as realidades do estilo administrativo, do modelo de administração e do plano de negócios das empresas; e a grande questão é você ter uma abordagem estratégica de atuação para incorporar essa realidade inquestionável nos três assuntos abordados neste livro, entre outros de sua empresa.

O principal cuidado que a empresa deve ter para enfrentar essa situação é a existência de um otimizado plano estratégico. Quanto a isso, não há dúvida, mas você deve pensar, ainda que de forma simplificada, como considera a melhor maneira de enfrentar essa situação.

Neste momento, você já chegou à inquestionável conclusão de que uma palavra-chave para tudo que foi apresentado neste livro é "mudança", quer você tenha atuação efetiva e ativa nesse processo ou, no outro extremo, esteja "rezando" para que as mudanças que estão acontecendo ou estão por vir não acabem com o seu negócio, a sua atividade profissional, a sua vida!

Portanto, vale a pena debater algumas questões básicas inerentes a processos de mudanças em geral, incluindo as suas análises e avaliações de impactos e de resultados decorrentes.

Quando você decidir efetuar uma mudança na empresa, deve fazê-la de forma bem planejada, pois mudanças erradas ou desnecessárias, ou que sejam realizadas na sequência errada aumentam os problemas já existentes, novos problemas podem surgir e os profissionais da empresa que foram prejudicados – ou julgam que foram – ficam resistentes a mudanças futuras.

Nesse contexto, você deve analisar, com profundidade e veracidade, pelo menos três aspectos: o propósito e os resultados esperados pela mudança, a capacitação do profissional coordenador da mudança e de sua equipe de apoio, bem como a qualidade das lideranças das áreas envolvidas e que irão consolidar o processo de mudança.

Com referência ao propósito e aos resultados a serem proporcionados pela mudança, você pode considerar alguns indicadores específicos, mas também alguns com abordagem mais global, como os cinco indicadores gerais apresentados a seguir:

- posicionamento global da empresa em termos de inovação, talento, capacitações, lideranças, melhores práticas e respeito aos clientes;
- foco nos clientes com amplo leque de serviços, oferecendo informações, tecnologia, qualidade e resultados globais integrados envolvendo várias atividades;
- agilidade e simplicidade em todas as atividades disponibilizadas ao mercado;
- pesquisa e inovação, procurando incorporar novas ideias e novas abordagens estratégicas, táticas e operacionais; e
- sustentabilidade em todos os contextos, tornando-se mais responsável – ecológica e socialmente falando – em seus atos e decisões.

Embora esses sejam indicadores gerais, é necessário que as empresas saibam avaliar as suas eficiências e eficácias e, portanto, devem existir quantificações verdadeiras para analisar os resultados proporcionados pela aplicação de tais índices gerais, como:

- para analisar a nossa presença global, podemos verificar o nível de expansão de nossa estratégia global, o compartilhamento das práticas empresariais e a intensidade do uso da tecnologia digital em nossas atividades, em nossos atos e em nossas decisões;
- para verificar se estamos efetivamente focando os clientes, podemos analisar se estamos criando produtos e serviços com valor significativo para os clientes, se trabalhamos em equipes, principalmente multidisciplinares no processo de desenvolvimento e oferta de soluções, e se usamos alta tecnologia para proporcionar as melhores soluções para os clientes;

- para analisar o nível de agilidade e simplicidade, podemos verificar se nossos processos de mudança ocorrem em tempo ideal, se percebemos as necessidades de mudanças principalmente por influência externa no momento adequado e se as informações são compartilhadas por todos os envolvidos, direta ou indiretamente, na empresa;
- para verificar a situação das pesquisas e processos de inovação realizados, podemos considerar o nível de confiança que consolidamos junto aos parceiros, a qualidade e a honestidade existentes nos trabalhos com os parceiros e qual o nosso nível de utilização de plataformas digitais; e
- para analisar o nosso nível de sustentabilidade aplicada, podemos analisar a sua interação com a visão corporativa e a estratégia global da empresa, se os princípios da sustentabilidade estão em todos os atos e decisões da empresa e o grau de uso da tecnologia digital.

Entretanto, esteja certo de que nunca é suficiente a empresa ter um propósito orientativo para os seus atos e decisões, pois o grande diferencial das empresas que usam seu propósito para conquistar sucesso é pela disciplina e pela maneira como conseguem manter o propósito ativo e respeitado na empresa.

Neste momento, é necessário evidenciar algo importante: você deve considerar o ritmo intenso das mudanças que estão ocorrendo no mercado de trabalho decorrente das novas necessidades das empresas, sendo que estudos estabelecem que, em meados da década de 2030, aproximadamente metade das profissões atualmente existentes no mundo deixará de existir.

Não é intenção debater futurologia no conteúdo deste livro, mas simplesmente afirmar que, de modo inquestionável, o mundo profissional está mudando.

E daí surge uma pergunta: como esse acelerado processo de mudanças pode afetar cada um dos três assuntos administrativos abordados neste livro?

A resposta é um "exercício mental" interessante e você pode considerar, para análise e debate, as seguintes situações:

i. Quanto às influências no estilo administrativo dos profissionais das empresas, você pode considerar:
   - a necessidade de novas competências ou de intensificação de novos níveis de competências atuais, como:
     - dinâmico e constante pensamento estratégico para fazer leituras críticas e em **tempo real** das transformações que estão ocorrendo ou podem ocorrer no ambiente empresarial externo e não controlável; e
     - disciplina decisória para trabalhar com ambientes empresariais de fortes níveis de criação, inovação e interação;
   - o autodesenvolvimento de sua atuação como líder, bem como o efetivo auxílio no desenvolvimento de novas lideranças na empresa onde trabalha;

- cada profissional de empresa terá de se consolidar como o responsável por sua carreira e o correspondente plano de aprimoramento profissional, e esse processo deverá estar interativo com o plano de negócios da empresa;
- a efetiva atuação como colaborador e orientador na integração dos planos de carreira e de atuação dos seus colegas na área da empresa, em um processo de mútuo auxílio para um objetivo empresarial maior;
- a atuação profissional em ambientes marcados pelas diversidades, pelos contrapontos e pelos diferentes estilos administrativos, mas que todos devem focar os mesmos objetivos empresariais; e
- o trabalho interativo com a subjetividade humana, a qual não se consegue administrar, mas é possível se consolidar situações e estímulos para as suas maiores motivação e produtividade.

Para proporcionar maior sustentação a essas seis influências no estilo administrativo – e outras que você pode considerar –, é importante que os diversos profissionais da empresa tenham o adequado conhecimento e apliquem o método do pensamento para a inovação em que deve existir o profundo entendimento das necessidades das pessoas para as quais os negócios, produtos, serviços e atividades estão sendo projetados e disponibilizados, quer essas pessoas trabalhem na mesma empresa ou sejam externas a ela.

Portanto, existe uma importante premissa para a adequada aplicação do referido método: o forte nível de aplicação da percepção e da empatia por todos os profissionais envolvidos no processo. Nesse momento, é importante tomar cuidado com as observações e as entrevistas, pois podemos acabar vendo aquilo em que acreditamos e escutando o que queremos; e, portanto, você deve ser bastante questionador de suas conclusões.

Esse procedimento pode superar a possível sensação de incerteza e ambiguidade inerentes ao método do pensamento para a inovação.

Outro aspecto que muito auxilia é a adequada utilização de equipes multidisciplinares, pelos seus diferentes conhecimentos e estilos administrativos.

De qualquer forma, você nunca deve esperar resultados imediatos, pois o referido método está centrado no ser humano com suas diferentes características e expectativas; e também nunca se esquecer de fazer as necessárias adaptações à empresa que vai utilizá-lo, pois o método do pensamento para a inovação não é um "prato-feito", exigindo também o pleno conhecimento das causas dos problemas a serem atacados.

A prática tem demonstrado que essas análises e debates proporcionam, no mínimo, os seguintes benefícios para as empresas:

- prepara, com sustentação, os executivos e demais profissionais das empresas para enfrentarem os problemas complexos decorrentes das inevitáveis mudanças no ambiente de negócios, sempre com algum nível de dificuldade em se estabelecer cenários confiáveis;
- evidencia, para os profissionais das empresas, que o erro pode ser uma fonte de aprendizado para a inovação e para o diferencial competitivo;
- facilita e proporciona maior qualidade e segurança aos seus planejamentos estratégicos e, consequentemente, para os seus planejamentos táticos e operacionais; e

- facilita a consolidação de um ambiente motivador para o trabalho, pois cada um dos profissionais passa a entender melhor as suas contribuições para as equipes, as áreas e a empresa, bem como para os diversos agentes do mercado.

ii. Quanto às influências no modelo de administração das empresas, você pode considerar:
- maior e melhor nível de atuação nos arranjos e configurações de estruturações organizacionais que proporcionem e sustentem melhores resultados para as empresas;
- a consolidação de procedimentos e atividades que interliguem, de maneira otimizada, as modernas tecnologias operacionais e a mente humana, facilitando os processos de criatividade e inovação; e
- as estruturações organizacionais que facilitem, e até incentivem, os necessários processos de mudanças para que a empresa esteja sempre atualizada e no contexto do pioneirismo.

Mas, para que esses três aspectos se consolidem de forma otimizada nas empresas, é necessário que você respeite, pelo menos, quatro premissas:
- não esperar que um mesmo instrumento administrativo seja a solução para todos os problemas da empresa;
- entender as possíveis limitações e potencialidades do instrumento administrativo considerado e, portanto, sempre que necessário – e saiba identificar essa situação! –, você deve realizar os devidos ajustes e complementações para melhor aplicar o referido instrumento administrativo na empresa;
- não ficar migrando de um instrumento administrativo para outro, sem a completa identificação e análise do problema e de sua adequada solução; e
- nunca aplicar nenhum instrumento administrativo sem um direcionamento claro, real e sustentado.

iii. Quanto às influências no plano de negócios das empresas, você pode considerar:
- a identificação de ideias inovadoras dentro da empresa, bem como de empresas *startups* que podem ser parceiras nos negócios atuais e a serem desenvolvidos pela empresa;
- a contribuição para o aprimoramento dos fatores de diferenciação e da vantagem competitiva da empresa, pela apresentação, preferencialmente via equipes multidisciplinares, de ideias inovadoras e capazes de agregar valor para a empresa e, se possível, também para os seus parceiros e clientes; e
- a consolidação de ambientes de trabalho com elevado e inteligente nível de questionamentos, de novas perguntas, de novas ideias, crescendo a abordagem do coletivo.

Para que uma pessoa tenha o raciocínio aberto para analisar a sua potencialidade e vocação para algumas atividades profissionais tão distantes de sua realidade atual, é necessário que ela considere, pelo menos, algumas descobertas da neurociência que auxiliam no incremento da produtividade dos profissionais das empresas, como:

- acreditar que tudo pode ser aprendido com esforço e determinação e, nesse caso, a pessoa deve sair de sua zona de conforto para inovar e fazer diferente, mesmo que para tanto possa cometer erros;
- ter concentração total na realização das atividades mais importantes, gerando uma situação em que as ideias chegam a fluir livremente na busca da melhor solução para a empresa; e
- trabalhar em ambientes que incentivam recompensas para as ideias, atos, decisões e resultados, extrapolando esse contexto para todos os profissionais da equipe de trabalho, fortalecendo o foco, a memória, o entusiasmo, a criatividade e a produtividade.

Mas para que todo esse processo ocorra com qualidade, é necessário que a empresa saiba trabalhar com as inevitáveis mudanças que sistematicamente têm de ocorrer em suas atividades e negócios, bem como em seus modelos de administração e, consequentemente, com influências diretas nos seus estilos administrativos.

E da parte dos profissionais das empresas o importante é que essa evolução tecnológica não transfira o seu emprego para um robô!

De qualquer forma, sempre existirá um paradoxo, pois:

- de um lado, as empresas devem procurar preservar postos de trabalho como pauta da responsabilidade social corporativa, bem como se as empresas dispensarem seus empregados, ou a maior parte deles, não haverá mercado consumidor; e
- de outro lado, essas empresas não podem abrir mão da evolução tecnológica e da automação, pois ganhar produtividade é essencial para sobreviver em um mercado altamente competitivo.

Resumo

A finalidade deste capítulo foi facilitar a sua autoanálise como profissional de empresas para trabalhar e se aprimorar nos importantes assuntos do estilo administrativo, do modelo de administração e do plano de negócios.

Você percebeu que existe forte interação entre as capacitações básicas para trabalhar com os três referidos assuntos administrativos, sendo isso da realidade operacional deles.

Questões para debate e consolidação de conceitos

1. Como as capacitações e formas de atuação dos profissionais podem incrementar o nível de qualidade do estilo administrativo das empresas? E como podemos avaliar esses incrementos?

2. Idem quanto às capacitações e formas de atuação inerentes ao modelo de administração.
3. Idem quanto às capacitações e formas de atuação inerentes ao plano de negócios.
4. Explicar como pode ocorrer um processo sinérgico de qualidade entre as três questões anteriores.
5. Explicar, com exemplos e justificativas, onde a sistemática de aprimoramento profissional é mais rápida e com menos resistências nas empresas: no estilo administrativo ou no modelo de administração ou no plano de negócios.
6. Identifique, com justificativas e exemplos, as suas facilidades e dificuldades quanto às análises e as respostas das cinco questões anteriores – e outras do texto do capítulo – e, depois, aloque-as em seu plano de carreira para seu desenvolvimento sustentado como profissional de empresas.

Exercício para reflexão

Este é um exercício cujo beneficiário direto é você, pois o que se solicita é que você faça um plano de carreira, resumido, mas sustentado, explicitando, entre outros assuntos, como pretende se consolidar como profissional capacitado para trabalhar com os assuntos **estilo administrativo**, **modelo de administração** e **plano de negócios**.

Para o desenvolvimento deste exercício, que será fundamental para a otimizada sustentação de seu processo de evolução profissional, você pode analisar, também, com detalhes o livro *Como elaborar um plano de carreira para ser um profissional bem-sucedido*, do mesmo autor.

Você vai perceber que tão importante como obter e saber aplicar os diversos conhecimentos do assunto **administração** é você ter um estruturado plano de carreira que oriente, discipline e simplifique a aplicação de seus conhecimentos.

Boa sorte!

Caso para análise, debate e proposta de solução

Nesse caso, a pergunta é simples e direta: Como você consegue analisar a evolução do nível de capacitação profissional de uma pessoa e a sua melhoria quanto ao estilo administrativo e as suas contribuições para o modelo de administração e para o plano de negócios da empresa onde trabalha?

Você verificou que a análise e o aprimoramento do estilo e do modelo de administração de uma empresa, e até de seu plano de negócios, são algo amplo e complexo, mas que, se esse processo for estruturado, ele se torna relativamente simples e bastante lógico.

Mas considerando, por exemplo, a sua realidade, a pergunta básica é: Como você pode se aprimorar, de forma sustentada, nessas três questões?

Possivelmente, a melhor maneira de você ter efetivo sucesso nesse importante processo evolutivo como profissional da administração seja você interligar o seu plano de carreira – que está elaborando pelo exercício deste capítulo – com a sua atuação profissional perante as questões do estilo administrativo e do modelo de administração direcionados ao plano de negócios das empresas, considerando, principalmente, o conteúdo do Capítulo 4.

Portanto, o desenvolvimento deste caso – e do exercício anterior – demandará um razoável período de tempo, mas, acredita-se que você tenha toda a motivação para tal. E, melhor, ao final deste trabalho, você terá toda a condição de consolidar a sua capacitação profissional para atuar com as três importantes questões administrativas evidenciadas neste livro, e o Capítulo 6 lhe proporcionará várias **dicas** a respeito.

E, finalmente, uma **dica** extra: não demore muito tempo para realizar esses trabalhos de autoanálise e de aprimoramento profissional, pois o principal – e possivelmente único – beneficiário será você!

Capítulo 6

Avaliação e aprimoramento do estilo e modelo de administração e do plano de negócios das empresas

> "Sucesso é 99% de fracasso."
> *Soichiro Honda*

As questões inerentes ao estilo administrativo, ao modelo de administração e ao plano de negócios estão em constantes evoluções – para o melhor ou para o pior – e, portanto, você deve estar sempre atento para avaliar e aprimorar esses três assuntos.

Objetivos do capítulo

Ao fim da análise deste capítulo, você poderá responder, com qualidade, às seguintes importantes questões:

- Como avaliar cada um dos assuntos básicos deste livro?
- E como posso aprimorá-los?
- Como obter o nível de qualidade total nesses três assuntos?
- Como ter constante foco no plano de negócios da empresa?
- Como posso consolidar otimizados estilo administrativo, modelo de administração e plano de negócios na empresa onde trabalho?

Foi decidido separar as questões da avaliação e aprimoramento do estilo e modelo de administração da análise do plano de negócios pelo fato de este último ter forte estruturação e maior facilidade de avaliação, até porque toda a empresa, e em alguns casos até o mercado, estão atentos a esse assunto; e entre os outros dois assuntos o modelo de administração é bem mais fácil de ser estruturado do que o estilo administrativo da empresa.

Essa é uma abordagem que pode facilitar a aplicação prática por você, mas não se esquecendo de que os três assuntos estão sempre interligados e, consequentemente, a avaliação e o aprimoramento de um assunto podem proporcionar benefícios para os dois outros assuntos.

6.1 Avaliação e aprimoramento do estilo administrativo e do modelo de administração

Para essa questão, você pode resgatar o apresentado na Figura 5.1, em que se analisa a influência do planejamento estratégico nos três assuntos abordados neste livro.

Conforme já evidenciado, você pode acreditar que ainda não inventaram um instrumento administrativo que melhor auxilie os outros instrumentos administrativos da empresa em seus processos de identificação, operacionalização, avaliação e aprimoramento do que o planejamento estratégico; e o instrumento administrativo que melhor possibilita a aplicação de indicadores de avaliação das diversas atividades de uma empresa é o *Balanced Scorecard* (BSC); e o modelo de administração que proporciona maior sustentação a esses dois instrumentos administrativos é a governança corporativa; e este autor tem alguns outros instrumentos administrativos preferidos para cada uma das questões empresariais, e a dica é que você faça o mesmo!

Neste momento, são mostradas, de forma resumida, as principais razões da escolha deste autor quanto aos três instrumentos administrativos apresentados, e suas interações para com os três assuntos abordados no livro.

a) Quanto ao planejamento estratégico

A sua escolha para o processo de identificação, operacionalização, avaliação e aprimoramento das questões inerentes aos três assuntos abordados neste livro é resultante de sua efetiva contribuição ao estabelecimento de:

- principalmente da situação futura desejada pela empresa e como ela poderá chegar lá, partindo da sua realidade atual, sendo, portanto, a melhor fotografia do contexto atual e das possibilidades futuras da referida empresa;
- um processo de análise global da empresa em que pode ocorrer o melhor e mais forte processo de participação nas contribuições para a melhoria da situação da empresa e com efetivo nível de comprometimento de todos os profissionais da empresa, desde que, logicamente, não se cometa o erro de realizar o processo de planejamento estratégico apenas com a alta administração da empresa e sem fazer todas as interligações e decomposições necessárias com os planejamentos táticos e operacionais, interagindo as questões macro com as questões micro do dia a dia da empresa;
- um interessante e motivador clima organizacional em que todos os profissionais da empresa podem entender as reais necessidades de mudanças para que o futuro seja melhor para todos, inclusive com um processo de desenvolvimento e operacionalização em que importantes contribuições venham, com boa vontade, de todas as áreas da empresa e os seus vários profissionais se sintam "cúmplices" desse processo evolutivo e necessário para o futuro da empresa; e

uma interessante situação em que cada profissional da empresa pode identificar e avaliar a sua efetiva contribuição para os resultados da empresa onde trabalha. E pense o seguinte: embora algumas pessoas fujam dessas avaliações, elas representam, na prática, um dos melhores e mais verdadeiros indicadores de desempenho e, com base nisso, cada profissional da empresa pode elaborar, de forma verdadeira, o seu plano de desenvolvimento profissional.

b) Quanto aos indicadores de avaliação da técnica BSC

A sua escolha para a sistemática de avaliação de resultados setoriais e gerais da empresa se relaciona com os seguintes principais aspectos:

- a sua estruturação permite otimizada interligação com os processos de planejamentos da empresa em seus diferentes níveis – estratégico, tático e operacional –, quer seja de forma isolada ou conjunta;
- apresenta várias vertentes de avaliação, inclusive podendo ser ampliada de acordo com as necessidades administrativas da empresa;
- pela sua ampla aplicação em empresas diversas, permite análises comparativas e interessantes processos de *benchmarking* para se aprender com os líderes e procurar fazer melhor; e
- facilita a interligação estruturada entre o processo de avaliação dos resultados da empresa e de suas diversas áreas ou unidades organizacionais com o processo de avaliação de desempenho de seus profissionais, principalmente quando a empresa utiliza adequados instrumentos de administração de projetos e de processos com amplo detalhamento das atividades alocadas nas devidas áreas e profissionais.

Apresentadas essas questões iniciais, pode-se afirmar, na prática, que a sugestão é se aplicar uma interação entre os índices estabelecidos pela Fundação Prêmio Nacional de Qualidade (FPNQ) e pelo *Balanced Scorecard* (BSC), desenvolvido por Robert Kaplan e David Norton (1998, p. 17), que parte de quatro perspectivas básicas, mas você pode utilizar quantas perspectivas forem necessárias, desde que respeite a abordagem básica do referido modelo e, nesse contexto, você pode utilizar a proposta básica deste autor, com oito perspectivas de indicadores de desempenho apresentadas resumidamente a seguir:

i. Perspectiva do mercado e dos clientes, com os indicadores inerentes a:
   - participação no mercado;
   - fidelidade;
   - conquista de novos clientes;
   - imagem institucional;
   - imagem dos produtos e serviços;
   - conhecimento da marca;
   - valor relativo do produto ou serviço;
   - manifestações dos clientes; e
   - qualidade do atendimento.

ii. Perspectiva financeira, com os seguintes indicadores:
- rentabilidade sobre o patrimônio líquido;
- liquidez corrente;
- crescimento da receita;
- margem bruta;
- geração de caixa;
- lucratividade;
- valor presente; e
- valor econômico agregado.

iii. Perspectiva dos processos, com indicadores inerentes a:
- conformidade do produto em relação ao padrão;
- conformidade do serviço em relação ao padrão;
- conformidade do processo crítico;
- desperdício;
- flexibilidade;
- análise do processo de inovação;
- análise do serviço pós-venda;
- eficiência operacional; e
- produtividade.

iv. Perspectiva do aprendizado, inovação e crescimento, com os seguintes indicadores:
- tempo para recuperar o investimento;
- receita de novos produtos ou serviços;
- geração de ideias;
- aceitação de novos produtos e serviços;
- conformidade dos processos; e
- conformidade dos projetos.

v. Perspectiva da responsabilidade social, que considera alguns indicadores, a saber:
- conformidade social;
- imagem pública;
- custo ambiental;
- investimento em responsabilidade social; e
- risco ambiental.

vi. Perspectiva das pessoas, com os seguintes indicadores:
- retenção de pessoas-chave;
- conhecimento;
- habilidade;

- atitude;
- satisfação;
- comprometimento;
- competência e autonomia;
- melhoria contínua e produtividade;
- eficácia no treinamento;
- volume do treinamento;
- avanço na carreira;
- equidade de remuneração;
- bem-estar;
- segurança; e
- participação.

vii. Perspectiva da aquisição e dos fornecedores, com alguns indicadores, a saber:
- qualidade dos produtos e serviços adquiridos;
- eficácia da garantia da qualidade; e
- relacionamento com fornecedores.

viii. Perspectiva do ambiente de trabalho, com os seguintes indicadores:
- satisfação com a liderança;
- habilidade dos líderes;
- capital intelectual; e
- qualidade do sistema de informações.

E agora duas sugestões importantes: a primeira é que no processo de avaliação das empresas e, principalmente, dos profissionais dessas empresas pode ocorrer determinado nível de subjetividade e "achismo", prejudicando o resultado final da análise.

Nesses casos, você pode estabelecer pesos para cada uma das situações, ou seja, as avaliações objetivas e inquestionáveis e as avaliações que apresentam algum grau de subjetividade ou de interpretação e, nesses casos, uma sugestão é dar pesos de 60 a 70% para as avaliações objetivas.

A segunda sugestão é criar um clima interessante e motivador para o processo de avaliação dos resultados da empresa e, principalmente, dos desempenhos dos profissionais e, nesse caso, o ideal é estabelecer incentivos diretos ou indiretos para que:

- os indicadores de avaliação sejam claros, entendidos e aceitos, não apresentando favorecimentos ou punições ilógicas;
- as pessoas gostem de ser avaliadas e acreditem nos seus aprimoramentos subsequentes;
- as contribuições para os melhores resultados da empresa sejam identificáveis e enaltecidas;

- os processos de avaliação sejam os mais amplos possíveis, envolvendo os profissionais direta ou indiretamente atuantes na questão em análise;
- o aprendizado seja amplo, em **tempo real** e **na tarefa**; e
- a verdade e o respeito devem ser mandatórios no processo de avaliação dos resultados da empresa e do desempenho dos seus profissionais.

c) Quanto ao modelo de administração da governança corporativa

O modelo da governança corporativa surgiu com o objetivo de consolidar a conformidade legal e ética das empresas, com adequada qualidade administrativa e a correspondente prestação responsável de contas e dos resultados, a otimizada transparência e veracidade das informações disponibilizadas aos diversos públicos, bem como o senso de propósito e de justiça nas várias decisões tomadas pela empresa, mas se expandiu, com qualidade e sustentação, para ser o modelo de administração que melhor permite e sustenta a boa qualidade administrativa, sendo que os possíveis problemas apresentados pela sua aplicação são decorrentes de decisões de executivos de empresas que nem conhecem os princípios básicos da governança corporativa.

Para facilitar a identificação das diversas contribuições que podem ser proporcionadas pela governança corporativa para o processo de avaliação e aprimoramento do estilo administrativo e do modelo de administração das empresas, e consequentemente em seu plano de negócios, você pode se basear nas principais partes da conceituação do termo **governança corporativa**: conjunto de práticas administrativas para otimizar o desempenho das empresas – com seus negócios, produtos e serviços – ao proteger, de maneira equitativa, todas as partes interessadas – acionistas, clientes, fornecedores, credores, funcionários, governos – facilitando o acesso às informações básicas da empresa e melhorando o modelo de administração.

Com referência às práticas administrativas, existe um conjunto de formas de atuação e de procedimentos ou processos estabelecidos – formal ou informalmente – e consagrados em uma amplitude representativa de empresas, sendo que você pode, se necessário, analisar a seção 4.3 do já citado livro *Governança corporativa na prática*, do mesmo autor.

Quanto ao desempenho das empresas, a sua análise pode ser efetuada pela aplicação dos já referidos indicadores de desempenho estabelecidos pela Fundação Prêmio Nacional de Qualidade (FPNQ) e pelo *Balanced Scorecard* (BSC) e, mais uma vez, você verifica que, em administração, todos os assuntos devem estar interligados e interativos.

Com referência à questão de que a governança corporativa deve proteger, de forma equitativa, todas as partes interessadas, ela se originou com a preocupação quanto aos pequenos acionistas das empresas, mas que se extrapolou, de maneira inquestionável, para outros assuntos administrativos e para outros públicos das empresas.

A questão do acesso às informações básicas deve ser realizada da forma mais adequada possível e lembrando que o debate estruturado entre um número maior de profissionais proporciona o aprimoramento natural do processo decisório nas empresas.

Quanto à melhoria do modelo de administração da empresa, deve-se considerar que a governança corporativa pode facilitar a consolidação da responsabilidade corporativa da empresa, incorporando diretrizes de ordem social e ambiental na definição dos negócios e das operações empresariais, trabalhando com visão de longo prazo e com fatores de sustentabilidade, resultando, inclusive, no debate e aprimoramento do estilo administrativo da empresa.

Na prática, você pode visualizar os benefícios da governança corporativa em dois amplos contextos:

- primeiro, como um modelo de organização empresarial em que você pode aplicar qualquer tipo de departamentalização – funcional, territorial, produtos ou serviços, matricial, unidades de negócios, mista etc. –, respeitando todos os princípios e práticas administrativas estabelecidos pela governança corporativa e seus órgãos reguladores; e
- também como um estilo administrativo, uma maneira de ser da empresa, uma "personalidade" administrativa em que todos os profissionais da empresa devem atuar e respeitar. É por isso que muitas empresas, em seu processo de criação e consolidação da governança corporativa, tratam essa questão como um projeto com início, meio e fim, e, uma vez implementado, fica como uma abordagem básica de atuação da empresa e de todos os seus profissionais, não precisando existir uma unidade organizacional específica responsável pelo assunto **governança corporativa**.

6.2 Avaliação e aprimoramento do plano de negócios

Aqui, a sugestão básica é considerar os três instrumentos administrativos básicos evidenciados na seção 6.1 – e outros estabelecidos por você – e fazer a sua aplicação integrada e na plenitude máxima, utilizando mecanismos de análise em cada uma de suas partes ou componentes, ou seja, verificando a contribuição direta ou indireta de cada item de cada um dos instrumentos administrativos aplicados para a qualidade e os resultados do plano de negócios da empresa.

Isso porque no caso do plano de negócios o processo de análise, avaliação e aprimoramento tem de ser o mais direto e objetivo possível, pois qualquer erro ou subjetividade pode provocar sérios danos para a empresa.

Nesse contexto, são apresentados alguns exemplos a seguir e você deve preparar um processo completo para aplicar na realidade do plano de negócios da sua empresa. Esse não é um trabalho difícil, mas demandará algum tempo, sendo de necessidade inquestionável para a empresa.

a) Quanto ao processo de planejamento estratégico

A proposta básica é você fazer uma análise da contribuição efetiva de cada item ou parte do processo de planejamento estratégico para a maior qualidade e os melhores resultados do plano de negócios da empresa, respeitando o que já foi evidenciado em alguns pontos deste livro.

Nesse contexto, tem-se:

- a análise da visão da empresa deve ser quanto ao efetivo direcionamento das estratégias para o que a empresa quer ser em um futuro breve ou mais distante;
- os valores estabelecidos pela empresa devem ser a base de sustentação geral para todas as suas principais decisões consolidando a "personalidade" ou o estilo administrativo da empresa na disponibilização de seus negócios, produtos e serviços aos diversos segmentos de mercado;
- a análise externa da empresa, com suas oportunidades, ameaças e cenários deve incentivar, aprimorar e consolidar o pensamento estratégico dos profissionais da empresa, em que se interligam em **tempo real** as questões internas e controláveis com as questões externas e não controláveis da empresa, identificando a qualidade da análise estratégica da empresa;
- a análise interna da empresa, com seus pontos fortes e pontos fracos deve identificar as competências e as carências dos profissionais em trabalhar com as atividades da empresa, delineando a sustentação do estilo administrativo e do modelo de administração para que os planejamentos e os resultados do plano de negócios da empresa sejam otimizados;
- a missão deve estabelecer a amplitude de atuação da empresa e a quais segmentos de mercado atuais e potenciais futuros que ela pretende atender com os seus negócios, produtos e serviços atuais e potenciais;
- a postura estratégica da empresa deve estabelecer a velocidade e a qualidade de atuação da empresa para atender os diversos segmentos de mercado com seus negócios atuais e futuros. Para tanto, deve efetuar a análise cruzada entre oportunidades, ameaças, pontos fortes e pontos fracos, tanto atuais como potenciais futuros;
- a análise dos concorrentes deve, principalmente, estabelecer a vantagem competitiva da empresa, bem como se tem sustentação pelos pontos fortes da empresa e se ela é reconhecida pelo mercado, ou seja, se os negócios, produtos e serviços da empresa são "puxados" pelos segmentos de mercado, mas também se a referida vantagem competitiva é perene no tempo, criando uma interessante "personalidade" pela qual a empresa é identificada no mercado;
- os objetivos e as metas da empresa devem ser bem quantificados e acompanhados, identificando com detalhes os resultados parciais e globais da empresa, sempre em um contexto desafiador;
- as estratégias e os decorrentes projetos devem estabelecer todas as ações a serem desenvolvidas pela empresa para que os resultados planejados sejam alcançados com qualidade;
- as políticas devem proporcionar toda a sustentação para os valores da empresa e para o otimizado processo decisório; e
- o processo de avaliação e aprimoramento deve consolidar a excelência nos treinamentos, capacitações, motivações, criatividades, inovações e resultados da empresa.

Você percebe que, para se otimizar estrategicamente o processo de avaliação e aprimoramento do plano de negócios, é essencial que se aplique adequadamente cada item ou parte da metodologia de planejamento estratégico na empresa.

Essa é uma afirmação evidente, mas está colocada pelo simples fato de que este autor já encontrou empresas que não respeitam essa lógica básica.

b) Quanto aos indicadores de resultado da empresa e de desempenho dos seus profissionais

Neste caso, você pode utilizar os indicadores estabelecidos anteriormente pelo sistema BSC, focando, de forma interativa, os resultados da empresa e o desempenho de seus profissionais.

Nesse contexto, resumidamente, você pode considerar as seguintes situações:

- respeite sempre a premissa de que a avaliação dos resultados da empresa tem de ser efetuada de forma interativa com a avaliação de desempenho dos profissionais que trabalham nessa empresa, pois são esses que consolidam os resultados, positivos ou negativos, da referida empresa;
- conforme já explicado, fuja dos profissionais que não gostam de – ou não querem – ser avaliados, principalmente por seus subordinados e pares;
- essas são pessoas que não acreditam que os processos de avaliação são sempre positivos, pois elas têm a importante oportunidade de conhecer o que os outros pensam dela como profissional e como ela pode se aperfeiçoar; e
- essas são pessoas que esquecem – ou não querem reconhecer – que os avaliadores são pessoas que podem contribuir, de maneira efetiva, para o seu desenvolvimento.

Com base nessas premissas, você pode estabelecer os seus indicadores e processo de avaliação profissional e, nesse caso, você deve efetuar uma avaliação verdadeira, bem como operacionalizar as ações necessárias para sua evolução como profissional de empresa; ou seja, você é o coordenador, o responsável e o principal beneficiário de suas decisões e ações.

Para o desenvolvimento dessa situação – bastante provável –, você pode considerar a utilização do formulário básico apresentado na Figura 6.1.

Autoavaliação do profissional				Data _/_/_			Nº
Nome				Área			
Assunto	Resultado esperado	Contribuição para a empresa	Prazo	Recursos utilizados	Resultado alcançado	Ações para melhoria	Avaliação das ações

Figura 6.1 Autoavaliação do profissional.

No preenchimento do formulário da Figura 6.1, você pode considerar:

- **assunto**: ordem sequencial dos assuntos a serem avaliados, e você pode identificá-los como decorrentes da lista de fatores controláveis e não controláveis utilizados no processo de planejamento estratégico da empresa;
- **resultado esperado**: identificação do resultado final que o assunto deverá alcançar, procurando sempre quantificá-lo, pois, caso contrário, a avaliação ficará subjetiva;
- **contribuição para a empresa**: identificação da contribuição básica que o assunto analisado deverá proporcionar para a empresa, preferencialmente de forma quantificada;
- **prazo**: estabelecimento do prazo final e, se necessário, também dos prazos intermediários para se conseguir alcançar os resultados esperados;
- **recursos utilizados**: indicação dos recursos que serão necessários neste processo evolutivo e, preferencialmente, indicando também os que estão disponíveis e os que não estão;
- **resultado alcançado**: indicação do resultado que o assunto avaliado alcançou, preferencialmente quantificado;
- **ações para melhoria**: independentemente de os resultados terem sido plenamente alcançados, você deve explicitar algumas ações para a melhoria contínua do processo.
- **avaliação das ações**: identificação da avaliação que você faz das ações anteriores e atuais para a melhoria contínua do processo.

c) Quanto à governança corporativa

Neste caso, você pode considerar os seguintes princípios e procedimentos para consolidar o processo de avaliação e aprimoramento do plano de negócios, sendo que essas sugestões são evidentes e, pelo menos teoricamente, os profissionais das empresas deveriam ter plenas condições de exercê-las com qualidade. São elas:

- ter conhecimentos, capacitação profissional e habilidades atualizadas e consolidadas, pois essas são premissas básicas para o processo evolutivo e sustentado das empresas;
- ter vontade de mudar, pois o modelo de governança corporativa deve ser constantemente questionado na busca da inovação e da excelência administrativa;
- ter comportamentos e atitudes adequados por parte de todos os profissionais da empresa, buscando sempre a consolidação de atitudes interativas que preparam o futuro da empresa, pois acreditam que esse só depende do que eles fazem a partir de agora, ou seja, são idealizadores e tentam redirecionar a "maré" da empresa;
- colocar sempre o interesse da empresa em primeiro lugar, compartilhando poder e informações;
- trabalhar com normas e procedimentos modernos para estar sempre preparado para a globalização da economia;

- ter otimizado capital humano em um clima organizacional que incentive a criatividade, reconheça e premie o talento e a iniciativa, possibilite o crescimento pessoal e profissional em todas as suas dimensões, consolide a melhoria da qualidade de vida, apresente justiça nos reconhecimentos de realizações pessoais e coletivas, privilegie o processo decisório participativo e institucionalize o informalismo responsável;
- facilitar e otimizar a atuação – e a separação – dos empreendedores e dos administradores quanto às suas responsabilidades básicas na empresa, mas que os atos e decisões dessas duas partes estejam sempre direcionados ao desenvolvimento dos negócios da referida empresa;
- consolidar a profissionalização e a transparência, até para facilitar e proporcionar melhor qualidade administrativa na empresa;
- encurtar a distância entre o foco do negócio, produto ou serviço oferecido e os segmentos de mercado identificados, considerando, por exemplo, utilizar a mesma infraestrutura existente e já conhecida como os mesmos clientes, os mesmos canais de distribuição, os mesmos concorrentes, a mesma marca e a mesma tecnologia;
- ter postura ativa dos três órgãos básicos de governança corporativa – Assembleia Geral de Acionistas, Conselho de Administração e Conselho Fiscal – direcionada ao incremento do valor do investimento, representado pelas ações da empresa;
- ter procedimentos estabelecidos e respeitados pelos conselheiros de administração como opções de compras de ações e período de tempo na função na empresa;
- saber trabalhar na abordagem de *clusters*, que são concentrações geográficas de empresas de determinado setor de atividade e de organizações correlatas, de fornecedores de insumos e também de clientes dos produtos e serviços, ou seja, as empresas participantes disputam o mesmo mercado, mas sempre cooperando entre si em aspectos que trazem ganhos mútuos, por exemplo, consórcios de exportação;
- ter sustentabilidade, que é representada pela responsabilidade cooperativa, pois não adianta os responsáveis pelas empresas tomarem decisões que criem situações negativas no futuro; e
- conhecer – muito bem – a vocação dos profissionais envolvidos, até para que eles não trabalhem "no lugar errado".

E um comentário geral: você percebe que os 14 princípios e procedimentos apresentados podem, com pequenas adaptações, ser aplicados em todo e qualquer assunto administrativo nas empresas; e esse comentário vale para os diversos assuntos e instrumentos administrativos apresentados neste livro.

A razão básica disso é que, em administração, todos os assuntos devem estar interligados de forma direta ou indireta, possibilitando interessante análise de causas *versus* efeitos e fechando o modelo administrativo da empresa como um bloco único direcionado para as expectativas e resultados comuns estabelecidos em seu plano de negócios.

Essa questão da administração integrada, que já foi apresentada neste livro, é reforçada no item a seguir.

d) Quanto à administração integrada

Esse é um assunto que poderia estar na seção 6.1, mas preferiu-se colocar quando da análise do plano de negócios da empresa por uma questão de facilidade de entendimento.

Você já deve ter conhecimento de empresas que tratam cada assunto administrativo ou técnico de forma isolada, com a estranha afirmação por seus responsáveis de que "eles são os entendidos no assunto e não precisam se preocupar com o que está acontecendo nas outras áreas da empresa". Atenção: fuja desses pseudoprofissionais!

Na prática, todas as análises, abordagens, atividades e decisões da empresa devem apresentar algum nível de interligação para "fechar" o sistema administrativo da empresa.

Neste momento, surge uma questão de elevada importância no processo de análise, avaliação e aprimoramento dos três assuntos abordados neste livro.

Como fazer uma avaliação integrada e interativa entre o estilo administrativo, o modelo de administração e o plano de negócios de uma empresa?

Não podemos fugir dessa avaliação total, pois em administração todos os assuntos estão, de forma direta ou indireta, perfeitamente integrados, bem como influenciando ou recebendo influência dos outros assuntos administrativos da empresa.

Nesse contexto, a primeira questão a ser resolvida é a estruturação de uma metodologia para realizar o referido processo de avaliação e de aprimoramento e, depois, detalhar cada uma das atividades a serem realizadas nesse processo. Como contribuição é apresentada, de forma resumida, uma metodologia básica que você pode considerar fazendo os devidos ajustes e complementações como decorrência da realidade da empresa analisada. A única sugestão inicial é que você, se possível, aplique, pelo menos e na sequência apresentada, as fases e etapas evidenciadas na referida metodologia de realização dos trabalhos.

Portanto, você pode considerar quatro fases divididas em algumas etapas, a saber:

Fase 1: Consolidar a base de sustentação do processo integrado de análise, estruturação, operacionalização, avaliação e aprimoramento do modelo de administração integrada na empresa.

Esse trabalho inicial é fundamental para o mapeamento de todos os instrumentos administrativos que farão parte do modelo de administração total e integrada da empresa.

Embora se possa basear em modelos de administração integrada já consagrados pela teoria administrativa, é muito importante que esse trabalho seja realizado por todos os profissionais da empresa, pelo menos por três razões básicas: que todos entendam as necessidades do trabalho, que explicitem as suas capacitações e carências nessas interações e que saibam conduzir a empresa para os resultados esperados.

Essa fase pode ter, no mínimo, seis etapas a saber:

Etapa 1.1: Apresentação, debate e consolidação do modelo de administração integrada a ser implementado na empresa, com a explicitação de seus benefícios e as possíveis dificuldades a serem contornadas.

Esse trabalho pode ser realizado com a ajuda de um consultor especialista no assunto, cuja responsabilidade básica deve ser a apresentação de metodologias de desenvolvimento e implementação da administração integrada nas empresas para que a equipe de trabalho possa estabelecer a abordagem ideal para a realidade da empresa.

Etapa 1.2: Estabelecimento dos diversos indicadores de desempenho, tanto de avaliação dos resultados da empresa e de cada um dos seus negócios e unidades organizacionais como da avaliação de desempenho de seus profissionais quanto à efetiva contribuição para os resultados planejados para a empresa.

Esse estabelecimento dos indicadores de desempenho deve ser efetuado da forma mais completa e detalhada possível, mas sempre deverá ter ajustes necessários ao fim da etapa 1.6.

A seguir, você deve trabalhar, de forma detalhada, com os instrumentos administrativos que serão os "guarda-chuvas" orientadores dos outros instrumentos administrativos, pois não se deve trabalhar com todos os instrumentos administrativos da empresa com o mesmo nível de importância. Para estabelecer o nível de importância de cada instrumento, você pode aplicar a técnica Gravidade, Urgência e Tendência (GUT) (ver seção 2.1.4).

No caso deste livro, os três instrumentos administrativos – que são importantes para toda e qualquer empresa – são o planejamento estratégico, a governança corporativa e o plano de negócios, mas não se esquecendo dos indicadores de avaliação.

Etapa 1.3: Consolidação do processo de planejamento estratégico para estabelecer, de forma estruturada, aonde a empresa quer chegar e como ela pode chegar lá.

Você deve aplicar, na plenitude, todas as partes de um processo estruturado de planejamento estratégico.

Dica importante: você deve desenvolver o planejamento estratégico envolvendo todos os níveis hierárquicos da empresa pela sua interligação natural com os planejamentos táticos e operacionais, ou seja, além de você criar um ambiente de motivação e comprometimento de todos os profissionais da empresa, você aplicará um princípio básico da administração integrada: mostrar a necessária interligação entre os três níveis do planejamento empresarial: estratégico, tático e operacional.

Etapa 1.4: Estabelecimento do modelo administrativo da governança corporativa para que as atividades realizadas tenham explícita definição das responsabilidades, bem como a interação com os agentes e fatores externos da empresa seja otimizada e transparente.

Nessa etapa, você deve considerar todos os componentes, condicionantes, níveis de influência e níveis de abrangência da estruturação organizacional da empresa e, se necessário, detalhes podem ser analisados no livro *Estrutura organizacional*, do mesmo autor.

Etapa 1.5: Detalhamento e operacionalização, com qualidade, do plano de negócios da empresa sempre com fortes e sustentadas vantagens competitivas, para que os resultados estabelecidos em seu planejamento estratégico sejam alcançados e, até, suplantados.

Nesse momento, é necessário que as atividades inerentes às etapas anteriores estejam plenamente interligadas, o que já consolida o princípio da administração integrada em praticamente toda a empresa e, portanto, a etapa seguinte deve ser de algumas complementações e ajustes no processo.

Você verifica que o básico da administração integrada foi realizado **na tarefa** e **em tempo real** pelo próprio desenvolvimento e operacionalização das atividades inerentes às cinco etapas iniciais da Fase 1 da metodologia de trabalho. Isso é um aspecto importante, porque propicia elevados níveis de entendimento, motivação, participação e comprometimento por parte dos diversos profissionais da empresa. Lembre-se: não ter resistências desnecessárias no desenvolvimento dos trabalhos é de elevada inteligência e representatividade nas empresas!

Etapa 1.6: Estruturação básica e plena da administração integrada na empresa.

Dependendo da qualidade das etapas anteriores, essa etapa se torna bastante simples e de rápida conclusão, inclusive porque os diversos profissionais da empresa já terão pleno conhecimento da necessidade e importância desse modelo administrativo e, de forma natural, complementam os trabalhos, pois os diversos instrumentos administrativos da empresa já devem estar analisados e mapeados.

Fase 2: Detalhar e aplicar um programa de treinamento **na tarefa** e **em tempo real** de todos os profissionais da empresa quanto aos instrumentos administrativos e suas diversas interações.

Na prática, essa fase é importante pelo simples fato de que os programas de treinamento aplicados após os profissionais terem trabalhado nos assuntos administrativos proporcionam, na quase totalidade das vezes, processos sustentados e evolutivos nos aprimoramentos das atividades da empresa.

Lembre-se: quem faz, sabe aplicar bem e fazer cada vez melhor (isso em um *continuum*...)!

Algumas empresas preferem não abrir uma fase específica para esse treinamento, mas a sugestão é que esse importante momento fique muito claro para todos os que trabalham na empresa, tornando uma filosofia de vida profissional.

Essa fase pode ser dividida em algumas etapas de acordo com as necessidades dos profissionais da empresa.

E mais uma sugestão: faça esses programas de treinamento utilizando, ao máximo, equipes multidisciplinares para que ocorram plena interação e troca de conhecimentos, resultando em forte e amplo processo de aprendizagem para o que realmente interessa para os negócios da empresa.

Fase 3: Consolidar e aprimorar constantemente os quatro instrumentos administrativos catalisadores do processo: indicadores de desempenho, planejamento estratégico, governança corporativa e plano de negócios, bem como todos os outros instrumentos administrativos interligados de forma direta ou indireta com os mencionados.

Essa fase pode ser desenvolvida em algumas etapas, e a sugestão é que elas sejam em número reduzido, com resultados bem quantificados e responsáveis estabelecidos.

Você percebe que aqui o princípio é estar sempre procurando a excelência administrativa, sendo que na Fase 1 os trabalhos foram desenvolvidos por projetos, ou seja, com início, meio e fim; e na Fase 3 os trabalhos são desenvolvidos por processos, ou seja, são trabalhos que sempre devem ser constantes e evoluídos, se consolidando como um estilo administrativo da empresa.

Fase 4: Estruturar e consolidar o modelo básico do processo integrado de administração, avaliação e aprimoramento contínuo de todos os instrumentos administrativos e atividades da empresa.

Essa fase não deve ter fim e sempre deve ser o foco básico de atuação dos profissionais da empresa, para que essa tenha uma administração fácil, lógica, simples, eficiente, eficaz, efetiva e de baixo custo.

6.3 Como obter o nível de qualidade total no estilo administrativo, no modelo de administração e no plano de negócios das empresas

Já foi evidenciado que a qualidade total deve estar em todas as atividades, atos e decisões das empresas; mas quais são os aspectos básicos a serem considerados nesse processo?

E, mais uma vez, afirma-se que você não precisa "inventar a roda", pois é só resgatar o que o já consagrado sistema de qualidade total – Sistema ISO – estabelece e fazer os necessários ajustes para aplicação direta nos três assuntos abordados neste livro.

Não é necessário lembrar a finalidade de cada uma das séries do sistema ISO, mas neste momento você pode considerar que a **qualidade total** no estilo administrativo, no modelo de administração e no plano de negócios da empresa representa tudo que é feito de maneira realística, estruturada e sustentada para garantir à referida empresa e aos seus diversos públicos – clientes, fornecedores, proprietários, funcionários, governos, comunidades etc. – exatamente aquilo que desejam em termos de aspectos intrínsecos, rastreados, de custos e de atendimento de expectativas.

Analisando resumidamente os quatro aspectos evidenciados nessa conceituação, pode-se afirmar que:

- a qualidade intrínseca ao processo de consolidação de resultados efetivos para a empresa junto aos seus diversos públicos é medida pela ausência de discrepâncias e problemas nos resultados apresentados em relação aos resultados planejados;
- a qualidade rastreada ao longo da estruturação e aplicação de processos e de indicadores de desempenho – da empresa e de seus profissionais – exige que exista uma metodologia de desenvolvimento e implementação da qualidade para a consolidação de resultados efetivos e que essa esteja muito bem estabelecida, entendida e aplicada na empresa. Você pode analisar uma proposta resumida de uma metodologia na seção 6.3.1;
- o custo da qualidade proporciona a análise de uma relação estabelecida, negociada e assimilada dos custos *versus* benefícios na busca de resultados efetivos para a empresa. Entretanto, deve-se tomar cuidado com o "outro lado da moeda" representado pelo custo da não qualidade, ou seja, o que se perde ao não se obter os resultados esperados; e
- o atendimento completo das expectativas da empresa quanto aos resultados alcançados consolida a importante abordagem da qualidade total nas diversas atividades das empresas, incluindo os três assuntos abordados neste livro.

Como resultante desse raciocínio, você pode considerar os seis "Cs" da qualidade total na busca e consolidação de resultados efetivos nas empresas, a saber:

- o conhecimento das questões de qualidade consolida-se pelos adequados níveis de capacitação profissional e de habilidade geral no processo de busca e de consolidação de resultados efetivos para a empresa considerada. Deve-se lembrar que muitas pessoas conhecem o assunto em análise, mas não sabem como consolidar resultados efetivos planejados anteriormente;
- o compromisso com a qualidade na obtenção de resultados efetivos consolida-se pelo enfoque no aperfeiçoamento e na continuidade, bem como no esforço para as mudanças provocadas por esse processo;
- a coordenação do processo de busca de resultados com qualidade é reforçada pelo treinamento, educação e conscientização dos envolvidos, pelo estabelecimento de objetivos e metas de qualidade, bem como pelo estabelecimento da amplitude e da função **qualidade** na empresa;
- a cooperação para com a qualidade na busca de resultados efetivos consolida-se pelo envolvimento dos profissionais da empresa, com interativo reconhecimento por seus superiores, bem como pela solução entendida dos diversos problemas correlacionados ao modelo de administração da empresa;
- o controle da qualidade na busca de resultados consolida-se, entre outros aspectos, pela atuação dos profissionais em **tempo real** no processo, respeitando os indicadores de desempenho estabelecidos pela empresa, podendo ser pelo já apresentado sistema BSC; e
- a cultura de busca de resultados efetivos para a empresa consolida-se pelos valores, pelas crenças e pela **maneira de ser** dos executivos e demais profissionais da empresa, resultando na **personalidade** que a empresa apresenta diante de seus diversos públicos – clientes, fornecedores, funcionários, governos –, ou seja, o estilo administrativo da empresa.

Para saber qual a realidade da situação da qualidade de uma empresa, é válida a análise de alguns itens gerais, como:

- o quanto a empresa acredita que a qualidade total é um problema causado por realidades alheias à ação de sua equipe de executivos e demais profissionais;
- o quanto interessa que produtos e serviços, processos e projetos da empresa tenham subterfúgios e desvios, bem como outros esquemas para não cumprir os requisitos explicitados de qualidade;
- o quanto o modelo de administração da empresa é do tipo **jeitinho brasileiro** para ajustar e ajeitar tudo o que se refere a projetos, processos, produtos e serviços;
- o quanto a equipe de executivos e demais profissionais não sabe o que a empresa espera deles e das diversas atividades da empresa, em termos de qualidade; e

- o quanto a empresa desconhece o real e efetivo custo da não conformidade quanto à qualidade no processo de busca e de consolidação de resultados efetivos, de acordo com o anteriormente planejado.

Você observa que todas as questões de qualidade total se aplicam diretamente no estilo administrativo, no modelo de administração e no plano de negócios de toda e qualquer empresa.

6.3.1 Como sempre manter a qualidade em níveis otimizados

Para que exista a manutenção da qualidade em níveis otimizados, é necessário que ocorram, no mínimo, duas realidades:

- adequadas atuações dos profissionais da empresa principalmente quanto aos seus conhecimentos, habilidades e atitudes, os quais foram abordados neste livro, principalmente no Capítulo 5; e
- aplicação de uma metodologia estruturada e de fácil operacionalização para o desenvolvimento e a implementação de um programa de qualidade que facilite a busca e a consolidação de resultados interessantes para a empresa.

Com referência à metodologia de trabalho, você pode considerar o resumo apresentado a seguir, ajustando e detalhando para aplicação em sua empresa.

Esta metodologia pode ter sete etapas:

Etapa 1 – Identificar a não qualidade no atendimento às expectativas da empresa quanto ao direcionamento a resultados

A identificação da não qualidade é sempre o início de um processo de qualidade nas empresas; e sempre deve ser de amplitude total, pois é a única maneira de se identificar a influência da não qualidade de uma parte perante a qualidade do todo. Por exemplo, somente com a identificação da não qualidade quanto aos indicadores de desempenho é que se pode iniciar o trabalho no todo, ou seja, a qualidade da empresa como um todo unitário e indivisível em seu estilo administrativo, seu modelo de administração e seu plano de negócios.

Etapa 2 – Desenvolver estruturas metodológicas para a consolidação de cada uma das questões de administração empresarial que devem ser considerados no processo de busca de resultados efetivos pela empresa

A esse respeito são apresentadas considerações inerentes ao estilo administrativo, ao modelo de administração e ao plano de negócios das empresas nos diversos capítulos do livro.

Etapa 3 – Consolidar ampla divulgação, explicação e treinamento do processo de busca de resultados, com elevada participação e efetivo comprometimento dos envolvidos

Todos os executivos e demais profissionais envolvidos na busca de resultados efetivos devem ter elevado entendimento e assimilação do processo, bem como ampla participação, mas nunca se esquecendo do necessário comprometimento quanto aos resultados a serem alcançados.

Deve-se lembrar que a questão do comprometimento é algo que apresenta muita conversa, mas baixos resultados em muitas empresas.

Etapa 4 – Ter plano estruturado, divulgado, entendido e aceito de desenvolvimento e operacionalização do processo de busca e consolidação de resultados efetivos para a empresa

O plano de trabalho inerente à busca de resultados efetivos tem de ser muito bem estruturado, caso contrário o processo já **nasce morto**. Portanto, esse trabalho deve ser efetuado por especialistas no assunto.

A contribuição desses especialistas estende-se à identificação e ao treinamento dos profissionais envolvidos, incluindo efetiva atuação quanto ao processo de interação e motivação deles. Portanto, esses especialistas devem atuar como agentes de mudanças nas empresas, tendo fortes conhecimentos para trabalhar com qualidade, pelo menos os três assuntos abordados neste livro.

Etapa 5 – Monitorar o processo de aprimoramento e otimização gradativa dos resultados de qualidade

Cada um dos assuntos analisados deve ter o responsável catalisador do seu processo de desenvolvimento e operacionalização na empresa. Esse profissional pode ser um gestor de alta administração da empresa ou um consultor contratado para essa finalidade específica.

Etapa 6 – Aprimorar e aprimorar! E identificar os *gurus* do processo de qualidade da empresa

Já foi evidenciado que a qualidade é um processo gradativo, contínuo e sustentado de evolução. Outro aspecto é que durante esse processo evolutivo surgem determinados profissionais que se tornam verdadeiros *gurus* da administração direcionada para resultados decorrentes do estilo e modelo de administração e do plano de negócios da empresa. Esses profissionais têm visão ampla dos vários aspectos da empresa, incluindo uma interação a mais longo prazo, bem como elevada competência profissional e um carisma pessoal que facilita a evolução de todo o processo.

Etapa 7 – Acompanhar e avaliar o processo evolutivo da administração direcionada para resultados gerais e parciais

Essa é uma etapa evidente e deve ser considerada em cada um dos momentos e partes do processo de administração da empresa e não apenas em seu final, pois, nesse caso, os responsáveis da empresa podem passar por um susto desagradável. Entretanto, qualquer metodologia que vise alcançar a excelência na administração empresarial deve ter os meios para apoiar e mesmo melhorar a qualidade dos trabalhos durante o seu desenvolvimento e operacionalização.

Lembre-se de que um investimento financeiro de grande porte na qualidade da administração direcionada para resultados pode ser questionável quanto ao retorno, se os resultados dos esforços regredirem rapidamente ao nível que antes ocupavam.

Por todas as razões já citadas, há grande necessidade e expectativa das empresas de ter em mãos uma metodologia clara, lógica e estruturada para realizar um programa de qualidade total, envolvendo todos os assuntos e atividades da empresa e, logicamente, o estilo administrativo, o modelo de administração e o plano de negócios.

6.4 Como consolidar o foco no plano de negócios da empresa

Você deve saber de situações em que o foco da empresa é o seu "umbigo", ou seja, só consegue olhar para dentro dela como se ela existisse por si só e não para atender e, preferencialmente, suplantar as necessidades e expectativas do mercado. Entretanto, para que esta última situação ocorra, é necessário que a empresa "goste" do mercado e que tenha interesse em conhecê-lo de maneira real e duradoura.

Essa questão de se consolidar o foco dos trabalhos no plano de negócios da empresa – pois essa que é a razão básica de sobrevivência e de evolução da referida empresa – pode ser algo lógico e relativamente simples ou algo errático e complicado.

Para ser algo lógico e relativamente simples, é necessário que uma premissa básica seja respeitada: deve existir uma metodologia estruturada de desenvolvimento e operacionalização dos trabalhos que sustente esse posicionamento da empresa direcionado para o seu plano de negócios.

Nesse contexto, já foram apresentados neste livro resumos de metodologias de trabalho focando o plano de negócios e respeitando o estilo administrativo com sustentação de um modelo de administração que auxilie nesse processo, sendo que detalhes devem ser consolidados por cada empresa. Portanto, o ideal é, nesse momento, apresentar uma abordagem geral que possa ser aplicada em qualquer metodologia de desenvolvimento e operacionalização dos trabalhos.

Nessa abordagem para consolidar o foco no plano de negócios da empresa, você deve respeitar as seguintes premissas:

- o planejamento estratégico da empresa deve ter a predominância dos aspectos mercadológicos, seguidos pelos aspectos tecnológicos, logísticos e financeiros, nessa ordem, sendo que os outros aspectos a serem analisados devem aparecer a seguir. Isso significa que a análise externa, a análise interna, os cenários, os objetivos, as estratégias, as políticas etc. devem seguir essa ordem de importância, levando a empresa a ter um "cacoete" mercadológico em seu planejamento estratégico. Você não deve se preocupar com isso porque, seguramente, a grande maioria dos planos estratégicos elaborados pelas empresas apresenta algum tipo de "cacoete", sem que essas empresas percebam essa situação;
- a empresa deve consolidar o princípio do marketing total, em que todas as áreas da empresa realizam as suas atividades focando a otimização da interação dos negócios, produtos e serviços da empresa perante as necessidades e expectativas dos diversos segmentos de mercado, tanto atuais como potenciais, sendo que os aspectos tecnológicos, logísticos, financeiros e de gestão de pessoas, entre outros, devem ser aprimorados para proporcionar melhor sustentação e perenidade da referida interação da empresa com o mercado; e
- não esquecer da premissa básica do efetivo conhecimento e do adequado nível de comprometimento de todos os profissionais da empresa quanto aos negócios,

produtos e serviços disponibilizados para os diversos segmentos de mercado, desde os insumos básicos até o pós-venda.

6.5 Como consolidar os três assuntos básicos do livro em sua empresa

Qual a razão de você ter lido e analisado o conteúdo deste livro? Foi tempo perdido? Espera-se que não!

E você pode estruturar um plano de trabalho com os detalhes suficientes para consolidar, com qualidade, os três assuntos abordados no livro em sua empresa.

Nesse contexto, você pode considerar o projeto apresentado a seguir em que você deve fazer os ajustes necessários de acordo com a realidade de sua empresa; e, só para você se lembrar, **projeto** é o trabalho único a ser elaborado e implementado, com qualidade, responsabilidade de execução, resultado esperado com quantificação de benefícios e prazo de execução preestabelecidos, considerando os recursos humanos, financeiros, tecnológicos, materiais e de equipamentos, bem como as áreas envolvidas e necessárias ao seu desenvolvimento pela empresa.

Para não ficar um projeto muito extenso e com detalhes em excesso, foi decidido utilizar apenas, e de forma resumida, os três instrumentos administrativos evidenciados na seção 6.1, a saber: planejamento estratégico, governança corporativa e indicadores BSC, sendo que detalhes complementares e a utilização de outros instrumentos administrativos ficam sob sua responsabilidade.

O projeto resumido, mas que atende às expectativas básicas de seu entendimento e aplicação, contempla os seguintes itens e momentos:

a) Quanto às fases do ciclo de vida do projeto a ser elaborado você pode considerar nove momentos, a saber:

- idealização do projeto, em que se analisa de onde, como e por que surgiu a ideia do projeto, o que se pretende resolver e qual o objetivo que se pretende alcançar;
- estruturação do projeto, em que se identifica como ele será desenvolvido, quais os seus clientes e os seus possíveis patrocinadores e parceiros;
- elaboração do pré-projeto, com todos os dados e análises da viabilidade do projeto (tempos, quantidades, recursos, riscos, atividades básicas, fatores de influência, apresentação final);
- início do projeto, com a assinatura do contrato, a especificação das atividades e recursos, prazos, qualidades estabelecidas, patrocinadores;
- desenvolvimento do projeto, em que todas as questões devem ser analisadas, debatidas e solucionadas para a otimizada consolidação do projeto;
- monitoramento e controle do projeto, os quais devem ser realizados durante todas as fases do ciclo de vida do projeto podendo, inclusive, repassar algumas fases em uma sistemática de ajustes e aprimoramentos;

- conclusão, quando o coordenador e responsável pelo projeto deve verificar se os objetivos propostos foram alcançados, em que nível de qualidade e, também, a possível realocação da equipe de trabalho em outras atividades;
- memória do projeto, em que são identificados os aprendizados com as atividades do projeto, o que pode ser aprimorado e como interagir os conhecimentos adquiridos e consolidados com outras necessidades da empresa; e
- pós-projeto, quando se procura identificar outros assuntos e instrumentos administrativos que podem usufruir dos resultados do projeto elaborado.

b) Quanto à administração do projeto, você pode utilizar o formulário resumidamente apresentado na Figura 6.2.

Estabelecimento de projeto		Data _/_/_		Nº
Designação				
Área coordenadora	Código da unidade orçamentária	Data de início _/_/_	Data de término previsto _/_/_	Data de término real _/_/_
Funcionário responsável				
Descrição sucinta da finalidade				
Descrição dos recursos necessários		Fontes de recursos		
1 – Humanos (quantidade, cargo, função e número de horas) 2 – Equipamentos 3 – Financeiros		Próprios ☐ Existentes ☐ Orçado ☐ Fontes:	Contratados ☐ Não existentes ☐ Não orçado ☐	
Resultado final				
Taxa de retorno				

Nº	Atividades	Área envolvida	Data de início		Data de término		Observações
			Prevista	Real	Prevista	Real	

Comentários	
Emitente	Aprovação

Figura 6.2 Estabelecimento do projeto.

c) Quanto à interação dos projetos com o processo de planejamento estratégico da empresa, você deve considerar que a quase totalidade da carteira de projetos de uma empresa resulta de análises e decisões estratégicas.
Isso porque:

- o projeto deve auxiliar a empresa a se tornar o que a sua visão estabelece;
- o projeto deve respeitar os valores éticos e culturais estabelecidos pela empresa podendo, inclusive, proporcionar sugestões de aprimoramento de seu código de ética;
- o projeto deve efetuar análises interna – fatores controláveis – e externa – fatores não controláveis – de forma interligada e decorrente da análise feita por toda a empresa, sempre utilizando a lista completa de fatores de análise estabelecida para o diagnóstico estratégico da referida empresa;
- o projeto deve respeitar o "campo de atuação" delineado pela missão ou razão de ser da empresa, incluindo tanto os negócios atuais como os possíveis negócios futuros;
- o projeto deve fortalecer a consolidação da vantagem competitiva estabelecida e desejada pela empresa;
- o projeto deve facilitar a decomposição e a análise das variáveis de influência estabelecidas nos cenários da empresa;
- o projeto deve contribuir para o alcance dos objetivos da empresa, bem como ter objetivos próprios;
- o projeto deve respeitar e sustentar as políticas da empresa, bem como ter políticas próprias;
- o projeto é decorrente direto de uma estratégia específica da empresa, bem como deve ter estratégias específicas para o alcance de seus objetivos, mas respeitando as suas políticas; e
- o projeto, uma vez concluído, deve gerar pelo menos um processo, o qual sistematiza e disciplina o que foi estabelecido no projeto, proporcionando adequada qualidade à realização das atividades na empresa.

A interligação entre os projetos e a sistemática de planejamento estratégico das empresas pode ser visualizada, de forma simplificada, na Figura 6.3.

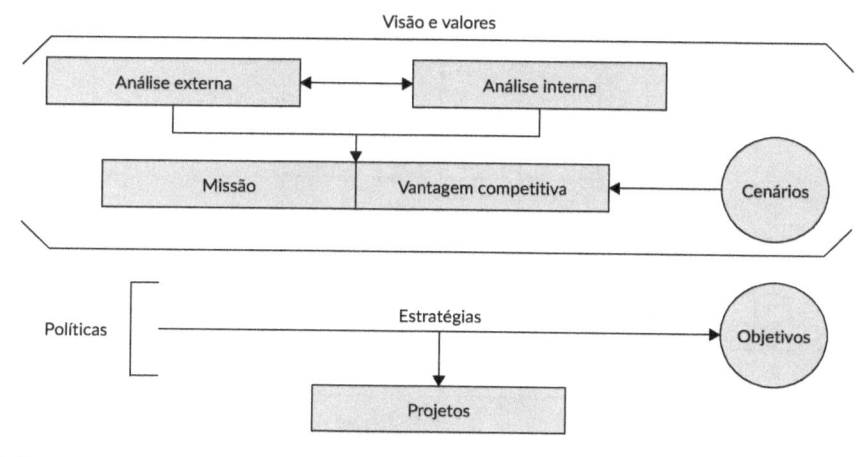

Figura 6.3 Interligação dos projetos com o planejamento estratégico.

Pela Figura 6.3, você observa que a visão e os valores da empresa representam o "guarda-chuva" de todas as questões estratégicas, sendo que é sob essa orientação geral que se devem efetuar, de forma interativa, as análises externa e interna da referida empresa – a qual representa a verdadeira abordagem estratégica –, sendo que, a seguir, se procura estabelecer a vantagem competitiva de cada produto ou serviço oferecido ao mercado, que é uma questão básica do plano de negócios. Essa análise deve ser efetuada dentro do "campo de atuação" da empresa, o qual é delineado pela missão, e considerando o que poderá acontecer no futuro, de acordo com os cenários estabelecidos.

É sob esse contexto que a empresa deve estabelecer, de forma estruturada, os seus objetivos, estratégias e políticas; e, a partir desse momento, respeitar a premissa de que cada estratégia deve gerar, no mínimo, um projeto, o qual, como demonstrado neste livro, representa um instrumento administrativo de otimizados desenvolvimento, implementação, avaliação, acompanhamento e aprimoramento.

d) Quanto à interação dos projetos com o modelo de administração da governança corporativa, você deve considerar dois aspectos principais que já analisou anteriormente em seus trabalhos:

- as diversas modelagens de estruturação organizacional – funcional, territorial, produtos ou serviços, matricial, unidades estratégicas de negócios, processos, projetos etc. – e, principalmente, a forma mista que aglutina vários modelos e consolida a melhor situação, sendo que detalhes de suas estruturações e aplicações podem ser analisados no já citado livro *Estrutura organizacional*, do mesmo autor; e
- aplicar o modelo da governança corporativa, o qual, além de ser um modelo de administração, é, também, um estilo administrativo da empresa, pois se direciona a consolidar maiores proteção do patrimônio, atratividade e valor da empresa, devidamente sustentados pela transparência das informações, equidade no tratamento dos acionistas ou cotistas, otimizada prestação de contas e respeito às leis, e detalhes podem ser analisados no já citado livro *Governança corporativa na prática*, do mesmo autor.

De maneira geral, você pode considerar alguns benefícios que a governança corporativa proporciona para os três assuntos básicos tratados neste livro, a saber:

i. Quanto ao estilo administrativo, você pode considerar:
- melhor interação com a comunidade, o mercado – fornecedor e comprador – e os governos, bem como com outros públicos da empresa, pois quando esses diferentes públicos externos entendem o contexto e a forma de atuação de uma empresa, passam a interagir de maneira mais espontânea com seus produtos e serviços, criando forte empatia para com eles e até vontade de trabalhar na referida empresa, contribuindo, dessa maneira, para o desenvolvimento dos seus negócios e você não pode se esquecer de que esta questão está evoluindo fortemente para o sistema ESG, abordando interativamente as questões ambientais, sociais e de governança;

- equidade de tratamento junto aos diversos públicos, como os representados pelos clientes, fornecedores, governos, comunidade, funcionários, acionistas ou cotistas, e patrocinadores das atividades da empresa; e
- consolidação de novas abordagens de atuação, incluindo as questões éticas e de responsabilidade social, as quais forçam a empresa a consolidar os seus valores e, consequentemente, as suas políticas de atuação que sustentam a sua "personalidade" administrativa.

ii. Quanto ao modelo de administração você pode considerar:
- consolidação de ampla e otimizada abordagem organizacional, pois a prática tem demonstrado que a governança corporativa normalmente se consolida como um centro de debates para a excelência administrativa interagindo vários novos instrumentos administrativos que, em situações normais, não seriam pensados, estruturados e implementados;
- maior segurança na transparência das informações; e
- efetiva extrapolação dos benefícios da governança corporativa para as empresas em geral e não apenas para as empresas de capital aberto, de acordo com orientação da Comissão de Valores Mobiliários (CVM).

iii. Quanto ao plano de negócios, você pode considerar:
- maior facilidade na identificação, no tratamento e na operacionalização das questões estratégicas e mercadológicas das empresas pela maior interação entre as questões internas ou controláveis e as questões externas ou não controláveis; e
- maior nível de atratividade da empresa no mercado, baseado, principalmente, no tratamento equitativo de seus diversos públicos.

Na prática, você observa que os diversos benefícios proporcionados pela governança corporativa se interagem e consolidam uma situação sinérgica bem interessante para as empresas.

e) Quanto à interação dos projetos com os indicadores de desempenho da empresa e dos seus profissionais, baseando-se na metodologia BSC, com alguns complementos, você pode considerar que neste momento possivelmente deverá "errar pelo excesso", ou seja, a sua decisão será de trabalhar com o máximo de indicadores e, gradativamente, fazer as interações entre eles, reduzindo-os até chegar à situação ideal.

Isso porque o trabalho com diversos indicadores facilita o processo de análise e de avaliação dos resultados, até porque cada indicador analisado propicia melhor análise do mesmo assunto feita com outro indicador; e você deve conhecer empresas – e pessoas – que trabalham com muitos indicadores de desempenho e não sabem tomar adequadas decisões a respeito!

Como os projetos podem se interligar, de forma direta ou indireta, com todos os assuntos e instrumentos administrativos das empresas, são válidos alguns comentários a respeito dessas interligações com dois outros assuntos administrativos, pelo fato de serem focos de análise neste livro. São eles: o estilo administrativo e o plano de negócios, pois a questão do modelo de administração foi resumidamente abordada no item "d".

f) Quanto à interação dos projetos com o estilo administrativo das empresas, você pode considerar dois momentos básicos na estrutura do fluxo decisório nas empresas:
- primeiro, no estabelecimento das estratégias, as quais representam os grandes "lances" das empresas, sendo que toda e qualquer estratégia deve se estruturar em um ou mais projetos, possibilitando que as principais ideias da empresa sejam perfeitamente estruturadas e detalhadas para a sua realização, o que consolida uma disciplina de atuação; e
- a seguir, quando todo e qualquer projeto que consolida uma realização e uma maneira de atuação na empresa se transforma em um processo identificando, com detalhes, as atividades a serem realizadas, como devem ser realizadas, bem como as interligações entre elas, ou seja, consolida forte influência no estilo administrativo da empresa.

g) Quanto à interação dos projetos com o plano de negócios das empresas, você deve, sempre, se lembrar de que os negócios se referem à "razão de ser" tanto dos projetos como das empresas onde estão alocados.
Essa situação fica evidenciada quando se abordam as questões básicas a serem analisadas em todo e qualquer projeto ou todo e qualquer negócio das empresas:
- a razão de ser do projeto ou do negócio;
- as finalidades do projeto ou do negócio;
- a quais necessidades o projeto ou o negócio está atendendo;
- os fatores de influência do projeto ou do negócio;
- o diferencial básico do projeto ou do negócio;
- o mercado-alvo do projeto ou do negócio;
- a imagem que o projeto ou o negócio quer consolidar no mercado.

Você verifica que as questões a serem analisadas são iguais, quer sejam quanto a um projeto ou a um negócio. A única diferença básica é o período de tempo, pois esse normalmente é mais longo no caso dos negócios pelo simples fato de que o ciclo da vida desses é mais longo, tornando-se, muitas vezes, um processo sistemático e de sustentação da empresa considerada.

Na prática, você deve considerar que o ponto básico de interligação dos projetos com os planos de negócios é pelas estratégias destes últimos, pois todo e qualquer plano de negócios tem estratégias estabelecidas, e toda e qualquer estratégia tem projeto estabelecido; caso contrário, seria uma simples frase; e os projetos estabelecem resultados esperados e alcançados, os seus responsáveis, as atividades a serem realizadas com suas datas, os recursos alocados etc.

Portanto, os projetos representam um instrumento básico para o processo administrativo dos planos de negócios das empresas.

Pode-se encerrar essa análise da contribuição dos projetos para os trabalhos inerentes ao estilo administrativo, ao modelo de administração e ao plano de negócios, bem como outros instrumentos administrativos das empresas com a apresentação de algumas sugestões para melhor se administrar esses projetos.

A relação não é completa – e nem poderia ser –, mas proporciona a necessária sustentação para você iniciar um debate desse assunto.

Essas sugestões, sem a preocupação de hierarquizá-las, são:

- lembrar que só se consegue administrar o que se conhece, sendo que os projetos facilitam esse conhecimento, pois obrigam a se identificar e estruturar as atividades a serem realizadas;
- você deve conhecer a essência da administração de projetos, incluindo as suas finalidades, estruturações e aplicações;
- conhecer os instrumentos administrativos que influenciam, direta ou indiretamente, o desenvolvimento e a operacionalização dos projetos da empresa, pois esses têm uma abordagem multidisciplinar envolvendo diversos assuntos administrativos e técnicos;
- saber, com sustentação, qual o problema que o projeto vai resolver e, para tanto, nunca se esquecer de que os projetos devem ser a explicitação detalhada de como as estratégias serão desenvolvidas para que os objetivos da empresa – que são mensuráveis – possam ser alcançados;
- saber avaliar, com a necessária amplitude, a importância de cada projeto e, para tanto, podem-se considerar alguns critérios como: mercadológicos, tecnológicos, econômico-financeiros, estruturais e operacionais;
- ter flexibilidade de raciocínio e adequar a realidade do projeto a uma metodologia específica, mas sem perder a estrutura lógica da consolidada e universal administração de projetos;
- ter lideranças no projeto, preferencialmente com pensamento estratégico, consolidando um processo decisório simples, formal e informal, lógico, ágil e de baixo custo com otimizados resultados;
- respeitar a realidade das expectativas dos patrocinadores e dos clientes do projeto, pois esses são a "razão de ser" do referido projeto;
- ter otimizado processo de comunicação, supervisão, decisão, orientação e coordenação das atividades do projeto;
- ter profissionais motivados, conhecedores das atividades e comprometidos com os resultados estabelecidos para o projeto; e
- consolidar o projeto com um ambiente de trabalho produtivo e prazeroso, com forte nível de treinamento **na tarefa** e em **tempo real**.

Você percebe que o projeto é o instrumento administrativo que auxilia e qualifica o processo decisório. Este autor já encontrou empresas que não têm a disciplina de trabalhar com ele, apresentando desconhecimento tanto da sua validade como de sua aplicação.

Por tudo que foi apresentado neste livro, algo ficou evidente – na realidade já era de seu conhecimento –, correspondendo a um processo evolutivo natural dos diversos assuntos e instrumentos administrativos das empresas.

Naturalmente, dentro do princípio do ciclo de vida, alguns instrumentos administrativos foram perdendo a sua validade, mas esteja certo de que uma significativa parte está em constante, e alguns até em forte, evolução, cabendo a você fazer as devidas identificações dessas realidades.

E, finalmente, uma última pergunta: os cursos universitários e técnicos estão preparados para enfrentar a evolução exponencial de um mundo que apresenta a evolução de diferentes cenários, sempre com elevada transformação tecnológica?

Essa situação de elevada complexidade precisa ser repensada com urgência por toda a população, e também por todas as instituições de ensino, pois essas não estão conseguindo capacitar plenamente as pessoas que são colocadas para enfrentar o mercado de trabalho.

Nesse contexto, assuntos como inteligência artificial – que desenvolve máquinas inteligentes que pensam, trabalham e reagem como seres humanos –, *machine learning* – com aplicação de algoritmos, que são fórmulas matemáticas ou estatísticas executadas por um *software* para realizar análise de dados, permitindo que os sistemas "aprendam", de maneira autônoma, com cada uma das tarefas que realizam – e internet das coisas caminham juntos impactando todos os setores da economia.

E aqui surge uma questão: qual forma de curso é mais interessante nesse contexto evolutivo: o presencial ou o ensino a distância?

A opinião deste autor é pelo ensino presencial pela maior interação entre professores e alunos, bem como entre estes últimos, facilitando também a troca de experiências, o conhecimento compartilhado, o *networking* e a consolidação de lideranças, principalmente pelo conhecimento, que representa o grande diferencial dos verdadeiros líderes.

É lógico que algumas atividades podem ser realizadas por ensino a distância, mas desde que sejam muito bem estruturadas; e não se pode esquecer que o processo de aprendizagem é para, pelo menos, toda a vida profissional. Mas não se pode esquecer de que o ensino a distância tem a característica de ser mais abrangente e democrático, pois pode atender pessoas que não teriam condições de ter aulas presenciais.

Cada pessoa também deve saber agir e reagir em diferentes situações e cenários, algo comum no atual mundo de transformações, sendo algumas previsíveis e outras nem tanto.

E as instituições de ensino devem oferecer cursos que consolidem conhecimentos que o mercado está querendo comprar e, portanto, as suas grades curriculares devem ser constantemente atualizadas e com professores competentes para tal.

Mas não se pode esquecer que as últimas pesquisas oficiais revelaram importantes ausências de conhecimentos básicos na formação do estudante no ensino superior, como não saber ler e interpretar textos – o chamado "analfabetismo funcional" –, não conseguir articular respostas com começo, meio e fim, não ter foco no que foi questionado, bem como apresentar dificuldades para argumentar de forma coerente, para interpretar problemas e para apresentar soluções estruturadas.

E, do outro lado dessa desagradável situação, aparecem recém-formados que trabalham, com sucesso, em interessantes empresas *fintechs*, as quais apresentam as seguintes características: são *startups* inovadoras com forte base tecnológica, oferecem serviços e produtos que rompem paradigmas tradicionais, apresentam novos modelos de negócios para os segmentos de mercado e seus consumidores, têm custos fixos muito baixos, pois sua estrutura física é mínima, usando os princípios da empregabilidade e da meritocracia, focam prioritariamente o cliente, quer seja o atual ou o potencial, disponibilizam simplicidade, praticidade, eficiência, qualidade e desburocratização em suas atividades, bem como a sua comunicação é verdadeira, transparente e ética, respeitando os princípios básicos da governança corporativa.

Resumo

Este capítulo procurou explicar, embora não exista maneira única, uma forma básica que este autor utiliza em seus trabalhos de consultoria e treinamento.

Como essa verdade não é única, você foi incentivado a estabelecer, de forma estruturada, como pretende avaliar e aprimorar a sua aplicação de cada um dos três assuntos abordados no livro, preferencialmente de maneira interligada e conjunta.

Questões para debate e consolidação de conceitos

1. Como você pode consolidar um adequado processo de avaliação e aprimoramento do estilo administrativo da empresa onde trabalha?
2. Idem quanto ao modelo de administração.
3. Idem quanto ao plano de negócios.
4. Como aplicar a abordagem da qualidade total no estilo administrativo, no modelo de administração e no plano de negócios das empresas?
5. Como consolidar, de forma estruturada e sustentada, o foco dos trabalhos no plano de negócios da empresa?
6. Indique, com justificativa e exemplos, as suas facilidades e dificuldades em analisar e responder às cinco questões anteriores – e outras do texto do capítulo – e depois aloque-as em seu plano de carreira.
7. Quais são as facilidades e as dificuldades que você tem em operacionalizar os três assuntos abordados neste livro na empresa onde trabalha ou pretende trabalhar? Responda a essa questão com o máximo de justificativas e exemplos, pois isso será de elevada importância para o seu futuro como profissional de empresa.

Exercício para reflexão

Você foi convocado para explicar, para a diretoria da empresa onde trabalha, um questionamento muito importante: Como conseguir disseminar a questão do efetivo comprometimento quanto ao plano de negócios junto a todos os profissionais da empresa com base no debate do estilo administrativo e do modelo de administração dessa empresa?

Este é um exercício para você "pensar grande".

Você trabalha na Gama Confecções Ltda., uma empresa que confecciona uniformes profissionais para as mais diversas atividades, tendo alta participação de mercado sustentada por boa imagem de qualidade com um plano de negócios bem estruturado; e você tem elevado prestígio profissional e pessoal na empresa.

Tendo em vista a solicitação da diretoria da empresa, você sabe que o seu trabalho terá um importante "complicômetro", que é o fato de o comprometimento ser algo intrínseco a cada indivíduo – a pessoa está comprometida ou não –, e o máximo que a empresa Gama Confecções Ltda. pode fazer é criar determinados instrumentos administrativos e situações que facilitem as pessoas a explicitarem o seu efetivo comprometimento para com a empresa e seus resultados.

Na Gama Confecções Ltda., a situação real que pode facilitar o debate da questão do nível de comprometimento dos profissionais da empresa é o fato de a Gama poder ter alguns problemas futuros, e todos serem afetados; o próprio grupo representante dos funcionários já externou essa preocupação.

Com referência aos instrumentos administrativos que podem proporcionar maior sustentação ao nível de comprometimento, você e a diretoria da empresa já estabeleceram: serão o estilo administrativo e o modelo de administração da Gama Confecções Ltda.

Com base em tudo que foi apresentado neste livro, acrescido de todas as suas possíveis complementações e hipóteses, você deve fazer um plano, bem detalhado, de como vai conseguir elevar e sustentar o nível de comprometimento dos profissionais da Gama Confecções Ltda., lembrando que o seu plano de negócios está bem estruturado.

Você percebe que nesse exercício deve ser bastante detalhista e criativo, mas isso vai lhe proporcionar um interessante diferencial como profissional da administração.

Bom trabalho!

Caso para análise, debate e proposta de solução

Neste momento, você deve analisar e propor uma solução interessante, e estruturada, para uma questão que incomoda muitas empresas: como saber, em **tempo real** e **na tarefa**, se está ou não ocorrendo aprimoramento no estilo administrativo e no modelo de administração de uma empresa visando otimizar o seu plano de negócios?

Foi explicado no início deste livro que os assuntos **estilo administrativo** e **modelo de administração** não têm recebido a devida atenção das empresas, embora sejam questões que estão no DNA de toda e qualquer empresa.

Agora, são apresentadas duas interessantes questões para você debater:

- Como saber avaliar em **tempo real** – quando a ação está ocorrendo – que as nossas ações estão contribuindo para o aprimoramento do estilo e do modelo de administração da empresa?
- Como saber avaliar **na tarefa** – cada resultado é avaliado pelos próprios executores – que os resultados parciais evidenciados estão evoluindo de acordo com o planejado?

Você vai perceber que esse será um projeto de atuação que você estará naturalmente aprimorando ao longo de sua carreira profissional, até chegar a um procedimento ideal para o seu perfil de atuação e as suas crenças profissionais.

Você verifica que o estudo desse caso pode ser realizado em, pelo menos, dois contextos extremos:

- considerando que o plano de negócios da empresa está bem estruturado e elaborado, tanto que os resultados planejados têm sido alcançados; e
- considerando que existem problemas no plano de negócios da empresa.

Se você quiser se divertir, pode considerar outros contextos que estejam entre esses dois extremos em um processo evolutivo do plano de negócios da empresa; e, nesse caso, você poderá identificar situações bem interessantes com vários aspectos comuns, mas poucos aspectos divergentes, que são identificados ao longo do referido processo evolutivo entre os dois extremos da situação do plano de negócios da empresa.

Na prática, essa constatação vai fortalecer a qualidade dos seus trabalhos com os três assuntos administrativos abordados neste livro.

Glossário

> "Por mais brilhante que a estratégia seja, você sempre deve olhar para os resultados."
> *Winston Churchill*

A seguir, são apresentadas as definições básicas dos principais termos evidenciados no livro.

Foram utilizadas conceituações apresentadas por autores diversos cujas obras são apresentadas na Bibliografia, mas também definições próprias decorrentes de atividades acadêmicas e de consultoria empresarial desempenhadas pelo autor.

Salienta-se que essas definições não são únicas, podendo ocorrer diferenças semânticas e terminológicas, e até divergências conceituais, mas que não se pretende sanar, por não fazer parte do escopo deste livro.

O autor também apresenta, de forma premeditada, alguns termos com sua conceituação repetida mais de uma vez no texto, visando consolidar o conceito e a aplicação do assunto administrativo; e isso porque tem observado, em seus trabalhos de consultoria e treinamento em empresas diversas, que o pleno entendimento do significado e da aplicação de cada assunto administrativo é da mais elevada importância para a qualidade do processo decisório e das atividades realizadas nas empresas.

Outra questão a ser evidenciada é que algumas conceituações apresentadas podem ser consideradas evidentes e desnecessárias, mas este autor resolveu colocá-las pelo simples fato de que já encontrou profissionais de empresas desconhecendo o real significado de alguns assuntos e instrumentos administrativos e, portanto, aplicando-os de forma inadequada nas empresas onde trabalhavam.

Se você não acredita nessa afirmação, pode fazer uma autoavaliação, procurando conceituar os diversos termos administrativos colocados em um livro qualquer; seguramente, você terá algumas dificuldades, o que é normal para todo e qualquer estudante ou profissional de empresa.

E uma **dica** final: elabore o seu glossário completo com todos os termos dos assuntos empresariais com os quais esteja ou poderá estar envolvido, de forma direta ou indireta. Seguramente, ele será de grande ajuda!

Accountability é a situação em que o poder das pessoas não está na autoridade, mas na coragem de assumir erros e dar autonomia às equipes de trabalho, quer essas sejam multidisciplinares ou não.

Administração compartilhada é a metodologia estruturada em que os profissionais envolvidos em uma atividade específica ou em toda a empresa são incentivados a contribuir para o seu melhor desenvolvimento e operacionalização, em que ocorre a evolução pessoal e profissional de todos, em um ambiente de trabalho de confiança mútua.

Administração de carreiras é o conjunto estruturado de políticas e processos estabelecidos e divulgados pelas empresas visando a maiores atratividade e facilidade de análise por parte dos profissionais do mercado, melhor negociação entre as partes, bem como otimizados planos de carreira e administração de pessoas, conciliando as necessidades e expectativas das pessoas e das empresas.

Administração industrial é o processo estruturado que consolida todas as atividades direcionadas à fabricação e à disponibilização dos produtos para a venda e posterior entrega aos compradores.

Administração integrada é aquela em que todos os instrumentos administrativos da empresa estão interligados e interativos, de forma direta ou indireta, formando um único bloco decisório direcionado para um objetivo maior comum.

Administração participativa é a abordagem administrativa que consolida a democratização de propostas de decisão para os diversos níveis hierárquicos da empresa, com o consequente comprometimento pelos objetivos anteriormente estabelecidos.

Ameaça é a força ambiental incontrolável pela empresa que cria obstáculos à sua ação estratégica, mas que poderá ser evitada desde que conhecida em tempo hábil.

Análise dos concorrentes é o processo estruturado de verificação da realidade da empresa perante os seus principais concorrentes, identificando as vantagens competitivas das referidas empresas.

Análise externa da empresa é a análise da situação do ambiente – externo e não controlável – da empresa, incluindo as realidades do ambiente direto e do ambiente indireto, ou seja, o que se consegue ou não é possível identificar o nível de influência recebida ou proporcionada.

Análise interna da empresa é o debate da situação interna ou controlável da empresa, com os seus pontos fortes e seus pontos fracos.

Aprimoramento é o processo evolutivo, desenvolvido de forma gradativa, acumulativa e sustentada para a melhoria contínua do estilo e do modelo de administração, bem como dos resultados parciais e totais da empresa decorrentes de seu plano de negócios.

Área estratégica de negócios (AEN) é uma parte ou segmento de mercado ou uma parte da população com a qual a empresa, por meio de suas unidades estratégica de negócios, se relaciona de maneira estratégica, ou seja, de forma otimizada.

Atitude é a explicitação do comportamento, correspondendo ao modo de cada profissional se posicionar e agir perante cada situação apresentada à sua frente e serve para explicitar a personalidade e o padrão de conduta que uma pessoa tem para resolver, com qualidade, uma questão ou problema.

Atividade é a unidade ou parte identificada e administrada dentro de um projeto ou processo.

Avaliação é a função da administração que, mediante o uso de metodologia específica e efetuando comparações com padrões previamente estabelecidos, procura medir e analisar o desempenho e o resultado das ações com a finalidade de realimentar com informações os tomadores de decisões, de forma que possam corrigir ou reforçar esse desempenho para assegurar que os resultados estabelecidos pelos planejamentos sejam alcançados.

Benchmarking é o processo de aprender com os outros e fazer melhor.

Brainstorming é uma técnica para incentivar e assimilar a potencialidade criativa de uma pessoa ou equipe, direcionando essa criatividade para o alcance dos objetivos anteriormente estabelecidos.

Cadastro de capacitação interna é o esquema de trabalho com a aplicação de uma metodologia especial tendo em vista o levantamento e a análise de dados relativos aos níveis de conhecimentos, habilidades e atitudes dos profissionais da empresa.

Capacitação profissional é a competência sustentada de obter, deter e aplicar, de forma adequada, um conjunto de conhecimentos, habilidades e atitudes, bem como de metodologias e técnicas administrativas que se aplicam a uma área de atuação na empresa.

Cenários representam situações, critérios e medidas para a preparação do futuro da empresa.

Ciclo de vida do negócio, produto ou serviço é o seu processo estruturado e sustentado de idealização, desenvolvimento e consolidação no mercado identificando a sua possível evolução e manutenção, bem como o previsível declínio por, principalmente, questões tecnológicas e de mercado, incluindo a análise de como reverter esse processo.

Clima organizacional é o resultado da análise de como as pessoas se sentem em relação à empresa, com seu modelo de administração, bem como aos relacionamentos interpessoais existentes.

Cluster é a concentração geográfica de empresas de determinado setor de atividade e de organizações correlatas, de fornecedores de insumos e também de clientes dos produtos e serviços.

Código de ética é o conjunto estruturado, lógico e disseminado de normas de conduta e de orientações ao processo decisório de cada pessoa quanto ao que deve ser considerado certo ou errado.

Cognição é a capacidade de ampliar as maneiras de se pensar, imaginando diferentes modos de resolver os problemas que surgem.

Comissão é a unidade organizacional ou equipe de trabalho temporária da empresa que consolida reuniões estruturadas com vários profissionais, normalmente com conhecimentos concentrados em um assunto administrativo ou técnico, para emitir opinião ou elaborar projeto a respeito de assunto específico de interesse da unidade organizacional e, consequentemente, de toda a empresa.

Comitê é a unidade organizacional da empresa que consolida reuniões estruturadas com vários profissionais, normalmente com conhecimentos multidisciplinares, para emitir opinião ou elaborar projeto a respeito de um assunto previamente estabelecido.

Compliance é a exigência do cumprimento de condutas éticas e de plena responsabilidade e transferência na realização das atividades empresariais, visando principalmente a prevenção e o combate à fraude e à corrupção.

Comprometimento é o processo interativo em que se consolida a responsabilidade isolada ou solidária pelos resultados esperados por si e pela empresa onde trabalha.

Confiança é a interação espontânea e evolutiva em pessoas baseada na segurança ética de procedimento, discrição, respeito e probidade, possibilitando a ampla e irrestrita troca de experiências, conhecimentos e expectativas.

Conhecimento é a capacidade de entender o conceito e a estruturação de um assunto administrativo ou técnico, bem como saber consolidar sua aplicação em uma realidade específica da empresa e serve para identificar o nível de sustentação que uma pessoa tem para resolver, com qualidade, uma questão ou problema.

Conselho é o órgão da alta administração formalmente constituído com a responsabilidade básica de consolidar um modelo e um estilo administrativo na empresa, visando ao desenvolvimento e aos resultados de seus negócios e à adequada proteção econômico-financeira do patrimônio da empresa e de seus investidores, com base em otimizadas análises, deliberações e avaliações.

Coordenação é a função do processo administrativo que procura aproximar, ao máximo, os resultados apresentados com a situação anteriormente planejada.

Criatividade é a capacidade, intrínseca ao indivíduo **diferenciado**, de dar origem, com maior ou menor sustentação metodológica e técnica, a uma nova situação de realizar algo já existente ou, preferencialmente, algo novo.

Cultura organizacional é o conjunto de padrões prevalentes de valores, crenças, sentimentos, atitudes, normas, interações, tecnologias, métodos e procedimentos de execução de atividades, bem como suas influências sobre os atos e decisões dos profissionais da empresa.

Desenvolvimento de pessoas é a função das empresas direcionada à evolução profissional dos seus colaboradores, em ambientes otimizados de trabalho, na busca de resultados compartilhados, desafiadores e negociados anteriormente.

Desenvolvimento organizacional é o processo estruturado para consolidar a mudança planejada dos aspectos estruturais e comportamentais nas atividades das empresas, com a finalidade de otimizar a resolução de problemas e os resultados anteriormente estabelecidos nos planejamentos elaborados, sempre com adequado relacionamento interpessoal.

Dinâmica de grupo é a interação estruturada e sustentada entre pessoas com interesses comuns em uma atividade específica, buscando, em um contexto de solidariedade, um resultado coordenado comum.

Direção é a função da administração que consolida a capacidade e a habilidade de supervisionar e orientar os recursos – humanos, financeiros, tecnológicos, materiais, equipamentos – alocados nas atividades das empresas, visando otimizar o processo decisório direcionado ao alcance dos resultados estabelecidos nos planejamentos anteriormente elaborados.

Diretrizes estratégicas representam o conjunto estruturado e integrado dos objetivos, estratégias e políticas da empresa.

Ego é o sentimento exacerbado da própria existência, consolidando, nos vários contextos de convívio pessoal, uma situação deteriorada.

Empatia é a capacidade de um indivíduo abstrair-se de sua identidade e colocar-se, momentaneamente, **dentro do outro**, para, assim, sentir a realidade interior da outra pessoa.

Empreendedorismo é o processo evolutivo e inovador da capacidade e habilidade profissionais direcionadas à alavancagem dos resultados da empresa e à consolidação de novos projetos estrategicamente relevantes.

Empregabilidade é a capacidade de conseguir trabalho e remuneração pelos seus conhecimentos, habilidades e atitudes, intencionalmente desenvolvidos por meio de educação e treinamento sintonizados com as necessidades do mercado de trabalho.

Equipe multidisciplinar é o conjunto de profissionais, com diferentes conhecimentos e habilidades, que realizam reuniões coordenadas e programadas, em caráter temporário ou permanente, para emitir, mediante discussão organizada, opiniões a respeito de assuntos previamente estabelecidos, nascidos dos debates, sejam as mais adequadas à realidade e às necessidades da empresa e serve para "tirar o máximo" de cada participante especialista, visando resolver, com qualidade, uma questão ou problema.

Estilo administrativo é o contexto geral de atuação dos executivos da empresa, consolidando se o processo decisório é mais centralizado ou descentralizado, com maior ou menor nível de participação, qual a abordagem de comprometimento e de cobrança de resultados, entre outros diversos assuntos administrativos.

Estratégia é o caminho, maneira ou ação formulada e adequada para se alcançar, preferencialmente de forma diferenciada e inovadora, os objetivos e metas estabelecidos, no melhor posicionamento da empresa perante seu ambiente, onde estão os fatores não controláveis pela referida empresa.

Estrutura organizacional é o instrumento administrativo resultante da identificação, análise, ordenação e agrupamento das atividades e recursos das empresas, incluindo o estabelecimento dos níveis de alçada e dos processos decisórios, visando ao alcance dos objetivos estabelecidos pelos planejamentos das empresas.

Ética é o conjunto estruturado e sustentado de valores, crenças e normas considerados ideais e que orientam o comportamento das pessoas, das equipes, das empresas e da sociedade como um todo.

Evolução tecnológica é o processo gradativo, sustentado e evolutivo dos conhecimentos existentes no mundo e que têm influência – direta ou indireta, positiva ou negativa – sobre os negócios, produtos e serviços de um conjunto de empresas e de seus estilos e modelos de administração.

Fator crítico de sucesso é o assunto interno – controlável – ou externo – não controlável – da empresa que apresenta elevada importância para a qualidade do estabelecimento e consolidação do estilo administrativo e do modelo de administração, focando o plano de negócios da empresa.

Finanças é a função das empresas que cuida da administração dos recursos econômicos – patrimoniais – e financeiros das empresas, com a finalidade de maximizar o seu valor de mercado e a remuneração de seus acionistas.

Finanças totais corresponde à situação em que todas as áreas da empresa trabalham de acordo com os princípios e normas financeiras, visando aos melhores resultados para a empresa e, consequentemente, para os seus profissionais.

Função da administração é a atividade que deve ser desempenhada em todo e qualquer processo administrativo nas empresas e por todas as suas unidades organizacionais.

Função das empresas é a atividade homogênea ou multidisciplinar inerente a uma área de conhecimento da empresa, para a qual existem instrumentos administrativos consagrados pela teoria e prática da administração.

Gestão de pessoas é a função da administração inerente à habilidade de supervisionar e orientar os profissionais nas atividades que executam na empresa, contribuindo em "tempo real e na tarefa" para o desenvolvimento sustentado desses profissionais.

Governança corporativa é o modelo de administração que, a partir da otimização das interações entre acionistas ou cotistas, conselhos – de administração, fiscal, deliberativo, consultivo –, auditorias – externa e interna – e diretoria executiva, proporciona a adequada sustentação para o aumento da atratividade da empresa no mercado – financeiro e comercial – e, consequentemente, incremento no valor da empresa, redução do nível de risco e maior efetividade da empresa ao longo do tempo.

Habilidade é o processo de visualizar, compreender e estruturar as partes e o todo dos assuntos administrativos e técnicos da empresa, consolidando resultados otimizados pela atuação dos diversos recursos existentes e serve para explicitar o "jogo de cintura" que uma pessoa tem para resolver, com qualidade, uma questão ou problema.

Hábito é a "maneira de ser" de um profissional, consolidando a sua personalidade de forma positiva ou negativa para a empresa, sendo um foco básico de processos de mudanças planejadas para efetivar melhor estilo administrativo na empresa e com contribuições ao seu modelo de administração.

Imagem institucional é a forma como a empresa é reconhecida pelos diversos públicos com que interage (mercado, fornecedores, governos, funcionários, comunidade).

Indicador de avaliação é o parâmetro e critério previamente estabelecidos que permitem a análise da realização, bem como da evolução dos resultados das empresas.

Indicador de intervenção é o que estabelece as maneiras como as intervenções devem ser realizadas sempre que ocorrer um problema no assunto empresarial considerado.

Indicador de progresso é o que estabelece quanto foi, efetivamente, realizado em relação às várias etapas e atividades planejadas.

Inovação é tornar o processo mais capaz, inserindo recursos atualmente não disponíveis na empresa em suas várias atividades realizadas.

Instrumento administrativo é a metodologia ou técnica, estruturada e interligada, que possibilita a operacionalização e a administração das diversas decisões tomadas ao longo do processo administrativo das empresas.

Inteligência criativa é a capacidade cerebral de uma pessoa para entender, de forma mais ampla e inovadora, as situações que lhe são apresentadas e de escolher o melhor caminho para a solução otimizada.

Inteligência emocional é a que congrega o conjunto de conhecimentos, habilidades e atitudes que uma pessoa deve ter para conseguir se otimizar como indivíduo, bem como interagir com as outras pessoas.

Inteligência facilitadora é a capacitação do profissional da empresa em entender a natureza da oportunidade ou do problema e de estruturar a melhor maneira de usufruí-lo ou de resolvê-lo.

Inteligência racional é o conjunto de processos analíticos que transformam dados e informações em conhecimentos relevantes, precisos e úteis na compreensão e decisão de um problema simples ou complexo.

Intuição é a habilidade do cérebro de processar informações inconscientemente.

Liderança é o processo em que uma pessoa é capaz, por suas características individuais, de entender as necessidades dos profissionais da empresa, bem como exprimi-las de forma válida e eficiente, obtendo o engajamento e a participação de todos no desenvolvimento e na implementação das atividades necessárias ao alcance das metas e dos objetivos da empresa.

Lista de fatores e subfatores é o conjunto de assuntos internos ou controláveis, e externos ou não controláveis que devem ser analisados de maneira programada no processo de planejamento estratégico da empresa.

Logística é um processo estruturado que considera todas as atividades desde o planejamento das necessidades de insumos da empresa até o pós-venda de seus produtos e serviços, passando por todas as questões financeiras, operacionais, estruturais, mercadológicas etc., desenvolvidas internamente pela empresa.

Macroestratégia representa a grande estratégia ou caminho que a empresa aplica com a finalidade de atuar nos negócios e segmentos de mercado atuais e potenciais identificados dentro de sua missão.

Macropolítica é a grande orientação que a empresa, em sua totalidade, deve respeitar e que irá facilitar e agilizar seu processo decisório e suas ações estratégicas.

Marketing é a função das empresas responsável por análise, planejamento, implementação e avaliação de estratégias e projetos estruturados, com a finalidade de atender – e até suplantar – às necessidades e expectativas de segmentos de mercado, bem como contribuir para o desenvolvimento sustentado da empresa.

Marketing de relacionamento é a atuação mercadológica que se preocupa com a manutenção de clientes satisfeitos, e não apenas com a conquista de novos clientes.

Marketing total corresponde ao processo interativo e de direcionamento de todas as atividades e unidades organizacionais da empresa para as necessidades e expectativas dos clientes e mercados atuais e potenciais.

Melhoria contínua é tornar o processo mais capaz, utilizando recursos existentes e à disposição da empresa considerada.

Meritocracia é a análise da capacitação de cada indivíduo com base em seu mérito pessoal e profissional, correlacionado aos seus níveis de conhecimento, inteligência, decisão e ação.

Meta é a etapa que é realizada para o alcance do objetivo.

Metodologia administrativa é a explicitação estruturada de como as atividades inerentes a um assunto administrativo devem ser realizadas em um contexto geral ou específico.

Missão representa a razão de ser da empresa, evidenciando o espaço dentro do qual ela atua ou pretende atuar em um futuro breve ou mais distante, com a explicitação de quem ela atende com seus produtos e serviços.

Modelo de administração é o processo estruturado, interativo e consolidado de desenvolver e operacionalizar as atividades – estratégicas, táticas e operacionais – de planejamento, organização, direção, gestão e desenvolvimento de pessoas, bem como de avaliação de resultados, visando ao crescimento e ao desenvolvimento sustentado da empresa.

Motivação é o processo e a consolidação do estímulo e da influência no comportamento das pessoas, tendo em vista um objetivo específico e comum para os profissionais da empresa.

Multitarefa é a situação em que o profissional da empresa tem de trabalhar, ao mesmo tempo, com assuntos diferentes, interligados ou não, envolvendo cada um deles determinado nível de complexidade.

Negociação é o processo de buscar a aceitação de ideias, propósitos ou interesses visando ao melhor resultado possível para as partes envolvidas na questão em debate.

Neuromarketing é um instrumento de pesquisa e análise de marketing baseado na neurociência, a qual utiliza imagens cerebrais feitas por ressonância magnética para medir reações e estímulos dos consumidores antes, durante e depois da compra.

Objetivo é o alvo ou situação que se pretende alcançar.

Oportunidade é a força ambiental, incontrolável pela empresa, que pode favorecer sua ação estratégica, desde que conhecida e aproveitada satisfatoriamente enquanto perdura.

Organização é a função da administração que proporciona sustentação às otimizadas estruturação e alocação, em áreas específicas, dos profissionais que trabalham nas empresas, bem como dos outros diversos recursos utilizados.

Organização exponencial é a que proporciona sustentação para uma empresa evoluir desproporcionalmente pelo conhecimento otimizado e pela aplicação de tecnologias avançadas com ritmo acelerado de evolução.

Órgão colegiado é a equipe de trabalho, geralmente multidisciplinar, que constitui ou não uma unidade organizacional da empresa com a responsabilidade de realizar trabalhos permanentes ou temporários inerentes a assuntos de importância na empresa.

Pensamento estratégico é a postura do profissional direcionada para a otimização interativa da empresa com o seu ambiente, em **tempo real**.

Planejamento é a função da administração que permite analisar situações atuais, de estabelecer resultados futuros, bem como delinear as ações necessárias e as leis e regras que consolidarão esse futuro desejado.

Planejamento estratégico é o processo administrativo que proporciona sustentação metodológica para estabelecer a melhor direção a ser seguida pela empresa, visando ao otimizado grau de interação com os fatores externos ou não controláveis, bem como atuando de forma inovadora e diferenciada.

Planejamento operacional é a formalização das metodologias de desenvolvimento e de implementação de resultados estabelecidos a serem alcançados por áreas específicas da empresa.

Planejamento tático é a metodologia administrativa que tem por finalidade otimizar determinada área de resultado da empresa.

Plano de ação corresponde ao conjunto de partes comuns dos diversos projetos quanto ao assunto que está sendo tratado (recursos humanos, tecnologia etc.).

Plano de negócios é a estruturação lógica do processo de idealização, desenvolvimento, sustentação, operação e aprimoramento das atividades da empresa, visando ao incremento no valor proporcionado pelos negócios, produtos e serviços da referida empresa.

Política é o parâmetro e critério que orienta e disciplina o processo de tomada de decisões nas empresas.

Ponto forte é a vantagem estrutural controlável pela empresa que a favorece perante as oportunidades e ameaças do ambiente, onde estão os assuntos não controláveis por ela.

Ponto fraco é a desvantagem estrutural controlável pela empresa que a desfavorece perante as oportunidades e ameaças do ambiente, onde estão os assuntos não controláveis pela empresa.

Postura estratégica é a maneira adequada para a empresa alcançar seus propósitos atuais e potenciais dentro da missão, respeitando as realidades de suas análises externa e interna anteriormente realizadas.

Processo é o conjunto estruturado e sequencial de atividades direcionadas a um resultado específico.

Processo decisório é a escolha consciente entre vários caminhos alternativos que levam a determinado resultado.

Processos e tecnologia é a função das empresas que aborda as atividades que devem ser realizadas e os conhecimentos necessários para atender todos os clientes – externos e internos, atuais e potenciais – das empresas.

Produção é a função das empresas que cuida da transformação de insumos – matérias-primas, energias, informações – em produtos e serviços, utilizando, de forma organizada, os recursos e os conhecimentos das empresas.

Projeto é um trabalho único, com datas de início e de término, com resultado final previamente estabelecido, em que são alocados e administrados os recursos, tudo isso sob a responsabilidade de um coordenador.

Propósitos atuais e potenciais correspondem aos negócios, produtos e serviços, dentro da missão, em que a empresa já atua ou está analisando a viabilidade de entrada no setor, ainda que esteja em uma situação de possibilidade reduzida.

Psicologia empresarial é o estudo da interação e da interdependência entre as empresas e os seus profissionais na busca da otimização das relações interpessoais e dos resultados da empresa.

Psicologia positiva é a que cria situações facilitadoras para que os profissionais da empresa sejam felizes e, consequentemente, superem desafios, apresentando melhores desempenhos e potencializando resultados.

Qualidade total é a capacidade de um produto ou serviço da empresa satisfazer – ou suplantar – às necessidades, exigências e expectativas dos diversos segmentos de mercado onde atua e, para tanto, todas as áreas da empresa devem estar focadas nesse processo e em seus resultados.

Raciocínio crítico é o processo de uma pessoa pensar e raciocinar de forma espontânea ou estruturada e sustentada quanto à validade conceitual e/ou aplicativa de um assunto, com a possível apresentação de uma alternativa.

Rede de integração entre empresas é a cooperação estruturada entre empresas participantes, sustentadas por otimizadas tecnologias, melhor utilização dos ativos, bem como maiores produtividade, flexibilidade, qualidade, rentabilidade e lucratividade com forte sinergia entre essas empresas.

Rede escalar de objetivos é a decomposição estruturada dos objetivos gerais e correspondentes metas e estratégias pelas diversas unidades organizacionais da empresa.

Reengenharia é o trabalho participativo e de elevada amplitude direcionado para os negócios e seus resultados, que tem como sustentação o desenvolvimento e implementação de novos procedimentos que integrem funções e unidades organizacionais da empresa na busca contínua da excelência na realização de serviços e fornecimento de produtos aos clientes.

Resiliência é o processo e o resultado de se adaptar, com sucesso, a experiências de vida difíceis ou desafiadoras, especialmente por meio da flexibilidade mental, emocional e comportamental e do ajustamento a demandas internas e externas da empresa.

Risco é o estado do conhecimento no qual cada estratégia alternativa leva a um conjunto de resultados, sendo a probabilidade de ocorrência de cada resultado conhecida do tomador de decisão.

Sinergia (positiva) é a ação coordenada entre vários elementos que compõem um sistema, de tal modo que a soma das partes é maior do que o resultado obtido, isoladamente, por meio de cada elemento.

Sistema é o conjunto de partes interagentes e interdependentes que, de maneira integrada, formam um todo unitário com determinado objetivo e efetuam uma função específica.

Sustentabilidade é a capacidade da empresa de gerar valor no curto, no médio e principalmente no longo prazo, para manter com qualidade os seus negócios, produtos e serviços.

Tecnologia aplicada é o conjunto de conhecimentos e equipamentos que são utilizados para operacionalizar as atividades da empresa, visando alcançar os objetivos anteriormente estabelecidos.

Turnaround é o processo de transformar negócios em situação de dificuldades em empresas saudáveis.

Unidade estratégica de negócios (UEN) é uma unidade ou divisão da empresa ou grupo empresarial responsável por consolidar os resultados esperados de um negócio e por desenvolver uma ou mais áreas estratégicas de negócios (AEN).

Valores representam os conjuntos de princípios, crenças e questões éticas fundamentais de uma empresa, bem como fornecem sustentação a todas as suas principais decisões.

Vantagem competitiva é a identificação dos produtos ou serviços e os segmentos de mercado para os quais a empresa está realmente capacitada para atuar de forma diferenciada com relação aos seus concorrentes.

Visão representa o que a empresa quer ser em um futuro breve ou mais distante.

Vocação é o ato de uma pessoa explicitar uma predestinação de um talento ou aptidão para uma atividade, e que proporciona sustentação para o seu desenvolvimento profissional na empresa.

Bibliografia

"O que é uma boa estratégia para o líder é uma má estratégia para o segundo colocado, e vice-versa."
Jack Trout

A seguir, são apresentadas as referências bibliográficas que proporcionam maior sustentação para esta obra.

Evidencia-se que algumas referências são de uma época mais antiga pelo simples fato de que se preocupou com a origem e a razão da utilidade de cada um dos assuntos que você deve respeitar e saber aplicar em seus trabalhos inerentes ao estilo administrativo, ao modelo de administração e ao plano de negócios das empresas.

Essa é uma questão interessante, pois, em administração, as diversas metodologias e técnicas tiveram, e continuarão a ter, aprimoramentos, mas a essência da abordagem teórica e prática evolui em uma linha contínua, lógica, simples e sustentada, bem como interativamente com outros assuntos administrativos, consolidando uma forte administração total e integrada nas empresas.

Se você quiser consolidar o entendimento desse processo evolutivo desde os primórdios da administração até os momentos atuais, incluindo alguns comentários a respeito de possíveis tendências, pode analisar os seguintes livros do mesmo autor:

- *História da administração: como entender as origens, as aplicações e as evoluções da administração*, 2012.
- *Teoria geral da administração: uma abordagem prática*, 3. ed., 2012.
- *Administração: evolução do pensamento administrativo*, 2018.

O resultado será o seu otimizado entendimento de que o assunto **administração** é algo bem simples, lógico, sustentado e prático, desde que se conheçam as razões do surgimento e o processo de aplicação dos diversos instrumentos administrativos das empresas.

E uma **dica** final: faça uma pesquisa ampla de autores que tenham contribuído para o desenvolvimento básico do estilo administrativo, do modelo de administração e do plano de negócios das empresas. Esse divertido trabalho vai abrir, em muito, o seu raciocínio quanto às questões administrativas das empresas!

Essa pesquisa vai lhe evidenciar algo interessante: que a identificação do "que" é importante em administração foi estabelecido há muitas décadas, mas a estruturação do "como" as atividades devem ser realizadas é um assunto que tem se aprimorado nas últimas décadas, e mais, acredita-se que esse processo deverá evoluir bastante nas próximas décadas. Portanto, esteja sempre atento a esse processo evolutivo, lembrando que cada profissional da empresa tem elevada responsabilidade na identificação desse "como fazer"!

ABRATT, R.; SACKS, D. Perceptions of the societal marketing concept. *European Journal of Marketing*, n. 23, p. 25-33, 1989.

ABREU, R. Psicologia positiva. *In:* CORRÊA, A. P. (org.). *Psicologia positiva:* teoria e prática. São Paulo: Leader, 2015.

AGNEW, H. E. *Advertising principles.* New York: McGraw-Hill, 1943.

ANSOFF, H. I. *Corporate strategy*: an analytical approach to business policy for growth and expansion. New York: McGraw-Hill, 1965.

BABBAGE, C. *On the economy of machinery and manufactures.* London: Charles Knight, 1932.

BACHIR, J.; FIUZA, J. B. S.; SALOMÃO, P. *TVL – Treinamento vivencial e liderança.* São Paulo: DO – Desenvolvimento de Organizações, 1976.

BARNARD, C. I. *The functions of the executive.* Cambridge: Harvard Business Press, 1938.

BARTH, C. G. L. *Transactions of the American Society of Mechanichal Engineers.* Cincinatti: Techsolve, 1904.

BERRY, L. L. Relationship marketing. *In*: BERRY, L. L. (org.). *Emerging perspectives on services marketing.* Chicago: American Marketing Association, 1983. p. 25-28.

BINET, A. New methods for the diagnosis of the intelectual level of subnormals. *In*: KITE, E. S. *The development of intelligence in children.* New Jersey: School of Vineland, 1916.

BOSSIDY, L.; CHARAN, R. *Execution*: the discipline of getting things done. New York: Crown Publishers, 2002.

BUZAN, T. *O poder da inteligência criativa*: dez maneiras de ativar o seu gênio criativo. São Paulo: Cultrix, 2005.

CARROLL, S. J.; SCHNEIR, C. E. *Performance appraisal and review system*: the identification, measurement and development of performance in organizations. Glenview: Scott, Foreman, 1982.

CHANDLER JR., A. D. *Strategy and structure.* Cambridge: MIT Press, 1962.

CHERINGTON, P. T. *Advertising as a business force*: a compilation of experience records. New York: McGraw-Hill, 1921.

CHISNALL, P. M. *Strategic industrial marketing*. 2. ed. Englewood Cliffs: Prentice Hall, 1989.

COHEN, W. A. *Peter Drucker:* melhores práticas. São Paulo: Autêntica Business, 2017.

CYERT, R. M.; MARCH, J. G. *A behavioral theory of the firm*. Englewood Cliffs: Prentice Hall, 1963.

DAVIS, R. C. *The fundamentals of top management*. New York: Harper & Row, 1951.

DEMING, W. E. *Out of the crisis*. Boston: MIT Press, 1986.

DEWEY, J. *How we think*. New York: Reada Classic, 2010.

DEWING, A. S. *The financial policy of corporations*. New York: Ronald Press, 1920.

DRUCKER, P. F. *The practice of management*. New York: Harper & Row, 1954.

DRUCKER, P. F. *Management:* tasks, responsabilities, practices. New York: Harper & Row, 1973.

DWECK, C. S. *Mindset*: a nova psicologia do sucesso. São Paulo: Objetiva, 2017.

EMERY, F. E. *Systems thinking*. Harmondsworth: Penguin, 1969.

EMERY, F. E.; TRIST, E. L. The causal texture of organizational environments. *Human Relations*, n. 18, p. 21-32, 1965.

FAYOL, J. H. *Administration industrielle et générale*. Paris: Gauthier, 1916.

FISHER, R.; URY, W. *Getting to yes*: negotiating agreement without giving in. New York: Penguin, 1981.

FORD, M. *Rise of the robots*: technology and threat of a jobless future. New York: Basic Book, 2015.

GALLO, P. *A bússola do sucesso*: um manual para vencer no mundo corporativo sem perder os valores. São Paulo: Benvirá, 2017.

GANTT, H. L. *Organizing the work*. New York: Harcourt, Brace and Howe, 1919.

GILBERTH, F. B. *Motion study*. New York: Van Nostrand, 1911.

GILBERTH, L. M. *The quest of the one best way*. Chicago: Society of Industrial Engineers, 1924.

GOLDRATT, E. M.; COX, J. *The goal*: a process of ongoing improvement. New York: North River Press, 2004.

GOLEMAN, D. *Emotional intelligence*: why it can matter more than IQ. New York: Bantan Books, 1995.

HAMMER, M. M.; CHAMPY, J. A. *Reengineering the corporation*: a manifesto for business revolution. Cambridge: MIT Press, 1993.

HERSEY, P.; BLANCHARD, K. H. *Management and organizational behavior*. Englewood Cliffs: Prentice Hall, 1988.

HOTCHKISS, G. B. *Advertising principles*. New York: McGraw-Hill, 1943.

HUNTER, J. C. *O monge e o executivo*: uma história sobre a essência da liderança. Rio de Janeiro: Sextante, 2004.

INMON, W. H. *Building the data warehouse*. New York: John Wiley, 1992.

ISMAIL, S.; MALONE, M. S.; VAN GEEST, Y. *Organizações exponenciais*: por que elas são dez vezes melhores, mais rápidas e mais baratas que a sua; e o que pode ser feito a respeito. São Paulo: HSM Editora, 2015.

JACQUES, E. *Equitable payment*. London: Heinemann, 1961.

JURAN, J. M. *Management of quality control*. New York: Joseph M. Juran, 1967.

JURAN, J. M. *Quality planning and analysis*. New York: McGraw-Hill, 1970.

KAHNEMAN, D. *Rápido e devagar:* duas formas de pensar. São Paulo: Objetiva, 2012.

KAPLAN, R. S.; NORTON, D. P. *The balanced scorecard*: translating strategy intro action. Boston: Harvard Business School Press, 1998.

KELLY, K. *What technology wants*. New York: Penguin Books, 2011.

KEPNER, C. H.; TREGOE, B. B. *Manual de aplicação do sistema APEX II*. New Jersey: Princeton Research Press, 1978.

KOTLER, P. *Marketing management*: analysis, planning, implementation and control. Englewood Cliffs: Prentice Hall, 1981.

KOTLER, P. Megamarketing. *Harvard Business Review*, n. 64, p. 117-124, Mar./Apr. 1986.

KOTLER, P.; LEVY, S. J. Broadening of concept of marketing. *Journal of Marketing*, n. 33, p. 10-15, Jan. 1969.

LANGER, E. J. *The psychology of control*. Beverly Hills: Sage, 1983.

LAWRENCE, P. R.; LORSCH, J. W. *Organization and environment*. Boston: HBS Division of Research, 1967.

LEWIN, K. Z. Dynamics of groups action. *Educational Leadership*, n. 1, p. 195-200, 1944.

LEWIS, R.; STEWART, R. *The boss*: the life and times of the British businessman. London: Phoenix House, 1960.

MACNEAL, K. F. *Truth in accounting*. Philadelphia: University of Pennsylvania Press, 1939.

MANGANELLI, R. L.; KLEIN, M. M. *The reengineering handbook*: a step-by-step guide to business transformation. New York: Amacon, 1996.

MARTINDELL, J. *The scientific appraisal of management*: a study of the business practices of well managed companies. New York: Harper & Row, 1950.

MILLER, D. *Gestão de mudanças com sucesso*. São Paulo: Integrare, 2012.

MONKS, R. A. G.; MINOW, N. *Corporate governance*. New York: McGraw-Hill, 1991.

NUSSBAUM, B. *Creative intelligence*: harnessing the power to create, connect and inspire. New York: HarperCollins, 2013.

OHMAE, K. *O estrategista em ação*. São Paulo: Pioneira, 1985.

ORBEN, R. *The Joke-Tellers handbook*. New York: Doubleday, 1976.

OSTERWALDER, A.; PIGNEUR, Y. *Business model generation*. Rio de Janeiro: Alta Books, 2011.

OUCHI, W. *Teoria Z*. São Paulo: Nova Fronteira, 1984.

PAYNE, A. F. *The essence of services marketing*. Englewood Cliffs: Prentice Hall, 1993.

PERROW, C. B. *Complex organizations*: a critical essay. 4. ed. Glenville: Scott, Foresman, 1979.

PETERS, T. J.; WATERMAN JR., R. H. *In search of excellence*: lessons from America's best-run companies. New York: Collins Business, 1982.

PISTONO, F. *Os robôs vão roubar seu trabalho, mas tudo bem*. São Paulo: Companhia das Letras, 2017.

PORTER, M. E. *Competitive strategy*. New York: Free Press, 1980.

PORTER, M. E.; HEPPELMANN, J. F. Por que as organizações precisam de uma estratégia de realidade aumentada. *Harvard Business Review*, São Paulo, v. 95, n. 12, dez. 2017.

PRAHALAD, C. K.; HAMEL, G. The core competence of the corporation. *Harvard Business Review*, May/June 1990.

QUIGLEY, J. V. *Vision*: how leaders develop it, share it and sustain it. New York: McGraw-Hill, 1993.

RAUTENSTRAUCH, W. The budget as a means of industrial control. *Chemical Metallurgical Engineering*, n. 27, p. 411-416, 1992.

ROBERTS, M. L.; BERGER, P. D. *Direct marketing management*. Englewood Cliffs: Prentice Hall, 1989.

ROETHLISBERGER, F. J.; DICKSON, W. J. *Management and the worker*. Cambridge: Harvard University Press, 1939.

SHAW, A. W. *Some problems in market distribution*. New York: McGraw-Hill, 1951.

SHELDON, O. *The philosophy of management*. London: Pitman, 1924.

SHEWHART, W. A. *Economic control of quality of manufatured product*. New York: Van Nostrand, 1931.

STACK, J.; BURLINGHAM, B. *The great game of business*. New York: Currency-Doubleday, 1992.

STEINBUCH, K. W. *Informatics*: automatic information processing. New York: McGraw-Hill, 1957.

STREECK, W. *Como o capitalismo vai terminar?* Rio de Janeiro: Verso, 2016.

SUN TZU. *A arte da guerra*. Lisboa: Europa-América, 1994.

TAYLOR, F. *Princípios de administração científica*. São Paulo: Atlas, 1970.

THOMPSON, J. D. *Organizations in action*: social science bases of administrative compassion. Homewood: Irwin, 1973.

TRIST, E. L. The evolution of sociotechnical systems as a conceptual framework and as an action research program. *In*: VAN de VEN, A. H.; JOYCE, W. F. (eds.) *Perspectives on organization design and behavior*. New York: John Willey, 1982.

URY, W. *Como chegar ao sim*: como negociar acordos sem fazer concessões. Rio de Janeiro: Sextante, 2018.

VALLE, R. S. *Market organization*. New York: McGraw-Hill, 1930.

VIRGOLIM, A.; KONKIEWITZ, B. *Altas habilidades, superdotação, inteligência e criatividade*. São Paulo: Papirus, 2014.

VITELES, M. S. *Industrial psychology*. New York: Norton, 1932.

WEBER, M. *The interpretation of social reality*. New York: Scribner, 1975.

WIENER, N. *Cybernetics*: control and communication in the animal and the machine. Cambridge: MIT Press, 1948.

WILLIAMS, J. H. *The flexible budget*. New York: McGraw-Hill, 1934.

Índice alfabético

A

Abrangência, 120
Accountability, 157, 282
Ações para melhoria, 50, 202, 260
Administração
   compartilhada, 212, 282
   de carreiras, 118, 282
   industrial, 13, 282
   integrada, 80, 262, 282
      com todos os instrumentos administrativos consolidados, 108
   participativa, 110, 212, 282
Agilidade cognitiva, 195
Agnew, Hugh, 12
Ambiente de trabalho, 200
Ameaça, 282
Análise
   da evolução profissional, 229
   da realidade dos negócios e dos mercados de sua empresa, 43
   da tecnologia, 95
   das influências, 132
   de valor, 95
   de viabilidade, 168
   dos concorrentes, 145, 282
   externa da empresa, 145, 282
   integrada para direcionar a empresa ao seu plano de negócios, 121
   interna da empresa, 145, 282

Ansoff, Igor, 7
Aprimoramento, 11, 78, 147, 282
Área Estratégica de Negócios (AEN), 59, 282
Aristóteles, 8
Armazenamento e processamento dos conhecimentos, 211
Aspectos
   negativos, 134
   positivos, 132
Assunto, 202, 260
   para análise, 50
Atitude, 73, 282
Atividade, 131, 283
Atratividade
   do assunto e da equipe de trabalho, 74
   do mercado, 112
Atuação
   comercial, 113
   dos concorrentes, 114
   dos consumidores, 112
   dos profissionais, 185
   governamental, 114
   ideais dos profissionais, 187
   societária, 108
Auditoria, 168
Autoavaliação, 50
Autoconfiança, 67

Avaliação, 10, 13, 147, 283
   das ações, 260
   dos colegas, 50, 202
   e aprimoramento
      do estilo administrativo e do modelo de administração, 252
      do plano de negócios, 257

B

Babbage, Charles, 10
Balanced Scorecard (BSC), 253, 256
Barnard, Chester, 9
Barth, Carl, 10
Beckhard, Richard, 9
Benchmarking, 107, 198, 283
Berry, Leonard, 12
Big Data, 193
Borch, Fred, 8
Bossidy, Larry, 10
Brainstorming, 190, 283

C

Cadastro de capacitação interna, 154, 212, 283
Canais de distribuição, 97
Capacidade decisória, 218
Capacitação, 107, 185
   ideal dos profissionais, 187
   profissional, 133, 165, 283
Capital intelectual, 77
Cenários, 44, 117, 146, 283
Champy, James, 15
Chandler, Alfred, 7
Charam, Ram, 10
Chisnall, Peter, 12
Ciclo de vida do negócio, produto ou serviço, 107, 283
Clima organizacional, 166, 200, 283
Clusters, 261, 283
Código
   de conduta, 88, 152
   de ética, 67, 152, 197, 283
Cognição, 196, 283
Comissão, 283
Comitê, 284
Competência, 77
Compliance, 87, 208, 284
Componentes, 104
Comprometimento, 110, 186, 284
Concorrência, 219
Condicionantes, 111
Confiança, 67, 200, 284
Conflitos sociais, 118
Conformidade do produto ou serviço em relação ao padrão, 77
Confúcio, 9
Conhecimento(s), 73, 78, 284
   do assunto, 214
   dos negócios, produtos e serviços, 104
   e habilidade, 76
Conquista de novos clientes, 78
Conselho, 284
Consolidação
   da estrutura organizacional, 56
   do modelo administrativo integrado, 170
Consolidar grupos, 105
Contabilidade
   geral ou financeira, 167
   gerencial, 167
Contextos de atuação, 223, 225, 228
Contribuição para a empresa, 260

Controladoria, 167
Coordenação, 214, 284
Cox, Jeff, 13
Crescimento da receita, 78
Criatividade, 165, 217, 284
Cultura organizacional, 70, 177, 284
Custos, 168

D

Dário I, 8, 15
Deming, William, 15
Democratização decisória, 110
Departamentalização
    por clientes, 60
    por processos, 62
    por produtos ou serviços, 60
    por projetos, 61
    territorial ou por localização geográfica, 61
Desenvolvimento
    de pessoas 5, 13, 14, 164, 165, 166, 190, 242, 284
    organizacional, 130, 284
Desperdício, 77
Dewey, John, 14
Dewing, Arthur, 15
Dickson, William, 11
Dinâmica de grupo, 166, 190, 285
Direção, 9, 285
Direcionamento dos recursos e atividades da empresa para os objetivos e metas, 214
Diretrizes estratégicas, 285
Disciplina, 66
Dobler, Donald, 15
Drucker, Peter, 7, 72
Dubois, Bernard, 12

E

Eficácia do treinamento, 77
Ego das pessoas, 34, 71, 285
Empatia, 197, 285
Empreendedorismo, 166, 285
Empregabilidade, 191, 285
Equipe
    ideal, 175
    multidisciplinar, 73, 190, 285
Erros e riscos, 198
Estilo administrativo, 2, 17, 45, 71, 137, 139, 189, 273, 285
    modelar de negócios, 93
    no modelo de administração, 128
Estratégia, 147, 285
Estrutura
    e atuação societária, 108
    funcional, 57
    matricial, 58
    organizacional, 56, 57, 285
    por turno, 58
Estruturação
    de trabalho, 66
    do modelo de administração, 54
    organizacional por governança corporativa, 63
    pelos processos, 55
Ética, 197, 286
Evolução tecnológica, 112, 286
Excesso de burocracia, 32

F

Falta
    de "personalidade" da empresa, 34
    de interação e troca de conhecimentos, 33

de liderança pelo conhecimento, 33
de visão macro, 32
Fatores
   críticos de sucesso, 82, 286
   de influência, 71
   de satisfação, 222, 224, 228
Fayol, Henri, 8
Fidelidade, 77
Finalidades, 16
   dos estilos administrativos, 17
   dos modelos de administração, 20
   dos planos de negócios, 22
Finanças, 14, 166, 286
   totais, 27, 115, 116, 286
Fisher, Roger, 9
Flexibilidade, 77, 195
Foco
   e prioridades, 215
   nas pessoas ou nas atividades, 32
   no plano de negócios da empresa, 269
Força de trabalho, 107
Ford, Henry, 8
Função
   avaliação, 10, 11, 26, 28, 158, 180, 239
   da administração, 4, 211, 286
   das empresas, 4, 11, 211, 286
   desenvolvimento de pessoas, 13, 14, 26, 29, 180, 242
   direção, 9, 10, 25, 28, 155, 179, 238
   finanças, 14, 27, 29, 167, 180, 242
   gestão de pessoas, 9, 25, 28, 153, 179, 238
   marketing, 11, 12, 26, 29, 161, 180, 240, 242
   organização, 24, 28, 152, 179, 237
   planejamento, 6, 24, 27, 32, 142, 179
   processos e tecnologia, 15, 27, 30, 169, 180, 242
   produção, 13, 26, 29, 162-164, 180, 241, 242
   qualidade, 163, 266

G

Geração de ideias, 76
Gerenciamento de risco, 159
Gestão de pessoas, 5, 8, 9, 190, 286
Gilbreth, Frank, 13
Globalização, 120
Goldratt, Eliyahu Moshe, 13
Governança corporativa, 48, 62, 208, 256, 257, 286
Gravidade, Urgência e Tendência (GUT), 85

H

Habilidade, 73, 286
Hábito, 200, 286
Hammer, Michael, 15
Heyel, Carl, 13
Humildade, 66, 200

I

Ideia revolucionária, 175
Imagem, 76
   institucional, 13, 234, 286
Incompetência para a administração total e integrada, 33
Indicador(es)
   de avaliação, 137, 230, 287
      da técnica BSC, 253
   de evolução, 223, 224, 228
   de intervenção, 231, 287
   de progresso, 231, 287

Influências
   do estilo administrativo no modelo de administração, 128
   do modelo de administração no estilo administrativo, 130
   interativas, 134
   recebidas e proporcionadas pelo plano de negócios, 131
Inovação, 105, 287
Instrumento administrativo, 131, 208, 287
Inteligência
   criativa, 89, 287
   emocional, 171, 191, 287
   facilitadora, 191, 287
   múltipla, 192
   pedagógica, 192
   racional, 191, 287
Interação
   com fornecedores, 115
   entre empresas, 121
Intuição, 192, 218, 287
Investimento em responsabilidade social, 76

J

Jacques, Elliot, 14
Justificativas, 202

K

Kaplan, Robert, 11
Klein, Mark, 15
Kotler, Philip, 12

L

Langer, Ellen, 11
Lee, Lamar, 15
Lewin, Kurt, 14

Lewis, Roy, 10
Liderança, 33, 109, 195, 287
Lista de fatores e subfatores, 145, 287
Localização e infraestrutura, 115
Logística, 287
   das atividades, 108
Lucratividade, 78

M

MacNeal, Kenneth, 15
Macroestratégia, 46, 146, 287
Macropolítica, 146, 288
Manganelli, Raymond, 15
Margem bruta, 77
Marketing, 11, 288
   de relacionamento, 13, 162, 288
   total, 12, 26, 115, 116, 288
McCallum, Daniel, 8
McClelland, David, 14
Melhoria contínua, 86, 288
   e produtividade, 77
Mercado financeiro, 114
Meritocracia, 109, 153, 154, 209, 288
Metas, 146, 288
Metodologia administrativa, 42, 288
Minow, Nell, 8
Missão, 45, 146, 288
Modelo
   administrativo
      básico para a função
         avaliação, 158
         desenvolvimento de pessoas, 164
         direção, 155
         finanças, 166
         gestão de pessoas, 153
         marketing, 161

organização, 148
planejamento, 142
processos e tecnologia, 168
produção, 162
de negócios, 93
de administração, 2, 20, 137, 223, 274, 288
no estilo administrativo, 130
Modismos, 117
Monks, Robert, 8
Motivação, 192, 288
Multitarefa, 217, 288

N

Não acompanhamento da evolução da tecnologia, 34
Negociação, 74, 196, 288
Neuromarketing, 13, 288
Nível(is)
   de abrangência, 120
   de influência, 117
   de inovação, 105
Norton, David, 11
Nota, 202
Número de ordem, 50

O

Objetivos, 110, 146, 288
Oportunidade, 234, 289
Orçamento, 167
Organização, 7, 13, 289
   exponencial, 171, 173, 174, 289
Órgão colegiado, 289
Orientação para o coletivo, 213
Origens pelas funções da administração, 6
Ouchi, William, 9
Owen, Robert, 9

P

Parcerias diversas, 115
Participação, 77
   de mercado, 77
Pensamento estratégico, 216, 289
Perpetuidade, 215
Personalidade da empresa, 23
Peso, 50, 202
Planejamento, 6, 24, 289
   estratégico, 143, 232, 252, 289
   operacional, 143, 289
   tático, 143, 289
Plano
   de ação, 147, 289
   de carreira, 224
   de negócios, 2, 3, 5, 30, 176, 216, 274, 289
   da empresa, 137
Plataforma de sustentação da organização exponencial, 178
Platão, 8
Poder de decisão, 74
Política, 6, 147, 289
Ponto
   forte, 234, 289
   fraco, 289
Porter, Michael, 7
Postura estratégica, 146, 231, 289
Prahalad, C. K., 7
Prazo, 260
Premissas a serem respeitadas, 66
Prioridade das ações, 51
Processo(s), 13, 131, 147, 290
   de planejamento estratégico, 257
   decisório, 218, 290
   e tecnologia, 15, 168, 290

Produção, 13, 162, 290
    enxuta, 163
Produtividade, 160, 161
Projeto, 147, 290
Propósitos atuais e potenciais, 146, 290
Protótipo do produto ou serviço, 177
Psicologia
    empresarial, 166, 290
    positiva, 133, 290

Q

Qualidade
    das atividades, 107
    do sistema de informações, 77
    dos produtos e serviços adquiridos, 77
    em níveis otimizados, 267
    total, 107, 115, 215, 265, 290
Quigley, Joseph, 7

R

Raciocínio crítico, 189, 290
Rautenstrauch, Walter, 15
Realidade, 112
    aumentada, 193
    virtual, 193
Recursos utilizados, 260
Rede
    de integração entre empresas, 61, 81, 290
    escalar de objetivos, 214, 290
Reengenharia, 69, 175, 290
Rei Hamurabi, 6
Relacionamento, 76
    com os clientes, 97
Rentabilidade, 78
Resiliência, 197, 216, 291
Resolução de problemas complexos, 216

Resultado
    alcançado, 260
    esperado, 260
Retenção de pessoas-chave, 76
Risco, 291
Roethlisberger, Fritz, 11

S

Saber ensinar e aprender, 79
Satisfação, 76
    com a liderança, 77
Segurança, 77
Shaw, Arch, 7
Sheldon, Oliver, 9
Shewhart, Walter, 15
Sinergia, 22, 219, 291
    positiva, 220
Sistema, 291
    logístico da empresa, 48
Sistemática de aprimoramento profissional, 221
Smith, Adam, 13
Stack, Jack, 10
Stewart, Rosemary, 10
Sun Tzu, 6
Suposições e premissas, 72
Sustentabilidade, 201, 291
Sustentação ao plano de negócios da empresa, 92

T

Tarefa, 14
Taylor, Frederick, 8
Técnica(s)
    de cenários, 235
    estratégica, 235

just-in-time (JIT), 163
vivencial de liderança (TVL), 205
Tecnologia aplicada, 105, 291
Tempo, 201
real, 14
Tendências, 24
dos estilos administrativos, 24
dos modelos de administração, 27
dos planos de negócios, 30
Tesouraria, 168
Thompson, James, 11
Tipos de cenários, 235
Trabalhar certo, 79
Turnaround, 217, 291

U

Unidade Estratégica de Negócios (UEN), 59, 291

Ury, William, 9
Uso de diferentes critérios de avaliação, 34

V

Valor(es), 45, 145, 291
pleno, 218
proporcionado, 97
Vantagem competitiva, 152, 291
Variações nas tendências, 31
Visão, 44, 145, 291
de longo prazo, 120
Viteles, Morris, 14
Vocação, 194, 291

W

Weber, Max, 11
Williams, John, 15

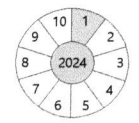